Hubel · Ullstein Teppichbuch

Reinhard G. Hubel

ULLSTEIN TEPPICHBUCH

Eine Teppichkunde für Käufer und Sammler

Überarbeitet von Uwe Jourdan

Ullstein

© 1993 Verlag Ullstein GmbH, Frankfurt am Main – Berlin
Alle Rechte vorbehalten
Redaktion: Leonie Krüger
Herstellung: Norbert Wollentarski
Satz: Realis Verlag
Druck und Verarbeitung: Gorenski tisk, Slowenien
Printed in Slovenia 1993
ISBN 3 550 06828 X

Gedruckt auf alterungsbeständigem Papier mit chlorfrei gebleichtem Zellstoff

Die Deutsche Bibliothek – CIP Einheitsaufnahme
Hubel, Reinhard G.:
Ullstein Teppichbuch : eine Teppichkunde für Käufer und Sammler / Reinhard G. Hubel.
Überarb. von Uwe Jourdan. - Frankfurt am Main ; Berlin : Ullstein, 1993
ISBN 3-550-06828-X
NE: Jourdan, Uwe [Bearb.]

Inhaltsverzeichnis

Vorwort

Die Überarbeitung eines Buches wie das Ullstein Teppichbuch von Reinhard G. Hubel ist nicht schwierig im Hinblick auf die Materie selbst. In kaum einem Bereich der außereuropäischen Kunst– und Stilgeschichte, der zuvor noch ein Schattendasein geführt hatte, wurde in den vergangenen Dekaden seit der Veröffentlichung des Hubelschen Werkes im Jahre 1965 so viel recherchiert, veröffentlicht, gemutmaßt und belegt wie zum Thema der geknüpften und gewebten Teppiche des Orients und anderer Regionen der Welt.

In den Jahren, in denen Reinhard G. Hubel seine Teppiche sammelte und Erfahrungen auf diesem Gebiet erwarb, galt seine Leidenschaft noch mehr oder minder als exotisch. Die Anzahl an Teppichbüchern, die ihm zur Mehrung seines Wissens zur Verfügung standen, war – verglichen mit heute – gering, obwohl schon einige Generationen von Autoren sich diesem Thema gewidmet hatten. Es war ein Buch von Professor Kurt Erdmann, der im Bereich Orientteppiche als bedeutendste Autorität jener Zeit galt, das Reinhard Hubel in die Hände fiel und den Funken für seine Leidenschaft legte – so berichtet die Künstlerin Ibelle Langelot, eine langjährige Vertraute Hubels. Erdmann hatte seinen größten Beitrag zur Teppichliteratur bereits 1929 geleistet und blickte dabei zurück auf ein halbes Jahrhundert, in dem sich wenige Pioniere dem Thema gewidmet hatten. Erdmanns zweites Hauptwerk, das 1955 erschien, war eine prägnant gefaßte Geschichte des Knüpfteppichs, der erste Versuch seit F. R. Martins monumentalem Werk, das zu Anfang des Jahrhunderts erschienen war.

Zehn Jahre waren es, in denen sich Reinhard G. Hubel dem Orientteppich ganz verschrieben hatte, in denen er sammelte, forschte, dokumentierte, bis er schließlich seine Erfahrung im Ullstein Teppichbuch niederlegte und seine Sammlung erstmals im Staatlichen Museum für Völkerkunde in München gezeigt wurde.

Hubels Buch ist weitgehend das Werk eines Autodidakten, der fast noch eine Art von »Feldforschung« betrieb, wenn auch nur wenig, so paradox es klingen mag, in den Ursprungsländern. Hubel steht am Ende einer Ära von Pionieren und am Anfang einer neuen Qualität der Teppichforschung und -betrachtung, unter veränderten Bedingun-

7

gen und unter verändertem öffentlichem Interesse. Gerade in der letzten Dekade hat sich gezeigt, daß das Wissen, das in der Vorgänger-Generation dokumentiert worden war, mit Behutsamkeit zu behandeln ist. Zu oft schon wurden Erkenntnisse und Erfahrungen durch neue Thesen »revolutioniert«, um später wieder aufgenommen zu werden.

Umfassende Literatur zum Thema Orientteppiche ist in der zweiten Hälfte unseres Jahrhunderts veröffentlicht worden. Warum also ein altes Buch neu überarbeiten und ergänzen? Der Grund läßt sich aus dem zuvor Beschriebenen ableiten. Hubels autodidaktisches Wissen und seine praktische Erfahrung, die im Ullstein Teppichbuch dokumentiert sind, sollen bewahrt werden, zumal das Werk den Vorteil hat, in der oben beschriebenen Übergangsperiode entstanden zu sein. Es bedarf nur weniger Änderungen, formeller Anpassungen und Ergänzungen. Und es bedarf einer Illustration, die den neuen qualitativen Ansprüchen an Abbildungen gerecht wird. Dabei konnte aus einem äußerst breiten Photoarchiv geschöpft werden, nämlich dem eines Auktionshauses, das schon seit Generationen Sammlerteppiche zu einem seiner Schwerpunkte gemacht hat und wohl die umfangreichste Auswahl von Aufnahmen und Druckvorlagen in Deutschland zur Verfügung stellen kann. So konnten die Abbildungen des alten Hubelschen Buches durch neue Abbildungen von Teppichen ergänzt werden, die zum Teil fast identisch sind. Auch wurde Wert darauf gelegt, daß die Reihenfolge der Stücke im wesentlichen beibehalten wurde. Schwarzweiß-Abbildungen von zum Teil berühmten Stücken aus Museen wurden beibehalten und nicht durch neue Fotos ergänzt, da sie eigentlich weniger das Thema des Buches sind und eher vergleichend und um der Vollständigkeit willen mit abgebildet wurden. Bei den neuen Abbildungen handelt es sich also um Teppiche und Flachgewebe, die derzeit tatsächlich – auch wenn man teils viele Jahre danach suchen muß – erreichbar und sammelbar sind. Zusammen mit dem Hubelschen Textkörper, den Anpassungen und Ergänzungen konnte somit ein umfassendes, allgemein einführendes Werk von besonderem Charakter geschaffen werden. Sein Ziel ist, das gleiche zu erreichen, was die Hubelsche Fassung vermochte: Interesse zu erwecken und erwecktem Interesse eine Grundlage für die Entstehung einer Leidenschaft zu geben, die einen eventuell das ganze Leben begleiten kann.

Uwe Jourdan

Okzident und Orientteppich

Die allgemeine Begeisterung des Abendlandes für den Orientteppich ist erst hundert Jahre alt. Angeregt durch die seit der Mitte des 19. Jahrhunderts steigende Nachfrage, sandte Persien – mitten im Aufschwung des fortschrittsgläubigen Maschinenzeitalters – zur Weltausstellung in Wien 1873 eine Auswahl erlesener, in jahrelanger Arbeit von Hand geknüpfter Teppiche. Sie nahmen, wenngleich Jahrhunderte nach der höchsten Blüte des Orientteppichs entstanden, die Betrachter sofort gefangen durch ihr dem scheinbar überlegenen Farbempfinden des Orientalen zu dankendes Kolorit und das auf seiner natürlichen Begabung für das Ornamentale beruhende Märchenhafte ihrer Zeichnung. Im Unterbewußtsein regten sich, ausgelöst von dem diesen Kunstwerken einer alten Kultur entströmenden Geheimnisvollen, Einmaligen, dem Abendländer Unbegreiflichen, Erinnerungen – vielleicht an orientalische Märchen, an Tausendundeine Nacht. Sie sprachen ihn an. Ein jeder dieser Teppiche, individuell in tausenden von Arbeitsstunden geschaffen, schien seine eigene, doch allen wiederum gemeinsame Sprache zu sprechen. Zwar eine andere Sprache, als sie ihm die vom Europäer in ihren Tiefen nicht zu verstehende phantasiereiche Ideenwelt des Morgenlandes eingehaucht hatte; allein der Geist seiner Schöpfer war unter den flinken, geschickt knüpfenden Händen in ihn eingegangen – und er war es, der abendländischem Gesichtskreis entstiegenem Fragen und Suchen antwortete.

Wie arm wirkte dagegen der gewohnte Maschinenteppich. Ihren Zweck erfüllend, hat ihn die vom Europäer genial konstruierte Maschine in riesigen Serien perfekt und unpersönlich, ein Stück dem anderen gleich, auszustoßen; automatisch und geistlos. Dieses Produkt des Abendlandes mußte selbst auf Fragen seiner Erzeuger stumm bleiben.

Die große Liebe zum Orientteppich war erwacht. Bisher in Europa keineswegs unbekannt, war sein Gebrauch – vornehmlich als Decke und Wandbehang – seit den Kreuzzügen, vermehrt in der repräsentationsfreudigen Renaissance, im wesentlichen auf die Häuser des Adels, der Patrizier und Künstler und auf einzelne Kirchen beschränkt geblieben. Jetzt wuchs, nahezu ansteckend wirkend, in breiten Kreisen des Bürgertums das Verlangen nach Ausstattung der Räume mit Knüpferzeugnissen des Orients. Fügten sie sich bei richtiger Wahl doch so wohltuend in die Möblierung ein, den Eindruck der Wohnung hebend und das Lebensgefühl ihrer Bewohner steigernd.

Überraschenderweise schloß die stürmische Zuneigung zum Orientteppich die äußerste Gefährdung für ihn ein. Die Spontaneität der Liebe drohte ihn zu ersticken. Der sprunghaft anschwellenden Nachfrage stand nur ein begrenztes Angebot gegenüber. Hatten in den vorausgegangenen Jahrhunderten die Hofmanufakturen das orientalische Prunkbedürfnis der Herrscher und ihren Bedarf an Geschenken befriedigt, die großen städtischen und kleineren Hausmanufakturen neben dem inländischen Markt den nicht unbedeutenden Exporthandel ausreichend versorgt, so gründeten jetzt geschäftstüchtige Händler und europäisches Kapital Manufakturen mit dem Blick auf raschen Gewinn. Besonders im Raume von Isparta (Sparta) und Smyrna (Izmir) mit seiner alten Knüpftradition begann man unter Außerachtlassung überlieferter Färbemethoden und Qualitätsbegriffe möglichst schnell und billig zu produzieren. Trotz kaum vorstellbar geringer Knüpflöhne hatte ein Teppich mit Millionen von Knüpfungen seinen erheblichen Preis. Also reduzierte man die Knotenzahl, knüpfte lockerer. War die beste Wolle sorgfältig für die Knüpfung ausgewählt worden, wurde jetzt auch die minderwertigste, maschinengesponnene, ja selbst von toten Tieren mit Kalk abgezogene Gerberwolle (Tabachi) akzeptabel. Die oft mühselig zu gewinnenden und einen langwierigen, zuweilen als Familiengeheimnis gehüteten Färbeprozeß erfordernden Naturfarben, die dem Orientteppich sein unvergleichlich schmelzendes Kolorit gaben, mußten den hart wirkenden, fertig gelieferten Anilinfarben Platz machen, deren Handhabung man zudem nicht beherrschte. Gegen den allzu unbefriedigenden Gesamteindruck des fertigen Stückes half rücksichtsloses Bleichen der Farben mit Chlor und anderen scharfen Chemikalien. Stieg die Nachfrage nach persischen oder chinesischen Dekoren, wurden sie in Smyrna nachgeknüpft. Sogar die in Europa und Amerika häufig wechselnden Modefarben wählte man auf Wunsch als Grundfarbe. Das Ergebnis waren zwar handgeknüpfte, in Haltbarkeit, Farben und Komposition jedoch minderwertige Teppiche.

Gerechterweise sei darauf hingewiesen, daß die heutigen Industriefarben den Naturfarben in technischer Hinsicht mindestens ebenbürtig sind. Ihre geringere Beliebtheit ist eine Frage der Ästhetik.

Auch in Persien war man in vielen Manufakturen zu geringerer Knüpfdichte übergegangen, welche die befriedigende Bewältigung der traditionellen feinen Muster ausschloß. Die Anilinfarben beschleunigten die Verschlechterung der Qualität. Noch vor der Jahrhundertwende sah sich der Schah gezwungen, unter Anordnung schwerer Strafen (Abhacken der rechten Hand) jeglichen Gebrauch von Anilinfarben zu verbieten. Um allen Wünschen – je rascher, desto besser – gerecht zu werden, war man unter völliger Verkennung der dem Orientteppich eigenen Stilgesetze bereit, europäische Muster zu knüpfen. Zwar waren schon früher in Persien und im Kaukasus Einflußnahmen auf die Dekorgestaltung durch europäische Auftraggeber vorgekommen. Sie waren jedoch Episoden und auf wenige Manufakturen beschränkt geblieben. Jetzt förderten sie den allgemeinen Verfall des Orientteppichs, und die seinen Untergang beklagenden Jeremiaden waren nicht zu überhören.

Bis ins ferne Turkestan waren die Anilinfarben vorgedrungen, wie die hin und wieder als »antike Samarkandteppiche« auftauchenden traurigen, verwaschenen Lappen bezeugen. In China bahnte sich als Folge der durch den Boxeraufstand ausgelösten amerikanischen Wertschätzung chinesischer Teppiche eine der vorderasiatischen ähnliche Entwicklung an. Der Nomadenteppich aber hatte bis auf verschwindende Ausnahmen nicht teil am Niedergang.

Das Abendland trug, wenn auch unwissend, zur Krise des Orientteppichs bei. Das Abendland leistete aber auch einen Beitrag zu seiner Gesundung: Seit etwa 1870 hatte die Wissenschaft in zunehmendem Maße begonnen, die morgenländischen Knüpferzeugnisse zum Gegenstand der Forschung zu machen. Museen und Sammler trugen alle erreichbaren antiken Stücke zusammen und bewahrten sie vor weiterer Zerstörung. Den Anstrengungen verantwortungsbewußter europäischer Unternehmen – und hier in erster Linie der deutschen Petag (Persische Teppich-Gesellschaft AG) – gelang es im Verein mit traditionsgebundenen orientalischen Fachleuten vor dem Ersten Weltkrieg und zwischen den Kriegen, die Qualität durch Wiederbelebung der alten Farbgewinnungs-, Färbe- und sauberen Knüpfmethoden zu heben. Beide Weltkriege und die darauf folgenden Jahre brachten mit ihrem angestauten Bedarf jeweils eine den Erholungsprozeß verzögernde Qualitätsminderung.

Mit steigendem Wohlstand rückte die Bundesrepublik Deutschland in den fünfziger Jahren quantitativ zum ersten Orientteppichimporteur der Welt auf. Qualitativ hatte sie bereits seit der Jahrhundertwende diesen Platz eingenommen. Der Sucht nach Neuem und Neuestem entspricht leider das Angebot von Hausierern und eines Teils des Teppichhandels. Unter wechselnden Bezeichnungen, für gewöhnlich unter den

Namen kleiner persischer Dörfer, werden große Mengen an Teppichen, oft geringer Qualität, angepriesen und von unwissenden, gutgläubigen Käufern erworben. Dabei ist das Geschäftsgebaren nicht einmal immer böswillig. Die Sachkenntnis vieler jener neuen Händler, die sich in den letzten Jahren in nahezu allen größeren Städten niederließen, reicht – im Gegensatz zu fundiertem Wissen und reicher Erfahrung des eingesessenen Teppich–Fachhandels – allenfalls für die sogenannte Kommerzware, das ist die jederzeit nachlieferbare Massenware. Sie verkaufen die von zum Teil ebensowenig vorgebildeten Importeuren gelieferten Teppiche unter der in der Rechnung aufgeführten Bezeichnung weiter und schlagen von unwissenden Kunden in Zahlung gegebene ältere, reparaturbedürftige Stücke zuweilen billig los, überbewerten dafür wiederum andere, ihnen alt erscheinende Teppiche, die ihre Patina lediglich dem »Antikieren« verdanken. Darin kann für Käufer mit geschultem Auge eine Chance liegen (siehe das Kapitel über das Sammeln).

Der gute Fachhandel wartet schon seit Jahren neben älteren Stücken, die weniger aus Importen als aus Verkäufen europäischer und amerikanischer Besitzer stammen, mit neuen, in gutem Material ausgezeichnet geknüpften Teppichen auf. Von diesen sind die einfacheren nicht viel teurer als beste Fabrikware.

Musterverschleppung und zunehmende Standardisierung des Untergewebes erlauben bei vielen Typen nur eine sichere Bezeichnung nach dem Muster. Herstellungsland und Region sind erst bei näherer Untersuchung feststellbar. Um so größer ist die Verantwortung des Handels, den Käufer über die tatsächliche Herkunft nicht im unklaren zu lassen, ihm nicht einen »Täbris« anzubieten, sondern wahrheitsgemäß einen »bulgarischen Teppich mit Täbrismuster«, wenn es sich um eine bulgarische Nachahmung handelt. Letztlich entscheidend ist die Güte. Und sie ist im Zunehmen begriffen, wenn auch zu höheren Preisen. Der Orientteppich lebt, lebt auch im Okzident.

Die Herstellerländer sind zumeist Entwicklungsländer. Ihre industrielle Entwicklung wird das Zahlenverhältnis von Land- zu Industriebevölkerung umkehren und Lebensstandard und Löhne steigen lassen. In Turkmenien hat sich der Wandel schon vollzogen. Wir werden eingehender darüber berichten, weil die Entwicklung in der Türkei und im Iran ähnlich vor sich gehen wird. Istanbul und Teheran sind Weltstädte mit zwei Millionen Einwohnern oder mehr. Eriwan hat über 600 000, Täbris mit seinen berühmten Gärten 400 000, das (wegen der Fayence-Außenverkleidung seiner Moscheen) »blaue« Isfahan 300 000, das romantische Schiras 200 000 Einwohner. An den Stadträndern wachsen die Fabriken – so in Isfahan ein Stahlwerk und bei Kirman ein Bergbauzentrum – und ziehen die Bevölkerung an wie in den Erdölgebieten die Raffinerien.

Der gute Orientteppich wird teurer werden. Als extremes Beispiel dafür möge eine, freilich nicht für den Verkauf hergestellte, selten fein geknüpfte Zelttasche (Tschowal, Abb. 147) dienen. Dieses reichlich 0,5 qm große Stück kostet im Handel heute etwa 6000 DM, würde unter Zugrundelegung von europäischen Löhnen jedoch allein etwa 15 000 DM Knüpfkosten verursachen.

Bei den in Europa zur Selbstanfertigung (durch Einziehen und Aufschneiden von nur etwa 120 Schlingen je qdm in ein vorfabriziertes Grundgewebe) angebotenen Smyrna-Vorlagen betragen allein die Materialkosten schon über 100 DM/qm.

Ob der Orientteppich gut bleibt, hängt vom Käufer ab: Was er kauft, wird hergestellt und vom Handel geliefert. Konsequente Zurückweisung jedes minderwertigen Knüpferzeugnisses wird viele Manufakturen zwingen, wieder Qualität statt Quantität als oberstes Gebot ihres Handwerks zu sehen und jene Werkstätten ermutigen, die bisher in alter Tradition fortfahren, nur bestes und feinstes Kunsthandwerk auf ihren Knüpfstühlen zu schaffen. Die verantwortlichen Persönlichkeiten im Orient bedauern immer wieder im Gespräch, daß sie so lange mit ihrer Forderung auf Hebung der Qualität bei den Herstellern keinen durchgreifenden Erfolg erzielen können, wie von den Importeuren des Westens billigste Ware verlangt wird. Als wir den Leiter der größten Manufaktur in Hamadan nach soliden Läufern mit den schönen alten Mustern fragten, war er höchst erstaunt. Da sie seit Jahrzehnten nicht bestellt wurden, wollte er nicht an eine echte Nachfrage dafür glauben. Er betonte aber, daß man jederzeit gern bereit sei, statt der Kirmans, die gerade auf den Stühlen entstanden, wieder die schönen Hamadanteppiche zu knüpfen. Die Färbung handgesponnener Wolle mit Naturfarben, die wir in seiner Färberei beobachteten, galt leider nur einer Sonderbestellung. Aus Rentabilitätsgründen wird sonst mit Industriefarben gefärbt.

Vier Ereignisse, die abwechselnd ihren Ausgang vom Orient und Okzident nahmen, intensivierten jeweils die Berührung von morgen- und abendländischer Kultur: Die Unterwerfung der Iberischen Halbinsel durch den Islam, die Kreuzzüge, die Eroberung von Byzanz und des Balkans durch die Türken – bei deren Niederlage vor Wien fielen den Siegern mit den Zelten der Geschlagenen viele Teppiche in die Hände

– und die alle Entfernungen überbrückende, die Lebensbedingungen und Gesellschaftsordnung verändernde Technik.

Mannigfache morgenländische Beiträge wurden in gegenseitigem Geben und Nehmen vom Abendland ins Geistesleben so weitgehend eingeschmolzen, daß wir uns ihres Ursprungs nicht mehr bewußt sind. Mancher wird sich der Taschenuhr entsinnen, die Harun al Raschid Karl dem Großen vor fast 1200 Jahren zum Geschenk machte. Doch wer vergegenwärtigt sich, daß die christliche Religion, die Grundlagen unserer Mathematik und Astronomie, Beiträge zur Medizin und anderen Wissenschaften, unsere Zahlen und viele täglich gebrauchte Worte, die Kenntnis der Gewürze, der Kaffeezubereitung und anderes mehr aus dem Orient zu uns kamen?

Anders beim Orientteppich. Sein Anblick läßt augenblicklich das wahre oder erträumte Bild des Orients vor uns aufsteigen. Allen Versuchen, ihn durch Eigenes zu ersetzen, mit Eigenem zu verschmelzen oder uns seine Erzeugung anzueignen, war kein dauernder Erfolg beschieden. So wie er seit den Kreuzzügen trotz Krisen alle Stile überdauert hat, ist er auch unserer modernen Wohnkultur unentbehrlich geblieben.

Sinn und Aufgabe dieses Buches ist es, Wesen, Entwicklung, Stilgesetze und Technik des Orientteppichs darzustellen. Es soll, unterstützt durch zahlreiche Abbildungen und Zeichnungen, ein Leitfaden durch die verwirrende Vielfalt an Mustern und Provenienzen und Ratgeber für Auswahl, Kauf, Auslegen und Pflege sein. Für den interessierten Liebhaber schöner Teppiche schlägt es die Brücke von den Teppichen im eigenen Heim zu den Stätten ihrer Entstehung.

Ebenso wichtig wie Geschmack und Theorie ist freilich zur Schärfung von Auge und Urteil die Praxis. Und diese heißt sehen, sehen und nochmals sehen und – anfassen.

Dem angehenden Sammler werden eingehende Strukturbeschreibungen jedes abgebildeten Stückes willkommene Aufschlüsse und ein kleiner Abschnitt über das Sammeln Ratschläge für die sinnvolle Ausübung seiner liebenswerten Leidenschaft geben, einer Leidenschaft, die zur Erfüllung einer kulturellen Aufgabe beitragen kann. Kein kunsthandwerkliches Erzeugnis und Kulturgut unterliegt, abgesehen von unsachgemäßer Behandlung, durch die normale Benützung so starkem Verschleiß wie der Knüpfteppich. Die nicht allzu zahlreichen, uns erhalten gebliebenen frühen Exemplare und Fragmente sind in einigen großen Museen gesammelt und für das Gros der Interessierten nur nach längeren Reisen erreichbar. Durch den Wandel im Orient

sind inzwischen die alten Teppiche des 19. und ausgehenden 18. Jahrhunderts, ob aus Manufakturen oder von Nomaden stammend, für uns
nahezu klassisch geworden. Erfreulicherweise bietet sich noch verschiedentlich Gelegenheit, sie, wenn auch manchmal reparaturbedürf-
tig, zu erwerben. Dem Besitzer und Sammler werden sie zur täglichen
Freude werden. Durch pfleglichen Gebrauch und fachmännische
Reparatur kann er diese schnell seltener werdenden Zeugen einer
dahingegangenen Epoche des Orients kommenden Generationen
erhalten.

Die Völker des Morgenlandes blicken fasziniert auf die westliche
Zivilisation und Technik, von der sie ein besseres Leben erwarten.
Solange es nicht Wirklichkeit geworden ist, darf man von ihnen keine
Besinnung auf die in der Handarbeit ruhenden Werte erhoffen. Auch
für das Sammeln von alten Nomadenerzeugnissen ist es fünf Minuten
vor zwölf. Die kleinen, auch für die Nomaden arbeitenden Färber
erklären uns, daß sie das Färben mit Naturfarben noch beherrschen,
jedoch nicht mehr ausüben, weil von ihnen billigste Färbung der guten
handgesponnenen Wolle verlangt wird. Die Bestände der ethnologischen Museen des Orients an nomadischen Knüpferzeugnissen sind
gemeinhin dürftig, und in den Basaren, Zelten und Dörfern sind origi-
nelle Stücke nur noch selten zu finden.

Frühgeschichte und Verbreitung

Der älteste bekannte Knüpfteppich wurde 1949 von dem russischen Forscher Rudenko unter anderen vom Eis konservierten Grabbeigaben im Kurgan V des Pazyryktales im Altai in Südsibirien entdeckt (Abb. 1 und Skizze S. 19). Kurgane sind bis zu 20 m Höhe und 250 m Umfang messende Hügel über tief in das Erdreich getriebene, von einer Holzkonstruktion gestützte Grabkammern skythischer Fürsten. Stämme des Reiterkriegervolkes der Skythen, das europide und mongolide Rassemerkmale in sich vereinigte, hatten zur Zeit ihrer größten Machtentfaltung (7. Jahrhundert v. Chr.) den Vorderen Orient bis an die Grenzen Ägyptens überrannt. Um 600 v. Chr. drängten die Meder sie über den Kaukasus in den südrussischen Raum zurück. Von dort strahlte ihre von der Berührung mit den Hochkulturen des Orients beeinflußte Kunst bis in die Lausitz aus. Die Verbindung zu den ihnen verwandten Stämmen im sibirischen Raum war nie verlorengegangen. Diese unterhielten ihrerseits Beziehungen zu dem sich im 6. Jahrhundert bis zum Syr–Darja erstreckenden Reich der Achämeniden und den diesem drei Jahrhunderte später – nach der Alexander- und Seleukidenepoche – dort in der Herrschaft folgenden Parthern. Im gewaltigen, das Überbringen von Neujahrsgeschenken an den achämenidischen Herrscher Darius verewigenden Flachrelief am Aufgang zur Apadana (Audienzhalle) im Palast zu Persepolis gehören die Skythen aus dem Gebiet jenseits von Samarkand zu den 28 tributpflichtigen Nationen. Radiokarbonanalyse und Stilvergleich der übrigen Pazyrykfunde (soweit sie sich nicht, wie z. B. chinesische Seide, als Importgüter ausweisen) mit den Grabbeigaben in den Kurganen Südrußlands ergeben für Pazyryk V eine Datierung etwa um die Wende zum 3. Jahrhundert v. Chr.

Der gute Erhaltungszustand der nahezu zweieinhalbtausendjährigen textilen Funde ist in erster Linie Grabräubern zu verdanken. Durch ihre vermutlich schon während der wochenlangen Begräbnisfeierlichkeiten erfolgte Tätigkeit konnte Schmelzwasser ins Grabinnere einsickern und gefrieren. Diese konservierende Eisschicht blieb durch die mächtige, Sonnen- und Wärmeeinstrahlung kompensierende Steinplattenabdeckung des Kurgans auch im Sommer erhalten.

16

Der wollene Pazyrykteppich hat die Größe von 200 x 183 cm. Er ist im Gördesknoten in einer Dichte von 4100 Knoten/qdm geknüpft. Trotz des fast quadratischen Formates erhält das relativ kleine Mittelfeld eine rechteckige Form durch die später in Teppichen aller Provenienzen bekannte breitere Ausführung der Borte an den Längsseiten. Das Schachbrettmuster des Mittelfeldes trägt in den 6 x 4 Feldern ein durch vier schwertförmige Blätter zum Stern erweitertes Blütenkreuz. In der fünfstreifigen Bordüre zeigt der breitere äußere der beiden Hauptstreifen einen von links nach rechts verlaufenden Fries 28 heller Hengste auf rotem Grund, der schmalere in entgegengesetztem Verlauf einen Fries äsender roter Elche (Hirsche, Rentiere?) auf hellem Grund. Die getupften Elchbullen, sechs an jeder Seite, tragen an Schlegeln und Flanken auf Organzeichnung deutende Gebilde ähnlich denen der geflügelten Stiere an den achämenidischen Palästen des Darius in Susa und Persepolis. Bei den prächtig gezäumten 28 Hengsten, sieben an jeder Seite von Männern geritten oder geführt, sind Mähne und Schweif sorgfältig geknotet. Die Zeichnung ihrer Schabracken erinnert, abweichend von jener der in Applikationstechnik verzierten Filzsatteldecken aus dem gleichen Kurgan, an die Muster turkmenischer Zeltschmuckbänder (Kibitkastreifen). Als Trennung der beiden Friese verläuft zwischen ihnen ein Band, auf dem die verkleinerten Blattsterne des Mittelfeldes ohne Feldunterteilung gereiht sind. Den Abschluß der Bordüre gegen Mittelfeld und Teppichränder bildet je ein Band mit der Reihung von Greifenfiguren in fast quadratischen Oktogonen.

Eine Deutung des Sinngehaltes der Darstellung wird wohl stets Hypothese bleiben. Umrittszene, Gesandtschaft mit Geschenkpferden, Kultgegenstand oder reine Ornamentik? Die Elche könnten Hirsche mit den in der skythischen Kunst auf andere Weise überstark dargestellten Geweihen oder – als Rentiere gesehen – Erinnerung an die Rentierjäger- und -züchterperiode sein, die bei einigen Nomadenvölkern der Reiterkriegerzeit unmittelbar vorausging.

Wegen der Unterbrechungen der drei äußeren Bortenstreifen – links oben durch zwei Rosetten, rechts oben durch ein Querbändchen – schließt Wiesner auf die Möglichkeit von Markierungen eines textilen Würfelspielbrettes. Spielbretter unter den Grabbeigaben entsprechen altorientalischem Brauch. Auch das im Osten beheimatete Schach war ursprünglich ein Würfelspiel. Das große Ausmaß von fast vier Quadratmetern brauchte eine Verwendung als Spielbrett nicht auszuschließen, sind doch aus späterer Zeit Spielfiguren entsprechender Größe erhalten.

Im Stil unterscheidet sich der Pazyrykteppich von allen anderen zahlreichen Zeugnissen skythischer Kunst – die Steppe ist keine Kultursteppe – so erheblich, daß man Iran als sein Ursprungsgebiet annehmen möchte. Und hier weist das Steingrün und mehr noch das den Karabaghteppichen eigentümliche Cochenillerot auf Armenien hin. Armenien (Aserbeidschan), dessen Bevölkerung schon Herodot im 5. Jahrhundert v. Chr. als begabt zur Herstellung von Farben und zum Färben von Stoffen rühmt, gehörte seit frühiranischer Zeit zu Persien. Im Stil gleicht die Darstellung der pferdeführenden Männer weitgehend der in dem erwähnten Relief von Persepolis viermal vorkommenden Übergabe von Geschenkpferden. Pferdeschmuck und Kopfbedeckung der Männer der armenischen Delegation – die, wie alle Abgesandten der 28 tributpflichtigen Völker, die eng zulaufenden Hosen der Steppentracht tragen – ähneln stärker der Zeichnung im Pazyrykteppich als die der ebenfalls pferdeführenden skythischen und vermutlich thrakischen Abordnungen. Die Greifen sind achämenidisch. 28 Hengste zeigt der Pazyrykteppich. 28 ist die Anzahl der tributpflichtigen Völker. 28 Männer tragen die Throne des Xerxes in Persepolis und am Eingang der Grabkammern der achämenidischen Herrscher im Persepolis benachbarten Nagsch-i-Rustam. Zudem tritt eine nicht zu übersehende Verwandtschaft mit den Menschen- und Löwendarstellungen in den iranischen Textilien aus demselben Grab zutage, die sich im Stil grundsätzlich von den applizierten Darstellungen auf den großen skythischen Filzteppichen unterscheiden, mit denen die Wände der Grabkammer behängt waren. Der Pazyrykteppich könnte sich demnach sehr wohl als ein in Armenien in Auftrag gegebenes achämenidisches königliches Geschenk ausweisen.

Abgesehen vom Stil sprechen noch praktische Erwägungen gegen die Herkunft des Teppichs aus der skythischen Kunst. Hätten die Skythen die Technik des Knüpfens beherrscht, wäre sie zuerst, anstelle des weniger haltbaren Filzes, auf die Fertigung der stärkster Abnutzung unterliegenden Satteldecken angewandt worden. Daß die Skythen die Strapazierfähigkeit von geknüpften Geweben zu schätzen wußten, geht aus einem Fund hervor, den Rudenko, anschließend an die Forschungstätigkeit im Pazyryktal, bei den Ausgrabungen der Großkurgane von Basadar – etwa 180 km weiter westlich an einem Nebenfluß des Katun gelegen – machte: In der in mehr als sechs Meter Tiefe angelegten Grabkammer des gleichfalls beraubten riesigen Kurgans Basadar II (etwa eineinhalb Jahrhunderte älter als Pazyryk V) von rund 200 m Umfang fand er unter anderen Beigaben 14 Pferde. Zur Herstellung

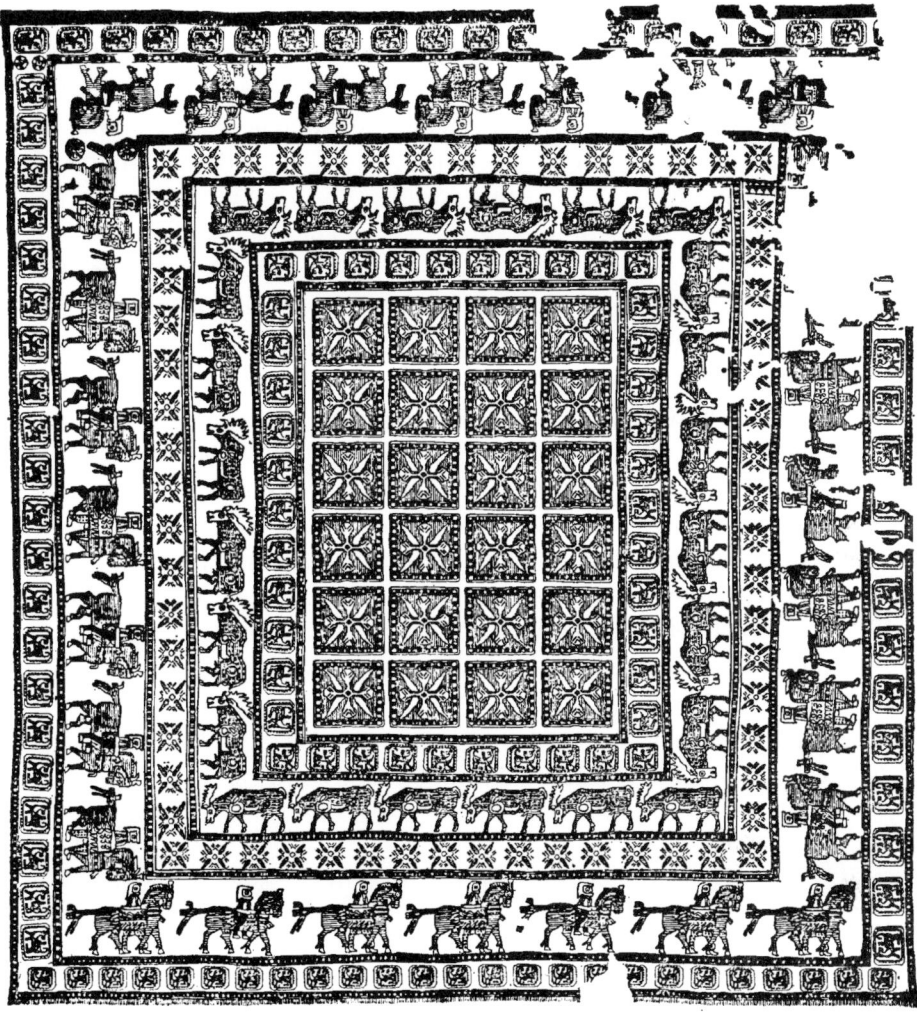

Der Teppich aus dem Kurgan V des Pazyryktales im Altai, Südsibirien. 5./4. Jahrhundert v. Chr.
Etwa 200 x 183 cm.

Kette: W. Z-Spinnung, S-Zwirnung (2), ungefärbt elfenbein- bis drappfarben, auch mit einzelnen schwarzbraunen Fasern.

Schuß: W. Z-Spinnung (2), ungefärbt drappfarben. 3 Schüsse: 1. u. 3. gerade, 2. gewellt.

Flor: W. Z-Spinnung (2-3). Obwohl auch hier nicht von einer Zwirnung gesprochen werden kann, sind die Fäden doch stärker als später üblich in S-Richtung miteinander verdreht. Knoten G III (45 Grad): H 64, B 64 = ca. 4100 Kn/qdm.

Oberkante: – . Unterkante: – .

Seiten: W-Schirasi, anscheinend stets um einen Kettfaden.

Griff: Weich, fast dünn, fein glatt.

Hauptfarben: Aubergine- bis Weinrot (Cochenille?), Reseda- bis Steingrün, Elfenbein, Dunkelblau, Olivbraun.

19

eines der Sättel war ein Teppichfragment verwendet worden. Es hat die selten feine Knüpfdichte von rund 7500 Sennehknoten/qdm. Die Verwendung von besser erhaltenen Teilen abgenutzter Teppiche zur Fertigung von Pferde-, Esel- und Kamelgeschirren ist heute noch im Orient allgemein anzutreffen. Hätten die Skythen selber geknüpft, so wäre genügend Material für diese Zwecke angefallen und seine Verwertung nicht die Ausnahme, sondern die Regel gewesen.

An frühen schriftlichen Zeugnissen über Teppichherstellung und -handel besteht kein Mangel. Sie beginnen mit der Bibel – 2. Moses 36, 8 und Apostelgeschichte 18, 3, wo Teppichmacher als Beruf des Apostels Paulus vermerkt ist – und reichen über die Wertschätzung der »babylonischen« Teppiche durch Griechen und Römer bis zur Beschreibung des »Frühling von Chosrau«, eines gewaltigen Gartenteppichs, der zur Winterzeit den Palast Khosroes I. (531-579) in Ktesiphon zierte und 637 von den arabischen Eroberern zerschnitten wurde, um diese einmalige Beute verteilen zu können. Nur die Herstellungsart bleibt in allen Quellen unerwähnt. Weitere bedeutende Funde sind bei der Vergänglichkeit des Materials nicht wahrscheinlich.

Vor den Pazyryk- und Basadarfunden waren einige bescheidene Fragmente aus Ostturkestan die ältesten Belege für Knüpfarbeiten. Es waren Ergebnisse der Turfanexpeditionen der Berliner Museen 1906–1908, von Sir Aurel Stein und der Ausgrabungen Le Coqs 1913.

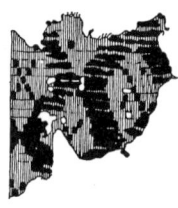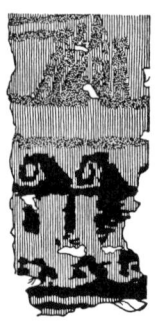

Teppichfragmente aus Turfan, 5.-6. Jahrhundert, rund 500 Knoten/qdm

Über ihre Muster geben sie, bis auf die Verwendung des Laufenden-Hund-Motivs und kleiner Rhomben in versetzter Reihung, keinen Aufschluß. Aus dem 5.-6. Jahrhundert stammend und mit etwa 500 Knoten/qdm, ließen sie die Anfänge der Knüpftechnik einige Jahrhunderte vor der Zeitrechnung vermuten. Der Glücksumstand der Frostkonservierung der Pazyryk- und Basadarfunde erlaubt es, dieses Datum ein bis zwei Jahrtausende zurückzuverlegen. Der weit fortgeschrittenen Technik muß eine lange Entwicklungszeit vorangegangen sein. Der Ursprung des Knüpfteppichs bleibt im Dunkeln.

Wahrscheinlich zogen als erste Hirtennomaden Wollbüschel in Gewebe oder Matten als Schutz gegen die Bodenkälte in ihrer Behausung. Den Jägernomaden erfüllten die Felle der Jagdbeute diesen Zweck. Der Hirtennomade war auf den Bestand seiner Herde bedacht, deren nur bei Schlachtungen anfallende Häute für Zeltbau, Fußbekleidung, Wasserbehälter u. ä. benötigt wurden. Wolle stand hingegen nach jeder Schur reichlich zur Verfügung. Heimisch wurde der Knüpfteppich nur in dem von Gebirgen durchzogenen Steppengürtel Asiens etwa zwischen 30 und 45 Grad nördlicher Breite. Südlich davon blieben klimabedingt Matten, in den nördlichen Waldgebieten Wildfelle der gegebene Bodenbelag. Schmuckbedürfnis und Schönheitssinn führten zur Ordnung der verschiedenen Naturwollfarben in primitiven Mustern. Der nächste Schritt wird das Einschlingen gefärbter Büschel oder Fäden gewesen sein, ein weiterer das möglichst gleichmäßige Stutzen des bis dahin wie ein zottiges Fell wirkenden Flors, um das Muster klarer hervortreten zu lassen. – Bis zu den Teppichen von Basadar und Pazyryk war es noch ein weiter Weg.

Von den zentralasiatischen Kurganen klafft, abgesehen von den Turfanfragmenten, eine breite Lücke in den Zeugnissen bis Fostat (Alt-Kairo) und zur Ala-ed-din-Moschee im zentralanatolischen Konya. Im 11. Jahrhundert waren die Seldschuken aus Ostturkestan nach Westen aufgebrochen, hatten 1036 Merw erobert und bald die Herrschaft über Vorderasien erlangt. In ihrem Gefolge scheint das Teppichknüpfen in großem Umfang in Kleinasien Einzug gehalten zu haben. Die Seldschukenteppiche aus Konya (jetzt im Türk-ve-Islam-Eserleri-Museum, Istanbul) sind ebenso wie die gleichzeitigen, 1929 in der Eshrefoglu-Moschee von Beyshehir entdeckten Fragmente im Mittelfeld nach dem gleichen Prinzip gestaltet, dem Prinzip der versetzten Reihung. Dieses wird entweder verwirklicht durch unendlichen Rapport des gleichen, isoliert stehenden Motivs (Oktogon, Hakenraute) oder durch gitterförmige Anordnung von Rauten bzw. Sternrosetten, deren starke, linear betonten Verbindungsranken wie ein selbständiges zweites Motiv wirken (Abb. 10). Die dominierenden Motive sind fast stets in helleren Tönen der dunkelblauen, roten oder dunkelrotbraunen Grundfarbe des Mittelfeldes gehalten, oder umgekehrt.

Bestimmend für die breite Borte sind zu wuchtigen Keilhaken stilisierte kufische Schriftzeichen (Abb. 6) oder die Reihung geometrisierter Rosetten zur Quadratform hin (Abb. 10).

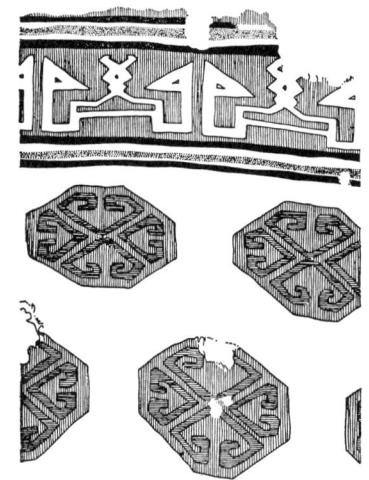

Konya, 13. Jahrhundert, Fragment 183 x 130 cm

Konya, 13. Jahrhundert, Ausschnitt aus einem Seldschukenteppich von 608 x 240 cm

Konya, 13. Jahrhundert, Fragment 77 x 17 cm

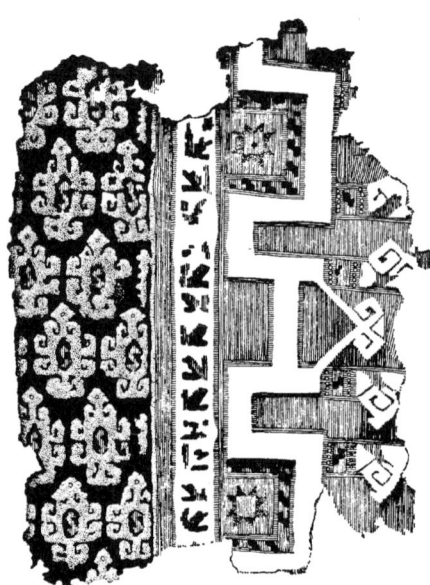

Konya, 13.-14. Jahrhundert, Fragment
91 x 74 cm

Beyshehir, 13. Jahrhundert, Fragment
49 x 116 cm

Das Gestaltungsprinzip der Seldschukenteppiche ist nicht rein ornamental aufzufassen: In der Vorstellung des Orientalen gibt die Bordüre als Rahmen den Blick auf einen kleinen Ausschnitt des Unendlichen, ohne Anfang und Ende Fortfließenden frei. Das Abschneiden einzelner Motivteile des Mittelfeldes durch die Bordüre deutet dessen gedachte unendliche Fortsetzung an. Die Entstehung dieser Seldschukenteppiche spätestens im 13. Jahrhundert ist durch eine Darstellung auf einem Fresko Giottos in der Arenakapelle zu Padua aus dem Jahre 1304 belegt.

Von Orientteppichen angeregten italienischen Malern ist die Kenntnis eines anderen, nicht viel später anzusetzenden Typs zu verdanken. In ihm stehen in großen, fast quadratischen Oktogonen Vierbeiner oder linear gestaltete Vögel einzeln oder paarweise. Zu den Tierdarstellungen in frühen türkischen Teppichen gehört schon im 15. Jahrhundert das sogenannte Drachen-Phönix-Motiv (siehe die Zeichnungen auf dieser Seite).

W. G. Moschkowa hat auf die Ähnlichkeit mit den Vogeldarstellungen auf den ältesten, in einigen Museen Mittelasiens erhaltenen Chalyks (kleine, für die Brust des Brautkamels bestimmte Hochzeitsschmuckteppiche) hingewiesen.

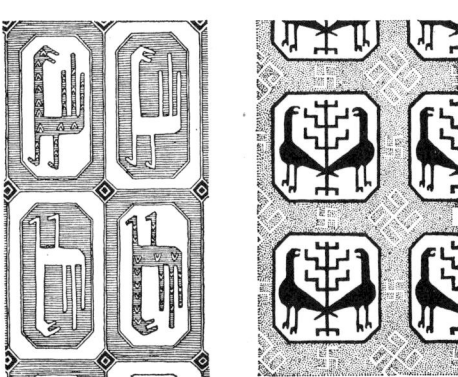

Zwei Ausschnitte aus anatolischen Teppichen des 14. Jahrhunderts mit Vogelmuster, aus zeitgenössischen europäischen Gemälden

Teppichfragment mit Drachen-Phönix-Motiv. 161 x 91 cm. Etwa 800 Knoten/qdm. Aufgrund zeitgenössischer Gemälde mit diesem Motiv wurde auch dieses Fragment Anatolien um 1400 zugeschrieben. Nach eigenen Struktur- und Materialuntersuchungen dürfte das Stück (jetzt Staatliche Museen Berlin) keinesfalls vor 1600 zu datieren sein.

Raschid-ad-din, ein Autor des 14. Jahrhunderts, gibt in seinem »Dshami-at-Tawarich« eine Aufstellung der ogusischen Stammestotems, mit denen auch das Vieh gezeichnet wurde, z. B. Falke, Adler,

Jagdfalke, Adler, der den Hasen greift. Ähnliche Vogelpaare als wiederholtes Motiv finden sich in byzantinischen Stoffen des 10./11. Jahrhunderts. Allen uns bekannten frühen Teppichen Anatoliens sind relativ grobe Knüpfung (von 342 Knoten/qdm an) und rotgefärbte Schußwolle eigen. Eine Ausnahme macht nur das in Fostat gefundene Fragment eines kleinen Teppichs, das bei gleichfalls roter Schußwolle eine Knüpfdichte von fast 2000 Gördesknoten/qdm erreicht. Für die bis zu 520 x 285 cm reichenden Ausmaße war eine leistungsfähige Manufaktur Voraussetzung. Über die Herstellung der besten und schönsten Teppiche in Konya berichtet Marco Polo von einer Reise durch das Seldschukenreich am Ende des 13. Jahrhunderts.

Die Seldschukenteppiche lassen sich wohl von den Turfan-, nicht jedoch ohne weiteres von den Pazyryk- und Basadarfunden ableiten. Diese zeigen bei bis zu 20fach dichterer Knüpfung naturnahe Darstellung der Tiere und Feinheit in der Stilisierung floraler Motive. In Anatolien dagegen ist das Farbempfinden vielleicht ausgeprägter, die Tierzeichnung ist jedoch äußerst primitiv. Im Stil von Mittelfeld und Bordüre sind keine verwandten Züge zu entdecken. Wahrscheinlich sind Pazyrykteppich und Basadarfragment in eine eigene Entwicklungslinie des persischen Teppichs (Armenien) einzureihen. Von den Teppichen Persiens aus der Zeit vor dem 16. Jahrhundert ist jedoch nichts erhalten geblieben. Persische Miniaturen des 13. Jahrhunderts zeigen sie mit ähnlichen Zügen, wie man sie auf den anatolischen Teppichen erkennt, ohne Einflüsse der feinen Textilkunst in den Gewandstoffen der gleichen Miniaturen. Sollten hier die zahllosen Erschütterungen des persischen Raumes durch Kriege und Umstürze, Alexanderzug, Aufstieg und Verfall des römischen Imperiums, Araber-(Islam-) und Mongolenstürme schließlich einen allgemeinen Rückgang der Knüpfkunst herbeigeführt haben? Ein Rückgang, von dem – obwohl Beweise dafür fehlen – die Nomadenkunst auszunehmen wäre, weil diese sich gegenüber politischen und wirtschaftlichen Rückschlägen stets als unempfindlich erwies. Aus dem für Einflüsse Persiens offenen Kaukasusgebiet sind erst die angeblich im 15. Jahrhundert entstandenen armenischen Drachenteppiche die frühesten Zeugen.

Für die Anwendung der Knüpftechnik in der ägyptischen Teppichfertigung fehlten für diese Periode so lange alle Beweise, wie man die 1935/36 durch C. J. Lamm entdeckten Funde von Fostat (Alt-Kairo) als aufgeschnittene Noppenwebarbeiten betrachtete. Jedoch war schon der hohe Stand des eigenen Stiles der Mameluckenteppiche aus den großen Manufakturen Kairos um 1500 ohne längere Erfahrung undenkbar. In der kaleidoskopartigen Ordnung von Oktogonen und Sternen verschiedener Größe sowie dünner, schlanker Blatt- und anderer kleinteiliger Motive manifestiert sich das spezifisch arabische, auch in der irisierenden Fayence-Außenverkleidung der Moscheen zu beobachtende Streben nach Entmaterialisierung der Fläche.

Die Fostatfunde sprechen für einen sehr frühen eigenen Weg Ägyptens in der Entwicklung der Knüpftechnik. Das Resultat genauerer Untersuchung von Fostatfunden, soweit diese nicht in außerägyptischem Material und im Gördesknoten geknüpft sind, sollte zum Nachweis ihres ägyptischen Ursprungs genügen.

Von den sieben Fragmenten aus Fostat im Museum für islamische Kunst in Kairo ist eines, ganz aus linksgesponnener bzw. rechtsgezwirnter Wolle, im Gördesknoten (in der Höhe 34, in der Breite 58=1972 Knoten/qdm) geknüpft und scheidet als Importgut hier aus. Das in ihm reichlich verwendete Violett ist bei anatolischen Teppichen zu finden. Die Struktur dieses Stückes ist ohne Vorbild: Von den vier bis sechs Schüssen umläuft nur einer wellenförmig und fest jeden Kettfaden einzeln, während die anderen, von Schußfaden zu Schußfaden versetzt, locker je drei Kettfäden von hinten umschließen und, nachdem sie den nächsten von vorn umlaufen haben, wieder die drei nächsten von hinten umfassen. Falls eine Kufi-Inschrift: »Abdrachman-ibn-sudaik« (es handelt sich um den Namen eines höchsten Richters von Kairo im 9. Jahrhundert) seine Datierung ins 9. Jahrhundert rechtfertigt, ist es wohl als – neben einem anderen Fostatfragment ähnlicher Struktur (Abb. 39) – einziges größeres Teppichfragment aus dem Ersten Jahrtausend nach der Zeitwende mit seiner feinen Knüpfung ein erster Lichtstrahl in dem die Knüpfkunst Westasiens in vorseldschukischer Zeit umgebenden Dunkel. Entgegen bisheriger Meinung muß der Vordere Orient schon lange vor seiner seldschukischen Eroberung über eine hochentwickelte Knüpfkunst verfügt haben.

Alle anderen sechs Fragmente (Abb. 176 bis 179 a/b), von denen sich zwei als zu einem der wahrscheinlich ungewöhnlich kleinen Teppiche gehörig erwiesen, setzen in Untergewebematerial (Leinen) und Schußfadenführung (gerade und stramm zwischen doppelter Kette hindurch) die Tradition der ägyptischen Teppiche in Schlaufen-Towel-Technik aus der römischen Epoche (Abb. 176) fort, die sich wiederum aus den erhaltenen, etwa dreitausendjährigen kleinen Teppichen der Amunpriester der 16. Dynastie ableiten läßt. Ihre Struktur wird im nächsten Kapitel ausführlicher behandelt werden. Ihr Flor entsteht durch Einziehen wollener V-Schlingen um jeden zweiten Kettfaden.

Die sparsame Verwendung dieser Schlingen und ihr sorgfältiges Einbetten zwischen zahlreichen Schußfäden rechtfertigt die Annahme, daß es sich um einzeln eingezogene Schlingen und nicht um nachträglich aufgeschnittene Noppen handelt, wie sie durch Führung eines wollenen Schußfadens um den Kettfäden vorgelagerte Stäbe erzielt werden. Die Rechtsspinnung und Linksverzwirnung alles verwendeten Materials weist dieses als ägyptisch aus. Auf Grund einer Inschrift, die sich auf die Einsetzung des Sohnes des Abssy als Maule (Leiter der Finanzen oder Polizei im 9. Jahrhundert) durch den Kalifen bezieht, und der Hedschrajahreszahl 202 (818 n. Chr.) in der Borte eines anderen Fragmentes ins 9. Jahrhundert datiert, bestätigen diese Fragmente die alte Vermutung, daß die 600 Jahre späteren Mameluckenteppiche (Sennehknüpfung) nicht die ersten Knüpfarbeiten Ägyptens waren.

Indien übernahm die Knüpfteppichherstellung erst auf Befehl der Mogulkaiser. Klimabedingt, wurde der Teppich in der indischen Bevölkerung nie heimisch. Er diente der Prachtentfaltung der Herrscher und später dem Export. Ihm gelang, trotz seiner zuweilen extrem naturalistischen Muster, nie die Befreiung vom persischen Vorbild. Seine Herstellung durch Gefangene machte ihm im 19. Jahrhundert künstlerisch den Garaus.

Ostasien nahm offenbar erst viel später die Knüpfteppichproduktion auf. Die in vielen Ländern Europas gegründeten Manufakturen waren meistens Epigonen oder (auf dem Balkan) Ableger Kleinasiens und können hier außer Betracht bleiben. Einzig Spanien fand – in abweichender Technik – seinen eigenen Teppichstil und wird in einem gesonderten Abschnitt behandelt.

26

Herstellung

Der Knüpfteppich (Farsh, Ghali, türk. Halil) entsteht durch eine Kombination von Weben und Knüpfen: Knüpffäden werden in ein sich erst während des Knüpfens bildendes Grundgewebe aus Kette (Tun, Tshälä) und Schuß (Pud, Argatsh) eingeknüpft. Die gleichmäßig gestutzen, bürstenähnlich hervorstehenden Knüpffadenenden ergeben gemeinsam den Flor (Tachtä).

Der Knüpfvorgang ist stets der gleiche und unabhängig davon, ob die Hersteller Nomaden und Halbnomaden, seßhafte ländliche und städtische Familien (auf eigene Rechnung oder als Auftrag) oder Manufakturen mit Lohnarbeitskräften sind.

Die Knüpfstühle (Dasgah), an denen die Arbeit erfolgt, sind im Prinzip aufrecht stehende rechteckige Rahmen, um die vertikal die Kettfäden gespannt werden. Eine einfache Vorrichtung erlaubt es, alle geraden (2., 4., 6. usw.) und alle ungeraden (1., 3., 5. usw.) Kettfäden abwechselnd vorzuziehen, um den horizontal verlaufenden Schuß- oder Eintragsfaden zwischen ihnen hindurchzuziehen. Die einfachsten Formen des Knüpfstuhles sind bei den Nomaden im Gebrauch, entsprechend der Notwendigkeit, Arbeit und Knüpfstuhl für die weitere

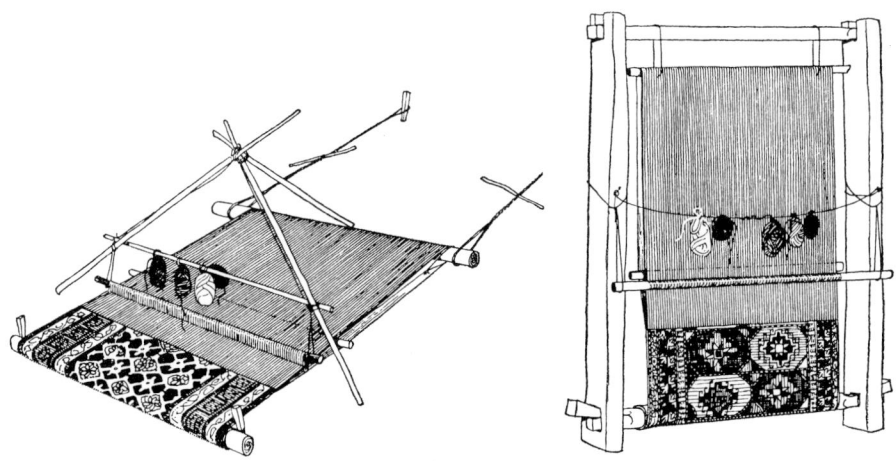

Horizontaler und vertikaler Nomadenknüpfstuhl

Wanderung abbrechen zu müssen. Sie benutzen einen Stuhl mit zerlegbarem Rahmen, meistens jedoch den primitiven horizontalen Knüpfstuhl ohne Seitenbalken.

Die Seitenbalken erübrigen sich beim Horizontalstuhl, weil die Querhölzer, über die die Kettfäden gezogen sind, durch in die Erde getriebene Pflöcke in ihrer horizontalen Lage gehalten werden. So wird die Kette auf die einfachste, jedoch alles andere als perfekte Weise unter Spannung gehalten. Ein aus Knüppeln zusammengebundenes Dreibein wird über den Knüpfstuhl gestellt. An ihm hängen oben die Knüpfwollknäuel und unten die Vorrichtung zur Fachbildung, die auch die unten verlaufenden Kettfäden im Bereich der gerade entstehenden Knüpfzeilen in eine Ebene mit den oben verlaufenden Kettfäden drückt.

Anfangs hockt die Knüpferin vor dem Stuhlende, später dienen größere Steine zu beiden Seiten der Kette als Unterlage für ein quer darübergelegtes Brett, auf dem sie über ihrer Arbeit hockt. Erfordern Wanderung oder Witterung eine Unterbrechung, so werden die Pflöcke herausgezogen und das vordere Querholz mit dem begonnenen Teppichstück und den noch freien Kettfäden bis zum hinteren Querholz aufgerollt.

Am zerlegbaren vertikalen Rahmenstuhl ist der untere Querbalken bereits Warenbaum. Um ihn wird vor dem Zusammenfügen des Rahmens jeweils so viel vom fertiggestellten Teppichteil gewickelt, daß die vor dem Stuhl auf dem Boden hockende Knüpferin trotz Fortschreitens der Arbeit die zu fertigenden Knotenreihen in Brusthöhe vor sich hat. Die Kette darf in diesem Fall nicht mehr am oberen Querbalken fixiert sein. Sie wird von einer Stange (Kettbaum) gehalten, die am oberen Querbalken hängt und entsprechend dem Aufrollen der fertigen Teppichpartie um den Warenbaum heruntergelassen werden kann. Verbreitet ist die hier skizzierte Kettfadenführung: Der endlos am unteren und oberen Querbalken verlaufende Kettfaden kehrt nach Umlaufen eines quergelegten Stabes jedesmal um. Der Teppich wird dicht oberhalb des Stabes begonnen. Die fertige Teppichpartie wird von Zeit zu Zeit bei verminderter Spannung (durch Lockern der Keile) mitsamt der Kette und Stab ein Stück herunter- bzw. auf der Rückseite heraufgezogen. Nach Beendigung des Teppichs werden die Kettfäden oberhalb seiner Oberkante abgeschnitten und meist verflochten oder verknotet. Die nach Herausziehen des Stabes an der Unterkante verbleibenden Kettfadenschlaufen werden nachträglich mit Schüssen gefüllt, oder sie verdrallen sich von selbst.

28

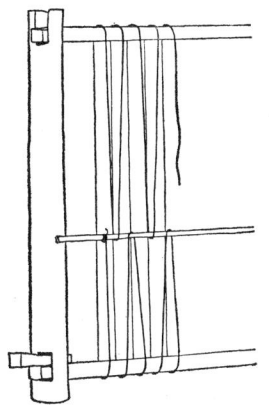
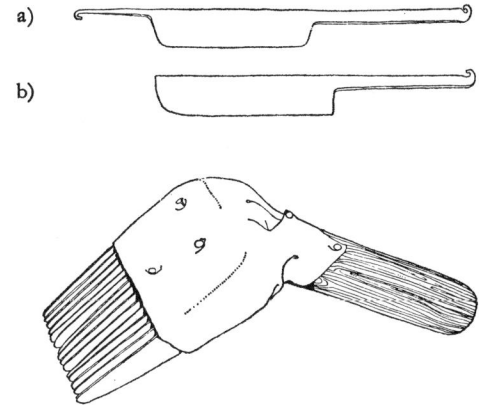

Kettfadenführung über einen Stab
Messer (Tich) mit Täbris-Knüpfhaken (a) und ohne Knüpfhaken (b), rechts unten Kamm (Daffeh, Daftun)

Bei diesen Systemen ist es so gut wie unmöglich, nach jedem Ortswechsel die Kettfäden wieder genau in die vorherige Lage und Spannung zu bringen. Daher weist ein Nomadenteppich meistens in der Breite und gelegentlich auch in der Länge erhebliche Unterschiede auf. Die für den Transport unumgänglich leichte Ausführung des Knüpfstuhles beschränkt seine Festigkeit und somit die Breite der Nomadenteppiche. In der Länge können sie erhebliche Ausmaße erreichen, weil die Kette entsprechend lang – beim Horizontalstuhl gespannt, beim Vertikalstuhl um den Kettbaum aufgewickelt – gewählt werden kann.

In den Manufakturen ist man diesen Beschränkungen weniger unterworfen. Die schwere, stabile Konstruktion der Stühle erlaubt große Teppichbreiten. Es ist besser möglich, den Warenbaum in seiner Lagerung zu lockern und ihn, nachdem die Kette in ihrer ganzen Breite ein Stück herunter- und damit hinten ein Teil der geknüpften Fläche heraufgezogen worden ist, durch Eintreiben der vorher gelösten Keile wieder in die alte Lage und Spannung zu versetzen. Um dieses zeitraubende Nachziehen der Kette nicht zu oft vornehmen zu müssen, kann das Brett, auf dem die Knüpferinnen Schulter an Schulter nebeneinander hocken, an beiden Enden auf Leitersprossen gelagert und von Zeit zu Zeit eine Sprosse höher gelegt werden. Das mit fortschreitender Arbeit erfolgende Höherverlegen des Sitzbrettes ist bei den einfachsten Knüpfstühlen, die gar keine Bewegung der Kette erlauben, unumgänglich. Diese Unterbrechungen der Knüpfarbeit erübrigen sich bei

29

drehbarem Kett- und Warenbaum und den modernen Stahlstühlen, wie sie in Mitteleuropa entwickelt wurden, wo vor dem Ersten Weltkrieg (auch in Deutschland) Knüpfteppichmanufakturen vergeblich versuchten, die höheren Knüpflöhne durch rationellstes Arbeiten auszugleichen.

DAS KNÜPFEN: Nachdem durch das Eintragen von Schüssen quer zwischen den gespannten Kettfäden hindurch ein Webstreifen (Kilim, Gilimä, Gilim Baf) über die ganze Teppichbreite entstanden ist, beginnt die erste Knotenreihe. Die Knüpferin schneidet mit einem Messer (Tich), das sie, solange sie knüpft, nicht aus der Hand legt, von den über ihr hängenden Knäueln ein etwa 50 cm langes Fadenstück ab. Auch vorgeschnittene Fäden dieser Länge sind üblich. Sie schlingt den Faden so um zwei benachbarte Kettfäden, daß das rechte Fadenende daumenbreit hervorschaut, zieht die Schlinge straff nach unten und schneidet während des Herunterziehens schnell den Faden auf der Höhe des rechten Fadenendes ab. Schon ergreifen die flinken Hände das benachbarte Kettfadenpaar, um den nächsten Knoten zu knüpfen. So geht es Kettfadenpaar für Kettfadenpaar fort. Die erfahrene Arbeiterin läßt Knüpfungen einer anderen Farbe aus, um sie später mit einem Faden dieser Farbe nachzuholen. Für den Gördesknoten gibt es in verschiedenen Gegenden ein Spezialmesser. Mit einem Häkchen an seiner Spitze wird der rechte Kettfaden ergriffen und auch die rechte Hälfte des Knotens gezogen (Täbris-Knüpfhaken).

Die Wollfarbe wählt die Nomadin nach Gefühl, weil sie das Muster im Geiste vor sich sieht, oder ein neben ihr liegender Musterteppich gibt ihr den Anhalt. In Manufakturen wird nach einer Musterzeichnung, der Patrone (Nagsh), geknüpft. Von Musterzeichnern entworfen, ist darin jeder einzelne Knoten vorgezeichnet.

Nach jeder Knotenreihe werden ein oder mehrere Schüsse eingetragen. Mit einem kammartigen Werkzeug (Daffeh oder Daftun) schlägt man den Schuß samt Knotenreihe fest nach unten und schert gewöhnlich gleich mit einer großen Schere (Gäitshi) die Fadenenden der Knotenreihe gleichmäßig auf die gewünschte Höhe. Wird das Scheren erst am Schluß des Arbeitstages vorgenommen, so kämmt man vielfach nach jeder Knotenreihe deren Wollbüschel mit einem Eisenkamm (Tshameh) aus, damit der zurückbleibende Flausch das Muster klarer erkennen läßt. Die nächste Knotenreihe kann begonnen werden. Auf sie folgt wiederum der Schuß usf., bis der Teppich an der Oberkante mit einer Webborte (Kilim) abgeschlossen wird. Knüpfung und manchmal auch Schuß werden nicht bis zu den äußersten Kettfadenpaaren durchgeführt, die vielfach vor dem Aufbaumen der Kette zu besonders dicken Kettfäden verzwirnt worden sind. Diese äußeren Kettfadenpaare werden zu ihrem Schutz im Anschluß an jeden Schußeintrag mehr oder weniger dick mit Wolle, Baumwolle, Ziegenhaar oder (sehr selten) Seide ein- oder mehrfarbig umfangen (Schirasi, Schirasä). Der Teppich wird vom Stuhl genommen. Die Kettfadenenden werden als verdrallte Schlaufen belassen oder aufgeschnitten, meistens jedoch abgeknotet. In manchen Gebieten werden sie zu querverlaufenden Bändern verflochten oder zu Zöpfen, die untereinander netzartig verknotet sein können. In verschiedenen Gegenden bevorzugt man den Abschluß der Webborten, die bei einigen Nomadenstämmen hübsch eingewebte oder aufgestickte Muster zeigen, ohne Fransen (Gabbeh). Auch das Umschlagen und Festnähen der Webborte nach hinten kommt vor. Überwiegend wird der Abschluß an der Oberkante anders gelöst als an der Unterkante. Knüpferzeugnisse mit Quastenschnüren als unterem Abschluß sind nicht als Bodenteppiche gedacht. In den Manufakturen werden etwaige größere Unebenheiten in der Schur vom angesehenen, erfahrenen Schermeister (Perdachtschi) ausgeglichen. An das Abbürsten des Teppichs schließen sich eine letzte Prüfung und die Beseitigung von Verziehungen (»Blasen«) durch Dämpfen mit dem Bügeleisen an. Ein Waschen des neuen Stücks erachtet man nur noch bei Verschmutzung für gerechtfertigt. Für den Export bestimmte Teppiche werden allgemein einer Wäsche unterzogen.

Eine gute Knüpferin erreicht eine Knüpfleistung von 1000 Knoten in der Stunde, bei einfachen, ihr bekannten Mustern oder einfarbigen Flächen auch mehr.

Je feiner die Knüpfung und komplizierter das Muster, um so geringer die Knüpfleistung. Die Lohnkosten für einen Teppich mit 3000 Knoten/qdm sind also mehr als doppelt so hoch wie diejenigen eines gleich großen mit 1500 Knoten/qdm.

Wenn bisher der Knüpfer nicht erwähnt wurde, geschah dies, weil das Knüpfen durch Mädchen und Frauen im Orient die Regel ist. Doch knüpfen, besonders in den Manufakturen, auch Jungen und Männer. Das romantisch anmutende Milieu vieler Werkstätten (kar-haneh), in denen die Kleinsten zwischen den Knüpfstühlen spielen oder in der Wiege liegen, kann jedoch nicht darüber hinwegtäuschen, daß ein großer Teil der Knüpfarbeit von Kindern geleistet wird.

Wichtigster Mann im Gefüge einer Werkstatt ist der Knüpfmeister. Er überwacht die mustergerechte, sorgfältige Arbeit an zwei bis drei

Stühlen, zu der er an den wichtigsten Stellen die Richtknoten setzt. Ihm wird das Knüpfmaterial zugeteilt, und es ist noch Brauch, daß er das Personal für seine Stühle aussucht und nach Tagesleistung entlohnt.

STRUKTUR: Die Florhöhe richtet sich nach dem Muster und den Käuferwünschen. Sie ist in vielen älteren Stücken und bei den Luxusteppichen der Hofmanufakturen besonders niedrig, um die Feinheiten der Zeichnung zu bester Wirkung zu bringen. Bis ins 20. Jahrhundert gilt das Sprichwort: »Je dünner sein Teppich, desto reicher der Perser.« Der persische Brauch, den dünnen »Sommerteppich« in der kalten Jahreszeit gegen einen dickeren auszutauschen oder ihn mit einem Filzteppich (Namad) zu bedecken, wird ebensowenig noch geübt wie die Versammlung der Familie rund um das wärmende Holzkohlenbecken (Mangal) unter der riesigen, runden, wattierten Decke (Lahaf).

Der Nomadenteppich erfüllt, speziell in Gebirgsgegenden, seinen Zweck als Kälteschutz besser, wenn sein Flor – ohne Rücksicht auf verschwimmende Musterkonturen – hoch ist. Es kommen jedoch auch sehr dünne Nomadenknüpferzeugnisse, besonders in Turkmenien, vor.

Für die Knüpfung werden hauptsächlich zwei Knotenarten angewandt:

a) der geometrische Gördes-(Ghiordes-, Gjordes-)Knoten, auch Türkischer Knoten genannt. Der Anwendungsbereich dieses Knotens umfaßt außer der Türkei eine ganze Reihe anderer Produktionsgebiete.

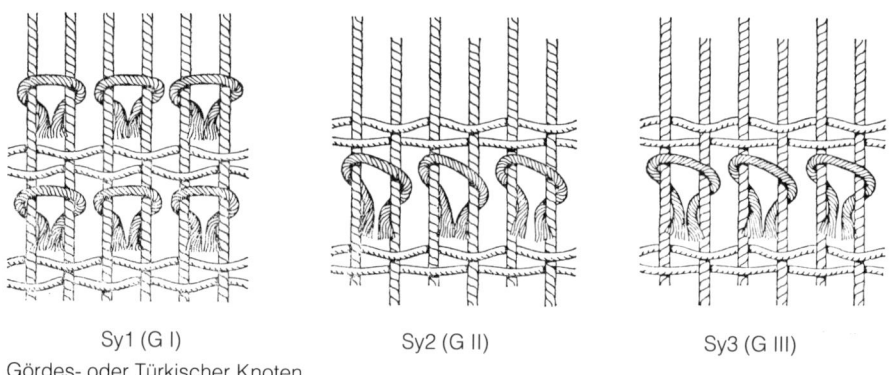

Sy1 (G I) Sy2 (G II) Sy3 (G III)
Gördes- oder Türkischer Knoten

b) der asymmetrische Senneh-(Senne-, heute Sanandadj-)Knoten oder Persische Knoten. In der Gegend von Senneh, dem heutigen Sanandadj, wird jedoch fast durchgehend im Gördesknoten geknüpft. Hingegen wird der Sennehknoten über die meisten Distrikte Persiens, Turkmeniens, Indiens und Chinas hinaus auch in der Türkei angewandt.

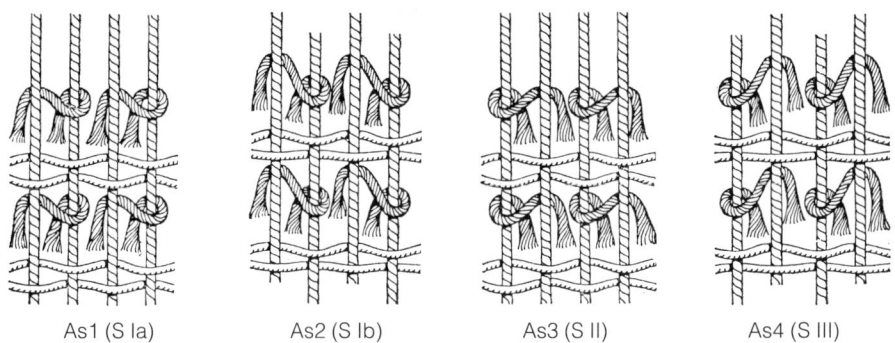

As1 (S Ia)　　　As2 (S Ib)　　　As3 (S II)　　　As4 (S III)

Senneh- oder Persischer Knoten

Beide Knotenarten haben ihre Vor- und Nachteile: Der Gördesknoten ist fester. Der Sennehknoten gestattet es durch das getrennte Hervortreten der Fadenenden, feine Konturen fließender zu halten. Bei starker Schichtung erlauben allerdings die dann eng zusammenliegend aus dem Grundgewebe hervorgepreßten Fadenenden beider Knotenarten subtilste Zeichnung.

Andere Knotenarten, wie der Knoten um nur einen Kettfaden, sind auf Spanien beschränkt oder im Orient nur verschwindend wenig in Gebrauch. Von ihnen seien nur die Knüpfung um vier Kettfäden, bei welcher der Knoten statt zwei Kettfäden zwei Kettfadenpaare umschlingt (Dschufti), und die Gördesknüpfung über drei Kettfäden in Nomadenschmuckbändern (Abb. 145) angeführt.

Die Bidjarbindung wird nicht mit einer eigenen Knotenart, sondern durch einen extrem dicken, gelegentlich feucht eingetragenen Schußfaden (Argatsh) zwischen den hintereinanderliegenden Kettfäden (starke Schichtung) erzielt. Der zweite dünne Schußfaden (Pud) umläuft dann in enger Schlangenbewegung alle Kettfäden. So entsteht ein in seinem Untergewebe sehr dicker, kälteabweisender Teppich, dessen Muster trotzdem bei niedriger Schur fein gezeichnet werden kann. Bidjarbindung in stark verfeinerter Form findet sich in den meisten Teppichen altbekannter Provenienzen (Sivas, Täbris, Saruk, Kashan, Kirman, Isfahan).

Für die Entwicklungsgeschichte des vorderorientalischen Teppichs wichtig sind die Schlaufen- oder Towel-(Handtuch-)Technik und die V-Schlingen-Technik.

33

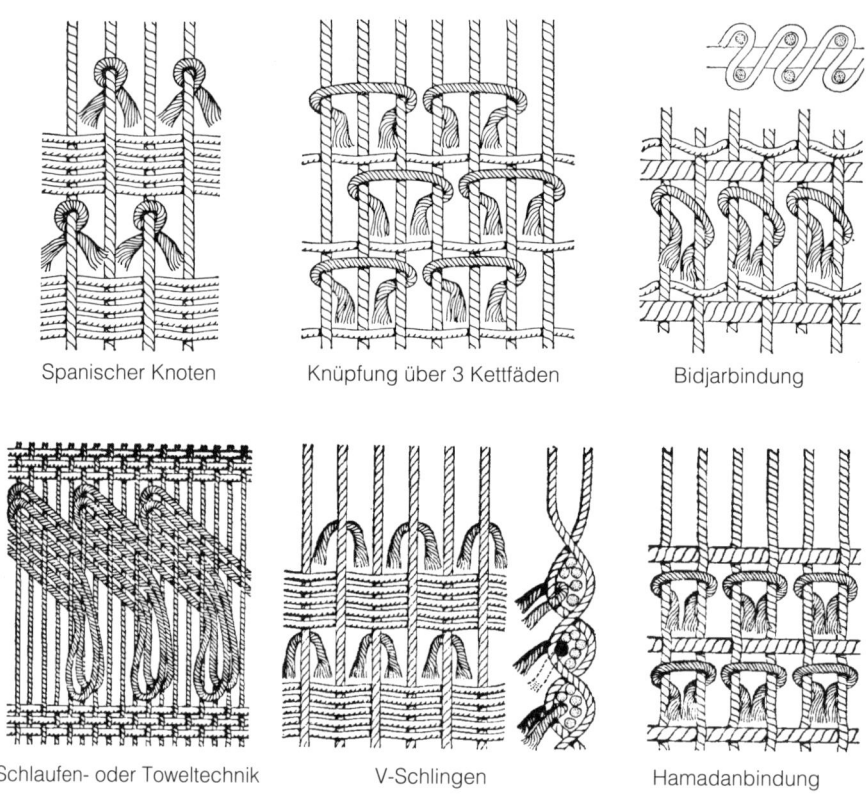

| Spanischer Knoten | Knüpfung über 3 Kettfäden | Bidjarbindung |
| Schlaufen- oder Toweltechnik | V-Schlingen | Hamadanbindung |

Bei den in Schlaufen- oder Toweltechnik gefertigten ägyptischen Teppichen der römischen Epoche bestehen Kette, Schuß und weiße Florschlaufen aus rechtsgesponnenem Leinen. Rechtsgesponnene Wolle wurde für alle farbigen Florschlingen verwendet. Kette: Leinen S-Spinnung einfach, ungefärbt bis zu 80 Kettfäden/dm. Schuß: Leinen S-Spinnung einfach, ungefärbt. Drei Schüsse entgegengesetzt gerade, so stramm eingetragen, daß sie fast unsichtbar bleiben. Florschlaufen: Wolle S-Spinnung, zweifach ungezwirnt, farbig, und Leinen S-Spinnung ungezwirnt, ungefärbt hell. Der Musterfaden wurde auf der Vorderseite über fünf Kettfäden geführt, dann im Fach zwischen drei vorderen und zwei hinteren Kettfäden nach rechts unten so weit zurückgezogen, daß eine etwa 1 cm lange Schlaufe über dem Grundgewebe stehenblieb. Anschließend wurde das freie Ende des Musterfadens wieder über fünf Kettfäden zur Einleitung der nächsten Schlaufe weitergeführt. Dichte: bis zu zehn Schlaufenreihen auf 1 dm in der Höhe.

Die ägyptische V-Schlingen-Technik behält Leinen als Material für das Grundgewebe bei. Die musterbildenden Schlingen sind stets aus

34

Wolle, bis auf weiße Schlingen, für die Leinen oder Baumwolle verwendet wurde.

Kette: Leinen, Z-Zwirnung, zweifach, ungefärbt hell. Schuß: Leinen S-Spinnung, fünf- bis siebenfach, ungezwirnt – einmal leichte Z-Zwirnung, zweifach – ungefärbt hell. Der fünf- bis siebenfache, bei linker Zwirnung dreifache Schuß wurde gerade eingetragen.

Flor: Wolle S-Spinnung, einfach bzw. Baumwolle oder Leinen für weiße Schlingen. V-Schlinge um jeden zweiten durch die Hamadanbindung hervorgehobenen Kettfaden, dementsprechend in der nächsten Schlingenreihe um einen Kettfaden versetzt. Die V-Schlingen sind auf der Rückseite des Teppichs kaum sichtbar.

Dichte: bis zu etwa 2700 Schlingen/qdm. Obwohl nur jeder zweite Kettfaden eine Schlinge trägt, ist die Dichte in der Horizontalen infolge der breiten Schüsse stets größer als in der Vertikalen.

Eine nur zeitweise und selten in Südostpersien und Täbris angewandte Technik, durch jeden zweiten Schuß einen dritten Kettfaden an die Rückseite des Teppichs zu binden, so daß diese Stücke rückwärts wie von in Längsrichtung dicht nebeneinanderliegenden Bindfäden überzogen erscheinen, erfordert ebensowenig einen besonderen Knoten wie der sehr seltene zweigesichtige Teppich. Er weist auf Vorder- und Rückseite den Flor auf, weil jede zweite Knotenreihe von der Rückseite geknüpft wird (siehe Abb. 88 a,b).

Wie aus den Zeichnungen ersichtlich ist, wird der Knüpffaden nicht im wörtlichen Sinne geknotet, vielmehr umschlingt er nur die Kettfäden. Er erlangt seine Festigkeit erst durch die Pressung des auf ihn niedergeschlagenen Schusses.

Die Fadenenden des Gördesknotens treten gemeinsam zwischen den Kettfäden hervor und haben eine leichte Neigung nach unten zum Teppichanfang hin. So ergibt sich der »Strich« des Flors. Die Enden des Sennehknotens kommen getrennt zum Vorschein, weil dieser nur einen Kettfaden völlig umschließt, während er den zweiten nur von beiden Seiten und hinten umfaßt. Abhängig davon, ob dieser zweite Kettfaden der rechte oder linke des Kettfadenpaares ist, neigt sich der Flor bei Sennehknüpfung nach rechts oder links unten. Man spricht vom rechtsoffenen (S Ib, S III) oder linksoffenen (S Ia, S II) Sennehknoten.

Um festzustellen, in welcher Knotenart ein Teppich geknüpft ist, biegt man ihn parallel zu einer Schußreihe nach hinten zusammen. Verdeckt der querverlaufende Teil des Knüpffadens beide Kettfäden und treten seine Enden gemeinsam hervor, so handelt es sich um Gördesknüpfung. Ist beim Auseinanderspreizen der Knüpffadenenden zwischen ihnen der Kettfaden zu erkennen, so liegt Sennehknüpfung vor. Anfeuchten des Knotens erleichtert das Erkennen. Schwierig ist es bei enger Knüpfung und starker Schichtung des Teppichs: Will man keinen Knoten zum Herausziehen opfern, bleibt nur der Versuch, seitlich in die erste oder letzte Knotenreihe Einblick zu erhalten. Doch kann dabei ein Irrtum unterlaufen, weil bei Teppichen in Sennehknüpfung manchmal die letzten Knotenreihen – der höheren Festigkeit wegen – im Gördesknoten geknüpft sind. In einer Manufaktur sahen wir einen alten, aus einer anderen Gegend stammenden Knüpfer seine Partie in einem großen, von seinen Kollegen im Sennehknoten geknüpften Teppich in dem ihm gewohnten Gördesknoten knüpfen. Strukturuntersuchungen müssen deshalb stets an mehreren Stellen eines Stückes vorgenommen werden.

Wenn die Kettfäden im Knoten auf gleicher Höhe nebeneinanderliegen (G I, S Ia, S Ib), erscheint dieser auf der Rückseite des Teppichs in zwei fast gleichen Höckern. Soll die Knotenzahl und damit die Knüpfdichte auf der gegebenen Breite erhöht werden, so sind die Kettfäden, statt nebeneinander, hintereinander gestaffelt zu halten (G II, G III, S II, S III). Dazu wird der erste Schußfaden, der sonst – gegenläufig zum zweiten – wie dieser wellenförmig um die Kettfäden herumläuft (S Ia, S Ib, G I), gerade zwischen ihnen hindurchgeführt. Der Teppich wird geschichtet. Auf der Rückseite erscheint der zweite Höcker jedes Knotens in einer Längsrille.

Die Schichtung kann bis zu 90 Grad betragen: In diesem extremen Falle liegen die beiden Kettfäden jedes Paares hintereinander, auf der Rückseite bleibt nur noch ein Höcker sichtbar. Die Knüpfung ist jetzt in der Breite doppelt so dicht wie bei ungeschichteter Kette. Die Knüpfdichte in der Längsrichtung bleibt von der Schichtung unberührt und von der Dicke des Knüpfgarns, Stärke und Anzahl der Schußfäden sowie der durch das Niederschlagen erzielten Pressung abhängig.

Eine besondere Führung der Schüsse ist in der Umgebung von Hamadan allgemein und in anderen Gebieten (besonders West-)Irans überwiegend üblich: Es wird nur ein einziger dicker Schußfaden gerade hindurchgezogen, wodurch jeder zweite Kettfaden auf der Rückseite hervortritt, während der benachbarte unter dem Schuß verschwindet. In der auf die nächste Knotenreihe folgenden Schußreihe hebt der Schuß dann die in der vorhergehenden Reihe niedergedrückten Kettfäden hervor. Die gebräuchlichste Bezeichnung dafür ist Hamadanbindung.

Die Knüpfdichte oder »Einstellung« wird in der Anzahl der Knoten je Quadratdezimeter (qdm) ausgedrückt. Sie kann in Wollteppichen von kaum hundert bis 8000, in Teppichen aus Seide bis zu 15 000, bei Sonderexemplaren noch weit mehr betragen. Man errechnet sie als Produkt aus der Anzahl der Knoten auf je zehn Zentimeter in der Höhe und Breite des Teppichs. Zum Abzählen mißt oder steckt man auf der Rückseite 10 cm in der Länge und Breite ab. Nachdem man sich an einer nur einen Knoten breiten Stelle des Musters überzeugt hat, ob nicht Schichtung um 90 Grad vorliegt, werden die Höcker abgezählt. In der Höhe ist stets jeder Höcker ein Knoten, in der Breite hingegen nur bei Schichtung um 90 Grad. Sonst ergeben immer zwei Höcker einen Knoten. Bequemer ist es, die Höcker in einem Fadenzähler mit 2,5 x 2,5 cm Ausschnitt in beiden Richtungen abzulesen und die Ergebnisse jeweils zu vervierfachen, ehe man sie miteinander multipliziert. Normal ist eine größere Knotenzahl in der Höhe. Bei dicken Schüssen, dünnen Kettfäden und starker Schichtung kann sie in der Breite größer sein.

Für die Kennzeichnung der Knüpfdichte wäre folgende Stufung zu empfehlen:

bis etwa	500 Knoten/qdm:	sehr grob
von etwa	500 bis 900 Knoten/qdm:	grob
von etwa	900 bis 1800 Knoten/qdm:	mittelfein
von etwa	1800 bis 2500 Knoten/qdm:	fein
von etwa	2500 bis 4500 Knoten/qdm:	sehr fein
über	4500 Knoten/qdm:	selten fein

In Persien wird die Einstellung durch die Anzahl der Knüpfungen auf ein Gireh – knapp 7 cm der Kette – ausgedrückt, z.B.: 30 Regh=30 Kn/Gireh=45 Kn/dm.

Bei sehr feiner Einstellung kann das Schußgarn so dünn und die Pressung so stark sein, daß der Schuß auf der Rückseite nahezu unsichtbar bleibt. Die Einzelheiten des Teppichmusters sind dann auf der Rückseite klarer zu erkennen als im Flor. Hingegen bleibt das Muster sehr grober Teppiche infolge lockerer Knüpfung und breiter Schußreihen auf der Rückseite oft vollkommen unkenntlich.

Neben den Knüpferzeugnissen (Florgeweben) gibt es im Orient Gewebe mit einzelnen eingeknüpften Florpartien und florlose Teppiche und Decken. Zu den Geweben mit einzelnen eingeknüpften Partien (Nimbaf=Halbknoten, Golbarjästeh=herausspringende Blume) sind im Prinzip auch die broschierten Teppiche zu zählen. In ihnen wurden

– sowohl in der Türkei als auch in Persien (Polenteppiche), Indien und in Ostturkestan – die Flächen zwischen den Florpartien mit Metallfäden (mit dünnen Gold- oder Silberfoliebändern umwickelte Seidenfäden) gewirkt (siehe Abb. 87).

Das Weben stand im Orient schon lange vor der Knüpfkunst in hoher Blüte und erreichte in den feinen Brokaten Persiens und Indiens seine Höchstleistungen. Die mehr oder weniger groben Gewebe in Leinwandbindung kommen gewöhnlich nur als Rückwand aller Arten geknüpfter Taschen und Kissen nach Europa. Im Handel erscheinen – außer Stoffen – als gewebte bzw. gewirkte Erzeugnisse: Palas, Kelim und die im kaukasischen Raum beheimateten Sumakh, Verneh (Schadda), Sileh und in Djedjim-Technik hergestellten Stücke. Allen diesen Geweben ist die Musterbildung durch farbige Schußfäden über der im Gewebe unsichtbar verlaufenden einfarbigen Kette gemeinsam. Vorwiegend bei manchen Schmuckbändern erzeugt der einfarbige, nur an den Seitenrändern sichtbare Schuß die Muster durch Hervorheben der verschiedenfarbigen Kettfäden.

Beim Palas sind nur über die volle Breite reichende Streifenmuster möglich. Gelim (Gilim) bezeichnet im Orient gemeinhin Gewebe. Wir verstehen unter Kelim (Kilim) eine spezielle Webtechnik. Im anatolischen, kaukasischen und persischen Kelim (auch im balkanischen) wird jeder farbige Schußfaden so lange im Bereich eines Musterteiles horizontal hin- und hergeführt, bis eine andere Farbe das Muster vom benachbarten Kettfaden aus auf die gleiche Weise fortsetzt. Weil es keine über die ganze Breite des Gewebes reichenden Schüsse gibt, entstehen zwischen seitlich benachbarten Musterelementen Vertikalschlitze. Diese sucht man durch gezähnte Musterkonturen möglichst klein zu halten. Die Zeichnung des Kelims erscheint auf der Rückseite ebenso klar wie auf der Vorderseite. Bedingt durch die kleinen Webstühle, sind größere Formate älterer Stücke aus zwei schmalen Bahnen zusammengenäht. Zu den feinsten Kelims zählten die in Westpersien von Kurden – besonders feine auf Seidenkette – gewebten Senneh-Kelims. Sie sollen ihren hohen Grad von Feinheit erreicht haben, weil sie von den Frauen in den Badehäusern (Hamam) benutzt wurden und man sich dort in bescheidenem Luxusbedürfnis gegenseitig übertreffen wollte.

Der Sumakh-(Sumach-, Schoumach-)Teppich ist nach der Stadt Sumakh (Schemacha) im Ostkaukasus benannt. Im Sumakh werden die farbigen Musterschüsse, schräg nach oben zeigend, in jedem gleichfarbigen Musterteil fortlaufend auf der Vorderseite über vier Kettfäden vor- und auf der Rückseite in entgegengesetzter Richtung über zwei Kettfäden zurückgeführt.

Am Anfang des nächsten Musterteiles wird mit einem Faden der neuen Farbe begonnen. Werden die Fadenenden nicht abgeschnitten, so hängen sie auf der Rückseite wirr herunter und verbessern Kälteisolie-

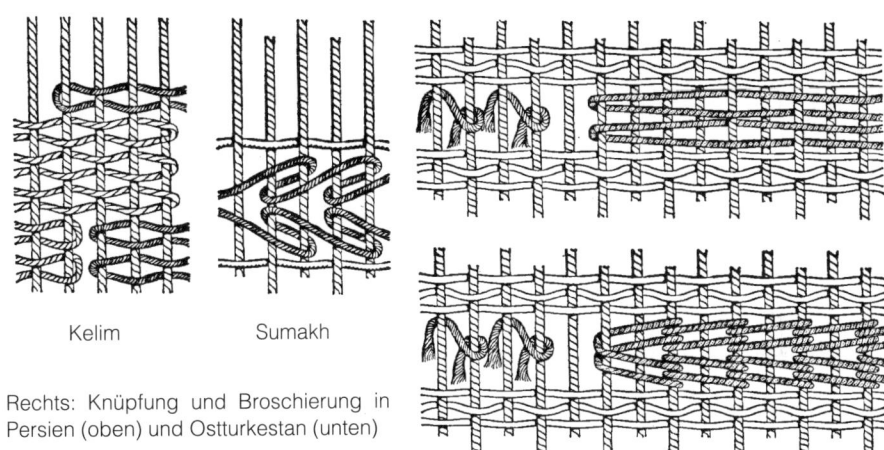

Kelim   Sumakh

Rechts: Knüpfung und Broschierung in Persien (oben) und Ostturkestan (unten)

rung und Bodenhaftung. Nach jeder zweiten, spätestens dritten solcher gewirkten Schußreihen wird ein gerader, unsichtbar bleibender Schuß in Wolle oder Baumwolle über die ganze Breite eingetragen und wie beim Knüpfteppich fest heruntergeschlagen. Die nächsten gewirkten Musterschußreihen zeigen in entgegengesetzter Richtung zu den vorhergehenden schräg nach oben. So ergibt sich eine grätenartige Struktur. Die Sumakhtechnik findet sich schon in phrygischen Textilfragmenten des beginnenden 7. Jahrhunderts v. Chr., die in Gordion, Zentralanatolien, gefunden wurden.

Die Djedjim-(Dschischim-, Djijum-, Dschedschim-)Arbeiten – nicht zu verwechseln mit den groben ostanatolischen Djijum-Geweben, die besonders am Anfang des 20. Jahrhunderts in den europäischen Handel kamen – sind eine verfeinerte Abwandlung der Sumakhtechnik: Die Musterfäden werden fast stets in der gleichen Richtung schräg nach oben vorn um zwei Kettfäden vor- und hinten entgegengesetzt um einen Kettfaden zurückgeführt. Grätenstruktur entsteht nur an wenigen Stellen oder gar nicht. Nach jeder Musterschußreihe wird ein gerader dünner Schuß über die ganze Breite eingetragen, der gewöhnlich aus ungezwirnter Wolle besteht. Auf der Rückseite ähnelt das Djedjimgewebe – abgesehen von den herunterhängenden Fadenenden

39

oder zur nächsten gleichfarbigen Musterpartie weitergezogenen Fäden – der Rückseite eines Knüpfteppichs.

Der Drachen-Verneh (siehe Abb. 82) stammt ebenfalls aus dem Südkaukasus sowie seinem südlichen und südöstlichen Vorgeländer (Karabagh, Kasak, Baku). Seine Struktur gleicht derjenigen von Djedjim[1]. Jedoch wird der Musterfaden auf der Vorderseite um vier Kettfäden vor- und auf der Rückseite um zwei Kettfäden entgegengesetzt zurückgeführt. Die schönsten Vernehs sind jene mit den zu großen, wuchtigen S- und Z-Zeichen geometrisierten Motiven. Wie frühere, noch naturalistischer gezeichnete Stücke zeigen, handelt es sich nicht um Drachen mit dünnem Kopfschweif und Klauenrudimenten. Zu den Formaten von etwa 280 x 200 cm sind gewöhnlich zwei Längsbahnen zusammengenäht. Für die weißen Musterteile verwendet man allgemein Baumwolle.

Während bei Sumakh, Verneh und Djedjim das Grundgewebe unsichtbar bleibt, wird das Gesicht des im Karabagh- und Kasak-, aber auch im Bergamadistrikt beheimateten Sileh durch das ziegelrote, gelbbraune, braunschwarze oder dunkelgelbe Grundgewebe bestimmt. Seine einzeln darauf stehenden Muster werden während des Webens eingewirkt und manchmal durch Besticken ergänzt.

Silehs sind auch die Schadda-(Schedde-)Decken (Abb. 80). Sie erhalten ihre einfachen, oft lustigen Muster ebenfalls durch Wirken und Besticken. Alle diese Gewebe sind, abgesehen von der Verwendung ungefärbter Baumwolle für weiße Musterbestandteile in vielen Sileh,

---

[1] Unter Djedjim (Jajim) verstehen wir heute kettfadengemusterte Flachgewebe, die aus Webbahnen zusammengesetzt werden. Eine mehrfarbig aufgezogene Kette erzeugt geometrische Streifenornamente, wobei die mustererzeugenden Fäden rückseitig flottant geführt werden. Sehr schöne Arbeiten dieser Art stammen beispielsweise von den Shahsavan-Nomaden in Nordwest-Iran.

Cicim dagegen bezeichnet anatolische Flachgewebe, bei denen während des Webens in Leinwand- oder Schußreps-Bindung zusätzlich farbige Musterschüsse eingearbeitet werden. Da das fertige Muster auf dem Grundgewebe leicht erhabene Linien bildet, gleicht es einer Stickereiarbeit.

Neben den Cicim-Arbeiten spielt in Anatolien der Zili eine Rolle. Zili ist eine Technik, bei der Musterschüsse zusätzlich zum Grundgewebe flottant über eine Anzahl von Kettfäden geführt und später wieder zurückgeführt werden.

Hubels folgende Erläuterungen zu Abb. 77 und 82 wurden hinsichtlich der verwendeten Terminologie korrigiert. Die korrekte Bezeichnung für ein Flachgewebe in der Art von Abb. 82 ist Verneh, für ein Flachgewebe des Typs von Abb. 77 Sileh, obwohl in der gesamten westlichen Teppichliteratur seit Schürmanns Buch über kaukasische Teppiche die Begriffe umgekehrt verwendet wurden, was auf eine Verwechslung Schürmanns zurückzuführen ist.

Verneh, Djedjim und Sumakh und vereinzelt für den Schuß, ganz aus Wolle. Als Bodenteppich eignet sich von ihnen nur der Sumakh.

Erwähnt seien ferner die durch reiches Besticken und kunstvolles Applizieren geschmückten Decken, für die besonders Rescht – nahe dem Kaspischen Meer – berühmt ist; die Flachstickereien des Karabagh; die Susanshird-Arbeiten, die im 16.-18. Jahrhundert aus Farsa (früher Basa-Sir), südlich Schiras, kamen; die extrem fein gewirkten und bestickten Kaschmir-Decken; die gestickten Westenstoffe für feinste persische Kleider früherer Jahrhunderte; die weißgrundigen, rot-, blau-, grünbestickten usbekischen Buchara-Decken, genannt Suzani; die reichen Goldstickereien (Sardusi) Taschkents und Samarkands; die farbigen, bestickten oder applizierten Filzteppiche und die durch Auftragen von farbigem Wachs in ein Gewebe gemusterten Behänge Persiens bis zum 18. Jahrhundert als Vorläufer der heute in erheblichen Mengen von dort exportierten handbedruckten Decken und Tücher (Kalamkar).

MATERIAL: Die gebräuchlichsten Materialien für den Orientteppich sind: Wolle vom Schaf, Baumwolle, Ziegenhaar, Seide und (früher) Leinen. Kamelwolle wird wegen ihres hohen Preises heute kaum mehr verwendet. Hanf oder Jute kommt in billigsten, für den europäischen Gebrauch ungeeigneten, vornehmlich südostasiatischen Knüpferzeugnissen vor. In Tibet sollen auch die Haare des Jak verwendet worden sein.

Ursprünglich waren alle Teppiche ganz aus Wolle (Pashm, türk. Yün). Kälteisolierend und feuchtigkeitsabweisend, erfüllt sie die Zweckbestimmung des Teppichs. Je nach Gegend und Rasse weist die Schafwolle erhebliche Unterschiede auf. Die frisch gewaschenen Schafe werden ein- bis zweimal im Sommerhalbjahr geschoren. Nur die Schurwolle ist gut, am besten die vom Nacken, von den Schultern, Flanken und Keulen. Wolle von verendeten Tieren, Gerber- oder gar Reißwolle sind minderwertig. Nochmaliges, sorgfältiges Waschen mit Seife und anderen Alkalien löst den restlichen Schmutz und das beim Färben hinderliche überschüssige Fett, beläßt der einzelnen Faser jedoch ihren natürlichen Fettgehalt. Bei manchen Wollsorten wirken einige Farben besser, wenn die Wolle nur mit Wasser gereinigt wird.

Nach dem Trocknen und Sortieren wird die Wolle – von den Nomaden noch mit der einfachen Handspindel - gesponnen, und zwar in Linksdrehung. Nur in Ägypten ist das Handspinnen in Rechtsdrehung und Zwirnen in Linksdrehung üblich. Die Wolle für den Flor färbt man selbst oder gibt sie zum Färber. Von dem für das Untergewebe bestimmten Material wird die Kettwolle äußerst selten (siehe Abb. 104), die Schußwolle nur in einigen Gebieten gefärbt. Für die dem Teppich den Halt verleihende Kette werden überwiegend zwei und drei, jedoch auch vier Wollfäden in Rechtsdrehung fest verzwirnt. Für den Schuß, der vornehmlich die Knoten einbetten soll, werden sie im allgemeinen nur schwach gezwirnt oder so lose umeinandergedreht, daß man kaum von Zwirnung sprechen kann. Hierdurch bleibt das Schußgarn einerseits weich, andererseits wird aber das Eintragen erleichtert, soweit man nicht überhaupt den einfachen, ungezwirnten Faden verwendet. Auch zum Knüpfgarn werden die gesponnenen Fäden so wenig umeinandergedreht, daß sie eben noch zusammenhalten und die Knüpferin nicht erst den einzelnen Faden zwei- oder mehrfach nehmen muß. Gezwirnte Knüpfwolle gibt dem Flor ein unschönes, krisseliges Ansehen und zerstört seinen Lüster. Knüpfgarn und in vielen Gegenden auch Schußgarn wirken im Teppich, unter der Lupe betrachtet, ungezwirnt.

Kamelwolle ist der beste Kälteschutz. Weniger elastisch als Schafwolle, legt sie sich jedoch leichter um, auch hält sie die Farben nicht so gut. Man verwendete sie lieber ungefärbt in ihren schönen Farbabstufungen oder mit Schafwolle gemischt. Ziegenhaar (Muh) ist, ausgenommen das feine der Kaschmir- (in den berühmten Kaschmirschals) und Angoraziegen, zum Knüpfen ungeeignet, weil es sich gegen Spinnen und Zwirnen sperrt, wodurch die Knoten zum Auflösen neigen. Hingegen wird es von Nomaden und bäuerlicher Bevölkerung für Kette, Seitenbefestigung und (weniger häufig) Schuß geschätzt. Wegen seines Seidenglanzes wird Angora- bzw. Kaschmirziegenhaar im Verhältnis 1 : 10 besonderen Knüpfwollsorten beigemischt.

Die Baumwolle (Pambe, türk. Pamuk) aus den Samenflughaaren des Baumwollstrauches ist gut zu verspinnen und zu zwirnen. Sehr fest und wenig dehnbar, verhilft sie dem Grundgewebe zu hoher Festigkeit. In den Manufakturen ist sie in der Kette und meistens auch am Schuß an die Stelle der Wolle und des zeitweilig in Gebrauch gekommenen, noch festeren, aber zu teuren Leinens (Ketten) getreten. In einem beträchtlichen Teil der halbnomadischen und bäuerlichen Knüpferzeugnisse wird sie für den Schuß und verbreitet auch für die Kette verwendet. Wenig feuchtigkeitsabweisend, muß sie vor dem Stocken bewahrt werden, da sie sonst leicht brüchig wird. Als Knüpfgarn ist sie infolge ihrer Neigung zum Verfilzen ungeeignet. Einzig wegen ihres blendenden Weißes tritt sie in Turkmenien und Anatolien (auch in antiken und alten Stücken) als Knüpfgarn für weiße Musterdetails auf. Seide (Abrishan, türk. Ipek) wird durch das Abhaspeln des rund 0,5 km langen, feingesponnenen Fadens gewonnen, mit dem die Seidenraupe ihren Kokon erzeugt. Ihre hohe Zugfestigkeit verleiht ihr die beste Eignung als Kette in besonders fein geknüpften Teppichen. Noch seltener ist der Schuß aus Seide. Als Knüpfgarn erlaubt sie feinste Knüpfung. Ihr Glanz schenkt dem Flor einen vielfach geschätzten Lüster, der jedoch in diesem Ausmaß Geschmackssache bleibt, weil er irisierend den Mustern ihren kraftvollen Ausdruck nimmt. Mangels Elastizität richtet sie sich kaum wieder auf. Deshalb ist sie mehr für Luxusteppiche geeignet. Aus Enden und kurzen Stücken beschädigter Kokonfäden wird die Schappseide erzeugt. Sie erreicht bei weitem nicht die guten Eigenschaften der Seide – noch weniger, wenn sie mit Baumwolle zusammen versponnen wird – und neigt mit zunehmendem Alter stärker zum Brüchigwerden. Diese minderwertigen Garne finden sich, ebenso wie Kunstseide und durch Merzerisation seidig glänzende Baumwolle, in den billigen Seiden- und Andenkenteppichen (siehe Anatolien).

Zur Feststellung, ob Wolle, Baumwolle, Haar oder Seide verwendet wurde, genügen in größeren Florflächen Auge und Hand. Wolle fühlt sich warm, wollig an, Baumwolle kühl, filzig, Haar hart, stichlig, grob, Seide weich, fein und glatt. In kleinen Florpartien und im Untergewebe reichen zur Feststellung eine Lupe und zur Brennprobe entnommenen Materials ein Zündholz. Wolle erscheint wellig. Sie zieht sich beim Verbrennen knisternd in sich zurück, schmort zu einem dunklen Klümpchen zusammen, das nach verbranntem Haar (Horn) riecht. Haar sieht in der Vergrößerung steif wie Draht, gesponnen wie ein dünnes Drahtseil, am Kettfadenende wie ein kleiner Pinsel aus. Geruch und Verhalten beim Verbrennen gleichen dem der Wolle. Baumwolle erscheint flockig und hinterläßt beim Verbrennen einen weißgrauen Aschenfaden, der leicht nach verbranntem Holz riecht und bei Berührung zerfällt. Seide ist glänzend und schmiegsam. Sie verbrennt unter schwachem Geruch nach versengter Wolle ähnlich wie diese.

Farben und Färben

Mehr noch als sein Muster fesseln den Betrachter oft die Farben des Orientteppichs und ihre Komposition.

Farben sind Wirkungen des Lichts. Sie haben verschiedene Wellenlängen. Weiß ist die Summe aller Farben. Weißes Licht läßt sich durch ein Prisma in das Spektrum von Rot, Orange, Gelb, Grün, Blau, Indigo und Violett zerlegen und wieder zu Weiß vereinigen. Auch zwei Farben wie Rot und Blaugrün, Gelb und Blauviolett können sich zu Weiß ergänzen (Komplementärfarben). Bei starker Beleuchtung ruft eine Komplementärfarbe im Auge ihre Gegenfarbe als Kontrast hervor, bei anderen Lichtverhältnissen können sie sich gegenseitig auslöschen und verdunkeln. Aus all diesen Gründen sollte die Farbwirkung eines Teppichs nicht im Freien, sondern nur in dem Raum geprüft werden, für den er bestimmt ist.

Im Gegensatz zu der außergewöhnlichen Begabung des Orientalen für das Ornamentale scheint uns das Farbempfinden im Orient keineswegs ausgeprägter zu sein als im Abendland. Wenn in älteren Teppichen sonst unvereinbar erscheinende Farben (auch Komplementärfarben) mit scheinbar traumwandlerischer Sicherheit zu vollendeter Wirkung vereinigt sind und ohne störende Dissonanzen weich und rhythmisch zu einer Symphonie zusammenklingen, so ist das mehr in der Eigenart von Naturfarben, Knüpfmaterial und Alterspatina als in der Farbenkomposition begründet.

Die unregelmäßig dicke, handgesponnene Wolle läßt sich nicht gleichmäßig färben. Die Naturfarbstoffe dringen zudem nur in die Außenschichten der einzelnen Fasern ein, deren durch das Scheren des Flors sichtbar gewordene ungefärbte Kerne zusätzlich jeden Farbton auflockern. Darüber hinaus bricht die Wolle in ihren verschiedenen Schichten die Lichtstrahlen und variiert dadurch die Farbtöne. Der Knüpfer hat demzufolge nicht, wie er glaubte, vollfarbige Flächen nebeneinandergesetzt, sondern Flächen, die ohne sein Zutun eine breite Skala einer Farbe, eine Summe von Tonabstufungen enthalten, die sich erst im Auge zu einem milderen, wärmeren, ruhigeren Ton harmonisch vereinigen. Die so gemilderten Kontraste erlauben dann – ähnlich wie in der impressionistischen Malerei – das Entstehen von Zwischentönen durch Zusammenklingen von benachbarten Farbflächen im Auge. Man kann oft mit Erstaunen feststellen, wie statt der in einem Teppich beim ersten Anblick vermuteten Vielzahl von Farben nur vier bis sieben Grundfarben enthalten sind.

Die Schwächen vieler Kompositionen decken die Industriefarben auf. Diese ergeben, die Fasern intensiv durchdringend, ein gleichmäßig gefärbtes Knüpfmaterial. Nun stehen wirklich vollfarbige Flächen nebeneinander. Sind es gar Komplementärfarben, so wirken sie auf das Auge oft besonders beleidigend.

In der Zahl der Farben und der Beherrschung ihrer Kompositionen ergibt sich ein natürliches Gefälle von den Hof- und Gewerbemanufakturen (bis zu zwei Dutzend Farben) über Heim- und bäuerliche Arbeiten bis zu den Nomadenerzeugnissen, deren (meistens) vier bis sieben Farben zuweilen scheinbar wahllos nebeneinandergesetzt anmuten, ohne den rustikalen Reiz des Stückes zu mindern. Von den Hauptfarben pflegen Rot-, Blau- und Brauntöne zu dominieren. Zu ihnen kann Weiß treten. Gelb wird mit wenigen Ausnahmen (Milas, Chotan) sparsamer verwandt, ebenso grün, vornehmlich in allen Gebieten mit sunnitischer Bevölkerung. Die Tönung der Farben reicht von blaß, licht, hell über mittel, tief, satt, voll bis zu dunkel und düster. In der Regel ist die Farbstimmung des Orientteppichs warm.

Die Musterentwerfer der großen Manufakturen bedienten sich frühzeitig neben den Grundfarben der Zwischentöne. Da jede Farbe in ihrer Wirkung von ihrer Umgebung, das heißt den benachbarten Farben, abhängig ist, teilte man die Farbflächen auf. Unter Verzicht auf den Gegensatz Licht – Schatten wiederholte man das gleiche Motiv oder Motivteile in einer anderen Farbe, setzte zur Milderung des Grobdekorativen der Kontraste feine Konturen und hielt die Bordüre in abweichender Grundfarbe. Ohne die ausgleichende Bordüre wären manche Dekors unerträglich.

Allein auch hier mußte das Altern, die Patina, zur Harmonisierung der Farben beitragen. Den Augen von Freunden der im Laufe der Zeit von einem Graulüster überzogenen, leicht dekadenten Farben der Polenteppiche wären diese zur Zeit ihrer Entstehung unangenehm grell erschienen. Wurden doch unter der aufgenähten Silberfransentresse eines solchen Teppichs die ursprünglichen Farben entdeckt. Kanariengelb und Grasgrün müssen im Verein mit den (jetzt dunkel oxydierten) Gold- und Silberflächen der Broschierung nicht gerade sanft gewirkt haben.

Die Patina ergibt sich aus chemisch-physikalischen Vorgängen. Chemisch verändern sich die Farben durch jahrzehntelanges Einwirken von Licht, Luft, Sonne und gelegentliches Waschen. Die physikalische Veränderung der Floroberfläche ist eine Folge des sanften Abschleifens und Polierens der Faserenden durch Wollstrümpfe und Pantoffeln. Der Orientale betrat daher früher nie seinen Teppich mit Schuhen. Diese Vorgänge bewirken eine ziemlich gleichmäßige Veränderung der Farben. Nur bei Mischfarben kann durch schnelleres Verblassen einer Farbe das Gleichgewicht gestört werden.

In fast allen Produktionsgebieten werden heute überwiegend Industriefarben (neuerdings Chromfarben) verwendet. Die Naturfarben geraten zunehmend ins Hintertreffen, weil ihre mühsamen Gewinnungs- und Färbeprozesse die Kosten des Färbens verzehnfachen. Seit einigen Jahren versuchen Chemiker in Schiras diese Kosten durch neue Methoden auf ein Fünftel zu reduzieren. Selbst in den kleinsten, auch für Nomaden arbeitenden Färbereien stapeln sich die Kanister der größten europäischen Farbwerke bis zur Decke. Die Industriefarben sind hinsichtlich Haltbarkeit (Licht-, Reib- und Waschechtheit) den Naturfarben mindestens ebenbürtig und haben die Kinderkrankheiten der Anfangszeit längst überwunden. Bei ihrer Verwendung müssen die Vorzüge der Naturfarben soweit wie möglich angestrebt werden. Durch die Anwendung von Halb- und Vierteltönen sucht man die Farbstimmung älterer naturgefärbter Teppiche zu erreichen. Wo die Muster ziemlich konstant bleiben, wie in Kaschan, erlangte man darin bald ausreichende Erfahrung. Bei Teppichen mit oft wechselnden Dekoren, wie in Täbris, war der Erfolg anfangs so gering, daß die Knüpfer im benachbarten Heris noch lange für nicht zum Export bestimmte Teppiche an naturgefärbter Wolle festhielten. Das Mischen von bis zu sieben der heutigen guten Chromfarben für die Zwischentöne erfordert viel Sorgfalt, zeitigt dafür aber haltbare Farbtöne, die der Veränderung durch das Altern ihrer einzelnen Bestandteile kaum unterliegen. Mit in diesen Farben gefärbtem Knüpfmaterial hergestellte Teppiche setzen nur schwer Patina an. Gegen eine sanfte, das Gewebe in der Tiefe schonende Wäsche mit Chemikalien, welche die Florspitzen beizen und die Farben auflockern, ist daher nichts einzuwenden.

Gute Färbung mit Chromfarben ist besser als schlechte mit Naturfarben. Die Wirkung bester Färbung mit Naturfarben können Chromfarben nicht erreichen. Deshalb werden viele Teppichliebhaber weiterhin den Naturfarben den Vorzug geben.

Bis zum Aufkommen der Industriefarben gewann der Orientale seine Farben aus den Stoffen, welche die Natur ihm bietet. Der Nomade, soweit er selbst färbt, taucht die Wollstränge in Töpfe mit kochendem Wasser, in dem die Färbemittel gelöst sind. Neben der ungleichmäßigen Dicke des handgesponnenen Fadens schließen die Unterschiede in der Beschaffenheit von Wasser (besonders sein Kalk- und Mineralgehalt) und Wolle (erste und zweite Schur) sowie andere Zufälligkeiten des Nomadenlebens ein gleichmäßiges Färben des Garnes aus. Sie ergeben im Flor des Teppichs eine Nuancierung in Flächen der gleichen Farbe (Raghä, Abrasch). Diese, vom abendländischen Teppichkenner gelegentlich geschätzt, duldet der morgenländische Käufer nur in Nomadenerzeugnissen, während er vom Manufakturteppich Perfektion verlangt. Infolge mangelnder Vergleichsmöglichkeiten ist ihm die Fragwürdigkeit der Perfektion von Industrieerzeugnissen her noch nicht bewußt geworden.

Der Berufsfärber färbte auf der Küpe nach alten Rezepten mit gleichbleibenden Zutaten. Zuweilen färbte er nur eine Farbe, diese jedoch meisterlich. Die Küpe ist ein mannshoher, zur Mitte hin ausgebauchter, innen glasierter Tonbottich von durchschnittlich 50 cm Durchmesser, am Fuß mit einer Heizkammer ausgerüstet. In den letzten Jahren hat die Küpe kupfernen Waschkesseln weichen müssen.

Die Grundlagen für die trotz bescheidener Einrichtungen und beschränkter Mittel hervorragende Färbekunst der orientalischen Färber waren rein empirisch. Die chemischen Zusammenhänge der Vorgänge blieben ihnen unbekannt.

Die Naturfarbstoffe entstammen sowohl der Pflanzen- als auch dem Mineralreich. Aus dem Tierreich sind einzig noch die Cochenillearten von Bedeutung. Von diesen wird die im Orient heimische, auf der Kermeseiche lebende Kermeslaus getrocknet und zermahlen in das Farbbad gegeben, um das für aserbeidschanische Teppiche typische Armenisch- oder Karabaghrot (Violettrot) zu erhalten. Die nach der Entdeckung Amerikas aus Mexiko samt ihren Wirtspflanzen (Kakteen) über Spanien in den Orient eingeführte Coccus cacti ergibt ein ähnliches Karminrot.

Der weitaus wichtigere Farbstoff für Rotfärbung ist die Wurzel der wildwachsenden, keiner Pflege bedürfenden Krapp-Pflanze. Je nach Alter der getrockneten und zerkleinerten Wurzel können helle bis dunkelbläuliche Rottöne erzielt werden. Krapp gehört zu den Beizenfarbstoffen: Das Garn muß zuerst durch Alaun-, Weinsteinsäuren-, Eiweiß-, Glyzerin- oder Metalloxidbeizung für die Färbung vorbereitet werden, um das Vereinigungsbestreben von Farbe und Faser zu einer unlösbaren Verbindung zu erhöhen.

Blau wird aus der in Ostindien und anderen Ländern mit tropischem Klima angebauten Indigopflanze gewonnen. Die Anwendung des Indigos ist seit mindestens 5000 Jahren bekannt, obwohl es auf der Gärungsküpe in einem komplizierten Prozeß gefärbt werden muß, weil sein wasserunlöslicher Farbstoff, das Indigotin, nicht unmittelbar färbt. In der Küpe werden Honig, Rosinen oder Datteln in Wasser zum Gären gebracht, und unter Zusatz eines Alkalis wird Indigo in Indigoweiß übergeführt. Wenn nach etwa 24 Stunden das Garn hineingegeben wird, bleibt dessen Naturfarbe erhalten, bis es sich beim Herausnehmen an der Luft infolge Aufnahme von Sauerstoff blau verfärbt. Je dunkler der Blauton sein soll, um so öfter wird das Färbegut wieder eingetaucht, damit sich der Farbstoff nur allmählich an der Faser ablagern und besser in sie eindringen kann. Andernfalls würde sich zu starke Reibunechtheit einstellen. Ganz reibecht pflegt Naturindigo nie zu sein.

Für Gelb gibt es zahlreiche einheimische Färbematerialien. Das edelste, der Safran aus den Blütennaben des Krokus, ist nur mühselig zu gewinnen, zu kostbar und zudem wenig lichtbeständig. Isperek, eine Wolfsmilchart, läßt sich auf Alaunbeize zu einem klaren, satten Gelb mit schwachgrünlichem Stich färben. Das aus Granatapfelschalen gewonnene Gelb ist nicht ganz so klar wie das aus Isperek oder Rebblättern, läßt sich aber, mit Metallsalzen nachbehandelt, zu Oliv- und grünlichen Tönen verändern. Kreuzbeere und Färberwau sind weitere Gelbfärbemittel. Gelbwurz erzeugt ein nicht sehr beständiges Gelb.

Ein bestimmtes Grün ist für die Sunniten die Farbe des Propheten und darf nicht betreten werden. Es kommt daher in anatolischen Teppichen selten in größeren Flächen vor. Grüner Farbstoff wird aus reifen Gelbwurzbeeren gewonnen. Das aus Mischung von Blau und Grün erzielte Gelb entfärbt sich leichter, ebenso die Mischfarbe Violett aus Blau und Rot. Steingrün aus Nachbehandlung mit Metallsalzen greift die Wolle an, »beizt« sie zurück (Feraghanteppiche), wie auf ähnlichem Wege erreichtes Schwarz, Braunschwarz und Blauschwarz bis Grau aus Blauholzfärbung mit Eisensalz.

Man gibt deshalb für Brauntöne von hell bis schwarz der natürlichen Wollfarbe den Vorzug, wenn die im Laufe der Zeit eintretende Zerstörung der Wolle bis auf das Grundgewebe vermieden werden soll. Grau- bis Braunfärbung ergeben Nußschalen, Eichenrinde und Galläpfel. Die Wurzeln des Henna-(Alkana-)Strauches liefern ein helles Rot, seine Blätter ein gelbliches Rot, das heute noch im Orient den Frauen als Haarfärbemittel dient.

Weiß wird nie gefärbt. Es ist meist elfenbeinfarbene Naturwolle. Grelles Weiß, falls nicht Baumwolle dafür verwandt wurde, legt den Verdacht auf Bleichung und damit Minderung der Wollqualität nahe. Die eigenartige Cremefarbe in den Zeltbedarfsgegenständen der Turkmenen ist durch den Rauch des Herdfeuers geräuchertes Weiß. Alle Farben, auch die dunklen, wirken leuchtender, wenn sie auf heller Wolle gefärbt wurden.

Die symbolische Bedeutung der einzelnen Farben ist im Orient gebietsweise verschieden und in der Teppichherstellung nicht von Belang.

Einteilung und Muster

Man unterteilt den Orientteppich allgemein in Mittelfeld (Fond) und Bordüre. Die mehrstreifige Bordüre besteht meistens aus der Hauptborte und den schmaleren Nebenborten. Weitere noch schmalere Nebenstreifen werden auch Mitläufer genannt. Dünne Linien zur Trennung der Bordürenstreifen heißen Nähte.

Das Muster des Mittelfeldes kann auf verschiedene Art entstehen: Durch mehrfache Wiederholung (Rapport) gleicher Motive, einseitig orientierte Blumenrankensysteme (z.B. in Vasenteppichen), ein Medaillon, die Gebetsnische (Mihrab) oder auf andere Weise (z.B. in Bild- und Porträtteppichen). Durch Füllung der Fondecken, vornehmlich mit einem Viertel des Hauptmotivs (z.B. Medaillon), werden sie zu Eckstücken.

Die Gestaltung der Gebetsnische ist gebietsweise sehr verschieden. In Manufaktur-Gebetsteppichen verliert sie oft ihren ursprünglichen Sinn als Gebetsnische; sie wird dort nur dekorativ verwendet. Die Bordüre wird – abgesehen von der turkmenischer und ostturkestanischer Teppiche – gewöhnlich in von der Fondfarbe abweichender Grundfarbe gehalten. Zu ihrer Musterung dienen gereihte Einzelmotive, Streifen, Kartuschen und Ranken von der primitivsten, geometrisierten, oft zerfallenen Form bis zum minuziös und naturnah gezeichneten System mit kunstvollen Palmetten und auch Tieren. Die Nomaden vollziehen – ihren beschränkten Möglichkeiten entsprechend – die Mustergestaltung in bescheidener Form: einfache und versetzte Reihung anspruchsloser Elemente sowie andere unkomplizierte Rapporte. Die Farbgebung kann dabei von zweifarbiger Variation bis zu unendlicher Vielfalt reichen. Bei Verwendung des Medaillons steht dieses einzeln oder wiederholt ohne organische Verbindung oder Durchdringung neben oder über der Grundmusterung.

Die Manufakturen verfügen über eine eigene Zeichnerei und Färberei sowie über eigene Knüpf- und Schermeister. Die Musterzeichner setzen – unter teilweiser Lösung von Überlieferungen – Vorbilder aus der Keramik- und Buchmalerei in teppichgerechte Muster um. Unter Einhaltung eines materialgerechten Duktus und Beachtung des Gleichgewichts zwischen Haupt- und Füllmuster wird das Muster durch übereinandergelegte Schichtenzeichnungen organisch verbunden. Die daraus resultierende Patrone, in der auf Millimeterpapier jeder Knoten eingezeichnet ist, ist dann die Richtschnur für die Knüpfer. Dazu legt der Knüpfmeister im Rahmen der örtlichen Technik die Struktur des Untergewebes für den gewünschten Effekt fest.

Der Schermeister bringt das Muster durch mustergerechtes Scheren zu höchster Wirkung. Zu hohe Schur würde die für die feine Zeichnung aufgewendete Arbeitszeit vergeuden, zu niedrige die Lebensdauer des Teppichs beeinträchtigen.

Der Färbemeister muß die Farbwerte nach ihrer Bedeutung für das Muster beurteilen können. Die Wahl eines zu starken Farbtones würde das Muster sprengen.

Religion, Mythologie, Aberglaube, Legende und Himmelskunde, die Gesellschaft und der Stamm mit ihren Traditionen, insbesondere bei nomadischer und bäuerlicher Bevölkerung, scheinen die Schöpfungen der Kunst sehr stark geprägt zu haben.

Das nicht von Mohammed selbst, vielmehr aus der Zeit des Schismas stammende Verbot der Darstellung lebender Wesen, welches von den Kleinasien bewohnenden Sunniten strenger befolgt wurde als von den Schiiten der anderen teppichknüpfenden Zonen, hatte tiefgreifende Wirkungen. Es zeitigte die hohe Entwicklung der Ornamentik: Das Reduzieren, Abstrahieren und Geometrisieren von Lebewesen und Pflanzen zu Bestandteilen des Ornaments, wie sie die Turfanfunde für Zentralasien schon vor dem Islam belegen, und die ureigenste Schöpfung der islamischen Welt, die Arabeske. Man sollte diese Elemente des Dekors auch als Ornament auffassen und sie nicht, von nachweisbaren Ausnahmen abgesehen, mit unangebrachter Symbolik befrachten.

Zu diesen ornamentalen Elementen gesellten sich ursprünglich überwiegend als Symbol zu deutende Motive aus Kultur und Kult des eigenen Volkes sowie fremder Völker (z.B. das Wolkenband Chinas), die jedoch nur als Schmuckformen übernommen wurden. In den großen Manufakturen Persiens wurde die naturnahe Zeichnung aus vegetabilen Elementen, verbreitet unter Hinzunahme von animalischen, zur Vollendung geführt. Erdmann wertet mit Recht dieses Faktum nicht als Höhepunkt, sondern als Seitenweg der Entwicklung des Knüpfteppichs, der nicht unbedingt der kraftvollen, zur Stilisierung führenden Entwicklungslinie anderer Provenienzen vorzuziehen ist. Im Orientalen schlummert die Erinnerung an das Nomadenleben seiner Vorfahren. Auch heute verlebt er seine Mußestunden mit Vorliebe auf dem

Teppich sitzend, genauso wie alte Silberschüsseln selbst sassanidische Könige zeigen. Das Leben auf Kissen und Matratzen gibt der Fläche des Bodens eine ganz andere Bedeutung als in unseren möblierten Zimmern, in denen die Wand bestimmend ist. Es ist also kein Zufall, wenn das Abendland den Wandteppich (Gobelin) und andere Tapisserien, das Morgenland aber den Bodenteppich zur Vollendung entwickelte.

Für den Orientalen fließen in der Fläche des den Boden bedeckenden Teppichs, diesem winzigen Ausschnitt aus dem Unendlichen und Ewigen, Raum und Zeit zusammen. Auch die Zeit ist für ihn in erster Linie ewig, ungemessen, zyklisch. Dazu sind dem Teppich ästhetisch und, als nur mit textilen Maßstäben zu messendem Erzeugnis der Textilkunst, vom Material und Handwerklichen her Grenzen gesetzt. Diese geraten infolge des naturfernen Sehens des Morgenländers nur selten in Gefahr, überschritten zu werden. Wo es durch übertriebene Modellierung und perspektivischen Illusionismus trotzdem geschieht, entstehen nicht mehr bodenteppichgerechte, dem Übergewicht von Malerei oder Architektur erlegene Erzeugnisse.

Gewiß kann der Abendländer die Gestaltungsgesetze eines Musters ergründen. Dessen tiefer Sinn, auch der seiner Bestandteile, bleibt ihm trotz intellektuellen Erfassens verschlossen. Neben dem ästhetischen Reiz übt gerade das Unbegreifliche, ihm Geheimnis Bleibende starke Faszination und magischen Zauber aus. Auch vermag er Echtes von Unechtem zu scheiden. Solange die Muster ihre Heimat im spiritualen Bereich haben, fühlt er sich von ihnen angezogen, selbst wenn sich in ihnen Aberglaube manifestiert. So knüpfen die anatolischen Yürüken in ihre zum Preise Allahs bestimmten Gebetsteppiche Wollbüschel gegen den »bösen Blick« ein, während die persischen Nomaden kolossale, das Muster schier sprengende Raubtiere zum Schutz gegen das Schreckliche, Unheimliche und Angsteinflößende darstellen.

Einzig in der Sentimentalität wurzelnde Dekore, wie das Rehlein an der Tränke, erzeugen augenblicklich den fatalen Beigeschmack des Kitsches und das Bedauern über in solchen, oft sehr sorgfältig gearbeiteten Stücken investierten Fleiß und vergeudetes hochwertiges Material. Unbefriedigend bleiben – über die nicht bewältigten und nachgeahmten Zeichnungen hinaus – blutleere, des Ursprünglichen, der erdigen Kraft ermangelnde, von Entwerfern konstruierte »Nomadenmuster« und weder textil- noch teppichgerechte Dekore, in denen andere Einflüsse, z. B. der Miniaturmalerei oder Europas, überwiegen.

Musterverschleppungen und -vermischungen haben durch Völkerwanderungen, Kriege, Befehle von Herrschern, Abwanderung oder Verschleppung von Manufakturknüpfern, über große Entfernungen wandernde Stämme und Heirat von jeher stattgefunden. Sie wurden durch Instinkt und Beharrungsvermögen der Völker und Stämme kompensiert. Wenn große Manufakturen gegenwärtig ihre Aufgabe darin sehen, beliebte Muster, oft Tausende von Kilometern von der Heimat entfernt, zu kopieren, so schaffen sie, auch bei bester Arbeit, nur Nachahmungen.

Die folgende Übersicht gibt Aufschluß über die wichtigsten Motive, Ornamente und Symbole.

Motive, Ornamente und Symbole

Für viele Motive, Ornamente und Symbole, insbesondere soweit sie die Borten betreffen, sind europäische Bezeichnungen zur Gewohnheit geworden, die zwar eine Definition erlauben, mit dem wahren Inhalt aber nicht das geringste gemein haben.

Achteck (Oktogon), das am häufigsten auftretende Polygon

Adler, auch Doppeladler, geometrisiert in Turkmenien. Das sogenannte kaukasische Adler-Motiv ist ein geometrisiertes vegetabiles Motiv

Alligatorborte (Händler-

bezeichnung), besonders in Kulateppichen: Aus vegetabilen Elementen entwickelte, flächige Ranke, die entfernt Alligatoren ähnelt

Ampeln, in Gebetsteppichen häufig vom Giebel des Mihrab herabhängend, in persischen Teppichen als Anhänger ober- und unterhalb des Medaillons

Arabeske, flächige, linear oder verschlungen, mit oder ohne stilisierte vegetabilische Zutaten gezeichnete, systematisch geordnete Schmuckelemente

Aschkali, häufiges Ornament in älteren Schirasteppichen

Bäume, naturnah stilisiert und oft extrem geometrisiert

Barbierstangen, das in der Bordüre, aber auch als Eckstücke und in geometrischen Medaillons auftretende Muster nebeneinanderliegender Schrägstreifen. Benennung nach dem ähnlichen Zunftzeichen der englischen Barbiere

Berge (siehe das Kapitel über China)

Blätter, fast stets stilisiert

in den meisten Teppichen oder oft bis zur Unkenntlichkeit geometrisiert in vielen Nomadenteppichen (siehe auch unter Boteh und das Kapitel über China)

Blattkelchranke (Blatt-

kelchbordüre), oft als Sägeblattkelchbordüre (Händlerbezeichnungen) Name für die Borten kaukasischer Teppiche mit weinglas- oder pokalähnlich geometrisierten Blüten zwischen gezackten, stilisierten Blättern

Blitz und Donner (siehe das Kapitel über China)

Blumen und Blüten, naturalistisch besonders in Indien und Persien, stilisiert auch in allen anderen Gegenden bis streng geometrisiert im Kaukasus und in Turkmenien. Besonders beliebt sind Tulpe, Nelke, Lilie, Narzisse, Rose, Lotos, Päonie und Chrysantheme (siehe

China). Kleine Steck-Blüten oft als Mihrabeinfassung in türkischen Gebetsteppichen

Boteh, Bota, Mir-i-Bota oder **Boteh-miri,** auch

Mandel- und Birnen- oder Palmwipfel und in sehr kleiner Ausführung scherzhaft Flohmuster genannt. Es ist das am weitesten verbreitete Blattmotiv: ein Blatt mit geneigter, bei geometrischer Ausführung geknickter Spitze, zuweilen auch mit Füßchen versehen, in unzählbaren Variationen. Entgegen der Meinung, es handle sich um die Symbolisierung der Flamme der Feueranbeter (Parsen) oder des Siegelabdruckes der in Blut getauchten Handaußenkante der Herrscher, ist dieses Motiv, wie aus Bordüren früher Teppiche zu ersehen, rein vegetabilen Ursprungs

Buddha-Knoten, endloser Schicksals- oder Glücksknoten (siehe China)

Buddha-Zitrone, Fingerzitrone (siehe China)

Büffel, gelegentlich in Tierteppichen

Datum (siehe das Kapitel über Altersbestimmung)

Drache (siehe das Kapitel über China)

Drachen-Phönix-Motiv (Ming-Wappen), auf türkischen Teppichen des 15. Jahrhunderts und den kaukasischen Drachenteppichen im 17. Jahrhundert

Elefant, selten, nur in persischen, indischen und Chinateppichen

Enten, vornehmlich in persischen und ältesten kaukasischen Teppichen

Fische, in persischen und ältesten kaukasischen, aber auch in chinesischen Teppichen

Fledermaus (siehe das Kapitel über China)

Fo-Hund (siehe das Kapitel über China)

Friedhofmotiv, in anatolischen Gebetsteppichen

Gabelranken, hervorste-

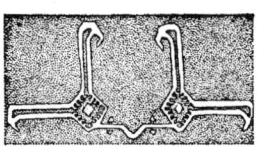

chendes Ornament in persischen und kaukasischen Teppichen

Gebetsnische und Giebel (siehe unter Mihrab)

Glückskreis, Glücksknoten, Glückwunschzeichen (siehe das Kapitel über China)

Göl und Gul (siehe das Kapitel über Turkmenien)

Granatapfel (siehe die Kapitel über Ostturkestan und China)

Greif, geflügeltes Fabel-

tier, schon im Pazyrykteppich (Abb. 1)

Do-Gule = 2 Blüten; ein hauptsächlich in Nordwestpersien vorkommendes Muster zweier Blüten in regelmäßigem Wechsel

Hadsch = Kreuz (siehe das Kapitel über Turkmenien)

Hand, in manchen (besonders kaukasischen) Gebetsteppichen

Hennentritt oder Gänse-

füßemuster (Händlerbezeichnung)

Herati oder Feraghanmuster, auch Mahi-to-hos

(Fische im Teich), benannt nach den Lan-

zettblättern, die symmetrisch jedem Rankenrhombus zugeordnet sind
Hirsch oder Elch, schon als Hauptmotiv im Pazyrykteppich (siehe auch das Kapitel über China)
Hund, stilisiert in Nomadenteppichen weit verbreitet; als eleganter Jagdhund oder abgerichteter Gepard naturnah in Jagdteppichen
Inschriften in Kufi-, Neskhi- oder Talikschrift beziehen sich auf die Darstellung im Teppich, seinen Stifter bzw. Knüpfer, oder sie geben Koransprüche wieder
Kamel, in Nomadenteppichen; Schaddah- und Djedjim (Abb. 80)
Kanne und Kamm, in Teppichen, die dem Gebet dienen
Kartusche, in Hauptborten, seltener im Mittelfeld
Khilin (Chilin), aus dem chinesischen Symbolschatz in persische und kaukasische Teppiche übernommenes hirschähnliches Fabeltier
Kranich (siehe das Kapitel über China)
Kufische Schrift (siehe Inschriften), als Bordüre zum Ornament stilisierte kufische Schriftzeichen
Laufender Hund, Neben-

bortenzeichnung einer zu hakenähnlichen Motiven

reduzierten Ranke
Leopard, in Jagd- und Tierteppichen, meistens ein Tier schlagend
Löwe, Sinnbild der Macht
Mäander, besonders oft als Borte von ostturkestanischen und chinesischen Teppichen
Medaillon, einzeln oder wiederholt als Hauptmotiv im Innenfeld
Menschen, stilisiert in Nomadenteppichen oder naturnah in Manufakturteppichen
Mina-Khani, mehrfach

Wiederholung von großen Blüten, denen in rautenartiger Ordnung je vier kleine Blüten zugeordnet sind
Mihrab, Gebetsnische in Gebetsteppichen
Palmette, in persischen und antiken kauka-

sischen Teppichen häufigste Darstellung von großen Blüten in Seitenansicht oder Längsschnitt, zur Kreisform hin stilisiert
Pferd, als Hauptmotiv schon im Pazyrykteppich; stilisiert in Nomadenteppichen, naturnah in persischen und chinesischen Bildteppichen
Phönix (siehe das Kapitel über China)
Ranken, in zahlreichen Variationen naturnah, stilisiert oder geometrisiert fortlaufend oder zu Einzelbestandteilen zerfallen in nahezu jedem Teppich
Rauten, glatt, gezackt, gezähnt oder mit Haken, in allen Größen vom Streu- bis zum Hauptmotiv in Nomadenteppichen aller Provenienzen
Rautennetz, besonders in kaukasischen Teppichen
Reiher (siehe das Kapitel über China)
Rosetten, in den meisten Teppichen vorkommendes Ornament
S-Borte und S-Zeichen, mehr oder minder geometrisierte Ranken oder Einzelmotive von winziger bis zu gewaltiger Größe

Schachbrettmusterung, Unterteilung des Mittelfeldes in Quadrate; schon im Pazyrykteppich
Schekiri-(zuckrige)**Bordüre,** (besonders bei Senneh und Serabend) mit feiner, geknickter Wellenranke, die zarte Boteh trägt

Schmetterling, in indischen und persischen, besonders häufig in chinesischen Teppichen (siehe das Kapitel über China)

Sechseck (Hexagon), besonders oft in turkmenischen Teppichen

Sterne aller Art, alleinstehend, gereiht oder als Füllung von Polygonen

Stundenglasborte (Händ-

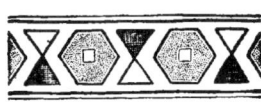

lerbezeichnung), geometrisierte, zerfallene Ranke mit sanduhrähnlichen Bestandteilen

Swastika (=Hakenkreuz) in vielen Variationen Ornament und Symbol in allen Kulturkreisen, besonders oft in ostturkestanischen und chinesischen Teppichen

Tierkämpfe, besonders in persischen und indischen Manufakturteppichen

T-Ornament, T-Bordüre, auch als Doppel-T gereiht in turkestanischen und chinesischen Teppichen

Turkmenische Linie, besondere Form der geknickten Wellenranke in turkmenischen Teppichen

Vasen, einzelne oder in Gruppen mit aufsteigendem Blütenzweigmuster (siehe auch das Kapitel über China)

V-Haken, geometrisiertes, altes seldschukisches Motiv

Vögel, stilisiert schon in frühen Knüpferzeugnissen der Turkstämme, aber auch in Teppichen anderer Provenienzen, naturnah oder stilisiert

Volutenkelch, in ver-

schiedenen Formen in Teppichen aller Provenienzen

Wasser, in Gartenteppichen in Form von Kanälen, Bächen und Teichen, als Meer-Wasser-Wolken-Motiv in China

Wellenranke, in verschiedenen Formen

häufig in Bordüren

Wolke, Wolkenband, aus China (siehe dort) stammend, sowohl in turkmenischen, persischen, kaukasischen als auch in alten anatolischen Teppichen vorkommend

X-Haken, geometrisierte Rankenbestandteile, einzeln oder gereiht in Nomadenerzeugnissen

Y-Motiv, als Gabelranke oder Vogelkopfpaar zu deuten, besonders häufig im Hadschlu (siehe auch das Kapitel über Turkmenien)

Zahlen (siehe die Kapitel über Altersbestimmung und Türkische Teppiche)

Zickzackborte, auch Dreieck- oder Nahtborte, häufigste Mitläuferbezeichnung

Zinnenborte, auch Med-

achyl, reziprokes, sich aus der Reihung von Zinnen, Pfeilspitzen oder lilienähnlichen Motiven ergebendes Muster

Teppichnamen und -bezeichnungen

Die meisten Teppiche werden nach dem Ort, dem mehr oder weniger eng umgrenzten Gebiet ihrer Herstellung oder dem Stamm, der sie knüpfte, benannt. Außerdem ist eine große Anzahl von Bezeichnungen nach anderen Gesichtspunkten üblich.

Nach dem Ursprungsland
Zum Beispiel türkische, persische, russische, indische, ägyptische, spanische, portugiesische, griechische, bulgarische, rumänische Teppiche

Nach der Landschaft oder Provinz
Zum Beispiel anatolische, kaukasische, turkmenische, turkestanische, nordafrikanische Teppiche, Feraghan-, Khorassan-, Balkan-Teppiche

Nach Handels- und Stapelplätzen
Zum Beispiel Mossul, Buchara, Khiwa, Kerki, Samarkand

Nach dem Fundort
Zum Beispiel Pazyrykteppich, Polenteppich, Siebenbürger- und Ardebil-Teppich

Nach Malern, in deren Bildern einige Teppicharten besonders oft erscheinen
Zum Beispiel Holbein-Teppiche, Lotto-Teppiche

Teppiche, die sich nicht auf eine bestimmte Gegend ihres Ursprungslandes zurückführen lassen
Zum Beispiel Anatol, Sultan für dicke, yürükähnliche, ostanatolische und nordirakische Teppiche

Nach dem Format
Tscharhad für kleinste Teppichflecke, Tscharpai (=4 Fuß) für Formate bis etwa 100 x 80 cm
Namaseh (Namazä), Formate bis etwa 150 x 80 cm
Sedschadeh (Sedjadä), Formate von etwa 180 bis 230 cm x 125-150 cm

58

Sarquart (=1 1/4 Sär. 1 Sär=etwa 106 cm, jedoch auch unterschiedliche Werte), Stücke mit etwa 130 cm Länge
Sar-i-nim oder Sar-andaz (=1 1/2 Sär), Stücke von etwa 150 x 100 cm
Dosar (=2 Sär), große und relativ schmale Stücke von etwa 220 cm Länge
Kenareh (=Ufer, Rand. Siehe das Kapitel über Auslegen und Pflege), schmale, lange Stücke (Läufer, Galerie)
Keley (Ghali, Kali), Teppiche, die bei 150-200 cm Breite mindestens doppelt so lang sind
Ghalidscheh (Keleyghi), kleinere Teppiche im Maßverhältnis der Ghali=Keley
Mianeh (=Hälfte). Wird zur Größenbezeichnung herangezogen
Exote, europäische Händlerbezeichnung für Keley von etwa 180 cm Breite an

Nach der Machart
Turkbaff (=Turkknoten), im Khorassan (Nordostiran) im Gördesknoten geknüpfte Teppiche
Farsibaff (=persischer Knoten), Teppiche aus der südiranischen Provinz Fars
Harun, Teppiche (besonders aus Kashan), die infolge weniger sorgfältiger Knüpfung ihr Muster auf der Rückseite nicht so klar erkennen lassen, wie es sonst ihrer Provenienz entspricht
Gabbeh (=ungeschoren), im Schirasgebiet für hochflorige rustikale Teppiche mit Mustern aus meist ungefärbter Wolle, aber auch für Teppiche ohne Fransen
Kendirli, türkische (vor allem Kula-) Teppiche mit sporadisch auftretenden breiteren Schüssen
Nimbaff (=Halbknoten) oder Golbarjästeh (=herausspringende Blume) für gewebte Stücke mit eingeknüpften Partien
Zweigesichtige Teppiche: der Flor ist auf Vorder- und Rückseite eingeknüpft

Nach der Produktionsstätte
Zum Beispiel Manufaktur-, Hofmanufaktur-, Hausmanufaktur-, Gefängnis-, Waisenhaus-Teppiche

Zur Kennzeichnung verschiedener Qualitäten derselben Provenienz
Zum Beispiel Meshed-, Kuduany- und Arab- bei den Belutschteppichen, Bibibaff (nach der Fürstin Bibi Hanum) für die beste Sorte der Bachtiar-Teppiche

Zur Kennzeichnung (oft angeblich) besserer Qualität
Zum Beispiel Mekka-Schiras, Meshed-Belutsch, Saruk-Mahal, Lawer-Täbris, Eski-(türk. alt) Kirman

Nach Dynastien oder Herrschern
Zum Beispiel Seldschuken-, Osmanen-, Saffawiden-, Mameluckenteppiche, Schah-Abbas-Teppiche

Nach Herstellern oder Auftraggebern
Zum Beispiel Petag-, Hotz-, Zieglerteppiche, O.C.M. (Oriental-Carpet-Manufacturers)-, Meyer-Pünther-Teppiche

Nach dem Muster
- Adlerteppiche
- Allover (Händlerbezeichnung für Teppiche mit unendlichem Rapport)
- Baumteppiche, Bäume herrschen im Muster vor
- Bildteppiche mit einer bildlichen Darstellung
- Bukett-Teppiche, die Wiederholung von Blumensträußen ergibt das Muster
- Drachenteppiche (siehe das Kapitel über Kaukasus und China)
- Do-Guleh (=zwei Blüten), das Muster entsteht durch Wiederholung von zwei verschiedenen Blüten
- Dschuft (=Dschoft=Paar), zwei gleich große Teppiche mit gleichem Muster
- Gartenteppiche mit Parkdarstellung in Auf- oder Seitenansicht
- Hatschlou, Hatschly, auch Katschly (siehe Turkmenien)
- Hofszenen-Teppiche mit aus der Miniaturmalerei übernommenen Hofszenen
- Inschriften-Teppiche, Inschriften (meistens aus dem Koran) herrschen in der Bordüre oder auch im ganzen Teppich vor
- Jagdteppiche mit Jagdszenen
- Jahreszeitenteppiche mit allegorischer Darstellung der Jahreszeiten
- Kartuschenteppiche, das Mittelfeld ist in Kartuschen unterteilt
- Köhlerteppiche (Jaçebedir), düster wirkende Teppiche aus der Gegend von Bergama
- Kostüm, ein breiterer und ein Paar schmalere Teppiche gleicher Länge und gleichen Musters
- Konferenzteppiche (Händlerbezeichnung), die drei zu einem Kostüm gehörigen Teppiche mit einem ihre gemeinsame Breite einnehmenden Ghalidscheh quer darüber, in einem Stück geknüpft

- Kugelteppiche, im Mittelfeld ist das Cintamani (drei Kugeln, siehe Abb. 14) unendlich wiederholt
- Landschaftsteppiche mit Darstellung einer Landschaft
- Medaillonteppiche, ein Medaillon oder mehrere bestimmen das Muster
- Millefleurs (=1000 Blumen), kleinteiliges Blütenmuster
- Paradies- (=persischer Garten) Teppiche mit naturalistischen Blütenbäumen und Tieren
- Porträtteppiche mit Porträts von Persönlichkeiten
- Schachbrett-Teppiche, das Mittelfeld ist in Reihen von Quadraten unterteilt
- Scheich-Sefi-Teppiche mit dem Muster des historischen Ardebil-Teppichs
- Set, drei oder vier Teppiche verschiedener Größe im gleichen Muster, mit denen der Orientale den Raum auslegt (siehe Abb. 94)
- Sinekli- (=Fliegen)Teppiche, türkische Gebetsteppiche mit von winzigen, gleichen, stilisierten Blüten überzogenem Mihrab
- Streifenteppiche, das Muster besteht aus schmalen Streifen
- Ter-Mustuphi-Teppiche mit französisch anmutendem Rosen- oder Blumenmuster, auch Nachl-i-Frangh (=europäisches Muster) genannt
- Thematischer Teppich mit Szenen aus Geschichte, Literatur, Sage
- Tierteppiche, Tiere herrschen im Muster vor
- Vasenteppiche, Vasen mit Blüten in mehrfacher Wiederholung oder aus Vasen aufsteigende Ranken bilden das Muster
- Wappenteppiche mit Wappen des Bestellers oder des Beschenkten
- Wolkenbandteppiche, Wolkenbänder sind musterbestimmend
- Uniteppiche mit Glattfond

Nach Brauch und Gebrauch
Hauptsächlich werden Knüpferzeugnisse als Bodenteppiche, Gebetsteppiche, Kissen, Taschen, Satteldecken und zum Schmuck der Behausung verwendet.
- Andenken-Teppiche, billige, oft künstlich gealterte, für den unwissenden Reisenden bestimmte Teppiche. Diese Massenware wird in der Türkei und im Iran meist als Gebets- oder Reihengebetsteppich (Saph) mit Wolle oder Schappseide auf Baumwollgrundgewebe hergestellt
- Ajatlyk, turkmenischer Begräbnisteppich
- Asmalyk, fünfeckiger Schmuckteppich für das Kamel, in sehr kleinem Format für die Knie des Brautkamels
- Braut-Teppich siehe unter Kiss-Teppich

- Chalyk, frühere turkmenische Bezeichnung für kleine, für die Brust des Brautkamels bestimmte Hochzeitsschmuckteppiche
- Dip Chali, turkmenisch für den Bodenteppich im Zelt
- Engsi, Enessy, turkmenischer, als Tür dienender Zelteingangsteppich
- Friedhofsteppiche (Türbelik, Mezarlik), türkische, den Begräbniszeremonien vorbehaltene Teppiche, bei denen im Mihrab das Motiv eines von einer Zypresse und einer Trauerweide flankierten Häuschens in vertikaler Richtung wiederholt wird
- Gebetsteppiche mit Gebetsnische (Mihrab), aber auch ohne diese, auf denen der Gläubige in Richtung Mekka seine Gebete verrichtet; Namazlik (türkisch), Dshai-namaz (persisch), Sadschada=Sädschadä (arabisch), Salatschak (turkmenisch)
- Germetsch, turkmenischer, im Zelteingang liegender oder hängender Teppich
- Jastik (türkisch), Pushti (persisch), kleine Teppiche bis etwa 80 cm Länge, die ursprünglich als Polster zum Anlehnen und Sitzen dienten
- Kapunuk, lambrequinähnlicher Zelteingangsschmuck der Turkmenen
- Khordjin (=Chordshin, Churdjin) siehe unter Taschen
- Kibitka-Streifen siehe unter Zeltband
- Kiss-Teppiche, Kiss-Kelim (Kiss=Braut, Mädchen), von der Braut für ihre Aussteuer selbst geknüpfte Teppiche oder gewebte Kelims; besonders bekannt ist die Bezeichnung Kiss-Gördes
- Kissen, klein: Bolesh-Motaka, Serin (kurdisch), groß: Motaka, Doshak (kurdisch)
- Nani, kleiner Teppich, der hängemattenartig als Kinderwiege dient
- Odschakbaschi, im Format U-förmiger Teppich, von Turkmenen um das Holzkohlenfeuerbecken gelegt
- Odschalyk (türkisch), Gebetsteppich, Stücke, deren Medaillon wie ein Mihrab mit zwei gegenüberliegenden Giebeln wirkt
- Pushti siehe unter Jastik
- Reihengebetsteppich siehe unter Saph
- Rupalani, Satteldecke, auch Gashya genannt
- Rutakali (=auf den Rücken), Esel- und Pferdedecke
- Saph, Reihengebetsteppich mit einer Reihe oder mehreren Reihen nebeneinanderliegender Nischen
- Säulenteppich, ohne Seitenbordüre, zur Umkleidung von Säulen in China bestimmt
- Serin siehe unter Kissen
- Sineban, geknüpftes Brustband für Pferde und Esel
- Tainaktscha, turkmenische Pferdedecke

- Taschen, kleinste, auch für Geld: Tantje (tantsche), für die Pfeife: Gailandan; kleine: Torba, für Löffel: Tschentsche Torba, für Salz: Dis-Torba; längliche: Tobrä; für den Sattel, auch Doppeltasche: Khordjin (Kurdschin), auch Namagdin oder Nemagdum, türkisch Heybeh; große: Tschowal, Dshuval, Mafrash (kaukasisch) auch für kofferähnliche Lastentaschen
- Türbelik siehe unter Friedhofsteppiche
- Zeltband, Kibitkastreifen (türkisch: Tschadir-Scheridi, turkmenisch: Jolami und Bou), bis zu 15 m lange gewebte Schmuckbänder für das Zelt mit gewirkten oder eingeknüpften Mustern

Türkische Teppiche

Zur Geographie und Geschichte

Die Türkei ist das klassische Verbindungsland vom Okzident zum Orient, eine Brücke zwischen Europa und Asien. Nur drei Prozent ihrer Gesamtfläche liegen auf europäischem Boden (einschließlich Istanbul). Der asiatische Teil der Türkei ist die große, vom Mittelländischen, Ägäischen, Marmara- und Schwarzen Meer umspülte anatolische Halbinsel mit der Hauptstadt Ankara, das sogenannte Kleinasien.

Anatolien ist eine mit Gebirgen durchsetzte Hochebene, die nach Westen abfällt und im Norden (Pontisches Gebirge) und Süden (Taurus) von mächtigen, bis über 3000 m ansteigenden Randgebirgen eingefaßt wird. Der Westen ist der fruchtbarste Teil des Landes. Der Osten hat überwiegend Hochgebirgscharakter. Höchster Berg ist der Ararat mit 5165 m, auf dem die Arche Noah gelandet sein soll. Allein um den Van-See erheben sich zwei Dutzend Gipfel von mehr als 3000 m Höhe. Im Osten des Landes entspringen auch Euphrat und Tigris. Die Küsten haben mildes, im östlichsten Teil der Schwarzmeerküste (Teeanbaugebiet von Rize) sogar tropenähnliches Klima, und die Randgebirge bringen ihnen (im Süden nur im Winter) ergiebige Regenfälle. Auf dem Hochplateau des Landesinneren mit seinen starken Temperaturschwankungen trocknen die meisten Flüsse wegen der seltenen Regenfälle im Sommer aus, der Winter bringt dann starke Schneefälle.

Klimatisch und geographisch bedingt, entwickelten sich die bedeutenden Teppichmanufakturen in West- und Mittelanatolien. Die geringe Produktion des östlichen Landesteiles wird vornehmlich von Nomaden bestritten. Die beste Wolle kommt aus den westanatolischen Bezirken Balikeshir, Ushak und Kütahya. Hauptlieferant für Seide ist Bursa (Brussa). Das wichtigste Baumwollanbaugebiet liegt im Südosten am Golf von Iskenderun.

Die Hethiter waren das erste staatsbildende Volk in Anatolien. Ihr Reich war im 17. Jahrhundert v. Chr. die führende Macht im Orient, deren Einfluß bis Babylon reichte. Auf seine wechselvolle Geschichte – im 13. Jahrhundert v. Chr. erreichte es nach Siegen über die angreifenden Ägypter noch einmal einen Höhepunkt seiner Macht, und die Tochter seines Königs wurde ägyptische Königin – folgte die Herrschaft des indogermanischen Volkes der Phrygier. Deren König Midas herrschte um die Wende vom 8. zum 7. Jahrhundert über ein mächtiges Reich mit der Hauptstadt Gordion. Hier wurden die aus jener Zeit stammenden Textilfragmente in Sumakhtechnik gefunden.

Nach Midas Niederlage gegen die Kimmerier gelangten die gleichfalls indogermanischen Lydier zur Herrschaft über Westanatolien. Einer der Könige dieses fleißigen handeltreibenden Volkes, das über eine hochentwickelte Färbekunst verfügte, Kroisos (Krösus), galt als reichster Herrscher der Erde, bis er dem persischen Großkönig Kyros im Jahre 546 unterlag. Lydien und die blühenden griechischen Kleinstaaten, die sich aus der im zweiten Jahrtausend beginnenden Griecheneinwanderung an der westlichen Küste Anatoliens entwickelt hatten, wurden dem persischen Großreich angegliedert. Diese griechischen Kleinstaaten mit ihrem reichen kulturellen Fundus erreichten später ihre Hochblüte durch den Alexanderzug und die folgende Diadochenreihe. Das 2. und 1. Jahrhundert sah dort schon die Römer als Herren.

Byzanz, ebenfalls eine griechische Gründung, wurde vom letzten großen römischen Kaiser, Konstantin I., 330 n. Chr. zur neuen Hauptstadt des Römischen Reiches erhoben. Für Jahrhunderte, während der Bedrohung und des Verfalls Roms, war die Stadt Zentrum der Macht und Hort abendländischer Kultur. Dogmatische Streitigkeiten rissen dann eine Kluft zwischen Ost und West auf. Ost-Rom, das soeben noch Siege über die Perser erfochten hatte, sah im 7. Jahrhundert in seinem Rücken die slawischen Balkanstaaten entstehen und mußte den bis vor die Tore der Hauptstadt vorgedrungenen Arabersturm (Islam) abwehren. Nur Kleinasien und Griechenland blieben vom Reich übrig. Es hatte sich wieder erholt, Bulgarien entscheidend geschlagen, Mesopotamien und Syrien erneut sich einverleibt, als im 11. Jahrhundert die Seldschuken vordrangen. Ihr von Turkestan ausgehender Eroberungszug endete erst mit der Besetzung Kleinasiens und verbreitete dort die seldschukische Kultur.

Konya (Iconium) wurde zur wichtigsten muselmanischen Residenz und zog Wissenschaftler, Architekten und Kunsthandwerker aus Persien, Armenien und Byzanz an. Die Seldschukenteppiche aus Konya sind die ältesten erhalten gebliebenen großen Teppiche des Vorderen Orients.

Die Kreuzzüge befreiten zwar einige Gebiete Kleinasiens, doch brachten sie auch für Byzanz starke Erschütterungen und die zweimalige Besetzung der Hauptstadt Konstantinopel. Das Besatzungsheer stand unter Führung Venedigs, das in Byzanz bevorzugte Handelsrechte besaß. Mit den Importen venezianischer Kaufherren kamen auch Orientteppiche nach Europa.

Ein anderer Turkstamm, durch das Vordringen Dschingis-Khans nach Turkestan in Bewegung geraten, war Anfang des 13. Jahrhunderts der Route der Seldschuken gefolgt und hatte in Kleinasien deren Nachfolge durch Thronerbschaft angetreten. Nach dem ersten Herrscher Osmanen genannt, betrieben sie eine expansive Politik, unterwarfen im 14. und 15. Jahrhundert den Balkan und überstanden trotz Niederlage den Mongolensturm Timurs.

Die Rettung von Byzanz, das nur noch aus der Hauptstadt Konstantinopel bestand, war an dem unversöhnlichen Gegensatz zwischen Ost- und Westkirche gescheitert. 1453 wurde die Stadt erobert und als orientalisches Istanbul zur Hauptstadt des Osmanischen Reiches gemacht. Syrien, Nordwestpersien (1514) und Ägypten (1517) wurden dem Reiche angegliedert, in dem sich eine hohe Kultur entfaltete. Der Sultan konnte jetzt die besten Knüpfer aus Nordwestpersien und Ägypten an seinen Hof beordern und verfügte über die großen Manufakturen Kairos.

Nach an Höhepunkten und Krisen reicher Geschichte – Niederlage vor Wien 1683 (viele Teppiche fielen den Siegern in die Hände), im 19. Jahrhundert Selbständigwerden Ägyptens, Sieg im Krimkrieg gegen Rußland, Verlust des Balkans – verlor das Osmanische Reich im Ersten Weltkrieg das Gebiet von Arabien, Palästina, Mesopotamien, Syrien und Libanon. Aus dem verbliebenen Torso schuf Kemal Atatürk nach Abschaffung des Sultanates (1922) den neuen türkischen Staat. Die türkische Regierung sucht den durch Qualitätsmängel und hohe Preise geschrumpften Teppichexport zu heben. Das Erlernen des Knüpfens wird gefördert.

Schafwolle, für feine Stücke auch gemischt mit zehn Prozent Angoraziegenwolle, herrscht als Knüpfmaterial vor. Gute Seide für Sonderstücke, Schappseide für Andenkenware und Baumwolle für weiße Knüpfungen spielen eine untergeordnete Rolle. Der hohe Preis der Kamelwolle schließt ihre Verwendung aus. Im Grundgewebe findet sich zunehmend Baumwolle, doch überwiegen auch hier noch Wolle und Ziegenhaar (Nomaden). In Izmir und Demirci stehen die Webstühle der Türkei für Uni-Meterware, die aber dem handgeknüpften Teppich keine Konkurrenz macht.

Türkische Teppiche des 13. bis 18. Jahrhunderts

Die frühesten bekannten Seldschukenteppiche waren durchweg nach dem Prinzip der versetzten Reihung gemustert. Die bald darauf folgenden Teppiche mit Tierdarstellungen, die mit der letzten Version, der des Phönix-Drachen-Motivs des 15. Jahrhunderts, ihren Abschluß finden – die Osmanen waren figurenfeindlich –, zeigen als Musterungsschema Quadrierung oder Reihung von Quadraten. Von C. J. Lamm in Fostat gefundene Fragmente seldschukischer Teppiche des 15. Jahrhunderts zeigen den turkmenischen Güls sehr ähnliche Motive in versetzter Reihung. In einem Fragment aus Beyshehir ist über die versetzte Reihung großflächiger, gülartiger Medaillons ein dünnes Gitter von Quadraten gelegt, wie es für Teppiche der Tekketurkmenen bis zur Gegenwart typisch ist. Versetzte Reihung und Quadrierung bleiben für die Muster der Teppiche Anatoliens, mit Ausnahme der Gebetsteppiche, fast ausschließlich bis in das 18. und 19. Jahrhundert bestimmend. Selbst das durch die Revolutionierung der Muster in Persien im 15. Jahrhundert aufkommende, den Mittelpunkt betonende Medaillon wird in Anatolien sofort diesen Schemata untergeordnet.

Der Gebetsteppich übernimmt mit der Gebetsnische (Mihrab) ein teppichfremdes Element der Architektur als allein bestimmendes Muster. Dafür sind nicht geschmackliche, sondern religiöse Gründe maßgebend gewesen. In der Moschee zeigt die kunstvoll gestaltete Gebetsnische dem Betenden die Richtung nach Mekka an, in der er kniend und mit dem Kopf sich wiederholt bis zur Erde beugend seine vorgeschriebenen Gebete fünfmal täglich zu verrichten hat. Betet er außerhalb der Moschee, so soll er eine Stelle sauberen Bodens aufsuchen. Es lag nun nahe, zum Gebet eine Matte auszubreiten, aus der sich der leicht transportable Gebetsteppich entwickelte, in dessen Muster man die Gebetsnische vor sich hatte. Jedoch weisen nicht alle für das Gebet bestimmten Teppiche die Nische auf. Von diesen starker Abnutzung unterliegenden Teppichen sind einige für die Moschee bestimmte und daher relativ geschonte Reihengebetsteppiche (Saphs) aus dem 15. Jahrhundert erhalten. Im Saph sind mehrere Nischen nebeneinander in einer Reihe oder in zwei übereinanderliegenden angeordnet. Die Zeichnung der Nischen in diesen frühen Exemplaren ist als Rahmen auf durchlaufenden oder in Felder unterteilten Grund gesetzt.

Bei den frühosmanischen Teppichen sind drei Hauptmustertypen festzustellen, im 15. Jahrhundert gereihte Quadrate mit einbeschriebenem großem Oktogon, wie sie Bergamateppiche noch bis in die Gegenwart bringen (Abb. 20), sowie die versetzte Reihung von Oktogonen mit Konturverknotung und aus Arabeskblattpaaren gebildeten Rauten (Abb. 11). Dieser Typ verschwindet im 17. Jahrhundert wieder. Im 16. Jahrhundert tritt aus den Manufakturen von Ushak die trotz des andersartigen Eindrucks mit der zweiten Gruppe verwandte Reihung von zwei Arabesk-Rankenmotiven (Abb. 15) hinzu. Dieses Muster – meistens in Gelb auf rotem Grund – wird über 200 Jahre fortgeführt und endet dann durch Überhandnehmen der Bordüre, die nur noch ein Motiv des Fondmusters freigibt. Die Bordürenzeichnung besteht anfangs aus einem von Kufischriftzeichen abgeleitetem verschlungenem, einfarbigem Bandmuster, später aus Wolkenbandschleifen mit Rankenansätzen im Wechsel mit Rosetten oder aus Rosetten im Wechsel mit Palmetten. Die Bezeichnung Holbein-Teppiche für diesen Typ ist insofern irreführend, als von Hans Holbein dem Jüngeren kein Bild mit der Darstellung eines solchen Teppichs bekannt ist. Hingegen finden sich gute Wiedergaben dieser Gattung in Bildern des Lorenzo Lotto.

Die geometrische Musterung der Osmanenteppiche erwies sich noch längere Zeit als immun gegen die neuen persischen Muster des 15. Jahrhunderts, in denen das Grundmuster einem den Mittelpunkt betonenden Medaillon untergeordnet wird. Erst die Palast- oder Hofmanufakturteppiche des 16. Jahrhunderts zeigen plötzlich eine den bisherigen türkischen Teppichen völlig fremde Musterung. Naturnah gezeichnete Motive aus Palmett- und Rosettblüten, Spiralranken und gern überbetonten gefiederten Lanzettblättern sind kennzeichnend für diese Gruppe. Doch herrschen diese Motive, überwiegend in versetzter Reihung, als Grundmuster vor, während die oft dürftigen, der Kreisform angenäherten Medaillons, einzeln oder in versetzter Reihung, ohne organische Verbindung mit dem Grundmuster, darübergelegt erscheinen.

Diese im 16. und 17. Jahrhundert als Cairin-Teppiche auch in Europa sehr verbreitete Gattung scheint, ohne Vorbild aus den seldschukischen und frühosmanischen Teppichen, von den Zeichnern des Hofes in Anlehnung an osmanische Textil- und Keramikmuster entworfen worden zu sein. Der starke persische Einfluß im Muster und der für die feine Zeichnung angewandte Sennehknoten könnten an die Arbeit aus Nordwestpersien deportierter Knüpfer denken lassen.

Das rechtsgesponnene bzw. linksgezwirnte Material, die Farben sowie das Auftreten von mamelukischen Motivelementen in frühen Exemplaren weisen die mit Recht Cairin genannten Teppiche jedoch eindeutig als Erzeugnisse der großen Manufakturen Kairos aus. Die von Sultan Murad III. 1585 aus Kairo mit »30 Kantar bunten Fäden« an den osmanischen Hof befohlenen elf Teppichknüpfmeister konnten und sollten dort mit der geringen Materialmenge gewiß keine umfangreiche Fertigung beginnen. Sie werden wahrscheinlich für eine besondere Aufgabe herangezogen worden sein. Die Tradition der Cairinmuster setzte eine Smyrnagattung noch im 19. Jahrhundert fort.

Die bedeutendsten Manufakturen Anatoliens lagen damals großteils im Gebiet von Ushak. Daß sie auch in Europa bekannt waren und von dort Aufträge erhielten, ist durch Lotto-Teppiche mit eingeknüpften europäischen Adelswappen erwiesen.

Auch in Ushak setzte man sich mit den neuen persischen Mustern auseinander. Das Medaillon dominiert nun auch in den Ushakteppichen gegenüber dem stilisiert gezeichneten, kleinteiligen floralen Grundmuster, das zum Füllwerk wird. Aber es dominiert in der Regel in versetzter Reihung. Diese wird entweder durch eine Vertikalreihe von Medaillons in der Teppichmitte verwirklicht, in deren Zwischenräume sich von beiden Teppichseiten her gleichwertige Medaillonhälften hineinschieben (Medaillon-Ushak), oder durch die Versetzung von Horizontalreihen, in denen sternförmige Medaillons mit einem etwas kleineren Motiv abwechseln (Stern-Ushak, Abb. 12). Beide Muster stehen rot auf blauem Grund oder umgekehrt. Die Hauptbordüren zeigen Wolkenbandschleifen mit Rankenansätzen im Wechsel mit Rosetten, stilisierte Ranken mit Palmetten oder eine Arabeskranke mit hahnenkammartigen Blattansätzen, die in ihren Windungen Palmetten einschließt. Die Sternen-Ushaks sind selten länger als vier Meter, die Medaillon-Ushaks können mehr als doppelt so lang sein. Diese beiden Typen reichen bis ins 17. und 18. Jahrhundert hinein.

Zur gleichen Zeit entstanden auch die »weißen« Ushaks: die Vogel- und die Kugelteppiche. Deren Struktur und Bordürenmuster weisen auf den gleichen Ursprung hin, nur ist in den hellgrundigen Teppichen statt der bis dahin in Anatolien stets rotgefärbten Schußwolle zum erstenmal ungefärbte helle Wolle als Schußmaterial festzustellen. Die vogelähnlichen Motive der allgemein hellgrundigen Teppiche (Abb. 13) sind je vier radikal von einer Rosette ausgehende geometrisierte flächige Ranken, die gleichzeitig das Muster mit den Nachbarrosetten fortsetzen. Die zweite Gruppe erhielt ihren Namen von der unendlichen Wiederholung der im Dreieck angeordneten drei Kugeln über zwei Wellen. Wahrscheinlich handelt es sich hier um das dekorativ verwendete chinesische Symbol Cintamani. Dieses Muster ist weder auf weißgrundige Teppiche noch auf Ushak beschränkt. Es tritt sowohl in rot- und blaugrundigen als auch in Teppichen anderer Provenienz auf. Das Türkve-Islam-Eserleri-Museum besitzt von der ersten Gruppe ein Exemplar im Format 510 x 245 cm, von der zweiten ein rotgrundiges von noch größeren Ausmaßen.

Während dieser Jahrhunderte lief die Produktion der kleineren Manufakturen anderer Gebiete Anatoliens weiter, von der aber wenig exportiert wurde. Konya und Bergama setzten die derben, auf Reihung von großen Quadraten beruhenden geometrischen Muster der frühosmanischen Teppiche fort, und die bäuerliche sowie die Nomadenbevölkerung hörten nicht auf, für den eigenen Bedarf zu knüpfen.

Mit dem 18. Jahrhundert wird allmählich der Gebetsteppich in der Produktion dominierend, zumal er nun auch von Europa aufgenommen wird.

Reihengebetsteppiche des 17. Jahrhunderts aus Ushak haben die geschwungenen persischen Nischen der eleganten Cairin-Gebetsteppiche. Von den Giebeln hängt eine Ampel herab. Der meist blaue oder rote Nischengrund kann von naturnahen Blüten- oder Lanzettblattranken überzogen sein, die keine Verbindung mit einem auferlegten Medaillon eingehen, oder im Nischengrund ist der Platz für die Füße des Betenden durch Arabeskzeichnung markiert. Die Zwickel sind mit stilisierten, in der Manier der Grundmuster großer Ushakteppiche dieser Zeit eckiger gezeichneten Ranken gefüllt. Die größten Saphs haben mehr als hundert Nischen. Die Rankenfüllung der Zwickel zeigen auch die frühen Gördes-Gebetsteppiche, deren geschwungene Nischengiebel von Säulen getragen werden. Die fast ausnahmslos helle Nische bleibt, bis auf eine Ampel in manchen Stücken, leer. In diesen Gördes-Gebetsteppichen des 17. Jahrhunderts taucht zum erstenmal Baumwolle als Knüpfmaterial für weiße Musterelemente auf, während Baumwolle im Grundgewebe erst im 18. Jahrhundert festzustellen ist.

Ins 17. Jahrhundert ist auch der größte Teil der Siebenbürger- oder Transsylvanischen Teppiche zu datieren. Sie werden wegen ihres häufigen Vorkommens in den Kirchen dieser Landschaft so genannt, die 1526 bis 1699 unter türkischer Herrschaft stand. Die meisten dieser Teppiche, überwiegend mit gegenständigen Nischen, dürften auf die Werkstätten Anatoliens zurückzuführen sein, da alle geläufigen anatolischen Muster dieser Zeit einschließlich des Vogelmotivs in ihnen Verwendung finden.

Auffallend ist die häufiger vorkommende Reihung von kartuschenähnlich geometrisierten Ranken als Hauptbordürenmuster. Diese Art der Bordürengestaltung ist für frühe Ladik-Gebetsteppiche kennzeichnend, deren dreigeteilte, geschwungene Giebel dünne Säulenpaare tragen (Kolonnen-Ladik, Abb. 11). Im Paneel über dem Giebel steht oft eine Reihe von Blüten auf steifen Stengeln mit paarweise angesetzten Blättern (Tulpen?). Diese gereihten Blumen über oder unter der nun vereinfachten Nische mit getrepptem Giebel ohne Säulen in den Ladik-Gebetsteppichen des 18. Jahrhunderts führten zu der Bezeichnung Tulpen-Ladik (Abb. 29). Ihr Bordürenmuster ist vorwiegend eine von einer Blattgabel eingefaßte Tulpe im regelmäßigen Wechsel mit einer Rosette. Im 18. Jahrhundert werden die Nischen allgemein reduziert, die Giebel eckig und gestuft. Die zu hängenden Blütenleisten umgeformten Säulen fallen vielfach weg oder bleiben als kandelaberartige Rudimente stehen. Die vergröberten Zwickel- und Bordürenmuster lösen sich in Einzelbestandteile auf und werden oft zur Wiederholung gleicher stilisierter oder geometrisierter Blattmotive.

Das von Ladik nicht weit entfernte Gebiet von Konya führt den Kolonnen-Ladik in derberer, eckigerer Form fort und übernimmt auch das Tulpenmotiv. Aus dieser Gegend sind auch frühe Gebetsteppiche erhalten, deren Muster ein auf dunkleren Grund gelegtes, an ein helles geflecktes Tierfell erinnerndes Motiv beherrscht.

In Kula löst man die Bordüre zu Streifen (Çubuklu=Pfeifenrohr) auf oder man stellt von gleichen, stilisierten Blüten je neun in gleicher Richtung und Farbe im Viereck zu fliesenartiger Wirkung zusammen. Blütenleisten werden als Nischenfüllung bevorzugt. Die gegenseitigen Musterbeeinflussungen von Kula und Gördes gehen so weit, daß ihre Teppiche manchmal nur durch die Strukturmerkmale unterschieden werden können. Diese Mustervermischungen sind durch die gemeinsame Leitung, unter der beide Manufakturen im 18. Jahrhundert standen, zu erklären.

Eine Sonderstellung der Nischenmusterung stellt das übereinandergereihte Motiv eines von zwei Bäumen flankierten Häuschens in den Friedhofskulas dar. Diese Friedhofsteppiche (Mezarlik, Türbelik) kommen jedoch auch aus Ladik, Gördes und Kirshehir. Die fliesenartige Bordürenaufteilung zeigen ebenfalls die in ihrem ruhigen grün-rotgelben Farbdreiklang so reizvollen Mudjur-Gebetsteppiche (Abb. 33). In den Milas-Gebetsteppichen sind die Einflüsse aus Ushak und Gördes in der rustikaleren, mit Bergama verwandten Zeichnung spürbar. Die Nische ist unter dem Giebel eckig eingeschnürt. Teppiche ohne Nischen erscheinen überwiegend wie aus vielen Bordüren zusammengesetzt (Streifen-Milas, Abb. 21). Typisch für die meisten türkischen

Gebetsteppiche sind die an den Mihrabinnenrändern gereihten kleinen Steckblüten und die mehrfache Kontur des Giebels.

Die Wolle wird in den anatolischen Teppichen bis ins 20. Jahrhundert hinein für die Kette zweifach rechtsgezwirnt, für den Schuß bis auf Ausnahmen (besonders Kula) einfach, ungezwirnt und überwiegend gefärbt, für die Knüpfung zweifach ungezwirnt, nur sehr selten einfach, verwendet. Die einfache, ungezwirnte Schußwolle der Bergamateppiche ist in Zweifelsfällen das sicherste Unterscheidungsmerkmal gegenüber den Kasakteppichen, deren Mustern besonders diejenigen der alten Teppiche aus dem Dorf Kozak bei Bergama ähneln.

Baumwolle ist seit dem Ende des 17. Jahrhunderts als Material für weiße Knüpfungen (Gördes) und vom letzten Drittel des 18. Jahrhunderts an im Schuß zweifach, später gelegentlich auch in der Kette zwei- und dreifach gezwirnt festzustellen.

Türkische Teppiche des 19. und 20. Jahrhunderts

Istanbul wurde erst 1453 türkisch. Es beherbergt im Türk-ve-Islam-Eserleri-Museum die wichtigste Sammlung seldschukischer und frühosmanischer Teppiche. Tradition in der Teppichherstellung entwickelte Istanbul nicht. Im 17. Jahrhundert bestand in einer Medrese nahe der Fatih-Moschee eine Knüpfschule, die unter anderem auch sogenannte Polenteppiche mit Gold- und Silberbroschierung fertigte. In einem Waisenhaus wurden im 19. Jahrhundert in guter Qualität Teppiche ohne eigenen Charakter nach persischen und osmanischen Vorbildern geknüpft: die Istanbul-Darülaceze.

Anfang des 20. Jahrhunderts eröffnete Zareh Penyamin, der Zeichner in der Manufaktur von Hereke gewesen war, im Stadtteil Top Kapu eine Werkstatt, die etwa bis zur Mitte des 20. Jahrhunderts bestand. Seine berühmtesten Teppiche waren ein vierzig Quadratmeter großer Isfahan aus Seide mit 10 000 Knoten/qdm und ein seidener Gebetsteppich mit etwa 40 000 Knoten/qdm, der so niedrig geschoren war, daß man ihn wie ein Tuch zusammengefaltet in die Jackentasche stecken konnte. Zur selben Zeit unterhielt Nahabet Keçiçyan aus Kayseri eine Werkstatt im Stadtteil Kum-Kapu. Er hatte seine Werkstatt in Panderma aufgegeben und knüpfte nun in Istanbul Panderma-Teppiche.

Noch heute erzählt man sich im Basar von Istanbul die Geschichte von Nahabets großer Wette: Er hatte im Freundeskreis behauptet,

einen antiken Teppich so geschickt nachknüpfen und die Kopie »antikieren« zu können, daß auch der gewiegteste Kenner die Fälschung
nicht merke. Um die Wette gegen Nahabet ganz sicher zu gewinnen,
warteten die Freunde nach Fertigstellung der Kopie das Eintreffen
eines alten amerikanischen Händlers ab, der jedes Jahr in Istanbul
antike Teppiche einkaufte und als bester Kenner galt. Er kam, unter-
suchte das Stück lange und kaufte. Nahabet hatte die Wette gewonnen,
klärte seinen Handelspartner auf und zahlte ihm den soeben erlangten
Kaufpreis zurück.

Die Manufaktur in Hereke, 60 Kilometer von Istanbul entfernt, am
Golf von Izmit gelegen, wurde 1844 gegründet. Ihr jetziges Gebäude
ließ Sultan Abdul Hamid für die osmanische Manufaktur errichten. Sie
entwickelte keinen eigenen Stil. Wenn man in ihren alten Muster-
büchern blättert, sieht man, daß von Turkestan über Persien bis nach
Gördes so ziemlich alles nachgeknüpft wurde, was gut und teuer war.
Bei einer Besichtigung der Manufaktur sahen wir zwei Vogelteppiche
(Wolle auf Baumwollkette) nach historischem Vorbild auf einen kleinen Seidenteppich mit einer Einstellung von 10 000 Knoten/qdm auf
den Stühlen. Sorgfältig und in gutem Material werden alle Formate in
den Einstellungen von etwa 3600, 4900, 6400 und 10 000 Knoten/qdm
geknüpft. In dem für den Besuch Kaiser Wilhelms II. neben der Manufaktur errichteten Pavillon liegen große Teppiche mit persischen
Mustern, die das Signum von Hereke tragen.

Teppiche ohne besondere Note, die im oberen Abschluß die Inschrift
Imrale aufweisen, stammen aus dem Zuchthaus der Insel Imrali im
Marmarameer. Brussa (jetzt Bursa) ist das Zentrum der türkischen Sei-
denproduktion. Schon 1474 werden rühmend Brussa-Teppiche
erwähnt. Die im Handel unter dieser Bezeichnung laufenden neueren
seidenen und schappseidenen Teppiche kommen nicht aus Brussa, das
keine Knüpfereien besitzt.

In Panderma (Bandirma) am Marmarameer wurden Kopien alter türkischer und persischer Muster, vor allem mit Gebetsnische, in guter
und minderer Qualität in Seide, Wolle oder einem Wolle-Baumwolle-
Gemisch, überwiegend auf baumwollenem Grundgewebe erzeugt. Pandermas sind oft durch Abreiben mit Ziegelsteinen und Flicken künstlich alt gemacht. Man erkennt viele dieser »antiken« Teppiche an der
grauen Baumwollschirasi. Die Produktion Pandermas ist geringer
gewesen als gemeinhin angenommen wird. Die Seiden-Panderma
stammen zum größten Teil aus Kayseri, dessen beste Sorte mit Panderma bezeichnet wurde.

Unter dem Begriff Bergama sind die rustikalen Teppiche aus dem sehr weiten östlichen bis nordwestlichen Umkreis dieser Stadt – dem Pergamon der Antike – zusammengefaßt. In guter Wolle auf Woll- oder Ziegenhaargrundgewebe mit rotgefärbtem Schuß, grob bis mittelfein geknüpft, erreichen sie in einer dem Quadrat angenäherten Form Größen von drei bis vier Quadratmetern. Stücke aus Çanakkale, dem antiken Troya an den Dardanellen, überschreiten öfter dieses Format. Die Musterung ist geometrisch und erinnert manchmal an kaukasische Teppiche aus dem Kasak-Gendje-Gebiet.

Von den klassischen Stücken entstanden die feineren in Ezine, die dickeren in Avunya nahe den Dardanellen. Gute kleinere Stücke mit ihrem bäuerlichen Charme sind in der Mehrzahl aus Soma, 40 km östlich von Bergama. Der Jaçebedir, eine düsterer wirkende Sorte mit schönem Schwarzblau und Dunkelrot, wird auch von Nomaden geknüpft und heißt wegen der dunklen Farbstellung Köhlerteppich. Andere der gleichen Gattung werden Yün-Yürük (Wollyürük) nach den Nomaden oder Balikeshir nach der im Norden ihres Entstehungsgebietes gelegenen Stadt genannt. Das in diesen Stücken für die Knüpfung verwendete Rot hat gelegentlich die Eigenschaft, die Wolle zurückzubeizen, so daß der Flor reliefartig wird. Besonders originell wirken die von der bäuerlichen und nomadischen Bevölkerung in die obere Webkante eingeknüpften Zeichen gegen den bösen Blick. In Bergama werden keine Teppiche hergestellt. Die Bestände seines ethnologischen Museums sind unbedeutend.

Der Distrikt von Smyrna (Izmir) setzte noch im 19. Jahrhundert im Muster die Tradition der Cairin-Teppiche fort. Der schnelle Verfall wurde auf Seite 10 geschildert. Um die Jahrhundertwende versuchte der überlange, ungewöhnlich flache Flor über die lockere Knüpfung hinwegzutäuschen. Heute werden in Smyrna keine Teppiche mehr geknüpft. Maschinengewebte Uni-Meterware kommt von dort.

In Milas und seiner Umgebung bevorzugt man Gelb statt des in Anatolien sonst üblichen Blau als zweite Hauptfarbe zu Rot. Die Nischen der Gebetsteppiche sind im Vergleich zur Länge des durch die breite Bordüre beengten hellen Mittelfeldes niedrig und unterhalb des ungestuften Giebels keilartig eingeschnürt. Das Mittelfeld von Teppichen ohne Nische ist, wenn es nicht ein einfaches, gestuftes Medaillon trägt, in Streifen aufgeteilt oder durch eine ungewöhnlich breite, vielstreifige Bordüre zu einem schmalen Spiegel reduziert.

Man unterscheidet Ada-Milas (Inselmilas, nach den vorgelagerten Inseln benannt), Tahtaçi-Milas (Holzmilas) und Milas-Karaova (Dorf

74

30 km südwestlich von Milas). Milasteppiche sind grob bis mittelfein ganz in Wolle gearbeitet. Die Schußwolle ist überwiegend rot gefärbt. Die oft breiten Kilim sind rot wie bei Bergamateppichen oder gelb. Die Formate sind nicht sehr groß und gehen bis etwa 300 x 200 cm.

An der Südwestspitze Anatoliens liegt Megri (heute Fethiye) an der Stelle des antiken Telmessos. Die Megri-, auch Rhodosteppiche (nach der gegenüberliegenden Insel) genannt, sind vornehmlich kleinere Gebetsteppiche, deren Mittelfeld, wenn es nicht mit einer Nische – oft mit Ampel und auf der Fondbasis stehenden Kandelabern – gemustert ist, fast stets in zwei, manchmal in der Grundfarbe verschiedene Längsfelder unterteilt ist (Abb. 22). Diese Felder können mehrfach keilförmig eingeschnürt sein und haben in jedem Feld eine andere geometrisierte florale Zeichnung. Sie besteht für ein Feld aus gezähnten, auf einem Stab aufgereihten Rauten. Die Megri-Teppiche sind ganz aus Wolle grob bis mittelfein gearbeitet. Ziegenhaar kommt im Grundgewebe vor. Der Schuß ist rot gefärbt.

Gördes (Ghiordes), etwa 200 km nordöstlich von Izmir gelegen, hat dem Gördes- oder Turkknoten seinen Namen gegeben. Dort werden fast ausschließlich Gebetsteppiche hergestellt. Der geschwungene Giebel wurde im 18. Jahrhundert eckig. Bordüren, Zwickel und Paneele drängen die Gebetsnische auf kaum mehr als die Hälfte des schmalen Mittelfeldes zusammen. Das restliche Mittelfeld über dem Giebel wird mit gereihten geometrisierten Blättern gefüllt. Die breiten Bordürenstreifen sind mit Blütenleisten und der für Gördes typischen Reihung von Riesennelken gemustert. Auch die in schmale Streifen aufgespaltene Çubuklu-(Pfeifenrohr-)Bordüre der Kulateppiche wird übernommen.

In den Teppichen mit eckigem Medaillon, die dem Muster nach ebensogut aus Kula stammen könnten, steht die Breite der Bordüre in einem Mißverhältnis zu dem übrigbleibenden Mittelfeld. Das breite, geknickte, von den Kiss-Gördes übernommene Wellenband der Bordüre schließt in seinen Zwickeln stilisierte Blüten ein. In den von Mädchen für ihre Aussteuer geknüpften kleinen quadratischen Kiss-(Braut-, Mädchen-)Gördes wechseln diese Zwickel in der Farbe. Diese einfachen, ihren fünffarbigen Mustern durch zwei Generationen treu bleibenden Kiss-Gördes behalten ihren eigenen Reiz ebensosehr wie die in der Farbstimmung kühleren übrigen Gördesteppiche.

Die Knüpfung besteht aus Wolle, selten aus Seide. Für weiße Knüpfungen wird meistens Baumwolle gewählt. Die Einstellung reicht von mittelfein bis sehr fein (Seide). Im Grundgewebe setzte sich im 18.

Jahrhundert Baumwolle für den Schuß durch, als Material für die Kette ist sie seltener. Die heute auf dem Markt erscheinenden neuen Gördesteppiche, auch mit den frühen Säulennischen, kommen meistens nicht aus Gördes, das seit dem Anfang des 20. Jahrhunderts Durchschnittsware liefert.

Das etwa 70 km in südöstlicher Richtung von Gördes entfernte Kula und seine Umgebung haben Gebetsteppiche in großer Zahl hervorgebracht. Ihre Farbstellung ist oft zurückhaltend. Große Blütenleisten auf blauem, rotem oder apricotbraunem Grund werden zum Schmuck der Nische mit flachem, oft kleingestuftem Giebel bevorzugt, falls diese nicht mit der unendlichen Wiederholung einer winzigen stilisierten Blüte (Sinekli-Muster) überzogen wird. In der Nische des Friedhofskulas wird das Mezarli-(Grab-)Motiv eines von zwei verschiedenen Bäumen flankierten Häuschens übereinander wiederholt. Auch in Ladik, Gördes und Kirsehir kommen die Friedhofsteppiche (Mezarlik) vor.

Die Blütenleisten haben sich aus den Blütensäulen entwickelt, die im 18. Jahrhundert im Muster der Kulateppiche die feiner gezeichneten, höheren Giebel stützten. Die Zwickel waren damals noch mit Blütenzweigen, die Bordüren mit fortlaufenden Palmettranken gefüllt. Um 1800 waren die Bordüren schon in Streifen-(Çubuklu-)Muster aufgelöst oder fliesenartig unterteilt. Dieser Eindruck von Fliesen wird durch die quadratische Ordnung von gleichen Motivelementen ohne Konturierung der Quadrate allein durch Farbgebung und Ausrichtung erreicht.

Knüpfung und Grundgewebe sind aus Wolle. Die Einstellung ist grob bis mittelfein. Abweichend von den übrigen türkischen Teppichen ist die Schußwolle alter Kulas öfter zweifach gezwirnt. Viele Kula zeigen in unregelmäßigen Abständen drei- und vierfach breite Schüsse und werden deshalb Kendirli-Kula, sind diese Schüsse weniger dick, Yaremkendirli genannt. Heute werden in Kula in Hausindustrie steril wirkende Teppiche mit den alten Mustern in blassen Farben hergestellt.

In Demirçi (50 km nordöstlich von Gördes) vermischte man in den Gebetsteppichen Gördes- und Kulamuster. Im Ton sind sie härter als Gördes- und Kulateppiche. In der Struktur gleichen sie mehr dem Kula. Heute liefert Demirçi sehr grobe Teppiche mit Smyrnacharakter und maschinengewebte Unimeterware. Aus Simav kommen ebenfalls neue, wenig gute Teppiche.

Ushak und seine Umgebung beherbergten bis ins 18. Jahrhundert die

76

berühmtesten Manufakturen der osmanischen Zeit. In der jetzt dort hergestellten, meist persisch gemusterten, sehr groben Meterware ist nichts mehr von der großen Vergangenheit Ushaks zu spüren.

Die alten Ushaks sind ganz aus Wolle und bei grober bis mittelfeiner Einstellung von hoher Qualität. Schon in den klassischen Ushak-Teppichen zeigt sich im Grundgewebe eine Eigentümlichkeit, die später in vielen, auch kleineren anatolischen Teppichen, vor allem in Kula und Gördes, auftritt, die sogenannte Zwickelbildung (Hamail): Auf der Teppichrückseite erscheinen Diagonallinien in wechselnder Richtung. Sie entstehen dadurch, daß die Schüsse nicht durch die ganze Teppichbreite geführt werden, sondern – von Reihe zu Reihe versetzt, damit keine Längsschlitze entstehen – schon vor der Teppichmitte umkehren. Diese merkwürdige Schußführung wurde nicht zur leichteren Ausführung des Musters oder zum besseren Aufliegen des Teppichs auf dem Boden gewählt, sondern damit der schneller arbeitende Knüpfer mit dem Einziehen des Schusses nicht auf das Nachkommen seines langsameren oder erkrankten Nebenmannes zu warten brauchte.

Sparta (jetzt Isparta) und Burdur sowie ihre Umgebung bilden heute das Zentrum der türkischen Teppicherzeugung. Im Gegensatz zur übrigen Türkei wird in diesem Gebiet im Sennehknoten geknüpft, der für die hochflorige Meterware und die dicken groben Smyrna-Teppiche gewiß nicht notwendig wäre. Auf Bestellung werden alle Muster in jedem, auch riesigem Format geliefert. Auch viele Bildteppiche kommen aus Sparta. Im Zuchthaus von Isparta werden Teppiche gearbeitet. Sie sind nur zum Teil mit C. E. (Abkürzung von Cezaevi=Gefängnis) gezeichnet.

Aus Çal gibt es alte, ziemlich grobe Säulengebetsteppiche. Döçemealti (südlich von Sparta, nahe der Bucht von Antalya gelegen) ist durch gute, wollene, in der Farbstimmung dunkle Teppiche, Antalya-Yürüks, bekannt. In den kleinen Teppichen aus Kash dominiert oft ein leuchtendes Gelb.

In Eskishehir (150 km südöstlich von Bursa) knüpfte man früher interessante Teppiche. Dann ging man zum Kopieren von persischen und auch chinesischen Mustern in minderwertiger Qualität über.

Die Machliç-Teppiche, nach der Stadt Mihaliçcik (90 km östlich von Eskishehir) bezeichnet, sind besser. Auch die von den Dörfern und Nomaden aus dem weiten Gebiet des Tuzlasees kommenden, in Europa unter dem Namen Tuzla bekannten Gebetsteppiche mit dem ihnen eigentümlichen mächtigen weißen Oktogon im breiten Paneel über dem Mihrab werden in der Türkei Machliç genannt.

Konya hatte die älteste Knüpftradition Anatoliens. Die großen Seld-schukenteppiche und ein Teil der von der frühosmanischen Zeit durch Jahrhunderte nahezu unverändert fortgeführten geometrisch gemusterten Teppiche entstanden dort. Sein Museum bewahrt wichtige Stücke aus beiden Perioden. Nach den Dörfern, die bis zu 90 km von Konya entfernt sind, unterscheidet man Karapinar-, Kavac-, Obruk- und Taschpinar-Konya.

Der Konya-Ladik führt Muster von Ladik in derberer Ausführung weiter. Aus dem 18. Jahrhundert gibt es Gebetsteppiche mit einem Muster, das an ein geflecktes Tierfell erinnert. Auch die in Abb. 28 wiedergegebene eigenwillige bäuerliche Arbeit dürfte aus diesem weiten Gebiet kommen. Oft ist bei alten Konya-Teppichen in einem zusätzlichen Bordürenstreifen an Ober- und Unterkante ein giebel-häuschenähnliches Motiv über die ganze Teppichbreite einzelnstehend gereiht. Flor und Untergewebe der Teppiche sind aus Wolle. Der Schuß ist rot gefärbt, bei bäuerlichen Stücken besteht er auch aus ungefärbter brauner Wolle oder Ziegenhaar. Die Einstellung ist mittelfein. Konya und die Provinz Karaman sind berühmt wegen ihrer schönen Kelims. Obwohl Kelims in allen Teilen Anatoliens gewebt wurden, hießen sie lange Zeit allgemein Karamani. In die für ihre Aussteuer bestimmten Kiss-Kelims weben die Mädchen gelegentlich Musterteile in Silberfäden. Heute liefert die Provinz Karaman Kommerzware an Teppichen.

Ladik schätzte kräftigere Farben als Gördes und Kula. Starkes Blau und Rot sind die Hauptfarben. Andere als Gebetsteppiche sind selten. An die Stelle des weiten dreifach geschwungenen, von grazilen Säulen-paaren getragenen Giebels des Kolonnen-Ladik trat der einfache, meistens getreppte einer durch die relativ breite Bordüre reduzierten Nische. Manchmal ist in diese eine zweite kleinere Nische gezeichnet. Die nach oben oder unten gerichteten Tulpen – auch andere Blüten kommen vor – ober- oder unterhalb des Mihrab haben dünne gerade Stengel mit paarweise angesetzten Blättern. Flor und Grundgewebe sind, bis auf die äußerst selten für die Kette verwendete Baumwolle, aus bester Wolle. Der Schuß ist meistens rot gefärbt. Die Einstellung ist mittelfein bis fein.

Das etwa 200 km östlich von Konya gelegene Nigde liefert erhebliche Mengen guter Kommerzware. Die Giebel der Gebetsteppiche sind steil und groß gestuft. In Bor bei Nigde bestand bis ins 20. Jahrhundert eine griechische Knüpfschule, in der vorwiegend frühe Ladik-, Gördes- und Kula-Gebetsteppiche nachgeknüpft wurden. Die Teppiche tragen vor dem oberen Abschluß den Namen Bor und eine Nummer eingeknüpft. Aksaray (Ak-Serail), im Mittelalter wegen seiner schönen Teppiche erwähnt, stellt diese schon lange nicht mehr her.

Kirshehir (180 km südöstlich von Ankara) besitzt Tradition in der Herstellung von Teppichen. Der Giebel der Gebetsteppiche endet oft in einem Häubchen. Verbreitet wird die Mihrabzeichnung nur als – manchmal zweifacher – Rahmen auf grünen, weißen, oder seltener gelben Grund gelegt. Ein großer Teil der Mädjid-(Medschidih-)Teppiche, nach Sultan Abd-el-Madjid (1839-1861) so genannt, die gewöhnlich auf weißem Grund vom europäischen Rokoko beeinflußte, lockere florale Muster zeigen, die auch in Gördes und Kula beliebt waren, ist in Kirshehir entstanden. In Abb. 30 ist ein Kirshehir-Friedhofsteppich (Mezarlik) gezeigt. Auffallend in der Farbstellung sind in Kirshehir Kirschrot und Grasgrün. In neueren Kirshehir-Teppichen sind diese Farben oft zu grell. Flor und Grundgewebe sind aus Wolle. Der Schuß ist meist rot, aber auch gelb oder grünlich gefärbt. Die Einstellung ist mittelfein.

Die Gebetsteppiche aus Mudjur (Muçur) weisen die reichste Farbskala aller türkischen Gebetsteppiche auf (Abb. 33). Elf bis dreizehn Farben sind in älteren Stücken keine Seltenheit. Leuchtendes Rot, Erbsengrün, Olivgelb und Hellblau dominieren. Die gewöhnlich ungemusterte, mehrfach konturierte, gelegentlich auch zweifach ineinandergelegte Nische endet in einem vielstufigen Giebel mit Häubchen. Dieses Häubchen kehrt gereiht als Füllung des Paneels über dem Giebel wieder. Der Hauptstreifen der breiten Bordüre ist in Fliesen unterteilt, die in Rauten geometrisierte Sternrosetten tragen. Der Flor der nahezu quadratischen Teppiche ist aus glanzreicher Wolle. Die Einstellung ist mittelfein. Im wollenen Grundgewebe ist der Schuß rot gefärbt.

Kayseri (Caesaria) in Zentralanatolien ist seit Ende des 19. Jahrhunderts für die großen Mengen Seidenteppiche (vorwiegend Schappseide) bekannt, die es bis zum Format von 300 x 200 cm für den Export produziert. Die beste Qualität trägt die Bezeichnung Panderma. Alte anatolische und persische Muster werden kopiert. Ein eigener Stil hat sich nicht entwickelt. Unter den hellen Farben fällt ein Pistaziengrün besonders auf.

Das Gebiet von Kayseri produziert auch wollene Teppiche.

Außer Kayseri selbst sind Bünyan (für feine Qualität), Inçesu und Ürgüp die wichtigsten Produktionsorte. Aus Inçesu, das jetzt gröbere Kayseri-Qualität herstellt, kamen früher sehr schöne Läufer. Aus Yahyali (80 km südlich Kayseri) kommt einer der erfreulichsten Vertreter der neuen türkischen Teppiche. Die ruhigen Farben seiner guten Wolle beruhen zum Teil noch auf Färbung mit Naturfarbstoffen.

Bei den Teppichen aus Sivas (400 km östlich Ankara) sind der Manufaktur- und der Dorf-Sivas zu unterscheiden. Die Manufakturen verfertigen die in Muster und Machart persisch erscheinenden größeren Teppiche bis zu Formaten von 600 x 400 cm. Sie können ausgezeichnet gearbeitet sein und sind dann von persischen Teppichen schwer zu unterscheiden. Teppiche mit der Inschrift Sivas C. E., Abkürzung von Cezaevi (=Gefängnis), und einer Zahl vor dem oberen Abschluß sind Zuchthausarbeiten.

Der Sivas aus den Dörfern ist rustikal und geometrisch gemustert. Weinrot herrscht vor. Die Wolle des dickeren Flors ist sehr gut, die Einstellung ist mittelfein. Das Grundgewebe ist aus Wolle. Ziegenhaar wird gelegentlich mitverwendet. Diesen Arbeiten gleichen die Teppiche aus dem 70 km östlich von Sivas gelegenen Zara.

Die Nomaden im weiteren Umkreis von Sivas knüpfen den Kürd-Sivas. Seine Muster sind manchmal den Kirshehir-Mezarlik nachempfunden. Dabei kommt es vor, daß das unverstandene »Friedhofsmuster« auf dem Kopf stehend eingeknüpft wird. Ein wenig ansprechendes Orangegelb tritt häufig in der Borte auf. Im Grundgewebe wird bei grober Einstellung viel Ziegenhaar verwendet.

Egin produziert Teppiche mit persischen Mustern. Maden ist durch gute Teppiche ohne besondere Note bekannt geworden.

Urfa, nahe der syrischen Grenze, lieferte zu Anfang des 20. Jahrhunderts neben anderen Teppichen das »Urfa-Kostüm«. Darunter verstand man ein Set von einem breiteren Teppich und zwei gleichen schmalen, alle drei in gleicher Länge und gleichem (meistens Schiras- und Boteh-) Muster.

Aus Kars, in der Nähe der Grenze zur GUS, kommen Teppiche in guter und minderer Qualität mit kaukasischen Mustern in Natur- und Industriefarben.

Yürük heißt Wanderhirte. Die Nomaden und Halbnomaden Anatoliens knüpfen seit vielen Generationen. Für sie hat der Teppich in erster Linie ein guter Kälteschutz zu sein. Aus diesem Grunde sind ihre Teppiche dicker als jene der Haus- und Gewerbemanufakturen. Vereinzelt findet man in den Nomadenerzeugnissen, auch in Gebetsteppichen, längere Woll- oder Haarbüschel gegen den »bösen Blick« eingeknüpft, auch hin und wieder blaue Glasperlen in die Kilim eingeknotet.

Mit Yürük bezeichnet man allgemein die Nomadenteppiche Anatoliens. Die Knüpferzeugnisse der ebenfalls im Osten Anatoliens nomadisierenden oder ein Halbnomadenleben führenden Kurden werden jedoch Kürd genannt. Yürük (Abb. 32) sind durchweg in guter Wolle, grob, aber fest geknüpft. Sie weisen oft auffallend breite Schüsse auf. Die Schurhöhe ist verschieden. Die Schur kann so hoch sein, daß die Muster verschwimmen und der Teppich wie ein Fell wirkt. Im Grundgewebe wird viel Ziegenhaar verwendet. Die Schüsse können bunt gefärbt sein. Der Schurhöhe entsprechend sind die geometrischen Muster einfach und großzügig. Rhomben, Rauten, Quadrate und Oktogone – gereiht oder konzentrisch ineinandergesetzt – sind mit Haken oder Zacken versehen. Anregungen von Bergama, Konya und dem Kaukasus sind in vielen Yürük-Mustern festzustellen. Die Zickzacklinie spielt eine große Rolle. Die Muster können einfach und nobel, aber auch primitiv und wild sein. Künstliche Farben haben erst spät Eingang gefunden.

Sultan ist eine Händlerbezeichnung für dicke Yürük- und Kurdenteppiche aus Ostanatolien und Nordirak. Die Hauptsammel- und Handelsplätze für Yürük- und Kurdenteppiche sind Adana nahe dem Golf von Iskenderun im Nordostwinkel des Mittelmeeres und Kütahya in der Mitte Westanatoliens. Hier werden auch die schönen Karakeçili-Yürükteppiche gehandelt.

Die anatolischen Kurden-(Kürd-)Teppiche haben alle Merkmale des Nomadenteppichs. Sie sind allgemein in der Farbstimmung dunkler und zurückhaltender und erreichen nicht die extrem hohe Schur mancher Yürük-Teppiche. Die wichtigsten Handels- und Stapelplätze für Kürd-Teppiche sind Bayasid an der türkisch-persischen Grenze, Malatya im westlichen Teil Ostanatoliens und Kagizman, südlich Kars. Aus dem Gebiet von Kagizman kamen auch besonders schöne Kelims, zum Teil mit eingewebten Silberfäden. Wohl in keiner anderen türkischen Provenienz finden sich so viele Teppiche mit starker, den Gebrauchswert mindernder Blasenbildung. Die wenigsten der kurdischen Stücke liegen glatt auf.

Kelim werden in vielen Gegenden Anatoliens gewebt. Ebenso ist das Knüpfen von Yastiks, das sind die kleinsten, bis etwa 50 x 90 cm großen, ursprünglich als Kissenplatten gedachten Teppiche und der Satteltaschen (Heybeh) nicht auf bestimmte Gebiete beschränkt.

Weit mehr als in früheren Jahren wird heute der antike und alte anatolische Kelim als Sammelobjekt geschätzt. Während die Kelims in der älteren Literatur meist nur als Karamani bezeichnet wurden, obwohl sie aus fast allen Regionen Anatoliens stammen, hat das steigende Interesse eine Vielzahl von Bezeichnungen und Zuordnungsmöglichkeiten erbracht. Sie sind das Resultat der »Feldforschung« aus zwei Dekaden. Zahlreiche frühe anatolische Kelims sind dadurch erhalten geblieben, daß sie schon vor langer Zeit den Moscheen in Anatolien als Schenkungen zugeeignet wurden, bis sie später in den Besitz türkischer Museen wie dem Vakiflar-Museum in Istanbul übergingen.

Anatolische Kelims werden heute zumeist nach den Städten und Orten bezeichnet, in deren Umkreis sie entstanden sein sollen. Stammesnamen werden seltener verwendet.

Die Flachgewebe Anatoliens, unter dem Begriff Kelim (Kilim) bekannt, sind in der Regel »Tapisserien« in Schlitzkelimtechnik und abgeleiteten Herstellungsverfahren. Häufig kommen andere Flachgewebstechniken ergänzend hinzu, z.B. in Form kleiner, zusätzlich eingetragener Amulettmotive in Cicimtechnik. Ein charakteristisches Maß für anatolische Kelims ist 400 x 200 cm, wobei Stücke dieser Größe häufig aus zwei Webbahnen zusammengefügt sind. Die schmaleren Webrahmen entsprechen der notwendigen Mobilität des nomadischen Knüpfstuhls. Der Webtechnik entsprechend ist die Ornamentik der anatolischen Kelims in der Regel geometrisch, Musterung in horizontalen Paneelen und Motivreihungen ist am häufigsten. Gebetskelims und Reihengebetskelims (Saph) erfreuen sich unter Sammlern großer Beliebtheit. Das Schußmaterial ist Wolle, manchmal weiße Baumwolle, seltener Seide oder Metallfäden in kleineren Musterpartien.

Wichtigster Fixpunkt für die Datierung ist auch beim anatolischen Kelim das Vorkommen synthetischer Farben, die eine Entstehung vor dem letzten Viertel des 19. Jahrhunderts ausschließen. Eine Datierung vor dem 18. Jahrhundert wird heute nur selten gewagt, obschon es als Selbstverständlichkeit gelten kann, daß die Tradition weit älter ist. Doch wer ohne wissenschaftliche Beweisführung frühe Datierungen wagt, kommt schon mit der Zuordnung ins 18. Jahrhundert in Schwierigkeiten. Die Ornamentik des anatolischen Kelims war und ist Gegenstand zahlreicher Untersuchungen und kontroverser Diskussionen. Wie in anderen Bereichen orientalischer Knüpf- und Webkunst sind es Ornament- und Motivvergleiche, die zu neuen Interpretationsansätzen führten. Dabei wurde immer wieder der Musterschatz verschiedener Kulturen zum Vergleich herangezogen, um Analogien aufzuzeigen und die Ursprünge des traditionellen Musterschatzes zu entdecken. Ein breites Spektrum an Vergleichsmaterial bietet natürlich die Archäologie, zumal die Kelimtradition ihre Wurzeln schon in vorgeschichtlicher Zeit haben könnte.

1983 löste der Archäologe James Melaart eine Welle von Diskussionen aus, indem er der Teppichwelt Wandmalereien vorstellte, die in Catal Hüyük, einer neolithischen Siedlung Anatoliens, in den sechziger Jahren ausgegraben worden sind. Melaarts These war, daß die großen Wandmalereien Kelims kopierten, die eventuell in anderen, reicher ausgestatteteren Gebäuden aufgehängt worden seien. Obwohl keine Belege für die Existenz einer 8000 Jahre alten Kelimweberei gefunden wurden, ist der Muster- und Formenschatz der Melaartschen Skizzen den anatolischen Kelims, die wir heute kennen, verblüffend ähnlich. Fruchtbarkeitsgöttinnen und von Vögeln flankierte Gottheiten gehören zu den wichtigsten Motiven. Auch für den Ursprung von Nischenmustern, Stufengebetsmustern und anderen markanten Musterkonzeptionen anatolischer Kelims boten sich Interpretationsansätze. Weitere wissenschaftliche Untersuchungen, gegebenenfalls auch neue archäologische Funde sind jedoch vonnöten, um eine schlüssige Beweisführung entwickeln zu können.

Kaukasische Teppiche

Zur Geographie und Geschichte

Das mächtige Faltengebirge des Kaukasus erstreckt sich über eine
Länge von 1100 Kilometern und einer Breite von 100 bis 160 Kilometer vom Nordostufer des Schwarzen Meeres in südöstlicher Richtung
bis an das Kaspische Meer. Die höchsten Gipfel sind die erloschenen
Vulkane Elbrus (5633 m) und Kasbek (5047 m). Parallel zum Kaukasus
verläuft südlich der Kleine Kaukasus, der das im Süden vom Lauf des
Arax (Araxes) begrenzte Bergland von Armenien mit seinen zahlreichen, bis zu 4000 m Höhe aufsteigenden, erloschenen Vulkanen nach
Norden abschließt. Die im Westkaukasus viel ergiebigeren Niederschläge sind die Voraussetzung für den Wald- und Wildreichtum des
mittleren und westlichen Kaukasus. Der weniger waldreiche Ostkaukasus bietet, gleich dem Armenischen Bergland, mit guten Weiden die
Grundlage für eine umfangreiche Schafzucht. Während in der klimatisch begünstigten, vom Großen und Kleinen Kaukasus eingeschlosse-
nen Ebene um den Rion an der Schwarzmeerküste Wein und Zitrus-
früchte gedeihen, dehnen sich nördlich und südlich des Ostkaukasus
(Schirwan- und Mogansteppe) von Nomaden bevölkerte Steppen. Als
Folgen dieser klimatischen und geographischen Bedingungen liegt der
Schwerpunkt der Teppicherzeugung in der Osthälfte des kaukasischen
Raumes. Die in Schirwan angebaute Baumwolle setzte sich im Grundgewebe der Teppiche dieser Gegend durch. Schirwan und Karabagh
erzeugen seit Jahrhunderten Seide.
  Die Hauptverkehrswege verlaufen zu beiden Seiten des unwegsamen
Kaukasus – die wenigen Nord-Süd-Verbindungen durch das Gebirge
haben Paßhöhen von nahezu 3000 Meter zu überwinden – und vereini-
gen sich in Baku am Kaspischen Meer. An seiner Küste tritt das nach
Nordosten flacher abfallende Gebirge nicht bis an die Ufer. Die schmale Küstenebene war von alters her die natürliche Verbindung zwischen
dem südrussischen und dem persischen Raum. Im Wissen um die
Geschichte von Kaukasus und Armenischem Bergland sind noch große
Lücken zu schließen.

Im Kaukasus leben etwa dreihundertfünfzig Volksstämme – zu ihnen gehören Lesghier, Tschetschenen, Tscherkessen, Osseten, Talysh, Bergjuden, Karatschaier, Bergtataren und Kumüken – mit annähernd hundertfünfzig Mundarten. Abgesehen von der Sprache der späteren indogermanischen und türkischen Zuwanderer unterscheidet man im Kaukasus die westkaukasischen, südkaukasischen (darunter Georgisch) und die ostkaukasischen oder tschetscheno-lesghischen Sprachen. Unter den kaukasischen Völkern waren die Georgier mit alter Schriftsprache das kulturell bedeutendste.

Die Unzulänglichkeit der Gebirgstäler – nur der sich weniger steil zum Kaspischen Meer senkende Nordostkaukasus war dichter besiedelt – schützte viele Stämme und Stammesreste bis ins 19. Jahrhundert vor restloser Unterwerfung durch Perser, Turkmenen, Türken und Russen, die im Laufe der Jahrhunderte den Kaukasus in ihren Machtbereich einbezogen. Durch die Abgeschlossenheit erhielten sich die Muster in den Knüpferzeugnissen einiger Stämme Generationen hindurch nahezu unverändert bis an die Schwelle des 20. Jahrhunderts.

Wahrscheinlich um die Wende vom 18. zum 17. Jahrhundert begann die Einwanderung indoeuropäischer Stämme in das Armenische Bergland. Im 8. Jahrhundert v. Chr. brachen die indogermanischen Kimmerier und später die Skythen in den transkaukasischen Raum ein. Die Meder unterwarfen um 600 v. Chr. das Land und drängten die Skythen hinter den Kaukasus zurück. Im 6. Jahrhundert v. Chr. wanderten die Armenier in das nach ihnen benannte Bergland ein. Sie entwickelten eine hohe Kultur. Ihre Meisterschaft in der Farbengewinnung und Wollfärbung trug zweifellos zur frühen Beherrschung der Knüpfkunst in diesem Bereich bei. Statthalter der Seleukiden gründeten selbständige armenische Königreiche. Großarmenien reichte zeitweilig bis ans Kaspische Meer. Parther und Sassaniden banden Transkaukasien wieder fester an das Persische Reich. Derbend war eines ihrer Grenzforts.

Um 300 n. Chr. erfolgte die Gründung der armenischen christlichen Kirche. Im 13. Jahrhundert eroberten die Mongolen, im 15. Jahrhundert die Perser, im 16. Jahrhundert verwüsteten die Türken den Raum. Schah Abbas mußte 1590 mit den Türken Frieden schließen, Transkaukasien samt Aserbeidschan und Armenien an die Türkei abtreten. Zweitausend Ballen Seide aus Karabagh und Schemacha (Schirwan) waren jährlich den Türken abzuliefern. Über die großen Mengen als Tribut eingezogener Teppiche fehlt genaues Zahlenmaterial. In den willkürlich regierten Gebieten kam mit dem Absinken der Manufakturen das Teppichknüpfgewerbe fast völlig zum Erliegen. 1603 konnte

Djulfa, die wohlhabende und mustergültig erbaute armenische Stadt, Schah Abbas als Befreier begrüßen. Zu seinem Empfang entfaltete die Stadt – trotz der schweren Jahre der Türkenherrschaft – eine ungeheure Pracht mit golddurchwirkten Teppichen, Brokaten, Samt, Seiden und künstlerisch reich gestalteten, goldenen Gefäßen. Im Schnittpunkt der wichtigsten Karawanenstraßen am südlichen Arax-Knie gelegen, gründete sich der Reichtum von Djulfa auf den Handel mit Rußland, Europa und China. Seide, Teppiche, Pflanzenfarben und Pferde gehörten zu den wichtigsten Exportgütern.

Schah Abbas war entschlossen, Fleiß und Fähigkeiten der Bevölkerung Armeniens Persien nutzbar zu machen. Unter grausamen Bedingungen wurden 350 000 Armenier ins Innere Persiens deportiert. Für die unter humaneren Verhältnissen bevorzugt umgesiedelten Djulfaer Bürger wurde gegenüber der persischen Hauptstadt Isfahans Neu-Djulfa samt einer Kirche zur Ausübung der christlichen Religion erbaut. Dort belebten die arbeitsamen und geschickten Djulfaer die blühende Teppichindustrie und den weitreichenden Exporthandel.

Für zweihundert Jahre war der Kaukasus wieder die nördliche Grenze Westpersiens. In der für Persien zurückgewonnenen Provinz entwickelten sich im 18. Jahrhundert fünfzehn Khanate. Die Khane, nominell Beauftragte der persischen Zentralverwaltung, herrschten autokratisch. Feste gesellschaftlich-rechtliche Beziehungen bildeten sich heraus, die auf das Wirtschaftsleben befruchtend wirkten. Auch die Teppichknüpfereien erholten sich, zumal sie dem Repräsentationsbedürfnis der Khane dienten, die durch Verlangen nach persischen Mustern auf die Gestaltung der Teppiche Einfluß nahmen. Hier fanden zahllose persische Musterelemente, die noch heute in den kaukasischen Teppichen mehr oder minder stilisiert zu finden sind, Eingang. Die Namen der Khanate mit bedeutender Teppichproduktion leben noch bis zur Gegenwart in den Teppichbezeichnungen Gendje (Gjanza), Schirwan (Schemacha), Kuba, Eriwan, Nachitschewan, Baku, Talisch mit Lenkoran und Karabagh mit Schuscha fort.

Im ersten Viertel des 19. Jahrhunderts entriß Rußland endgültig Transkaukasien mit Armenien und Aserbeidschan den Persern. Um die Wende zum 20. Jahrhundert wurde das Teppichknüpfen zum Haupterwerbszweig einzelner Distrikte, in denen mehr als die Hälfte der Bevölkerung damit beschäftigt war.

Heute ist der ostkaukasische Raum politisch in die Republiken Grusinien (Georgien), Armenien, Aserbeidschan und das autonome Gebiet Dagestan gegliedert. Die Hauptstädte Tiflis, Jerewan (Eriwan), Baku und Machatschkala sind Verwaltungs- und Industriezentren. Von Baku, dem Schwerpunkt der russischen Erdölproduktion, haben sich die Bohrtürme zu beiden Seiten des Gebirges 500 km nach Nordwesten vorgeschoben. Steinkohlen- und Kupferbergbau sind entstanden. Viele Wasserkraftwerke machen die Gebirgsflüsse nutzbar. Der 60 km lange Mingetschauer Stausee am Zusammenfluß von Kura und Alasari schafft zudem neue landwirtschaftliche Möglichkeiten. Das Teppichknüpfen wird staatlich gefördert und gelenkt. Es erfolgt im wesentlichen in den modern eingerichteten Werkstätten von Genossenschaften. Während in den letzten Jahrzehnten kaum noch neue Erzeugnisse heimischer Produktion im Export auftauchten, werden diese seit einiger Zeit doch hin und wieder angeboten.

Kaukasische Teppiche bis zum Ende des 18. Jahrhunderts

Die Entwicklungsgeschichte der kaukasischen Teppiche läßt mehr Fragen offen als die der übrigen Teppiche des Orients. Die Knüpferzeugnisse dieses abgeschlossenen Gebietes sind in größerer Anzahl spät nach Europa gekommen und finden in ihrer eigenwilligen, formalen, abstrahierenden Mustergestaltung erst in den letzten Jahrzehnten die größte Resonanz.

Die sogenannten Drachenteppiche (Abb. 41), in deren Rautengliederung vertikal gestellte, stilisierte drachenähnliche Geschöpfe und Tierkampfszenen mit Riesenpalmettblüten wechseln, wurden von der Wissenschaft zuerst als im 15. Jahrhundert beginnende anatolische Arbeiten angesehen, weil ein geometrisch gezeichneter Phönix-Drachen-Kampf das Motiv der letzten Tierteppiche Anatoliens ist. Inzwischen werden sie allgemein mit der gleichen Datierung dem kaukasischen Raum zugeschrieben.

Die wuchtige Rautung durch großflächige Rankenblätter setzt sich in den großen kaukasischen Teppichen des 17. und 18. Jahrhunderts, bei allmählichem Übergang der Tierkampfdarstellungen in florale Motive fort. Ob eine frühere Datierung als in die zweite Hälfte des 16. Jahrhunderts gerechtfertigt ist, wird sich erst erweisen müssen. Viele Musterdetails legen den Schluß nahe, daß hier persische Muster des 16. Jahrhunderts ebenso Anregung waren wie im 17. und 18. Jahrhundert.

Der kaukasische Raum war immer bereit, sich mit fremden Formen auseinanderzusetzen. Das Resultat war stets kaukasisch, auch wenn die

Vorbilder noch hindurchscheinen. Ob Herat-, Dschouschegan- oder Medaillonmuster, Wolkenband oder Drachenornamente, aufsteigende Vasen- oder Baumdekore – alles wird durch eine anscheinend unbändige Kraft zu Eigenem umgeschmolzen. Die strengen Formen der monumentalen Muster, welche die darübergelegten schmalen Bordüren hinweg zu schwemmen drohen, sind urwüchsig. Ihr kraftvoller Duktus ist teppich- und textilgerechter als der ihrer Vorbilder.

Nach den Längen von acht Metern erreichenden großen Formaten müssen diese Teppiche in Manufakturen, nach der unterschiedlichen Struktur – seit Beginn des 18. Jahrhunderts wird auch gelegentlich Baumwolle im Grundgewebe verwendet – in verschiedenen Gegenden des Kaukasusgebietes entstanden sein. Sie sind nur als Ergebnis gesunder Tradition in der Knüpfkunst denkbar. Welche Muster können ihnen vorangegangen sein?

In einigen Gemälden des 15. Jahrhunderts sind Teppiche mit einfacher Rautung oder der Zeichnung eines Oktogons mit aufgelegtem Haken-Stufen-Polygon in gereihten Quadraten festgehalten. Das gleiche, in Anatolien und Persien nicht nachgewiesene Muster erscheint in kaukasischen Teppichen noch bis zum 20. Jahrhundert. Höchstwahrscheinlich ist in ihm die Mustergestaltung früher Kaukasusteppiche zu erblicken.

Im 18. Jahrhundert bleibt in den großgerauteten Teppichen bei verkleinertem Format die Größe der Motive erhalten – also die gleiche Erscheinung wie in Anatolien –, so daß sich die medaillonartige Wirkung einer einzigen sichtbar bleibenden großflächigen Blüte oder Palmette ergeben kann. Das Medaillon wird erst gegen Ende des 18. Jahrhunderts aufgenommen. Es wird bevorzugt in bizarren Formen vertikal gereiht oder als Stufenpolygon über einem stilisierten floralen Grundmuster wiederholt, ohne mit diesem eine Verbindung einzugehen.

Vom 18. Jahrhundert an müssen die Teppiche des Kaukasusgebietes im Zusammenhang mit denen des südlich angrenzenden nordwestpersischen Raumes gesehen werden, ohne diese – wie gelegentlich geschehen – für den Kaukasus beanspruchen zu wollen.

Die vertikale oder versetzte Reihung gleicher Blüten- oder Palmettmotive zu einfachen und aufsteigenden Mustern leitet im 18. Jahrhundert eine weitere Gattung ein.

Kaukasische Teppiche des 19. und 20. Jahrhunderts

Haus- und Nomadenfleiß hatten die Jahrhunderte hindurch nicht ausgesetzt. In ihren Erzeugnissen überwiegen aus Manufakturteppichen übernommene Motivelemente, eckig gezeichnete Medaillons und die Reihung von Stufenpolygonen- oder Sternmedaillons gegenüber der Fortführung alter Muster in quadratischer Gliederung. Die aus den großen Teppichen entlehnten Muster- und Motivelemente werden vergrößert zu mächtigen Hauptmotiven erhoben. Diagonale, vertikale und versetzte Reihung auf einfarbigem oder gestreiftem Untergrund sind beliebt. Florale persische Muster werden durch Stilisierung, Geometrisierung und die farbliche Überbetonung einzelner Musterteile (besonders der geometrisierten Gabelranken) kaukasisch. In aufsteigenden Mustern können die Gabelranken die Verwandlung in geflügelte Tiere erleben. Stilisierte Tiere und einzelne menschliche Figuren werden in die Füllmuster – von denen aus dem horror vacui aller Volkskunst heraus weidlich Gebrauch gemacht wird – eingestreut. Ungemusterte Innenfelder sind selten. Die Bordüren werden breiter und erlangen gelegentlich das Übergewicht. Ihre Ranken zerfallen in geometrisierte florale oder Kufibestandteile. Alles ist trotz unendlicher Vielfalt spezifisch kaukasisch, selbst wenn die Verwandtschaft mit chinesischen und anatolischen oder turkestanischen und turkmenischen Mustern augenfällig ist.

Den zahlreichen Typen von Gebetsteppichen ist gleichfalls ein nie zu übersehender kaukasischer Grundzug eigen. Die Zeichnung der ganzen Gebetsnische als Rahmen über dem gemusterten Mittelfeld bleibt die Ausnahme. In der Regel wird nur eine Giebelkontur durch ein massives Band gesetzt. Es deutet einen kopfförmigen, vier-, fünf- oder sechseckigen Giebel an. Das Grundmuster läuft unter der Giebelkontur hindurch weiter, oder die Zwickelfelder werden mit Streumustern gefüllt. Auch die Zeichnung von Händen kommt in den Zwickeln vor. Als Füllung des Giebels treten Ornamente auf, welche die Stelle zum Ablegen des Gebetssteines (gebranntes Tontäfelchen aus heiliger Erde) bezeichnen.

Vom 19. Jahrhundert an ist in den kaukasischen Teppichen mehrfach eine Musterwanderung festzustellen. Die für einen Ort typischen Muster werden von anderen Gebieten übernommen. So ist die wahre Herkunft mancher Stücke nicht nach dem Muster, sondern nur nach Struktur, Material und Farbstellung zu klären. Im Kaukasus wird zwar ausnahmslos der Gördesknoten angewandt und die wollene Kette überwiegend dreifach gezwirnt, doch lassen sich viele Strukturmerkmale unterscheiden. Diese werden deshalb in der allgemeinen Darstellung der einzelnen kaukasischen Teppichgruppen eingehender berücksichtigt.

Eine besondere, in der ersten Hälfte des 19. Jahrhunderts auftretende Musterungsgruppe stellen jene Teppiche aus Karabagh, Kuba und Derbend dar, die mit ihren gereihten Rosensträußen – nicht selten in Medaillon- oder Rocaillerahmen – für die französischen Wohnungseinrichtungen russischer und reicher einheimischer Besteller geknüpft wurden.

Daten sind in kaukasische Teppiche häufiger eingeknüpft worden als in die anderer Provenienz. Von den christlichen Armeniern werden sie nach dem Gregorianischen Kalender in arabischen Ziffern, von den muselmanischen Knüpfern in Hedschrazahlen angegeben. Da oft Armenier und Muslims im gleichen Dorf wohnen, werden zuweilen beide Daten in einem Teppich festgehalten.

Für die ehemalige sowjetische Produktion kaukasischer Teppiche mischten die Zeichner alte Musterelemente, sofern sie nicht neue konstruierten. Eine Spezies für den Kaukasus waren die thematischen und Porträtteppiche, die mit Erdölbohrtürmen und Ährenfeldern die Produktion oder durch möglichst fotogetreue Porträts historische Persönlichkeiten verherrlichten.

Kerimov führt in den drei Hauptgruppen Gendje-Kasak, Karabagh mit Schuscha und Dschebrail sowie Kuba-Schirwan mit Baku nach Herstellungsorten und Standardmustern allein einhundertundelf Namen für aserbeidschanische Teppiche auf. Dieses Kapitel beschränkt sich auf die Darstellung der im Abendland geläufigen Provenienzen kaukasischer Teppiche.

Das Kasak-Gendje-Gebiet umfaßt etwa den im Dreieck Tiflis, Jerewan (Eriwan), Kirowabad gelegenen Teil vom Kleinen Kaukasus und Armenischen Bergland. Seine Teppiche sind die hochfloristen und in der Mustergestaltung unbekümmertsten aller kaukasischen. Die Muster sind unkompliziert. Die Skala der klaren Grundfarben ist auf fünf bis neun begrenzt. Blau, Rot, Elfenbein, Grün und Gelb sind die Hauptfarben.

Auch in der Struktur haben die Kasak- und Gendjeteppiche große Ähnlichkeit: Die Kette ist aus ungefärbter Wolle, bis auf Ausnahmen zweifacher Zwirnung, dreifach gezwirnt. Der Schuß aus naturfarbener brauner oder gefärbter rötlicher, sehr selten blauer Wolle ist zweifach gezwirnt. Willkürlich erfolgen zwei bis vier entgegengesetzt gewellte Schüsse nach jeder Knotenreihe. Sonst sind im Kaukasusgebiet zwei Schüsse die Regel. Bei einer Florhöhe von 6 bis 12 mm und einer Einstellung von 600 bis 1200 Knoten/qdm sind diese Teppiche grob bis mittelfein, jedoch dauerhaft geknüpft.

Die Abschlüsse werden im Anschluß an einen schmalen Kilim an Ober- und Unterkante verschieden ausgeführt, wie es im ganzen südlichen Kaukasusgebiet üblich ist. Während man unten die Kettschlaufen verdrallt beläßt, sind die Kettfäden über der Oberkante abgeschnitten und verknotet oder zu einigen querverlaufenden Zopfreihen dicht verflochten. Eine charakteristische, in anderen kaukasischen Provenienzen nicht übliche Abschlußart ist das Umschlagen und Annähen des Kilim an die Rückseite. An den Seiten werden zwei bis drei Kettfadenpaare mit Wolle umfangen (Schirasi), entweder rot, braun oder in mehreren Farben. Die Formate erreichen vier, in seltenen Ausnahmefällen 7 bis 10 qm.

Die einfachen und großzügigen Muster des Kasak sind abwechslungsreich: Kreuzschildförmige und andere eckige Medaillons, unbeholfene Boteh, auch auf Diagonalstreifen gereiht, windflügelartige Rosetten und hakenbesetzte Rauten sind als Hauptmotive ebenso typisch wie Haken an langen Stielen und geschwungene X-Haken als Motivelemente.

Als gesonderte Kasakprovenienzen sind allgemein bekannt geworden:

- Bordjalou. Er kommt hauptsächlich aus dem Dorf Tschobanker. Unter seinen helleren Farben fällt ein eigenartiges bläuliches Grün auf. In der Bordüre ist ein primitives, reziprokes Muster in Weiß und Dunkelbraun kennzeichnend.

- Lori-Pampak haben leicht gebrochene Farben. Sie sind hoch in der Schur und mit großen, geometrisierten Medaillons gemustert.

- Karachoph sind meistens von ruhiger grüner Grundfarbe, auf der als Zentralmotiv oft ein großes helles Oktogon steht, dem vier Quadrate zugeordnet sind. Diese Motive werden gern dicht mit kleinen Sternrosetten bestreut.

Mit Lambalo werden im Handel Kasak bezeichnet, deren überaus breite Bordüre oft nur einen schmalen dunklen Spiegel als Mittelfeld frei läßt.

Im Kasakgebiet wurden auch schöne Sileh und Verneh gewirkt.

Den Gendje-Teppichen gab das ehemalige Khanat Gjanza mit der Hauptstadt Gendje (jetzt Kirowabad) ihren Namen. Sie sind in der

Qualität unterschiedlich und im Durchschnitt in der Schur nicht ganz so hoch wie die Kasakteppiche, denen sie in der Struktur bis auf gelegentliche schwache Schichtung und die sehr seltene Verwendung von Baumwolle als weißes Schußmaterial gleichen. Die größten Kasakformate erreichen sie nicht.

Ihre Palette ist ein wenig reicher. Öfter ist darin das bläuliche Cochenille- oder Karabaghrot enthalten. Ein intensives Zinnoberrot ist bisweilen nicht genügend fixiert und läuft bei der ersten Wäsche aus. Die Muster sind im allgemeinen komplizierter. Ein Mustertyp setzt die Reihung von Quadraten mit in Oktogone gelegten Haken-Stufenpolygonen fort, wie sie schon Gemälde des 15. Jahrhunderts zeigen. Die Farben der Motivelemente werden von Quadrat zu Quadrat so variiert, daß keine Wiederholung auftritt.

Zu den Gendje-Teppichen zählen Fachral, Tschajly und Ssamuch. Im Gendjegebiet wird ebenso wie im Karabagh die Dast-Chali-Gebe-Garnitur hergestellt. Darunter sind drei bis vier zum Auslegen eines Raumes benötigte Teppiche zu verstehen: Zwei schmale Kenare zu beiden Seiten eines gleichlangen, breiteren Keley. Zu diesen kann am Kopfende der drei Stücke ein Keleyghi (Ghalidscheh) in der Länge ihrer gemeinsamen Breite quergelegt werden.

Das Karabagh-Gebiet schließt südöstlich an Kasak-Gendje an. Seine südliche Grenze ist der Arax. Die Karabagh-(sprich: Karabach)Teppiche sind reich in der Skala der Farben und in der Vielfalt der Kompositionen. Cochenillerot, Zinnoberrot, Brauntöne, Goldgelb und Schwarzblau sind die auffallendsten Farben.

Braune bis helle Wolle wird für die Kette dreifach, für den Schuß zweifach gezwirnt, falls dieser nicht rotgefärbt ist oder aus ungefärbter Baumwolle besteht. Zwei Schüsse nach jeder Knotenreihe sind die Regel. Die Kette kann geschichtet sein. Die Kilim werden vorwiegend aus ungefärbter Baumwolle gewebt. Die braune oder rötliche Wollschirasi reicht über ein bis zwei Kettfadenpaare. Die Höhe des Flores beträgt 5 bis 10 mm, die Einstellung 900 bis 1600 Knoten/qdm. Die Größen reichen von 2 bis 20, in Ausnahmefällen bis zu 30 qm. Der Dast-Chali-Gebe-Set war eine Spezialität des Karabagh.

Zu den Karabaghteppichen gehören die des angrenzenden ehemaligen Khanates Nachitschewan und die der Struktur nach mehr den Kasak entsprechenden Adler- und Wolkenbandkasak (Abb. 59).

Die Adler der aus Tschelaberd stammenden Teppiche sind geometrisierte Riesenblüten, die ihre naturnäher gezeichneten Vorbilder in kaukasischen Teppichen des 17. und 18. Jahrhunderts haben. Das ebenso traditionelle Muster der um ein Quadrat mit aufgelegtem Swastika (Hakenkreuz) geordneten Wolkenbänder findet sich in Teppichen gleicher Struktur und gleichen Materials; diese dürften demnach in der gleichen Gegend des Karabagh geknüpft worden sein.

Schuscha, die frühere Hauptstadt des Karabagh, war richtungweisend und fertigte die feinsten und größten Teppiche dieses Gebietes. Sie sind im Griff oft seidig, mittelschwer bis dünn, fest und glatt bis schwachrissig. Öfter ist der Schuß aus Baumwolle und die Kette schwach geschichtet. Schwarz, Oliv, Elfenbein, Steingrün, Rosa und natürlich Cochenillerot, das ja auch Karabaghrot heißt, weil es hier zu Hause ist, sind sehr geschätzte Farbtöne. Die Muster verraten persischen und zeitweilig europäischen Einfluß.

Einige vom Muster abgeleitete Bezeichnungen haben sich erhalten: Balyg heißt Fisch. Gemeint sind Karabaghteppiche mit dem Heratimotiv, das auch in Persien vielfach wegen der vier gebogenen Lanzettblätter Mahi-to-hos (=Fische im Teich) genannt wird. Butaly (=Palme) sind Teppiche, die mit dem Boteh, das auch gern in der Bordüre gereiht wird, durchgemustert sind. Garga (=Rabe) ist die Bezeichnung für Teppiche mit einem großzügigen Muster, in dem vier große Vögel symmetrisch um jedes Medaillon gestellt sind. Lampa (=Zimmerdecke) werden Teppiche mit großem Medaillon im Unifond genannt. Aus dem Karabagh-Gebiet kamen gute Sileh- und Verneh- bzw. Schadda-(Schedde-)Arbeiten.

Die Mogan-Steppe verläuft parallel zur nördlichen Hälfte der Südostgrenze Karabaghs, auf der rechten Seite des Arax. Sie liegt zum Teil auf iranischem Territorium und grenzt im Osten an das Talisch-Gebiet.

Die Moganteppiche haben vorwiegend Keleyghi-Formate bis zu vier Quadratmeter. Sie sind also etwa doppelt so lang wie breit. Die dreifach gezwirnte Kettwolle ist ungefärbt und gleicht der des Kasak-Gendje-Gebietes.

Der zwei- bis dreifach gezwirnte Schuß aus Wolle, Baumwolle oder beiden gemischt ist ungefärbt und für gewöhnlich hell. Für die Kilim wird gerne Baumwolle verwendet, für die Schirasi helle Wolle oder Baumwolle. Die Abschlüsse der Kettfäden sind, wie in den südkaukasischen Nachbargebieten, an Ober- und Unterkante verschieden. Die Einstellung schwankt von 900 bis 1500 Knoten/qdm.

Die Muster sind einfacher. Hauptsächlich werden Oktogone gereiht, sei es mit aufgelegten Haken-Stufenpolygonen als Mittelfeldfüllung wie bei dem bekannten Gendjetyp oder mit aufgelegten Sternen im Hauptstreifen einer breiten Bordüre. Diese kann das Muster so stark beherrschen, daß nur ein sehr schmaler Streifen als Innenfeld übrigbleibt.

Im Kuba-Schirwan-Gebiet werden die meisten kaukasischen Teppiche geknüpft. Schirwan umfaßt das Gebiet südlich der östlichen Ausläufer des Kaukasus, Kuba das Gebiet nördlich davon bis zur Küste des Kaspischen Meeres.

Die gebräuchlichsten Formate haben ein bis vier Quadratmeter. Größen von zehn bis fünfzehn Quadratmeter sind sehr selten, zwanzig Quadratmeter eine große Ausnahme.

Die Feinheit von Knüpfung (1600 bis 3000, in Sonderfällen bis 3500 Knoten/qdm) und Muster haben die Teppiche aus beiden Teilen des Gebietes gemeinsam. Die Einstellung wurde mit der Einführung von Baumwolle als Schußmaterial eher noch gesteigert. Weder sehr feine Einstellung noch wollener Schuß sind ein Indiz für höheres Alter.

Der Katalog der Muster ist so reichhaltig, daß nur einige der markantesten herausgegriffen werden können: Die vertikale Reihung von Stufenpolygonen, großen sternförmigen Medaillons und der doppelläufigen kaukasischen Ranke, feine Rautung mit stilisierter Blütenfüllung, unendliche Wiederholung kleiner Blütensterne oder ein persisch beeinflußtes Rankenmuster mit betonten Palmetten und Blattgabeln. Die Teppiche Kubas sind in der Struktur einheitlicher und im Muster – bis auf Ausnahmen – allgemein feiner gegliedert als die Schirwans.

Schirwan: Die helle, braune oder braun mit weiß gemischte Wollkette ist dreifach, vereinzelt zwei- oder vierfach gezwirnt. Der ungefärbte Schuß ist aus weißer bis bräunlicher Baumwolle oder Wolle. In alten Stücken kommt es vor, daß wollene und baumwollene Schußreihen abwechseln oder ein Woll- mit einem Baumwollfaden verzwirnt ist. Florhöhe und Einstellung sind sehr unterschiedlich. Insbesondere Teppiche aus dem westlichen Schirwan können in der Schur höher und in der Knüpfung weniger fein sein als sonst in Schirwan üblich. Sie gleichen dann im Griff eher den Karabaghteppichen.

Die Kilim sind aus weißer Baumwolle, seltener aus Wolle, ebenso die Schirasi, die über ein bis zwei Kettfadenpaare reicht und gelegentlich hell- bis dunkelblau oder rot bis bräunlich gefärbt ist. In Südschirwan werden die Kettfadenenden, wie in den übrigen südkaukasischen Gebieten, an der Unterkante als Schlaufen belassen, an der Oberkante verknotet oder verflochten. In Nordschirwan werden sie wie in Kuba an beiden Teppichenden geschnitten und gleichmäßig, meistens in mehreren Reihen netzartig verknotet. In Marasa knüpft man den Marasali (Abb. 70). Charakteristisch sind die eckigen Boteh in der breiten Kontur des Mihrabgiebels. Sie erscheinen auch als Mittelfeldfüllung und, abwechselnd nach rechts oder links gerichtet, in der Bordüre.

Aus dem Gebiet von Achssu kommt neben anderen Teppichen der Bidscho. Ein symmetrisch aufsteigendes flächiges Blütenpalmetten- und Arabeskblattmuster ist unter dem Namen Bidjov bekannt geworden (Abb. 66).

Schirwan-Teppiche mit großen stilisierten Vögeln an den Seiten des Mittelfeldes werden im Handel Akstafa genannt. Im Kreis Akstafa werden Kasakteppiche geknüpft.

Unter den Teppichen aus der Umgebung der Hauptstadt des ehemaligen Khanats Schemacha (Schirwan) führt Kerimov die Sorte Gabystan auf. Mit diesem Namen werden merkwürdigerweise im Handel alle kleineren und niedrig geschorenen Schirwanteppiche belegt.

Der feine Saljani wird in den Dörfern Karabaghly, Schych-Ssalachly und Chalatsch geknüpft. In seiner Farbstellung dominieren meistens für Karabagh typisches Cochenillerot und Steingrün.

Kuba-Teppiche sind in der Mehrzahl schwach geschichtet. Das dreifach gezwirnte Kettmaterial gleicht dem der Schirwanteppiche. Meistens ist es hell, aus maschinell gezwirnter Baumwolle erst in Stücken aus den letzten vier Jahrzehnten. Der Schuß ist überwiegend zweifach gezwirnt aus weißer Baumwolle, seltener aus heller Wolle. Die Florhöhe ist mit 3 bis 5 mm niedrig. Der Griff ist fein, fast dünn, etwas rispig. Die Abschlüsse erfolgen in der Regel durch blaue Kilim oder blaue, sumakhartige Schrägstichreihen. Die Kettfäden werden an beiden Kanten gleichmäßig, fast stets netzartig verknotet. Die Schirasi aus Baumwolle oder Wolle um ein bis zwei Kettfadenpaare ist blau, selten weiß. Blau herrscht als Grundfarbe für das Mittelfeld vor. Die markantesten Kuba-Teppiche sind Perepedil, Karagashli, Tschitschi, Zejwa und Sejchur.

Das bekannteste Perepedil-Muster ist das Wurma (Abb. 63). Es sind symmetrisch angeordnete, für Kuba ungewöhnlich primitiv geometrisierte Ranken. Aus den Streumotiven des Füllmusters heben sich

Tschitschi-Bordüre

größere Motivpaare ab, die man für Kamele oder Schildkröten halten könnte, wenn sie nicht angesetzte Blätter als zur Unkenntlichkeit geometrisierte Blüten verrieten.

Karagashli hat als Muster große rhombische oder rechteckige Palmetten, von denen radial vier Gabelranken abgehen.

An Tschitschi-Teppichen gibt es drei Arten. Ihnen gemeinsam sind die zu kleinen Diagonalbalken geometrisierten Ranken in der Hauptbordüre (siehe Zeichnung auf S. 95).

Zejwa hat als Hauptmotiv drei bis vier riesige, zu Strahlenmedaillons geometrisierte Blüten, die an die Adler der Tschelaberd erinnern.

Merkmale des Sejchur sind das Laufender-Hund-Ornament in der Bordüre und mächtige, von großen Kreuzmedaillons ausgehende Diagonalbalken im Mittelfeld (Abb. 65). Diese Balken leiten von den Kreuzmedaillons zu den von den Seiten in das Mittelfeld hineinragenden Dritteln eines gleichen Motivs über. Es handelt sich also um einen kleinen Ausschnitt aus einem System versetzter Reihung und Rautung. In dem Sejchur (Abb. 66) ist das Bidjov-Muster übernommen worden. Unter den Farben fallen ein besonderes Blau, Weiß und Grün auf.

Im Kubagebiet wurden die besten Sumakh-Teppiche gewirkt.

Das Dagestan-Gebiet schließt nördlich an den Kuba-Distrikt an. In der Struktur gleichen sich die Teppiche beider Gebiete bis auf die durchschnittlich stärkere Schichtung der dagestanischen. Deren Schur ist unterschiedlich wie in Schirwan. Die gebräuchlichsten Muster sind hellgrundige Gebetsteppiche mit gereihten stilisierten Blüten im Mihrab, das meistens gerautet ist, und Läufer mit Diagonalstreifen oder stufenpolygonförmige Blüten in versetzter Reihung.

Derbend, die frühere Hauptstadt Dagestans, lieferte in der ersten Hälfte des 19. Jahrhunderts noch gute Teppiche. Später kamen überwiegend Teppiche geringerer Qualität von dort.

Die am weitesten nördlich hergestellten Kaukasusteppiche sind die Lesghi. Sie haben die Struktur fester Dagestanteppiche. Ein kraftvolles Grün fällt in den großzügigeren Mustern auf. Besonders verbreitet ist ein Muster mit vertikal wiederholten großen Sternmedaillons.

In dem relativ kleinen Gebiet um Baku, der Hauptstadt Aserbeidschans, war die Teppichproduktion im Zuge der Industrialisierung geschrumpft. Seit einiger Zeit ist man bemüht, sie wieder auszuweiten.

Die alten Teppiche dieses Gebietes, zu dem die Halbinsel Apscheron und das westliche Vorgeländes Bakus im Umfang des kleinen ehemaligen Khanats gehören, haben in der Struktur viele Züge mit den Knüpferzeugnissen des angrenzenden Schirwan-Kuba-Gebietes gemeinsam. Die Wolle für die drei- bis vierfach gezwirnte, ungeschichtete Kette ist meistens hell- bis dunkelbraun, auch für den zwei- bis dreifach gezwirnten Schuß, der aber vornehmlich aus heller Baumwolle besteht.

Der Abschluß ist verschieden, entweder wie in Schirwan oder in Kuba ausgeführt. Die Schirasi geht über ein, seltener zwei oder drei Kettfadenpaare. Die Knüpfung ist nicht so dicht wie in Kuba-Schirwan und überschreitet selten 1600 Knoten/qdm. Die Florhöhe ist unterschiedlich wie in Schirwan.

Von allen anderen kaukasischen unterscheiden sich die Teppiche Bakus durch ihre bleichen und düsteren Farben. Die Mehrzahl der Töne, ob helles Blau bis Türkis oder dunkleres Gelbbraun bis Braun, wirken verblichen. Die Muster von Baku und Ssurachany, an der Ostküste der Halbinsel Apscheron, zeigen Botehreihung, Rauten- und Oktogongliederung.

Verhältnismäßig frischer in den Farben und persisch beeinflußt im Muster sind die akkurat gearbeiteten Teppiche aus dem westlich von Baku gelegenen Chila. Das Mittelfeld des Boteh-Chila ist mit bunten Boteh durchgemustert. Darüber sind große gezähnte, feinstufige Polygone gelegt, die für gewöhnlich zu einem Viertel als Eckfüllung wiederholt werden. Diese Stufenpolygonzeichnung liegt auch über dem bekanntesten Grundmuster des Afschan-Chila, einem Blumenrankendekor, wie es ähnlich ein Kuba-Schirwan-Typ bringt. Die Hauptbordürenzeichnungen enthalten fast stets stilisierte Vögel in regelmäßigem Wechsel mit Rosetten oder die Aufteilung in schmale Diagonalstreifen. Für den Schuß wird die Wolle blau gefärbt. Im Bakugebiet wurden die besten Sileh gewirkt.

Talisch ist der südlichste Zipfel des ehemaligen sowjetischen Territoriums am Kaspischen Meer. Seine etwa 1 m breiten Teppichen haben Längen von 225 bis 300 cm. Das schmale Mittelfeld (Abb. 73) ist meistens dunkelblau, seltener gelb oder cochenillerot. Es wird mit gleichförmigen kleinen Blüten, Sternen oder Sternrauten durchgemustert, bleibt aber oft vollkommen leer (Met-haneh). In letzterem Fall bekommt es zusätzlich eine feine Einfassung durch ein Medachylband.

Talisch-Bordüre

Die helle Hauptbordüre ist im Muster dominierend. In ihr stehen große achtpassige Rosetten mit vier kleinen in regelmäßigem Wechsel (siehe Zeichnung auf dieser Seite).

Dieses Bordürenmuster entspricht nahezu dem in Abb. 73, wenn man sich daraus die dünnen Verbindungsranken wegdenkt. Es dürfte also aus dieser, nur dem Kaukasus eigentümlichen, doppelläufigen Ranke hervorgegangen sein.

Originellerweise wird oft in die Met-haneh-Fläche ein winziges Zeichen gesetzt. Die wollene Kette ist öfter zwei- als dreifach gezwirnt und ungefärbt. Das gleiche gilt für den Schuß, der überwiegend aus ungefärbter Baumwolle besteht. Nach jeder Knotenreihe sind, wie bis auf Ausnahmen im Kaukasus üblich, zwei Schüsse eingetragen. Zusätzlich werden von den Seiten her Schüsse bis zu 6 cm tief hin- und zurückgeführt. Diese kurzen Schüsse sind zwar in einzelnen Grundgewebepartien von Teppichen anderer Provenienz auch festzustellen, fallen in den Talischteppichen jedoch durch ihre regelmäßige Anwendung auf. Die Kilim sind wie der Schuß meistens aus ungefärbter Baumwolle. Die Schirasi aus Wolle oder Baumwolle um ein bis vier Kettfäden ist blau gefärbt, seltener ungefärbt weiß. Die Einstellung schwankt zwischen etwa 1000 und 1700 Knoten/qdm.

Für Talischteppiche mit einem ganz bestimmten Muster hat sich die Bezeichnung Lenkoran, das ist der Name der Hauptstadt des Bezirks, eingebürgert (Abb. 56). Dominierendes Motiv ist ein von zwei wuchtigen Arabeskranken eingefaßtes Oktogon, in dem eine tausendfüßlerartig geometrisierte Blüte liegt. Die dem Hauptmotiv zugeordneten Oktogone sind den turkmenischen Güls verwandt. Die Farbstimmung ist dunkler als bei den anderen Talisch. Palas, Kelim und feine Djedjim werden gleichfalls im Talischgebiet erzeugt.

Florlose Gewebe: Älter als die Knüpftechnik ist auch im Kaukasus das Weben und Wirken. Weil der Florteppich im Gegensatz zu diesen uralten Verfahren eine Schur erforderte, wird er noch heute in manchen Gegenden Gras (Verstümmelung von Migrasi=Schere, arabisch) oder Gajtschi (=Schere, aserbeidschanisch) genannt. Geknüpft werden nicht nur Teppiche, sondern auch viele Arten der starkem Verschleiß ausgesetzten Taschen: Khordjin, Tschowal und der Mafrasch, eine kofferähnliche große Tasche mit Seitenwänden. Vorhänge, Decken, Säcke, die Taschenrückwände und auch ganze Taschen werden gewebt und gewirkt.

Palas ist die in der ganzen Welt gebräuchlichste einfachste Webart: Quer zur Kette wird der Schußfaden in einer Wellenlinie abwechselnd vor und hinter den Kettfäden vorbeigeführt und dann fest an den vorhergehenden, entgegengesetzt gewellten Schuß angeschlagen. Im Kaukasus wird dazu überwiegend zweifach gezwirnte Wolle verwendet. Diese Technik erlaubt nur horizontale Musterstreifen.

Palasgewebe dienen als einfache Säcke, Einschlagtücher, Taschenrückwände und zum Bedecken von Zelten. Sie sind deshalb am weitesten unter den Nomaden im Mogan- und südöstlichen Karabaghgebiet
verbreitet.

Beim Kelim wird der Faden (im Kaukasus meistens zweifach
gezwirnt) einer Farbe im Bereich eines Musterteiles so lange hin- und
hergeführt, bis der benachbarte Musterteil in einer anderen Farbe
begonnen wird. Dieses Verfahren gestattet Muster mit geraden, gestuften oder gezähnten Konturen. Kelim werden als Decken, Vorhänge
oder zum Schmuck der Zelte und von Räumen bei Hochzeiten verwendet. Sie werden in vielen Ländern gewebt.

Um die Muster feiner, mit diagonalen Konturen und ohne die sich im
Kelim ergebenden Schlitze ausführen zu können, wurde die Sileh- und
Schadda-(Schedde-)Technik entwickelt (Abb. 80). Der Grundvorgang
ist das Weben eines Palas. Nach einigen Schüssen werden jedoch an
allen erforderlichen Stellen Musterfäden eingezogen. Auf der ganzen
Breite des Gewebes wird jedes einzelne Musterdetail begonnen: Jeder
Musterfaden wird über zwei oder mehrere Kettfäden und dann auf die
Geweberückseite geführt. Dort hängt er während des nächsten
Schußeintrags herunter. Nach diesem Schuß wird das Muster an allen
Stellen wieder um eine Fadenbreite fortgesetzt, bevor der nächste
Schuß erfolgt. Da die Musterfäden um eine Kettfadenbreite versetzt
auf die Rückseite geführt werden können, lassen sich sehr feine Diago-
nalkonturen erreichen. Durch das Anschlagen der Schüsse werden die
Musterfäden hervorgepreßt und erzielen eine leichte Reliefwirkung.
Ab und an werden die Muster durch Besticken ergänzt. Für weiße
Musterelemente findet auch Baumwolle Verwendung. Sehr selten sind
die Muster aus Seide gewirkt. Weil diese Gewebe in erster Linie
Erzeugnisse der viehzuchttreibenden Bevölkerung sind, finden sich so
oft stilisierte Tierdarstellungen darin. Vorhänge, Decken, Pferde-,
Kamel- und Zelttaschen für alle möglichen Gegenstände des täglichen
Bedarfs werden in diesem Verfahren hergestellt, das seine größte Ver-
breitung im Kasak-, Karabagh- und Karadagh-Gebiet fand.

Die Technik des Sumakh ermöglicht die Ausführung von Knüpftep-
pichmustern. Auffallend ist die Ähnlichkeit eines Standardmusters von
übereinandergereihten großen Rhombenmedaillons, deren Kontur
nach innen zeigende Kreuze bildet, mit einem frühen Ushakmuster. In
alten Stücken ist die Palette hell: Weiß, Gelb und Rot leuchten. Später
kennzeichnen dunklere Töne die Farbstimmung. Die Wolle für Kette
und Grundschuß ist vorwiegend dreifach, für das Mustergarn zweifach

gezwirnt. Die kaukasische Heimat des früher auch in Karabagh, Schirwan und Kurdistan verbreiteten Sumakh ist, trotz seines Namens, Dagestan. Der Verneh ist technisch gesehen eine besondere Sumakhart. Die Kette besteht aus zwei- oder dreifach gezwirnter Wolle, der Grundschuß aus zweifach gezwirnter Wolle oder Baumwolle. Das Mustergarn ist zweifach gezwirnte Wolle und für weiße Musterelemente Baumwolle. Der Verneh wurde im Karabagh-, Nachitschewan-, Kasak- und später auch im Bakugebiet gewirkt. Die Baku-Verneh zeichnen sich durch besonders hohe Qualität aus.

Mit Djedjim werden verschiedene Gewebearten bezeichnet: Erstens einfache Palasgewebe, bei denen jedoch nicht der Schuß, sondern die Kette musterbildend ist. Zweitens die verfeinerte Sumakhart, in welcher der Musterfaden nur über zwei Kettfäden schräg weitergeführt wird und nach jeder Musterschußreihe ein Grundschuß eingetragen wird. Drittens diese Sumakhart nur dann, wenn die Kette um 90 Grad geschichtet ist, der Musterschuß auf der Vorderseite, also nur in einzelnen Höckern, sichtbar ist.

Allgemein versteht man jedoch unter Djedjim die auf Seite 38ff. beschriebene Technik. Das Material für Kette und Musterschuß gleicht dem des Verneh. Für den Grundschuß wird wegen der Feinheit der Arbeit jedoch oft der einfache, ungezwirnte Wollfaden gewählt.

Im Kaukasus, Dagestan und dem nördlich anschließenden Gebiet entstanden auch schöne Filzdecken, die Bidschkendkis (=geschnittenes Feld). Sie waren vornehmlich als Wagenplanen (Arbabas) im Gebrauch. Wie ihr Name andeutet, sind ihre Muster nicht appliziert, sondern ausgeschnitten und mit Filz anderer Farben eingesetzt.

Vor den achtziger Jahren war der Begriff Shahsavan (Schasewan) die Handelsbezeichnung für Taschen und Kissen westpersischer Bauern und Nomaden, meist mit geometrischer Musterung in dunkler Farbstellung, oder aber der Ausdruck für eine schlechte Hamadan-Qualität. Die Verwendung des Begriffes hat sich grundlegend geändert.

Der Name Shahsavan bezeichnet heute eine Konföderation von Stammesgruppen, die türkisch sprechen und den Nordwesten des Iran bewohnen, ein Gebiet von der nördlichen Moghan-Ebene bis nach Ghom, vom westlichen Täbriz bis zum östlichen Garmsar.

Die Shahsavan entwickelten sich seit den Zeiten von Schah Abbas zu einer der größten Stammeskonföderationen, die ursprünglich aus einer Streitmacht zum Schutz gegen die Gefahr jenseits der kaukasischen Grenze im Norden entstand. Aber auch heute noch sind die Shahsavan eine der größten Stammesverbände des Iran. Sie sind Nomaden oder

100

Halbnomaden und bewohnen während ihrer Wanderschaft halbkugel-
förmige Filzzelte. Die Konföderation kann in vier große Gruppen ein-
geteilt werden: die Shahsavan der Mogan-Ebene, des Hashtrud-/Mia-
neh-Gebietes, der Khamseh-/Bidjar-Region und jener von Ghazwin,
Saveh und Veramin. Das Nomadentum der Shahsavan hat über die
Jahrhunderte eine Formenvielfalt leicht transportabler und deshalb
textiler »Gebrauchsgegenstände« hervorgebracht, die vergleichbar ist
mit dem geknüpften und gewebten »Hausrat« der Turkmenen. Dabei
liegt die Stärke der Shahsavan-Textiltradition bei den Arbeiten in
Flachgewebstechniken.

Vieles, was früher und teils auch noch heute als kaukasische Erzeugnisse gehandelt und gesammelt wurde, kann jetzt als Shahsavan-Arbei-
ten klassifiziert werden. Typisches Beispiel hierfür sind Khordjins wie
in Abb. 79 gezeigt, die früher »kaukasisch« genannt wurden.

Die wichtigsten Bezeichnungen für Shahsavan-Textilarbeiten sind
Mafrash, Khordjin und Chanteh, Kelim, Djedjim und Verneh, zuweilen
auch Knüpfteppiche.

Die Mafrash ist ein kastenförmiger Transport- und Aufbewahrungs-
behälter (ungefähr 50 x 100 x 50 cm). Die meisten Stücke bestehen aus
vier Seitenpaneelen und einem gestreiften Kelim-Boden, wobei letzte-
rer zusammen mit den Paneelen der Längsseite in einem Stück gewebt
wird. Wahrscheinlich wurden Mafrash in der Regel paarweise hergestellt, um beim Transport zu beiden Seiten des Lasttieres befestigt zu
werden. Die Seitenpaneele der Mafrash sind meist in Schlitzkelim-
oder in Sumakhtechnik gearbeitet, oft auch kombiniert. In diesen
Techniken brachten es die Weberinnen, die zudem ein hochentwickel-
tes Farbempfinden hatten, zu wahrer Meisterschaft. Die Seiten sind
entweder umlaufend in Musterstreifen geometrisch ornamentiert, oder
jede Seite zeigt ein bordürenumrahmtes Innenfeld.

Die Khordjin des Shahsavan ist eine Doppeltasche, zumeist mit
gestreiftem Kelim-Rücken und Mittelsteg sowie farbig alternierenden
Verschlußstegen an den Oberkanten der Taschenfronten. Diese sind in
Sumakh- oder Schlitzkelimtechnik gearbeitet und zeigen meist in ein
Innenfeld gelegte Motive, umrahmt von Borten. Die Chanteh ist eine
ähnlich gearbeitete kleinere Tasche.

Bei den großformatigen Flachgeweben der Shahsavan herrscht die
Schlitzkelim-Technik vor, zuweilen ergänzt durch andere Flachgewebs-
techniken. Die Kelims sind in horizontalen Streifen oder nach dem
Schema der fliesenartigen Reihung von Polygonen ornamentiert. Alte
Stücke zeigen eine charakteristische Palette von klaren, brillanten Far-

ben. Schmale, lange Kelims mit Bordürenrahmen werden als Soffreh bezeichnet und waren Speisetücher.

Die kettfadengemusterten, aus Webbahnen zusammengesetzten Djedjims der Shahsavan gehören zu den farblich schönsten Textilien des Iran, die in dieser Technik ausgeführt sind. Die Farbpalette entspricht jener der Kelims, doch die kettartigen Ornamente, die von Uni-Streifen flankiert werden, sind wesentlich feiner. Auch der Verneh der Shahsavan ist meist aus zwei oder mehreren Webbahnen zusammengesetzt. Hier aber heben sich die meist gereihten Motive stickereiartig vom Grundgewebe ab. Weitere Shahsavan-Textilerzeugnisse wie Salztaschen (Namakdan), Löffeltaschen (Qashogdan) mit Netzgeflechten, Scheren- und Messerhüllen, Wickelgamaschen und Zeltbänder erfreuen sich ebenfalls großer Begehrtheit unter Sammlern. Dies gilt auch für die schönen, oft mit geometrisierten Tierdarstellungen geschmückten Pferdedecken und anderen Tierschmuck.

Sicherlich waren die Shahsavan auch immer Erzeuger von Knüpfteppichen, doch nur wenige Gruppen kommen unter der Bezeichnung Shahsavan auf den Markt. Bislang können nur jene Nomadenteppiche den Shahsavan zugeordnet werden, die im Vergleich von Kolorit und Ornamentik mit Shahsavan-Flachgeweben offensichtliche Analogien aufweisen. Doch auch in dieser Frage werden weitere Untersuchungen sicherlich zu neuen Erkenntnissen führen.

Persische (iranische) Teppiche

Zur Geographie und Geschichte

Iran hat annähernd die Form eines Dreiecks von 1 650 000 qkm Flächeninhalt (Bundesrepublik 247 960 qkm). Seine Basis formen das sich vom Armenischen Bergland bis an den Indischen Ozean erstreckende Zagrosgebirge mit Gipfeln bis zu 5000 m, welches das iranische Hochland gegen Mesopotamien abschließt, und das parallel verlaufende, bis auf 4000 m ansteigende Kurudgebirge. Den nördlichen Schenkel gegen das Kaspische Meer und Turkmenien bildet das Elbursgebirge (Damawandgipfel über 5000 m) mit seiner Fortsetzung, dem Kopet-Dagh, den östlichsten Schenkel gegen Afghanistan und Pakistan das Kaiengebirge. Das weite, 1000 bis 2000 m über dem Meeresspiegel liegende Hochland ist bis auf wenige sich aus den Randgebieten in den Persischen Golf und das Kaspische Meer ergießende Flüsse abflußlos. Sein Binnenklima ist durch starke Temperaturschwankungen gekennzeichnet. Die Niederschläge fallen im Winter und Frühjahr. Die Gebirgsgegenden haben mildere Sommer und sehr kalte Winter. Die Westabhänge sind niederschlagsreicher und zum Teil bewaldet. Dort erbringt auch Getreide dürftige Erträge. Nur das schmale Küstengebiet am Kaspischen Meer mit seinem subtropischen Klima und stellenweise urwaldartigem Baumbestand ist von der Natur reicher gesegnet. Das Klima der Tiefebene am Persischen Golf um das Erdölgebiet von Abadan ist extrem feucht-heiß.

Einen großen Teil des Landesinneren bedecken die beiden unbewohnbaren Salzwüsten Dascht-i-Kawir und Dascht-i-Lut. Die bedeutendsten Städte entwickelten sich in den Bewässerungsoasen der endlosen Steppen- und kahlen Berglandschaft. Seit Jahrhunderten steht der Mensch im Kampf mit der Natur um das tägliche Brot. Einzig ein kunstvolles Bewässerungssystem kann das Ernährungsminimum der Bevölkerung sicherstellen. Vom Flugzeug aus bietet sich der Anblick eines von riesigen Felsmassiven durchzogenen Sandmeeres, in dem die winzigen grünen Fächer und Quadrate der Oasen unterzugehen drohen. Perlenschnüren gleich reihen sich die Schachteinstiege der unterirdischen Kanäle (Ghanate) vom Gebirge zu den Oasen. Weil die meisten natürlichen Wasserläufe im Sommer versiegen, zapft man am Gebirgsfuß die Grundwasserhorizonte an und führt das Wasser unter Ausnutzung des natürlichen Gefälles in Stollen zu den Bewässerungsoasen in der Ebene mit ihrer besseren Bodenbeschaffenheit. Dem mit unendlichen Mühen verbundenen Sauberhalten der oft 30 bis 50 m unter der Erdoberfläche verlaufenden Ghanate dienen die zahlreichen Einstiegsschächte.

In den Oasen gedeihen – außer Getreide, Gemüse, Tabak, Zuckerrohr, Melonen, Süd- und Ölfrüchten – Wein (Rosinen) und Datteln, die neben Erdöl, Baumwolle, Seide und Teppichen wichtige Exportgüter sind. Der blühende Garten war von jeher für den Steppenbewohner der Inbegriff des Paradieses. Dieses orientalische Wort für Garten ist in unseren religiösen Sprachschatz eingegangen.

Topographisch und klimatisch bot der Iran alle Bedingungen für die Entfaltung der Knüpfkunst: Die Wolle der unvorstellbar genügsamen, die Steppe durchstreifenden Schafherden ist nach der Verarbeitung der ideale Kälteschutz nicht nur für die nomadische, halbnomadische (heute noch etwa ein Fünftel der 20 Millionen Einwohner) und bäuerliche, sondern auch für die städtische Bevölkerung, die gegenwärtig ein Drittel der Gesamtbevölkerung ausmacht. Die Nomaden sind meist Halbnomaden, die mit ihren großen Schafherden im Winter mildere Zonen und im Sommer die höher gelegenen Weidegründe aufsuchen, während ein Teil der Stämme in den Anbaugebieten zurückbleibt. Neben den wenigen 1927 bis 1938 erbauten Eisenbahnlinien und den Straßen, welche die riesigen Entfernungen überbrücken, werden Kamel, Pferd und Maultier in den Weiten des Landes noch auf lange Zeit als Transportmittel geschätzt bleiben.

Unter den Einwohnern überwiegen bei weitem die Iranier als Nachfahren der indoarischen Stämme. In den Nordwestprovinzen stellen die Kurden, Türken und Armenier (diese auch um Isfahan) einen großen Anteil der Bevölkerung. Turkmenen im Nordosten, Araber im Süden und Juden um Hamadan sind weitere Volksgruppen. Die Luren und Kurden im Westen und Nordwesten sowie die Bachtiaren in der Provinz Isfahan sprechen persische, die Gashgais in der Provinz Fars, die Afscharen nordöstlich davon und die Turkmenen in Chorassan türkische Dialekte.

Iran ist die große Landbrücke von Zentralasien zum Vorderen Orient. Als Schnittpunkt der Wege vom südrussischen, turkmenischen und mesopotamischen Raum nach Indien sowie der alten Karawanen-

104

straßen vom Fernen Osten zum Mittelmeer wurde es nicht nur der große Umschlagplatz für den Handel, sondern auch für den Kulturaustausch zwischen Ost und West – und zum Auffangbecken für die aus den nördlichen Steppen hervorquellenden Völkerfluten.

Den archäologischen Funden nach hat schon im fünften Jahrtausend eine Steinzeitkultur ackerbautreibender Nomaden bestanden. Um die Mitte des zweiten Jahrtausends ließ »Annubanini, der mächtige König der Lullu«, gleich anderen Herrschern des dritten, zweiten und ersten Jahrtausends, sein Bildnis in die Felswände an der Straße meißeln, die vom Tiefland herauf durchs Zagrosgebirge über Kermanschah nach Hamadan führt. Diesen Weg zogen seit 5000 Jahren Karawanen, treiben seit Jahrhunderten die Kurden im Frühjahr ihre Herden auf die Bergweiden und im Herbst wieder in die Ebene des Germsir (=warmes Land) zurück. Seit der Islamisierung reisen hier die Pilger vom Osten nach Mekka oder vom Westen nach Kum und Meshed. Die Heere Alexanders des Großen, Seleukos, Antiochus und der Araber kamen diese Straße herauf zur Eroberung Irans, Baktriens, Indiens, und die Heerscharen der Achämeniden, Parther, Seldschuken und Mongolen zogen sie hinab ins Tiefland, um es zu unterwerfen.

Von Norden her folgte der ersten großen Welle arischer Völker (seit 1800 v. Chr.), die zur Bezeichnung Aryan (=Land der Arier) führt, sechs Jahrhunderte später die zweite: Amadai (=Meder) und Persua (=Perser) ließen sich im Westen des Iran nieder. Während die Perser später weiter in den Süden, die Persis (Fars) zogen, gründeten die Meder offenbar in Völkergemeinschaft mit den um 800 v. Chr. aus dem Kaukasus eindringenden Kimmeriern – ein Teil dieses indogermanischen Volkes hatte sich nach Westen gewandt und in Kleinasien das phrygische Reich des Königs Midas zerstört – am Ende des 8. Jahrhunderts ihr Reich mit der Hauptstadt Ekbatana (Hamadan).

Die dem Weg der Kimmerier folgenden Skythen überrannten Vorderasien bis zur Grenze Ägyptens und übten etwa von 650 v. Chr. an ein Vierteljahrhundert die Oberherrschaft im Iran aus. Erst nachdem sie von den Medern hinter den Kaukasus zurückgedrängt wurden, das assyrische Reich zerschlagen und die Perser vom medischen Großkönig abhängig geworden waren, erreichte das Mederreich den Zenit seiner Machtentfaltung.

Unter Kyros II., dem Großen (559-530 v. Chr.), war die höchste Blüte des ersten persischen Großreiches mit den Hauptstädten Susa, Ekbatana und Babylon. Kleinasien (König Krösos von Lydien) samt den ionischen Griechenstädten waren unterworfen. Die Eroberung von Babylon ermöglichte den Juden die Rückkehr aus der Babylonischen Gefangenschaft. Die Residenz Pasargardai wurde erbaut. Kyros` Sohn Kambyses II. (530-522 v. Chr.) eroberte Ägypten und bestieg den Thron der Pharaonen. Großkönig Darius I., der Große (522-486), der bedeutendste Achämenidenherrscher, zwang Thrakien und Makedonien unter die Oberhoheit des Reiches. In Persepolis entstanden als Winterresidenz gewaltige Palastanlagen, im benachbarten Nagsch-i-Rustam die dem Blick der Vorüberziehenden zugekehrten Königsgräber.

Künstler und Handwerker aus allen Provinzen des die ganze vorderasiatische Welt mit Ägypten umfassenden Großreiches erschufen die beispiellosen Bauwerke mit den die Macht des Großkönigs verherrlichenden Reliefs. Der neue Stil setzte sich aus zahlreichen Elementen zusammen. Griechische Lebendigkeit versuchte assyrische Pathetik und den ins Monumentale gesteigerten iranischen Tierstil in den Meißelarbeiten voller Prägnanz, Pathos und doch wiederum rhythmischer Ruhe, ausgeglichener Würde, Feierlichkeit und Sicherheit zu durchdringen.

Der iranische Tierstil kann auf eine lange Ahnenreihe zurückblicken: Von der Tierkunst der Nomaden, den frühen iranischen Keramiken bis zu den im 9. und 8. Jahrhundert entstandenen Luristanbronzen, die als Grabbeigaben, wie die mitbestatteten Pferde anderer Völker, die mystische Beziehung zwischen Pferd und Tod beleuchten. Ruhe, Sicherheit und ornamentale Wirkung durch Wiederholung sind ebenso Charakteristika der Darstellung auf dem zu dieser Zeit entstandenen, ältesten erhaltenen Knüpfteppich aus dem Pazyrykfund. Wie alles in Persepolis waren der Überlieferung nach auch die Vorhänge und Teppiche von kolossalen Ausmaßen.

Die Achämeniden gewährten den tributpflichtigen achtundzwanzig Nationen kulturelles und religiöses Eigenleben. Iran war ein Land vieler Religionsgründungen: Die monotheistische Religion des Zarathustra verdrängte den älteren Polytheismus. Der in Iran entstandene Mithrakult gelangte später mit den römischen Legionen bis an den Rhein und nach Britannien. Die Lehre des Mani, der Manichäismus, dem auch Augustinus anfänglich angehangen hatte, klang noch in den südfranzösischen Albigenseraufständen des Mittelalters nach.

Die Könige ließen sich fortan unter der geflügelten Sonnenscheibe, dem Symbol der höchsten Gottheit Ahuramazda, des rein geistigen Prinzips, darstellen. Im 3. Jahrhundert wurde der Zaroastrismus zur alleinigen Staatsreligion erhoben. In der Gegenwart leben im Iran noch etwa 20 000 Anhänger dieser altpersischen Religion des Zarathustra, die Parsen (Zerdoschti).

Darius und sein Sohn Xerxes, in dessen Despotismus sich schon der Niedergang der Dynastie abzeichnete, führten die im Endergebnis erfolglosen Kriege gegen Griechenland. Wo die Waffen in den dann eineinhalb Jahrhunderte während Kämpfen an den westlichen Grenzen des Reiches nicht zum Ziele führten, brachte das persische Gold Erfolge. Darius III., der letzte Achämenidenkönig, unterlag 331 v. Chr. Alexander dem Großen bei Gaugamela. Als Vergeltung für die Zerstörung Athens ging Persepolis in Flammen auf. Tausende von Kamellasten an Gold und anderen Schätzen ließ der Sieger abtransportieren.

Griechen und Iranier wohnten in den Städten beieinander. Neue Ideen und Formen überschwemmten das Land. Westliche Einflüsse verschmolzen in der Kunst mit dem Bodenständigen, das sich in der Folge als stärker erwies.

Der frühe Tod Alexanders im Jahr 323 beendete dessen Traum von der Integrierung zweier Erdteile und Kulturen. Persien fiel an Seleukos, einen Feldherrn Alexanders. Die Dynastie der Seleukiden herrschte von der Hauptstadt Seleukia, später Ktesiphon, aus über das persische Reich. Um 250 v. Chr. brachte ein Aufstand das aus den Gebieten ostwärts des Kaspischen Meeres kommende Reitervolk der Parther an die Macht. Iran wurde nach erfolgreichen Kämpfen gegen die Seleukiden und die durch seinen Reichtum begehrlich gewordenen Römer wieder Zentrum eines Reiches, das die fünf Jahrhunderte später in der Herrschaft folgenden Sassaniden vom Mittelmeer bis zum Indus ausdehnten. Hauptstadt war Ktesiphon am Tigris.

Die Parther hatten in der Kunst das Pferd hoffähig gemacht. Bei den Sassaniden ist es immer wieder der König, der auf steinernen Reliefs, Gold- und Silberschalen, in der Stuckverzierung der Palastwände und in kostbaren Stoffen zu Pferde verherrlicht wird: Von der gleichfalls berittenen höchsten Gottheit die Insignien der Macht empfangend, auf der Jagd reiche Beute erlegend oder von Tänzern und Gauklern umgeben, die üppige Feste versinnbildlichen. Die Landschaft ist nur lineares Ornament, zeigt Neigung zum nicht endenden Muster.

Durch Handelsbeziehungen und fahrende Künstler strahlte die parthisch-sassanidische Kunst auf die koptische, byzantinische, frühromanische und chinesische aus. In ihr liegt der Ursprung der Reiterbilder in den mittelalterlichen Textilien des Abendlandes. Der eurasische Rankenstil, die wohl von der minoisch-mykenischen Kultur durchgestaltete Wellenranke – als Versinnbildlichung des Phänomens der ewig fortfließenden Bewegung –, erscheint in Europa und Asien in vielen Variationen und wird später dominierendes Musterelement in Teppichen. Im Islam, dem die auch den Iran überflutenden Araber 634 n. Chr. das Land unterwarfen, entwickelte sich der Arabeskenstil.

Der Iran wurde von den omajadischen in Damaskus und später von den abbasidischen, in Bagdad residierenden Kalifen regiert. Neben ihrer bald nur noch nominellen Herrschaft gelangten einheimische und türkische Dynastien zur Macht.

Seit 1050 war Isfahan die Hauptstadt der Seldschuken. Ihre kluge, methodische Herrschaftsweise suchte die verfeindeten Anhänger des Islams zu einigen, sie führte zur Schutzherrschaft über das Kalifat von Bagdad.

Die nächste über den Iran hereinbrechende Flut war die der mongolischen Reiterhorden Dschingis-Khans, die 1256 den Iran dem von China bis zum Mittelmeer reichenden Mongolenreich einverleibten. Zunächst erfüllte die rücksichtslose Regierungsweise – der letzte Kalif von Bagdad wurde hingerichtet – der nichtislamischen Mongolen die Welt des Islams mit Angst und Schrecken. Der Iran, der nach dem Ende der Seldschukenherrschaft in rivalisierende Fürstentümer zerfallen war, wurde jedoch geeinigt. Kunst und Wissenschaft fanden am Hof von Täbris Förderung. Dem nach fünfzig Jahren erneut einsetzenden Zerfall setzte Timur, der weise Eroberer aus dem Geschlecht des Dschingis-Khan, ein Ende. Die bis zum 15. Jahrhundert währende Herrschaft seiner Nachkommen brachte an den Höfen von Täbris und Herat eine ungewöhnliche geistige, wissenschaftliche und künstlerische Hochblüte. Um die Zeit fanden fernöstliche Symbole wie Wolkenband und Drachen als Ornamente in stärkerem Maß Eingang in die Kunst des Irans, in welcher der bilderfeindliche Islam die Menschen- und Tierdarstellung nie ganz zu verdrängen vermocht hatte.

Schon bald nach dem Tode Timurs waren Südiran, Kurdistan und das obere Mesopotamien wieder selbständig geworden. Dynastische Streitigkeiten bereiteten der Herrschaft der Saffawiden (1501-1721) den Weg, die zum Schöpfer des neuen persischen Reiches wurden. Ismail, der Begründer der Dynastie, besiegte als Vierzehnjähriger an der Spitze durch ihn angeworbener Banden die Truppen des Fürsten von Schirwan, wurde Herr des Gebietes westlich des Kaspischen Meeres und eroberte in wenigen Jahren ein Reich, das sich vom Euphrat bis nach Chorassan erstreckte. Der Schiismus wurde Staatsreligion.

Die Blütezeit unter der Regierung des Schahs Abbas des Großen (1587-1629) war von Mißerfolgen eingeleitet: Außer Georgien, Aserbeidschan und Armenien gingen die Gebiete von Herat und Mesched verloren. Die Hauptstadt wurde von Kaswin nach Isfahan verlegt.

Nach einem Jahrzehnt sind alle verlorengegangenen Provinzen zurückerobert und die Grenzen bis an Euphrat, Persischen Golf und Aman Darja vorgeschoben worden. Das Stadtbild von Isfahan erstand ebenso großzügig wie prächtig. Europäische Besucher ergehen sich in überschwenglichen Schilderungen des feenhaften Zaubers dieser Stadt, ihrer im Sonnenlicht gleißenden Fayenceverkleidungen von Fassaden, Kuppeln und Türmen. Der Hof entfaltete einen ungeheuren Luxus. Handel und Kunst blühten.

Die Textilien dieser Epoche, Seiden, Brokate und Samte, zeigen einzelnen Themen der Malerei entsprechende Schmuckmotive. In den Teppichmustern überwiegen die Einflüsse aus der Miniaturmalerei: Jagdszenen, Landschaften und Gärten. In den für die Zeit des Schahs Abbas charakteristischen Polenteppichen wird der Geschmack dem sich durch Gold- und Silberbroschierung manifestierenden Prunkbedürfnis untergeordnet. Der raffinierte Spätzeitstil leitet den Niedergang ein.

Nadir Schah (1688-1747) brach die fünfzehnjährige Schreckensherrschaft der 1722 eingedrungenen Afghanen, bekriegte u.a. die Turkmenen und fiel in das Reich des Großmoguls ein. Zur Beute gehörte der Pfauenthron. Nadir Schah dehnte die Grenzen des Euphrat bis zum Indus aus. Vor seiner Gewaltherrschaft zitterte ganz Asien. Nach Nadir Schahs Ermordung gründete Ahmed Schah in Ostiran ein selbständiges Reich der Afghanen.

In Iran begründete Agha Mohammed, der Anführer eines Turkmenenstammes, 1786 die von Teheran aus regierende Kadscharen-Dynastie. Sein Nachfolger verlor Georgien, Aserbeidschan und Armenien bis zur heutigen Grenze an Rußland. Eine Revolution erzwang 1907 eine Verfassung und die Absetzung des Kadscharenherrschers. Das Land wurde in eine russische und eine britische Interessensphäre aufgeteilt. 1925 rief das Parlament den Ministerpräsidenten und Oberbefehlshaber der Truppen Reza Khan zum Schah aus. Unter ihm und seinem Sohn Mohammed Reza Pahlawi vollzog sich in Persien, das 1935 den Namen Iran annimmt, die allmähliche Wandlung vom Feudalsystem zum modernen Staat.

Persische (iranische) Teppiche
bis zum Ende des 18. Jahrhunderts

Teppiche Persiens aus der Zeit vor dem Ende des 15. Jahrhunderts sind nicht erhalten geblieben. Solange nicht die persische Herkunft des

Pazyrykteppichs und des Basadarfragments gesichert sind, bleiben die großen Teppiche und Fragmente aus der ersten Hälfte des 16. Jahrhunderts die ältesten greifbaren Zeugen. Ihre hochentwickelte Technik und Größe setzt lange Tradition in der Knüpfkunst und Manufakturen voraus. Die allmähliche Entwicklung wird auch hier von nomadischen und bäuerlichen Knüpfarbeiten kleineren Formats für den eigenen Bedarf über die gewerbsmäßigen Familienbetriebe und größere städtische Werkstätten zu an den Hof gebundenen, über alle technischen Möglichkeiten verfügenden großen Manufakturen verlaufen sein.

Persische Miniaturen aus dem 13. bis 15. Jahrhundert überliefern in den dargestellten Teppichen Quadrierung und die versetzte Reihung zweier gleichwertiger Motive zum unendlich fortlaufenden Muster. Die oft feiner ausgefeilten stern-, rosetten- und kreuzförmigen Motive wirken fliesenartig erstarrt. Die Bereicherung der technischen Mittel hat zu einer Blutleere der überkommenen Muster geführt, die im Gegensatz zu dem reichen Rankenschmuck der Gewänder in einigen der gleichen Miniaturen steht. Miniaturen aus der Zeit um 1500 und die Teppiche aus der ersten Hälfte des 16. Jahrhunderts zeigen eine von Grund auf gewandelte Mustergestaltung: An die Stelle der kleinteiligen Reihung geometrischer Elemente sind plötzlich den Mittelpunkt des Teppichs betonende Medaillons und feinverzweigtes, geschwungenes, vegetabiles Rankenwerk mit Blüten und Arabeskblättern getreten. Es hat eine Revolutionierung der Teppichmuster stattgefunden, die nun ohne genaueste Vorzeichnung nicht mehr zu knüpfen sind. Die sich in der Erstarrung der alten geometrischen Muster dokumentierende konservative Einstellung der Knüpfer läßt Buchmaler als Fertiger der neuen Entwürfe vermuten, sind doch Medaillon- und Rankenmusterung für die damalige Buchkunst charakteristisch.

Der Gedanke der unendlichen Fortsetzung des Musters, des durch den Bordürenrahmen freigegebenen Ausschnitts aus dem Ewigfortfließenden, ist in den zentripetal ausgerichteten, scheinbar endlichen Kompositionen, dem reichen Rankenwerk und den einseitig gerichteten, aufsteigenden Mustern nur noch in der Wiederholung von Teilen des Medaillons oder ähnlicher Segmente in den Ecken und dem Abschneiden des Musters durch die Bordüre erkennbar. Der ganze Formenschatz der Miniaturmalerei, Tiere und Tierkämpfe, Wolken und Wolkenbänder, Bäume, Sträucher und – zumeist erfundene – Blumen, Paradies- und Jagdszenen und auch die Kalligraphie, findet Eingang in die Teppichmuster, die aus mehreren kunstvoll ineinanderkomponierten Schichten bestehen.

110

Die Farbskala wird auf 15 bis 24 Töne erweitert und in ihrer Wirkung durch Seide, Gold- und Silberfäden gesteigert. Baumwolle kommt der Festigkeit und Regelmäßigkeit des Grundmusters zugute. Mit Seide als Material für Grundgewebe und Flor kann die Einstellung eine Feinheit von 14 000 Knoten/qdm erreichen.

Im Flor der Luxusteppiche sind Seide sowie Gold- und Silberbroschierung eine fragwürdige Bereicherung. Der irisierende Lüster der Seide läßt die Muster zerfließen, das glänzende Metall zerstört sie. Metallfäden schließen ihre Verwendung als Knüpfmaterial aus. Sie werden deshalb um die vorderen Fäden der um 90 Grad geschichteten Kette, jeweils mehrere Kettfäden überspringend, eingewebt.

Diese Broschierung läuft dem Wesen des Knüpfteppichs zuwider. Allein Luxusbedürfnis und Prunksucht können dazu geführt haben. Denn der geringen Ersparnis an Knüpfzeit steht die aus dem Wert des Metalls und der Schwierigkeit der Fadenherstellung resultierende Kostbarkeit des Materials gegenüber. Bestehen doch die Fäden der Broschierung aus einem Seidenfaden als Kern, der fortlaufend mit einem etwa einen Millimeter breiten Bändchen aus Gold- oder Silberfolie umwickelt ist. Zu dieser Folie mußte das Metall erst in einem langwierigen Prozeß verarbeitet werden, den schon das 2. Buch Moses 39, 2 beschreibt: »Und sie schlugen das Gold (zu dünnem Blech) und schnitten's zu Faden, daß man's künstlich wirken konnte unter den blauen und roten Purpur, Scharlach und weiße Leinwand.« Der billigere, weichere, aber weniger haltbare und des echten Goldlüsters ermangelnde »falsche Golddraht« aus mit Blattgold überzogenen tierischen Membranen fand augenscheinlich keine Verwendung.

Die übermäßige Verwendung dieses teppichfremden Materials, besonders in den Polenteppichen, um primitiver Effekte willen während der Blütezeit der Saffawiden-Dynastie unter Schah Abbas beleuchtet die Gefahr, in die der durch ans Phantastische grenzende Leistungen von Zeichnern, Färbern und Knüpfern hochgezüchtete Teppich geraten mußte, sobald die Kräfte nachließen. Raffinierte teppichfremde Muster, in denen Einflüsse aus anderen Bereichen der Kunst dominierten, waren durch jedes Wellental der Fähigkeiten vom Verfall bedroht. Dieser trat ein, nachdem Persien den politischen und wirtschaftlichen Kulminationspunkt überschritten hatte. Viele der Manufakturteppiche des ausgehenden 18. Jahrhunderts waren nur noch dürftige Nachkommen ihrer Vorgänger aus dem 16. und 17. Jahrhundert.

Aufgrund von Überlieferung, geographischen Bedingungen, Mustern, Farben und Material führt die Teppichwissenschaft die historischen

Teppiche des 16. bis 18. Jahrhunderts auf vier große Zentren zurück: Nordwestpersien mit dem Mittelpunkt Täbris, Mittelpersien mit Keschan und vom Ende des 16. Jahrhunderts an Isfahan, Südpersien mit Kirman und Ostpersien vermutlich mit Herat[1].

Täbris war von Ismail I. (1506-1526), dem ersten Saffawidenherrscher, zur Residenz gewählt worden. Bereits 1514 ging es an die Osmanen verloren. In den folgenden Jahrzehnten wechselte es wiederholt den Besitzer. Erstaunlich, daß vermutlich dort zu dieser Zeit die großen Teppiche entstanden sind, darunter die beiden in der Moschee von Ardebil, wo Schah Ismail begraben lag, aufgefundenen. Ihre Inschrift: »Außer deiner Schwelle bin ich in der Welt hier ohne Zuflucht. Meinem Haupt ist außer dieser Pforte auch kein Anvertrauungsort. Verfertigt vom Knecht der Schwelle Maqsud Kaschani im Jahre 946« gibt die einwandfreie Datierung auf das Jahr 1539/40 (Abb. 85). Knüpfdichte, Farben, Muster und Material der frühen nordwestpersischen Teppiche lassen auf verschiedene große Werkstätten in diesem Gebiet schließen. Die wichtigsten Musterungsschemata sind einmal das Überlagern eines Rankensystems, eines Paradies- oder eines Gartengrundmusters mit einem großen Medaillon, und zum anderen das Füllen des Mittelfeldes mit einem Netz kleiner, aus Schilden zusammengesetzter Medaillons oder Reihen kleiner schild- und vierpaßförmiger Medaillons. In diesem zweiten Musterschema zeigen sich Anklänge an die frühere, rein geometrische Gliederung.

Für das große, meistens kompakte Medaillon finden die Entwerfer immer neue Varianten. Es kann in Längsrichtung Schild-, Kartuschen- und Ampelanhänger (Abb. 85) haben und in den Ecken zu einem Viertel wiederholt werden. Die Eckfüllung erfolgt auch durch andere flächige Zeichnungen. In den Hauptbordüren herrschen Kartuschen im Wechsel mit Achtpässen oder bandartig verbreiterte Arabeskranken vor. Auf gute Ecklösungen wird großer Wert gelegt. Tiefes Rot, sattes Blau und in einigen Exemplaren Weiß sind die Hauptfarben. Im Grundgewebe wird Wolle, Baumwolle und Seide verwendet. Das Knüpfmaterial ist Wolle. Seide, Silber- und Goldfadenbroschierung kommt gelegentlich in kleinen Musterpartien vor. Die Einstellung reicht von 4000 bis 9000 Knoten/qdm.

Eine zweite Gruppe, die jeglichen Gebrauch von Seide und Broschierung unterläßt, mit einer Einstellung von 2500 bis 3000 Knoten/qdm, verzichtet auf die Darstellung von Bäumen, Sträuchern, Tieren und

[1]Eine Analyse gibt Kurt Erdmann in seinem Werk Der orientalische Knüpfteppich, 4. Auflage, Tübingen 1974.

112

Menschen. Ihre Grundmuster sind oft eckiger, arabesk wie später in Heris, ihre Medaillons massiv gezeichnet.

Keschan, das Zentrum der Seidenindustrie, schuf die prunkvollsten Teppiche, von denen der Wiener Jagdteppich des Habsburger Kaiserhauses (Abb. 86) der berühmteste ist. Seide und Broschierung werden in bis dahin unbekanntem Umfang für die in einer Einstellung von zuweilen mehr als 10 000 Knoten/qdm geknüpften feinen Zeichnungen verwendet. Jagd- und Tierkampfdarstellungen in manchmal unsymmetrischen oder gar ungegliederten Mustern werden bevorzugt. Die Grenzen zwischen Mal- und Knüpfkunst scheinen aufgehoben zu sein. Isfahan setzt mit Beginn des 17. Jahrhunderts, bei überwiegend weniger dichter Knüpfung, die in Keschan geübte übermäßige Verwendung von Seide und Broschierung fort.

In vielen Mustern wird auf Formen älterer oder gleichzeitiger Gattungen anderer Gegenden zurückgegriffen. Zuweilen wird sogar das Prinzip der Einheit des Mittelfeldes aufgegeben, indem die durch das Muster freibleibenden Teile des Untergrundes in verschiedenen Farben gehalten werden. In diesem die Provinz – Kirman, Täbris und Herat – noch kaum berührenden Spätzeitstil sind Anzeichen nachlassenden künstlerischen Verantwortungsbewußtseins nicht zu übersehen. Andere Stücke, wie der kleine ganz in Seide, in einer Dichte von mehr als 14 000 Knoten/qdm geknüpfte Gartenteppich mit der Signatur: »Nematola Dschoschagani im Jahre 1082« (1671 n. Chr.) des archäologischen Museums in Teheran, sind sorgfältig und liebevoll gearbeitet. Dschoschagan (Dschouschegan), nordwestlich von Isfahan in den Bergen gelegen, hat eine leistungsfähige Manufaktur besessen.

Der zweifelsohne erhebliche Einfluß der umgesiedelten Djulfaer Armenier auf die Produktion der Isfahaner Manufakturen ist in den Mustern im einzelnen nicht genau zu ermitteln. Produktionsvolumen und Export sind – ebenso wie in Keschan – sehr groß gewesen. Ist doch aus Keschan bekannt, daß König Sigismund III. von Polen die Fertigung der von ihm in Auftrag gegebenen Teppiche durch einen Emissär überwachen ließ. Die in Polen in reicher Zahl aufgefundenen Teppiche mit den Musterverlauf störenden Königswappen haben der ganzen Gattung broschierter Teppiche den Namen eingetragen. Die dekadente Blässe ihrer Farben ist ein Ergebnis der Alterspatina. Die Palette war ursprünglich für die Farbstoffe nur schwer annehmende Seide äußerst kräftig. Der Mihrabgiebel der wenigen bekannten, reich mit Blumen und Kalligraphie dekorierten Gebetsteppiche ist der Form eines großen geschwungenen Hufeisens angenähert. Der saffawidische

Hof unterhielt in Isfahan, gleich dem osmanischen in Istanbul, ein Lagergebäude für seine Teppiche.

In dem südpersischen Zentrum um Kirman sind die Muster der großen, auffallend schmalen Teppiche mit in Breite und Musterung sehr zurückhaltenden Bordüren nicht auf den Teppichmittelpunkt bezogen. Die aufsteigenden floralen Muster mit und ohne Vasen, die Rautung und versetzte Reihung sowie die großzügige Gliederung durch überdimensionale, geschwungene Arabeskranken betonen die Längsachse. In der Rautung durch große Lanzettblätter klingt die Verwandtschaft mit den kaukasischen Drachenteppichen an. Üppigkeit paart sich mit Strenge in den vegetabilen Mustern. Die Farben sind reich und intensiv.

Strenge in der Auffassung und Verzicht auf Seide und Broschierung im Flor bei einer 4000 Sennehknoten/qdm kaum übersteigenden Einstellung befähigten dieses Gebiet, seine Tradition in für Persien wichtiger Kontinuität bis ins 19. Jahrhundert zu wahren.

Die frühen medaillonslosen, nach Ostpersien um Herat lokalisierten Teppiche betonen insofern den Innenfeldmittelpunkt, als sich das Spiralrankensystem ihrer Grundmusterung um Längs- und Querachse spiegelt. Dieses Grundschema ist hinter den hervorstechenden Palmetten und Wolkenbändern nicht immer auf den ersten Blick zu erkennen. Hauptfarbtöne sind tiefes Weinrot, Moosgrün und Gelb. Broschierung findet sich kaum. Im 17. Jahrhundert werden geschwungene Lanzettblätter allmählich, bei Reduktion des Musters, zu überdimensionalen Sicheln gesteigert, welche die Grundgliederung aufheben. Vier geschwungene Lanzettblätter, mit vier Palmetten symmetrisch um ein rautenförmiges Rankengitter geordnet, ergeben dann das große Heratimotiv. Verkleinert hat sich das Heratimotiv als wichtigstes Element für den unendlichen Rapport später in West- und Nordpersien durchgesetzt.

Im 18. Jahrhundert ist dieses Gebiet als erstes dem Afghaneneinfall ausgesetzt. Nach der unruhevollen Regierungszeit Nadir Schahs geht Herat dem persischen Reich verloren.

Die Tendenz der vordergründigen Bereicherung der Oberfläche, teilweise durch Anleihen aus Mustern anderer Gebiete, ist vom Ende des 17. Jahrhunderts an vielfach festzustellen. In anderen Teppichen äußert sich das Bestreben, an überkommenen Mustern selbst unter Verarmung und Erstarrung festzuhalten. Der politische und wirtschaftliche Verfall reißt mit den an den Hof gebundenen Manufakturen viele andere große Werkstätten in den Strudel des Zusammenbruchs.

Persische (iranische) Teppiche
des 19. und 20. Jahrhunderts

Die letzten neugestalteten, unverwechselbaren Teppichmuster Nordwestpersiens waren im 18. Jahrhundert Garten- und Baumteppiche. In
den Gartenteppichen wird ein früheres Muster wieder aufgenommen,
in dem zierliche, kanalisierte Wasserläufe viereckige, von Blütenbäumen, Sträuchern und Vögeln sowie achtpassigen runden oder ovalen
Medaillons gefüllte Beete einschließen. Im 18. Jahrhundert werden die
aus der Vogelperspektive gesehenen Kanäle breit und gerade, das Wasser ornamental gewellt und die Fische kantig gezeichnet. Bäume und
Sträucher sind eckig, die Medaillons zu Kartuschen geometrisiert. In
den Baumteppichen werden zwischen Kartuschenreihen – eine Hori-
zontalreihe größerer asymmetrischer wechselt mit einer Reihe kleinerer symmetrischer Kartuschen ab – im Muster dominierende dicke,
gebogene Baumstämme gesetzt, die infolge der mageren Blätter an
den dünnen Blütenästen kahl wirken.

Täbris (Täbriz, Tebris) setzt im 19. Jahrhundert die Tradition der
Medaillonteppiche und stilisierten floralen Muster fort unter Hinzunahme von Mustern und Formen aller größeren persischen Manufakturen, einschließlich der Jagdteppiche. Da es auch Handels- und
Exportzentrum für ost- und mittelpersische Teppiche war – ein wesent-
licher Teil der südpersischen Ausfuhr nahm den Weg durch Arabien
nach Kairo – hatte es besten Einblick in alle Muster und knüpfte sie
nach. Als Europa am nächsten gelegene persische Großstadt lief es
allen anderen Teppichproduktionszentren Irans den Rang ab.

Die Wolle Nordwestpersiens ist stumpf, nur die feine Wolle der vom
Scheich von Maku im nördlichsten persisch-türkischen Grenzgebiet
gezüchteten Schafherden verlieh den Farben ein wenig mehr Lüster.
Heinrich Jacoby berichtet, daß er Stränge gleicher Wolle mit gleichem
Krapp gleichzeitig in Täbris und Sultanabad färben ließ. Während die
in Täbris gefärbte Wolle wie immer eine müde Stumpfheit aufwies,
erzielte Sultanabad einen volleren, leuchtenderen, leicht bläulichen
Rotton. Wie so oft ist es also der Chemikaliengehalt des Wassers, der
hier den Ausschlag gibt. Täbris war nicht nur für den Export, sondern
auch für den Import günstig gelegen. Die von Europa kommenden
chemischen Farben fanden hier zuerst Eingang. Mit Rücksicht auf die
durch die ersten chemischen Farben erforderlichen Bleichverfahren
und den amerikanischen Wunsch nach dickeren Teppichen gab man

die niedrige Schur vielfach auf und beeinträchtigte dadurch die Wirkung der feingegliederten Muster. Wie schon erwähnt, erwarb sich die Petag (Persische Teppich-Gesellschaft AG), die sich 1911 in Täbris niederließ, große Verdienste um die Erhaltung der alten Färbungs- und Knüpfmethoden. Nach guten Vorbildern – die Zeichnungen für die Muster mußten überwiegend in Museen und Privatsammlungen angefertigt werden, weil im Handel nichts Mustergültiges mehr aufzutreiben war – wurden mit naturgefärbter bester Wolle gute Muster in verschiedenen Einstellungen geknüpft.

In Täbris wird überwiegend der Gördesknoten angewandt. Mit dem Täbris-Knüpfhaken an der Spitze des Messers wird, wie in einigen anderen mit dem Gördesknoten knüpfenden Gebieten Persiens, die rechte Hälfte des Knotens ausgeführt. Diese für den Senneh- und Dschuftiknoten nicht anwendbare Methode ermöglicht ein schnelleres Arbeiten. Der Dschuftiknoten ist der sich leider in eine große Zahl der den Sennehknoten – oder ohne Täbris-Knüpfhaken den Gördesknoten – anwendenden Manufakturen einschleichende Knoten über vier Kettfäden. Die in diesem Dschuftiknoten geknüpften Teppichpartien enthalten nur die Hälfte der der Anzahl von Kettfadenpaaren entsprechenden Knoten. Sie sind schneller fertigzustellen, ihr Flor ist jedoch nur halb so dicht wie bei der Anwendung des normalen Senneh- oder Gördesknotens. Durch den Knüpfhaken sind die Knüpfer von Täbris die flinksten Persiens.

Das Grundgewebe ist Baumwolle. Seide und Wolle im Grundgewebe sind sehr selten. Die Qualität ist handwerklich, muster- und materialmäßig sehr unterschiedlich. Schöne, klar gegliederte und sehr fein geknüpfte Muster sind heute die Ausnahme. Die Einstellung ist im allgemeinen mittelfein bis fein. Aus den letzten Jahren gibt es aber kleine Stücke sowohl übelster Kommerzware mit nur 200 Knoten/qdm als auch feinster Arbeit mit über 8000 Knoten/qdm. Die großen Manufakturen sind in der Lage, neben mittleren auch sehr große Formate zu fertigen. Die größten Teppiche, an die man sich heranwagte, maßen knapp 200 qm. Die Kette dafür mußte in einem Turm aufgespannt werden. Weil Holz der ungeheuren Belastung über solche Spannweite nicht gewachsen war, wurden für Kett- und Warenbaum eiserne T-Träger verwendet. Auch Pushtis, das sind den türkischen Jastiks entsprechende kleine, für die Oberseite von Polstern gedachte Teppichstücke, kommen aus Täbris.

Neben guter und mittelmäßiger wird viel minderwertige Wolle von toten Tieren aus den großen Schlachthäusern, sogenannte Gerberwolle (Tabachi), verwendet. Das Färben mit Chromfarben hat man gut zu beherrschen gelernt.

Falls die Farbstellung und der große Musterkatalog den Täbris mit seinen charakteristischen Lotospalmetten nicht erkennen lassen, sind die stumpfe Wolle und das etwas unregelmäßige Bild der Rückseite mit den sich verbreiternden und verengenden Schüssen das beste Unterscheidungsmerkmal. Eine gute Täbrissorte ist der Sarand, eine herisartige, bretthatte, in den Farben jedoch unbefriedigende der Scharabian, eine mittelfeine der Choy.

Aus Marand, nordwestlich von Täbris, kamen im 19. Jahrhundert sehr gute Teppiche. Täbris hat viele berühmte Knüpfer hervorgebracht, wie Hadji Jalil Marandila (=aus Marand). Teppiche aus dem Gebiet zwischen Urmia-See und Heris wurden früher Bagschaich (Bakhschis) genannt. Man verstand darunter gute, meist große Keleys in glanzreicher Wolle, sowohl mit feraghan-(Boteh-) als auch mit joraghanähnlichem Muster.

Heris (Heriz), früher wurden seine Teppiche auch Iris genannt, rund 100 km östlich von Täbris, ist seinem bekannten, stark geometrischen Muster (Abb. 91) unter leichten Abwandlungen treu geblieben. In weicher, klarer Farbstellung sind die großzügigen, eckigen Rankenmedaillons und -eckstücke in den roten, seltener blauen oder elfenbeinfarbenen Grund gezeichnet. Dieses Muster entspricht ideal der heute hohen Schur und der mittelfeinen Knüpfung im Gördesknoten auf starker Baumwollkette. Der meistens baumwollene Schuß zeigt oft die Eigenart, von Schußreihe zu Schußreihe wechselnd einfach, dick und gerade wie bei Hamadanbindung und dann in der gleichen Weise, jedoch von einem zweiten dünneren gewellten Schuß begleitet, geführt zu werden. Die Einstellung ist mittelfein, bei älteren Stücken auch fein und in seidenen Stücken, die meistens abgerundete Medaillons mit Anhängern haben, selten fein.

Die Formate reichen von kaum vorkommenden Namaseh und Sedschadeh bis zu Teppichen von 800 x 500 cm. Die geringere Herisqualität wird Joraghan (Geravan) genannt, die feinste mit weicherer Wolle Peschm-i-Mesched (Paschmi-e-Maschad=Wolle aus Mesched). Diese feine Wollqualität stammt aus Maku.

Der Ahar, nach dem einstmals für seine Teppiche berühmten Dorf benannt, gleicht in der Knüpfung dem Heris, ist in der Medaillonzeichnung mehr oval und in den Details naturnäher. Gegenwärtig sind seine überwiegend mit Naturfarben gefärbten Teppiche die besten des Herisgebietes. Mehravan, das früher annehmbare Teppiche lieferte, ist zur geringsten Bagschaich-Qualität abgesunken.

Ardebil, südlich der Grenze zur ehemaligen Sowjetunion und des

Talischdistriktes, bringt in der Qualität gute Teppiche bis zur Größe 300 x 200 cm mit erstarrten kaukasischen schirwanähnlichen Mustern hervor. Auch technisch sind sie den kaukasischen Teppichen verwandt und von neuesten kaukasischen Erzeugnissen schwer zu unterscheiden. Im Täbriser Handel werden unter dem Begriff Ardebilläufer die Läufer aus der Gebirgsgegend westlich von Ardebil zusammengefaßt. Diese meist dicken, rustikalen, ganz in Wolle grob gearbeiteten Läufer, besonders der Meschgin aus dem Gebiet von Meschginschar und der Sarab aus dem gleichnamigen Gebiet, gehören mit jenen von Veramin zu den erfreulichsten Erzeugnissen des gegenwärtigen iranischen Nomaden- und Hausfleißes.

Der ebenfalls im Gördesknoten sehr fest geknüpfte Sarab (Serab) sieht oft alten Hamadanläufern ähnlich. In letzter Zeit werden einzelne Töne der ausgezeichneten Wolle auch mit Industriefarben gefärbt und gelegentlich Teppiche in Zimmergröße hergestellt.

Im Karadagh (=schwarzer Berg), dem Grenzgebiet zwischen Rußland und Iran, entstehen die Karadja. Sie sind ebenfalls ganz in Wolle gearbeitet (neuerdings auch Baumwollkette) und zeigen im Muster Anklänge an den Kaukasus. Die Formate sind Kenareh und Sedschadeh. Keleys sind weniger beliebt, weil auf ihrer Fläche das Muster unruhig wirkt. Aus dem nordwestlichen Grenzgebiet Armeniens dürfte auch der sehr selten vorkommende, zur Unterteilung eines Raumes bestimmte zweigesichtige Teppich (Doruje, druja) mit Flor auf beiden Seiten stammen, der in Abb. 88 zu sehen ist. Für die abwechselnd von vorn und hinten geknüpften Knotenreihen wandte man zwar den dafür besser geeigneten Sennehknoten an, doch entsprechen sonst Farben, Material und Struktur den Teppichen dieser Gegend. An florlosen Teppichen entstanden im Karadagh schöne Sileh und Verneh.

Mianeh, an der Straße und Eisenbahn von Täbris nach Kaswin (Gasvin) gelegen, lieferte bis zum Ende des 19. Jahrhunderts dicke, mittelfein geknüpfte Keleys. In ihren kleinen floralen Mustern fiel das bläuliche Rot auf. Jetzt kommen hamadanartige Läufer von dort, die sich kaum von jenen aus Sendjan (Zanjan, Zendschan 140 km südöstlich von Mianeh) mit ihrem unangenehmen Rot unterscheiden. Die Sendjan-Mossul haben ziemlich genau das Ausmaß 200 x 100 cm.

Aus der Gegend zwischen Mianeh und dem Kaspischen Meer kommt der wegen der Qualität von Material und Farben geschätzte Talegan. In einer Ebene etwa 100 km nordwestlich von Teheran werden die dem Kurden-Kasak aus dem Grenzgebiet gegen Kasak in düsterer Farbstellung und dunkelbraunem Wollgrundgewebe gleichende Kelardascht geknüpft.

Kaswin (Gasvin), mit den Resten seiner alten Lehmstampfstadtmauern malerisch in einem Oasengebiet an der Gabelung der großen Straßen von Teheran nach Rescht am Kaspischen Meer und Hamadan, Täbris gelegen, war früher ein wichtiger Sammelplatz für Teppiche.

Teheran gelang es nicht, eine Mustertradition zu entwickeln. Die im Sennehknoten in feiner bis sehr feiner Einstellung auf Baumwollgrundgewebe geknüpften Teppiche zeigen kein eigenes Gesicht. Feine florale Muster, auch mit Medaillon, sowie Garten- und Paradiesmuster, überwiegend auf hellem Grund sind besonders beliebt. Die Formate reichen vom Sar-i-nim bis zu Teppichen von 40 qm und darüber.

Bei den Teppichen aus Veramin (40 km südöstlich von Teheran) sind zwei grundsätzlich verschiedene Arten – Manufaktur- und Nomaden- bzw. bäuerliche Erzeugnisse – zu unterscheiden: Die Manufakturteppiche sind bei mittelhoher Schur im Gördesknoten auf Baumwollkette hervorragend gut geknüpft. Der zweifache Schuß besteht ebenfalls aus Baumwolle. Der dickere, gerade Schuß ist meistens ungefärbt, der dünnere, gewellte, hellblau. Die oft schmaleren Teppichformate überschreiten im allgemeinen nicht 12 qm. Das gebräuchlichste Muster (Abb. 93) ist ein Mina-Khani im luftigen Farbdreiklang Blau-Weiß-Rot.

Die einfachen Kenareh, Keleys und kleinen Stücke der Produktion von Nomaden und Bauern sind, wenn nicht Baumwolle für die Kette benutzt wird, ganz in Wolle gearbeitet. Ihre guten Farben sind etwas düster, ihre Muster unkompliziert, die Schur ist hoch. Auf dieser Seite ist eine der originellen Taschen aus dieser Gegend abgebildet, wie sie im Haushalt zur Aufbewahrung von Hülsenfrüchten und anderen Lebensmitteln dienen.

Aus Semnan, 200 km östlich von Teheran in einem Oasengebiet am Rande der großen Salzwüste gelegen, kommen gute Teppiche in Größen von Sedschadeh bis 600 x 400 cm ohne eigenständige Muster, die naturnah an Isfahans erinnern. Bidjar (Bijar, Bidschar) liegt etwa auf halbem Wege von Sendjan (Zanjan) nach Senneh (Sanandadj). Seine Teppiche und die von etwa vierzig Dörfern seiner Umgebung sind durch den extrem dicken, von außen unsichtbaren Füllschuß bei hoher Schur die dicksten und strapazierfähigsten überhaupt. Sie sind überwiegend im Gördesknoten mittelfein bis fein gearbeitet und reichen im Format von Sedschadeh bis 600 x 400 cm, in Ausnahmefällen bis zu 40 Quadratmetern.

Das Grundgewebe ist bei kleinen Formaten Wolle, bei größeren Baumwolle. Ihre Muster sind vielfältig: Herati, stilisiertes Medaillon mit Eckfüllungen – oft auf Unigrund –, Palmettenranken, geometrisiertes eckiges Medaillon mit kleinteiligen Füllelementen, Stilisierung eines frühen Isfahanmusters oder das einfache Do-Guleh, das auch für die einfacheren Teppiche aus dem umliegenden Gerus-Gebiet charakteristisch ist.

Der bidjarartige, auch sehr große Formate erreichende Saudschbulag (das kurdische Wort Sawdj-bulag bedeutet kalte Quelle), ein sehr gutes Kurdenerzeugnis aus dem Gebiet südlich des Urmiasees, ist selten. Er ist mit glanzreicher Wolle im Gördesknoten für gewöhnlich auf wollenem Grundgewebe geknüpft. Meistens zeigt er in gedämpften Farben mit einem wundervollen Grün ein Medaillon auf blauem Untergrund.

Kurdenteppiche heißen die in Westiran, Ostanatolien und Nordirak aus glanzreicher Wolle von diesem Volk im Gördesknoten grob geknüpften, langflorigen Nomaden- oder bäuerlichen Teppiche in Namaseh- bis Sarinim- und Kenarehformat. Die Farben ihrer einfachen geometrischen Muster sind dunkel. Der lange, weiche Wollflor legt sich um. Kleine, dem Verneh-Beludji (Abb. 157) ähnliche gewebte Decken mit sparsam gewirkten oder (seltener) geknüpften Mustern heißen Soffreh. Die Knüpftätigkeit der Kurden beschränkt sich aber keineswegs auf diese einfachen Teppiche. Im Iran werden Bidjar- und Sennehteppiche vornehmlich von Kurden geknüpft.

Senneh (Senne, jetzt Sanandadj) im Zentrum Kurdistans bringt die am feinsten geknüpften iranischen Teppiche hervor. Die im Gördesknoten – warum der persische Knoten gerade nach der Stadt Senneh benannt wurde, wo er gar nicht angewandt wird, ist unerfindlich – auf baumwollener oder seidener Kette geknüpften Muster verlangen eine niedrige Schur. In der seidenen Kette wechseln streifenweise mehrere Farben. Der Senneh ist auf den ersten Blick und Griff zu erkennen. Kein anderer Teppich ist so körnig wie er. Der feine Schuß wird gerade durch die dünne Kette geführt. Durch das dichte Aufeinanderfolgen der Knotenreihen auf den abwechselnd durch den geraden Schuß gehobenen oder niedergedrückten Kettfäden neigen sich die Knoten von Reihe zu Reihe wechselnd entweder nach rechts oder links (»Salz und Pfeffer«). Die Einstellung reicht bis zu 8000 Knoten/qdm. Die schmalen Formate erreichen in Ausnahmefällen 20 qm.

Die gebräuchlichsten Muster sind kleine bis sehr große Boteh mit gleicher Wipfelrichtung in versetzter Reihung (Abb. 98), feine Diagonalranken, die abwechselnd vertikal und horizontal gestellte kleine

Boteh tragen und das Heratimuster mit rhombischem Medaillon. Um die Jahrhundertwende kamen ein naturnahes Blumenstrauß- und ein geometrisches Palmettenmuster vor. Das zarte Kolorit bestimmen Elfenbein, Rot und Pistazien- bis Steingrün.

Senneh ist gleichfalls für die feinsten Kelims bekannt. Sie sind auf Woll- oder Seidenkette so eng gewebt, daß nur winzige Schlitze an den Übergängen von einer Farbe zur anderen entstehen. Ihr Hauptmuster ist das Herati, manchmal mit hellem, rhombenförmigem Medaillon. Sie kommen nur in kleiner Sedschadehgröße vor.

In Hamadan und seiner weiten Umgebung stehen mehr als zehntausend Knüpfstühle. Es wird im Gördesknoten auf Baumwollkette grob, seltener mittelfein geknüpft. Die Schur ist dem Klima entsprechend hoch. Der gerade geführte, fast stets baumwollene, breite Schuß fällt im Anblick und Griff der Unterseite sofort auf. Die Formate waren Kenareh und Kelley. Teppiche in Zimmergröße waren selten. Jetzt sind Sedschadehgrößen, Kenareh und Teppiche von 300 x 200 cm bis 600 x 400 cm, selten noch größer, üblich. Die schönen alten geometrischen Muster mit großen, gezackten Rhombenmedaillons, oft auf zweifarbigem, naturkamelfarbigem Grund oder mit kleinteiliger Botehzeichnung und den breiten kamelfarbenen Rand rund um die Bordüre hat man aufgegeben. Jedoch findet man im Hamadangebiet nach wie vor einen guten Anteil schöner älterer Kleinformate, die für den Eigengebrauch hergestellt wurden. Für die jetzt bevorzugten floralen Muster ist weder die Knüpfung fein noch die Schur niedrig genug. Die allgemein gebrauchten Industriefarben wirken sehr kraß und erfordern eine scharfe Bleichwäsche.

Der beste jetzige Hamadan-Vertreter ist der Ekbatan. Unter dem alten Namen Ekbatana war Hamadan, das am Rande einer 1800 m hohen Ebene am Nordhang des Alvand (3571 m) liegt, Hauptstadt des Mederreiches und Sommerresidenz der Achämeniden. Zu den Hamadanteppichen gehören Indjelas, Koltuk (Goltuk), Tafrisch, Karagös, Bordschalu, Malayer, Saveh und Khamseh. Ihre Formate sind durchweg Dosar und Sedschadeh. Das gebräuchlichste Muster der mittelfein in glanzreicher Wolle geknüpften Indjelas ist ein stilisiertes Herati auf rotem Grund mit dunkler Bordüre. Sie gehören zu den schönsten Hamadans.

Der von Nomaden geknüpfte Koltuk (Goltuk) zeigt meistens ein geometrisches Medaillon mit kleinteiligem Füllmuster oder das Heratidessin des Feraghan. Muster und Schwere des Teppichs verführen manchmal zur Verwechslung mit Bidjar. Der Tafrisch (Tafresch, südwestlich von Saveh) ist für gewöhnlich mit einem Medaillon auf Unigrund gemustert.

Der Karagös, von den Karagösli- (=schwarzäugige) Nomaden in der Umgebung von Hamadan geknüpft, hat meistens ein primitiv aufgefaßtes Feraghanmuster oder ein einfaches Medaillon mit Ecken. Aus den dunklen Farben sticht oft ein Gelb hervor. Der Bordschalu vergröbert florale Medaillonmuster und hat eine schmale Bordüre. Der Malayer (Malahir) kann ausgezeichnet geknüpft sein und hatte sehr schöne, eigenständige Muster und Farben. Gegenwärtig ist er, trotz Verflachung in Muster, Farben und Knüpfung, immer noch gut.

Der Saveh gehört zu den besten neuen Hamadangattungen. Der aus dieser Gegend stammende Maslagan (Maslavan) hat viele Freunde gefunden. In ihm kommt manchmal der Sennehknoten und Wolle oder Haar als Schußmaterial vor. Die Formate sind Sedschadeh und Kenareh, selten Sar-i-nim. Das typische Muster ist ein großes, breit in die Schmalseiten auslaufendes Medaillon mit großgezacktem Rand über auf blauem oder rotem Grund liegenden Vertikalketten kleiner Blumen.

Kermanschah (Kirmanschah) war früher in erster Linie Markt für die Kurdenteppiche aus seiner Umgebung. Die neueren Manufakturteppiche sind grob bis mittelfein im Gördesknoten auf baumwollener Kette geknüpft. Sie können Formate von mehr als 20 qm erreichen. Die floralen Muster machen Anleihen bei den großen mittelpersischen Manufakturen und fallen bei der wenig feinen Knüpfung kaum befriedigend aus. Kermanschah ist auch Handelsplatz für turkmenische Gebetsteppiche mit Mustern der Jomud.

Die Teppiche aus dem Feraghan-Gebiet im Dreieck Arak(Sultanabad)-Kum-Kaschan wirken durch das gut gezeichnete Herati- oder Feraghanmuster auf blauem, seltener dunkelrotem oder hellem Grund wohltuend ruhig. Das in früheren Jahrhunderten in Herat entwickelte Muster wirkt aus verschiedenen Entfernungen betrachtet unterschiedlich: Aus der Nähe gesehen dominiert das einzelne Heratimotiv, während aus einiger Entfernung ein diagonales und dann ein quadriertes Schema hervortritt. Das in der Bordüre – sie zeigt im Hauptstreifen die Heratiborte – auftretende, für Feraghan charakteristische Steingrün (Ab-i-sangär) ist in alten Stücken mit Isperek und Kupfervitriol gefärbt und hat deswegen die Eigenschaft, die Wolle zurückzubeizen. Die steingrünen Musterpartien liegen dann tiefer unter den reliefartig hervortretenden andersfarbigen Ornamenten. Die alten Feraghan sind auf Baumwollkette in mittelfeiner Einstellung geknüpft. Die Schur ist

122

niedrig, der Griff fest. Die normalen Formate sind Sedschadeh und Keley bis 420 x 200, selten 700 x 350 cm.

Aus dem westlichen Feraghangebiet kam der nach dem nördlich von Arak (Sultanabad) liegenden Ort benannte Saruk (Saruq). Der alte Saruk ist oft sehr fein auf Baumwollkette im Gördes- oder Sennehknoten geknüpft. Er ist sehr niedrig geschoren, trocken, lederhart und feinkörnig im Griff und nahezu unverwüstlich. Er kommt meistens in Sedschadehformat vor. Das lockere, feine Muster von Medaillon und Eckfüllungen läßt für gewöhnlich nur einen geringen Teil des Mittelfelduntergrundes sehen. Rostrot, Elfenbein und Blauschwarz sind die dominierenden Farbtöne. Im 20. Jahrhundert ist Saruk zur Bezeichnung der besten Qualität der Teppiche aus Arak und den südlich davon gelegenen Gebieten Mahallat, Kezzaz und Khansär geworden. Die floralen Muster dieser dicken Teppiche sind sehr unterschiedlich.

Mahal ist der Sammelbegriff für die groben, höchstens mittelfeinen Teppiche aus Sultanabad (jetzt Arak) und seiner sehr weiten nörd-, west- und südlichen Umgebung. Die Manufakturteppiche aus Sultanabad waren schon vor dem Ersten Weltkrieg infolge ihrer zwar glänzenden, aber weichen Wolle die billigsten, aber auch am wenigsten haltbaren Irans. Für die geringste, sehr grobe Qualität mußte Muschkabad, das gute Teppiche geknüpft hatte, seinen Namen hergeben.

Überwiegend wird der Sennehknoten angewandt. Das Grundgewebe ist Baumwolle. Ein spezifisches Mahalmuster gibt es nicht. Von Feraghan- bis zu großflächigen Blumen- und Medaillonmustern wird in starken Farben, oft unter Verwendung von Tabachi, alles geknüpft, wovon man sich guten Absatz verspricht. Europäischer Einfluß dringt manchmal durch. Die neuesten Mahal zeigen wieder ansteigende Qualität, insbesondere der Saruk-Mahal aus den Manufakturen Sultanabads gehört zur guten Kommerzware, desgleichen der Wiss, der vornehmlich ein geometrisches Medaillon mit mächtigen Anhängern und Hakenkontur auf Unifond oder das Feraghanmuster zeigt.

Ende des 19. Jahrhunderts gründeten die englischen Firmen Hotz & Son und Ziegler & Co. in Sultanabad eigene Manufakturen. Von ihnen wurden in der Qualität gute Teppiche – die Zieglerteppiche in auffallend pastellfarbenem Kolorit – erzeugt (Abb. 107).

Nach dem Ersten Weltkrieg wurde die Produktion weitestgehend vom Absatz nach Amerika abhängig. Das Gebiet hatte keine bedeutenden Entwerfer hervorgebracht und griff später nur allzugern außerpersische Entwürfe auf. Die Wirtschaftskrise und jeder neue der schnell aufeinanderfolgenden Modewechsel in den USA verlangten eine weit von der persischen Tradition wegführende Anpassung und uniformierende Musterumstellung. Die Nachkommen durch Schah Abbas deportierter Armenier knüpfen im zu diesem Distrikt gehörenden Bezirk Kemereh den in seiner Struktur den neuen Hamadans entsprechenden Lilian (Lilihan). Diese armenischen Dörfer wenden, gleich einigen türkischen, den türkischen Knoten an.

Der Serabend aus der gleichnamigen fruchtbaren Gebirgsgegend westlich Burudjerd (140 km südlich Hamadan) kennt nur ein Hauptmuster: Kleine Boteh werden auf rotem, blauem, selten auf elfenbeinfarbenem Grund versetzt gereiht. Die Wipfelrichtung wechselt meistens von Reihe zu Reihe. Die Bordüre ist überwiegend mit einer eckigen Wellenranke gemustert, die in jeder Biegung ein Boteh einschließt. Auch in den Nebenborten wird diese Botehranke oft sehr fein gezeichnet (Schekiri=Borte). Der Gördesknoten ist allgemein üblich. Das Grundgewebe ist Baumwolle, die Einstellung mittelfein, die Schur niedrig. Die Formate reichen von Namaseh über Keley bis zu Teppichen von etwa 550 x 400 cm. Die Qualität ist sehr verschieden. Es gibt sowohl eine grobe Qualität mit schlechten Industriefarben als auch eine sehr gute in naturgefärbter Wolle. Der feinste der älteren Serabendteppiche mit dem gereihten kleinen Boteh und, im Gegensatz zu den übrigen Serabends, glanzreichem etwas höherem Flor, ist der Mir. Er hat Sedschadeh-, Keley- oder Kenarehformat.

Kum (Ghom, Qum), 140 km südlich von Teheran, mit den Grabstätten der Fatima und des Schah Abbas eines der wichtigsten schiitischen Pilgerziele, stellt seit einiger Zeit sehr gute Teppiche her. Das Grundgewebe der mit trockener Wolle im Sennehknoten geknüpften, vorwiegend hellen Teppiche ist Baumwolle. Die Einstellung ist fein bis sehr fein, der Flor kurz. Die vorherrschenden Muster sind gereihte Vasen oder Boteh. Auch Jagdteppiche nach klassischem Muster und Tierteppiche kommen vor. Die Produktion ist bedeutend. Die Grundfarben sind Elfenbein, Rot oder Blau.

Der Kaschan (Keschan) ist der konservativste aller iranischen Teppiche. Kaschan, gleich den Teppichorten Kum und Nain, am Westrande der großen Salzwüste Dascht-i-Kawir gelegen, war schon früh eines der großen Teppichzentren Irans. Nach dem Ende der Saffawidendynastie ruhte die Produktion bis 1890.

Der Kaschan ist entweder sehr fein oder selten fein mit bester Wolle im Sennehknoten geknüpft. Das Grundgewebe ist Baumwolle, beim Seidenkaschan fast stets Seide. Der feine blaue Schußfaden ist auf der Rückseite kaum zu sehen. Der Flor ist bei älteren Stücken sehr niedrig,

124

seit den zwanziger Jahren höher. Exemplare, die ungenau gearbeitet sind und auf der Rückseite die Schußfäden unregelmäßig und deutlich, das Muster nicht so klar erkennen lassen, werden als Harun bezeichnet und kosten erheblich weniger. Da die Muster so gut wie unverändert beibehalten werden, hat man mit sorgfältig angewandten Industriefarben bald gute Erfolge erzielt. Die Hauptfarbtöne der sehr breiten Skala sind Rot, Blau und Creme. Grün als Fondfarbe ist außerordentlich selten.

Das aus mehreren Schichten komponierte Standardmuster besteht aus einem reichgeschwungenen Medaillon, fast stets mit Anhängern in Längsrichtung, und nahezu die ganzen Mittelfeldränder einnehmenden Eckstücken auf dem symmetrisch mit naturnahen Palmettranken überzogenen Grund. Gereihte Vasen und aus Vasen aufsteigende Rankenmuster ohne Medaillon sind seltener. Hingegen wird die Tradition des Jagd- und Paradieskaschans fortgeführt. Die breite Hauptbordüre trägt Lotospalmettranken, die beiden sehr schmalen Nebenborten sind durch eine dünne Nelkenwellenranke gemustert. Die Maße gehen von 180 x 100 cm bis 600 x 400 cm.

Isfahan (Ispahan) war unter der Saffawidendynastie Hauptstadt Irans und Sitz der Hofmanufaktur. Sie überlebte den Afghaneneinfall nicht. Nahezu zweihundert Jahre lang war seine Teppichproduktion ohne Bedeutung. Seine Haus- und Gewerbemanufakturteppiche sind ausgezeichnet gearbeitet. Ihre körnige Rückseite bietet ein unregelmäßiges Bild. Der weiße Schußfaden ist wechselnd mehr oder weniger breit mit vereinzelten Knötchen sichtbar. Das Baumwollgrundgewebe, die sehr feine bis selten feine Einstellung und die niedrige Schur verleihen ihnen einen trockenen, lederharten Griff. In älteren Exemplaren ist die verbreitete Anwendung des Gördesknotens auffallend. Einzelne Musterbestandteile oder deren Konturen sind zuweilen aus Seide. Ganz in Seide gefertigte Isfahans sind selten, dagegen sind Seide – neuerdings merzerisierte, seidig glänzende Baumwolle – für das Grundgewebe selten fein eingestellter Stücke gebräuchlich. Die Hauptgrundfarben sind Elfenbein, Creme und Blau. Die Farbskala ist die reichste aller iranischen Teppiche.

Die Muster mit und ohne Medaillon sind sehr fein gegliedert. Die Kontur der Musterelemente – Blätter, Palmetten und Kompositblüten – ist gefiedert. Die Manufaktur von Nain (140 km östlich von Isfahan) stellt die feinsten Teppiche im Isfahancharakter her. Ihre Farbstimmung ist kühl.

Dschoschegan (Joschagan), das zur Saffawidenzeit über eine ausgezeichnete Manufaktur verfügte, war noch in der ersten Hälfte des 19. Jahrhunderts für sehr gute Teppiche bekannt. Ganz in glanzreicher Wolle mit dem Gördesknoten sehr fein gearbeitete Exemplare haben oft rotes Schußgarn. Die Einstellung des neuen Dschoschegans ist mittelfein. Kette und meistens auch Schuß sind aus Baumwolle. Er ist auf blauem oder rotem Grund streng mit Medaillon oder mit Bäumen und Sträuchern in versetzter Anordnung gemustert. Die Formate reichen von 200 x 120 cm bis 400 x 230 cm, selten 730 x 400 cm.

Der Murdschekar (Murdschehkhort, 50 km nördlich von Isfahan) ist feiner eingestellt als der Dschoschegan, an dessen Muster er oft erinnert. Sein Muster ist jedoch eckiger und strenger, das Medaillon seltener.

Der im weiten südwestlichen Umkreis von Isfahan lebende Stamm der Bachtiaren knüpft nur einen Teil der Bachtiari-Teppiche in Formaten vom Sedschadeh bis zu 500 x 350 cm. Diese in der Qualität sehr unterschiedlichen Teppiche (auch Tabachi kommt vor) haben in den letzten Jahrzehnten eine ungewöhnliche Verbreitung gefunden und entstehen in Hunderten von Dörfern des Gebietes. Die Einstellung schwankt zwischen grob (rund 600 Knoten/qdm) und fein (über 2000 Knoten/qdm). Die beste Sorte wird nach der Fürstin Bibi-Hanum, der die Bachtiaren die Ausweitung der Teppichproduktion verdanken, Bibibaff genannt. Das Grundgewebe ist Baumwolle. Die Kettfadenenden werden gewöhnlich ohne Kilim oder Verknotung belassen. Falls nicht ein der Knüpfdichte entsprechend strenger gezeichnetes Medaillon Hauptmuster ist, überwiegen Schachbrett- oder Rautenaufteilung des Mittelfeldes. Die einzelnen Felder werden mit stilisierten und geometrisierten Blütenzweigen, -ranken oder -bäumen gefüllt. Neben sehr hartem Weiß ist ein braunstichiges Rot dominierend. Von in diesem Gebiet lebenden Luren wird der Luri-Bachtiari, meistens im Keleyformat, geknüpft.

Aus Yesd (Yazd, Yezd), etwa 200 km östlich von Isfahan am Rande der Wüste Lut gelegen, kommen Teppiche fast stets größeren Formats, die von älteren Kirmans oft nur durch den blauen Schuß zu unterscheiden sind. Sie sind mit feiner, glanzreicher Wolle im Sennehknoten sehr fein auf Baumwollkette geknüpft. Der Schuß ist Wolle oder Baumwolle. Die Bevölkerung Yesds gilt als vorbildlich zuverlässig. »Ware aus Yesd« ist ein in ganz Iran anerkannter Qualitätsbegriff. Im Export sind die langformatigen und etwas düsteren Teppiche wenig gefragt. Dort für den inländischen Gebrauch hergestellte Baumwollflorteppiche mit einem kleinteiligen, geometrisierten Muster in der Farbstellung Blau-Weiß sehen nach längerer Benutzung wie billigste Fabrikteppiche aus.

Sie sind jedoch für den Gebrauch im Freien – ein Teil des Vorhofes einer Moschee ist zum Beispiel damit belegt – sehr praktisch.

Kirman (Kerman) ist eines der alten, großen iranischen Teppichzentren. Bis in die zweite Hälfte des 19. Jahrhunderts setzte seine bescheidene Teppichindustrie die alten Muster in vereinfachter Zeichnung fort. Mehr als die Stadt selbst scheint Ravar, nördlich Kirman am Rande der Wüste Lut auf dem alten Karawanenweg nach Meshed, die Produktion durchgehalten zu haben. Seine älteren Teppiche tragen den Namen Lawer, der aus einer Dialektverstümmelung des Wortes Ravar entstanden ist. In ihrer Farbskala fallen ein bläuliches Rot und ein besonderes Grün auf. Im Griff ist die Unterseite ripsig, weil das sehr feine Schußgarn sich der Rundung der Kettfäden anpaßt.

Kirman verdankt das Aufblühen seiner Knüpferwerkstätten vom Ende des vorigen Jahrhunderts an der europäischen und amerikanischen Wertschätzung seiner mit sehr guter glänzender Wolle in hellerer Farbstellung geknüpften Teppiche. Ausländische Unternehmer schalteten sich damals in die Produktion ein. Deren Ausweitung wurde mit der Aufgabe der traditionellen Muster und der niedrigen Schur bezahlt. Die sehr geschickten einheimischen Entwerfer entwickelten eine Fülle neuer, der Einstellung von 2000 bis 4000 Knoten/qdm bei mittelhoher Schur entsprechender Dekore. Die schöne Wolle und die reiche Palette der hellen Pastelltöne verhalfen ihnen zum Erfolg.

Der Musterkatalog ist der vielfältigste neben dem von Täbris: Medaillon mit betonten Konturen, Reihung von naturnah gezeichneten Blütenbäumen und Zypressen, aus Vasen aufsteigende, fein verzweigt geschwungene Blütenbäume und -zweige mit Vögeln – auch als Füllung großer Mihrabs –, den ganzen Grund dicht überziehende Zeichnungen ineinander geschlungener Botehs aller Größen, Porträt-, Garten-, Jagd- und Tierdarstellung, Rautungen durch Lanzettblätter mit Palmetten-, Blumen-, Tier- und Heratifüllung, Quadrierung in kleine Blumenfelder und vieles andere mehr bis zu dem jetzt gängigsten Muster, das eher einem Pariser Savonnerieteppich als einem Kirman zugehörig erscheint. Die Grenzen von Mittelfeld und Bordüre sind aufgehoben, deren ursprünglicher Sinn vergessen. Die beliebteste Grundfarbe für dieses Muster ist ein helles Grün.

Handwerklich sind die Teppiche im Sennehknoten gut gearbeitet, wenn man von dem oft eingeschmuggelten Dschuftiknoten absieht. Billigere Sorten enthalten Tabachi. Die Schußführung weist eine Besonderheit auf: Es wird nicht ein dickerer gerader Schuß mit einem zweiten, wellenförmig verlaufenden, wie sonst bei starker Schichtung üblich, eingetragen. Beim Kirman sind es zwei gerade Schüsse, zwischen denen ein dünnerer wellenförmig verläuft.

Es werden alle Größen von Namaseh bis 500 x 350 cm, auch fast quadratische Formate, hergestellt. Kirman-Lawer oder Kirman-Ravar war die Bezeichnung für die feinste, niedriger geschorene Qualität. Außer Ravar sind Mahan, Jupar, Rafsanjan und Zarand die bedeutendsten der vielen kleineren Knüpfzentren des Gebietes.

Khorassan, die Nordostprovinz Irans, war vermutlich Entstehungsgebiet der frühen Herat-Teppiche. Das Fehlen jeglicher Knüpftradition in Herat führt zu dem Schluß, daß die damalige Hauptstadt Ostpersiens der großen Menge an Khorassanteppichen, deren sie bedurfte, nur den Namen lieh.

Nordkhorassan ist eines der wichtigsten Wollerzeugungsgebiete Irans. Zum Knüpfen wurde allgemein die kurzstapelige, weichere Wolle der Herbstschur verwendet, weil sie sich mit der gebräuchlich primitiven Methode besser aufbereiten ließ. Durch diese glanzreiche, weiche Wolle sind die älteren Teppiche weniger widerstandsfähig. Das Verschließen gegenüber neuen Erfahrungen ließ auch die Färber der Provinz nicht die Höchstleistungen erreichen, die ihre beweglicheren Kollegen am anderen Ende des großen Wüstengebietes in Kirman erzielten. In ihrer ein wenig bunt wirkenden Farbskala dominierten Blaurot, Hell- bis Dunkelblau und Weiß.

Die wichtigsten Knüpfzentren der Provinz sind Mesched, Birdschend, Kain, Sabzevar und Kaschmar (Turschis). Mesched (Maschad), die heilige Stadt, ist Hauptstadt der Provinz. Das Heiligtum der Stadt ist das Grabmal des Iman Reza, welcher der Überlieferung zufolge dort im Jahre 818 vom Sohn des neun Jahre vorher auf einem Feldzug ebenfalls dort verstorbenen Kalifen Harun-al-Raschid vergiftet wurde. Es ist das bedeutendste Wallfahrtsziel der Schiiten und zieht jährlich Hunderttausende von Pilgern an. Mongolen- und Afghaneneinfälle sowie Raubzüge der Turkmenen führten zu schweren Zerstörungen und der zeitweiligen Ausklammerung aus dem persischen Staatsverband. Nadir Schah machte es zu seiner Hauptstadt.

In Mesched wird sowohl im Senneh- (Farsibaff) als auch im Gördesknoten (Turkbaff) auf Baumwollkette geknüpft. Der Dschuftiknoten ist hier beheimatet. Auch in älteren Stücken wird er oft unregelmäßig angewandt. Die Teppichrückseite sieht dann an unzähligen Stellen wie gestopft aus. Qualitätsbezeichnung für durchweg mit dem korrekten (tai-)Knoten geknüpfte Teppiche ist Taibaff. Eine weitere Eigenart des Grundgewebes vieler Khorassanteppiche ist die Schußführung: Der dickere, gerade Schuß wird von den ihn begleitenden dünnen, gewellten Schüssen verdeckt. In regel- oder unregelmäßigen Abständen wird er jedoch allein durch die ganze Breite geführt. Er erscheint dann breit sichtbar. Die Einstellung reicht von 2000 bis 4000 Knoten/qdm. Kleinere Formate sind selten, die Teppichgrößen liegen zwischen 300 x 200 cm und 600 x 400 cm.

Im Muster überwiegt das der Kreisform angenäherte Medaillon mit (zuweilen riesigen) Anhängern auf einfarbigem oder reich mit floralen Mustern überzogenem Grund. Auch Paradiesmuster kommen vor. In älteren Stücken findet man oft Herati und Boteh als Hauptmuster und die Heratibordüre. Die Bordüre fast aller ostpersischen Teppiche ist überdurchschnittlich vielstreifig und breit.

Kain (Ghain) in der bergigen, sich südlich von Mesched bis nach Birdschend hinziehenden Landschaft Kainat war berühmt für niedrig geschorene, feinste Khorassanteppiche, meistens im Keleyformat. In alten Kain-Teppichen wird in der Knüpfung im Sennehknoten ein dritter Kettfaden unbenutzt mitgeführt. In unregelmäßigen Abständen wird auf der ganzen Teppichbreite gleichzeitig dieser dritte Kettfaden in die Knüpfung einbezogen und einer der beiden anderen unbenutzt weitergeführt. Durch diese Kettfadenwechsel entstehen auf der Teppichrückseite in Schußrichtung über die ganze Breite verlaufende Vertiefungen. Heute ist der Umfang der Erzeugung – ebenso wie in Gonabad auf halbem Wege zwischen Mesched und Kain – gering.

Birdschend (Birjand) knüpft ebenfalls seit langer Zeit Teppiche. Ihre Farben sind etwas kräftiger. Die Wolle ist härter. Der feinste Teppich dieser Gegend ist der Mud. Er ist zum Begriff für beste Khorassanqualität geworden.

Aus der gleichnamigen Berglandschaft nordöstlich von Birdschend kommt der außergewöhnlich sorgfältig gearbeitete Doroksch, der sehr oft in Übermaßen vorkommt. Von durchschnittlicher Birdschendqualität ist der Asghand (Azghand). Der Sabzevar, die Stadt Sabzevar liegt 160 km westlich Mesched, entspricht dem guten Birdschend. Turschis (jetzt Kaschmar), einst wichtiger Handelsplatz, 160 km südwestlich von Mesched, war für schlechteste Khorassanteppiche im Dschuftiknoten bekannt. Es hat die Qualität seiner Teppiche verbessert. Der Turkbaff, also der im Gördesknoten geknüpfte Khorassanteppich, ist in seiner blauroten Farbstellung dunkler. Mesched ist nicht nur Handelsplatz für die besprochenen Manufakturteppiche, sondern auch für die Knüpferzeugnisse der in der Provinz nomadisierenden Belutsch, die im nächsten Kapitel besprochen werden.

Östlich der Mündung des Atrek liegt ein Zipfel Turkmeniens auf iranischem Territorium. Die guten turkmenischen Knüpferzeugnisse der dort seit langer Zeit lebenden jomutischen Stämme Atabai und Jafarbai sowie von vor Jahrzehnten aus Rußland herübergewechselten Tekke werden in Gorgan und Gombad-i-Kabus gesammelt. Leider haben die dortigen Jomut den Dyrnak-Göl weitgehend zugunsten einer Nachahmung des Tekkemusters in ihren größeren Teppichen aufgegeben.

Aus Moussabad in Ostteheran kommt eine wenig erfreuliche turkmenenähnliche Teppichgattung in hellrot-weißer Farbstellung. Die 120 x 70 cm bis 220 x 110 cm großen Stücke sind wenig dicht auf Baumwollkette geknüpft. Der Schuß ist ebenfalls Baumwolle, selten Wolle oder Ziegenhaar. Im wollenen, neuerdings auch kunstseidenen Flor sind weiße Knüpfungen in Baumwolle ausgeführt.

Die Afschari leben als Nomaden und Halbnomaden in dem weiten südpersischen Raum südlich und westlich von Kirman bis südöstlich des Niris-Sees, der ihnen unter der Saffawidendynastie als Wohngebiet zugewiesen wurde. Der Überlieferung nach soll Schah Tahmasp, der Sohn des Begründers der Dynastie, Ismail I., der aufsässigen türkischen Stämme in Aserbeidschan nicht anders Herr geworden sein als durch die Deportation von Teilen dieser Stämme nach Südpersien.

Die Afscharteppiche entstehen sowohl in den Zelten und Siedlungen des Nomadenvolkes als auch in den persischen Dörfern des Gebietes. Die türkischen Nomaden entlehnten zu ihren geometrischen oder stark stilisierten Mustern von den persischen Dorfbewohnern gelegentlich naturnahe, wie die bekannte versetzte Reihung von Rosensträußen.

Ältere Afschar sind noch ganz in Wolle gearbeitet, neuere haben Baumwollkette und gelegentlich statt der guten Florwolle Tabachi. Da die persischen Knüpferinnen am Sennehknoten festhalten, der Gördesknoten aber die angestammte Knüpfart der Afschari ist, kommt der Afschar in beiden Knotenarten vor. Die Einstellung schwankt zwischen etwa 800 und 1500 Knoten/qdm. Die Formate reichen von Namaseh bis zu Teppichen von 400 x 300 cm. Dominierende Farben sind Blaurot, Blau und Elfenbein. Die Muster sind vielfältig: große, konzentrisch ineinandergesetzte Rauten, Boteh mit oder ohne Perlrand und Tupfen versetzt gereiht, eckige Medaillons mit Anhängern auf uni- oder stilisiert floralgemustertem Grund. Gern werden Hähne oder Hunde eingestreut.

Hauptsammelplatz der in Kirman gehandelten Afscharteppiche ist Saidabad (jetzt Sirdjan), das auch Name der feinsten Sorte ist. Weitere schöne Qualitäten kommen aus den Orten Niris (Neyriz) und Estabanat.

Schiras (Schiraz), die malerische Hauptstadt der südpersischen Provinz Fars, dem Kernland des einstigen Achämenidenreiches mit den Residenzen Persepolis und Pasargardai, ist eine der ältesten Städte Irans. Von den geschichtlichen Katastrophen Persiens bis zum Afghaneneinfall relativ unberührt, entwickelte Schiras ein blühendes kulturelles und wirtschaftliches Leben. Zwei der größten persischen Dichter, Saadi (1184-1282) und Hafez (Hafis, 1320-1389), wurden hier geboren und begraben. Die Herrschaft der Afghanen fügte der Stadt schwere Schäden zu, die jedoch Karim Kahn Zand, der zeitweilig unumschränkter Herrscher Persiens war, sich selbst aber nur Vakil (Statthalter) nannte, wieder beseitigte. Einige der größten Baulichkeiten der Stadt, darunter der Basar – für Sammler noch eine bescheidene Fundgrube an älteren kleineren Knüpf- und Weberzeugnissen der Nomaden –, verdanken ihm ihr Entstehen. Die guten Bewässerungsanlagen schufen fruchtbare Felder in den Talsenken der Umgebung. Schiraz, in dem wenig geknüpft wird, ist Handelsplatz für die Knüpferzeugnisse der Voll- und Halbnomaden sowie der Dörfer der Provinz.

Unter den Nomaden, die im Sommer mit ihren Schafherden, Kamelen, Pferden und Maultieren die Berggebiete aufsuchen und im Winterhalbjahr in die Ebenen wandern, sind die turkstämmigen Gashgai die wohlhabendsten. Aus ihren Knüpfarbeiten sprechen Schönheitssinn, handwerkliches Können und liebevolle Ausdauer der Gashgaifrauen. Ihre Teppiche, ganz aus Wolle, falls nicht dunkles Ziegenhaar im Untergewebe verwendet wird, sind die schönsten der Provinz, stellen jedoch nur einen geringen Anteil der in Schiras gehandelten Teppiche dar. Für die besten haben Händler die Bezeichnung Mekka-Schiras erfunden. Die Wolle ist weich und glänzend, allerdings weniger haltbar als härtere Wollsorten. Der Gördesknoten überwiegt. Die Einstellung ist mittelfein bis fein, in einem kleinen Schmuckband wurden sogar über 4000 Knoten/qdm gezählt. Die Formate reichen von Pushtis über Namaseh und Sedschadeh (diese oft ziemlich breit) bis zu Teppichen von 300 x 200 cm, gelegentlich noch etwas größer. Dunkelblau, bräunliches Rot und Elfenbein sind die dominierenden Farben. Die Muster sind vielfältig: geometrisierte oder stark stilisierte florale Muster, darunter auch das Boteh versetzt gereiht, Vertikalstreifen- oder Rautenaufteilung des Mittelfeldes, auf einer Stange gereihte kleingestufte Rhombenmedaillons. In den kleinteiligen Füllmotiven tauchen oft Hähne und Vierbeiner (Hunde?) auf. In der Bordüre älterer Stücke findet sich öfter das Aschkalimuster. Mehr noch als einige Hauptmuster zeigen mehrere Bordürenzeichnungen der Provinz, wie das

Schrägstreifen- und das Eichenblatt-Muster, eine überraschende Verwandtschaft mit kaukasischen Bordüren. Wahrscheinlich ist ein Teil der türkischen Nomadenstämme aus dem Kaukasus nach dem Süden gewandert.

Stammesgruppen der Gashgais und andere türkische Stämme sind: Schasch-Bulutschi, Kasch Guli, Darischuli, Bolli, Hebatlu, Kuhi, Namadi, Türki, Safischani, Bollvari, Farsimardan. Sie sprechen türkische Dialekte und bewohnen das Gebiet nördlich von Schiras bis hinauf in die Provinz Isfahan, in dem auch arabisch sprechende Stämme, wie die Arabi, und reinpersische Luri leben.

Das Gros der Luren nomadisiert allerdings in Westpersien im Distrikt Luristan südlich von Kurdistan. Ihre schönen Teppiche in großen Sedschadeh- bis Keleyformaten mit klarem Blau, Rot und Orangegelb kommen über Hamadan und Kermanschah in den Handel.

Alle diese Stämme, auch die südlich von Niris angesiedelten Ainalu und Baharlu, knüpfen wie alle Voll- und Halbnomaden Persiens auf Horizontalstühlen. Die Qualität ist sehr unterschiedlich. Die der Gashgaiteppiche, deren Abschlüsse oft schön bestickt sind, steht an erster Stelle, auch hinsichtlich der Farben. Die verschiedenen Muster sind nicht mehr für einzelne Stämme typisch. Der größte Teil der Schirasteppiche kommt aus Dörfern und wird Dehadj-(Dorf-)Schiras genannt. In Abadeh (Ort auf halbem Wege von Isfahan nach Schiras) hergestellte Teppiche haben Gashgai- und Afscharcharakter und zeigen mit geringen Abwandlungen Blumensträuße im unendlichen Rapport.

In den letzten Jahren hat ein neuer Teppich aus Fars die Sympathie vieler Käufer gewonnen: der Gabbeh. Das Wort bedeutet soviel wie ungeschoren. Der neue, dicke, im Vergleich zu den bisherigen Schirasteppichen ungeschoren wirkende Gabbeh ist grob, aber sehr fest meist im Gördesknoten geknüpft.

Der Gabbeh wurde von den Nomaden und Bauern Südpersiens für den Eigenbedarf hergestellt. Ihre abstrakten Ausdrucksformen und ihre zuweilen gewöhnungsbedürftige Farbigkeit unterscheiden sie deutlich von der landläufigen Vorstellung vom »echten Perserteppich«. Deshalb zeigte der Markt an ihnen auch lange kein Interesse, und sie blieben ein Produkt der ländlichen Bevölkerung für den eigenen Bedarf.

Gabbeh-Teppiche überzeugen durch ihre Plakativität. Es werden schlichte geometrische Muster, hochabstrahierte Motive oder aber naiv wirkende figurale Darstellungen verwendet. Die Bandbreite ist groß, und immer wieder tauchen Unikate auf, deren Muster ganz der Phantasie und dem Ideenreichtum der Knüpferin entsprangen. Die Vielfalt reicht vom unifarbenen Teppich mit bunten Bordürenstreifen bis zur auf das Wesentliche reduzierten Interpretation klassischer Teppichmuster.

Die Gabbeh-Teppiche wurden von verschiedenen Stammesgruppen des südpersischen Fars-Gebietes geknüpft. Die drei Obergruppen sind Gashgai, Luri und Khamseh. In der jüngeren Literatur wird an einer Klassifizierung und Stammeszuordnung gearbeitet.

Nachdem die Gabbeh-Teppiche in den siebziger Jahren erstmals »entdeckt« wurden, kamen sie in den Achtzigern in die Galerien und wurden zum Handelsprodukt. Ihre teils modern wirkende grafische Klarheit entsprach dem Zeitgeschmack. Der Markt stellte sich schnell auf den Bedarf ein, und der »Designer-Gabbeh« blieb nicht aus. Antike Gabbeh-Teppiche sind sehr selten und werden teils hoch bewertet. Die frühesten bekannten Stücke stammen aus der zweiten Hälfte des 19. Jahrhunderts. Ältere Stücke sind nicht nachweisbar, obschon es wahrscheinlich ist, daß es Gabbeh-artige Teppiche bei den südpersischen Nomaden schon so lange gibt, wie feine Stücke geknüpft werden – sozusagen als »Arme-Leute-Teppich«. Es könnte sich beim Gabbeh jedoch auch um ein Produkt handeln, das erst dadurch entstand, daß feinere Arbeiten für den westlichen Markt interessant wurden – der Gabbeh sozusagen als »Ersatz-Teppich«, der durch Gebrauch relativ schnell verschlissen wurde.

Es ist leicht verständlich, daß nur der genuine Gabbeh als sammlungswürdig gelten kann, wobei das Alter, zumeist wegen mangelnder Nachweisbarkeit, fast sekundär wird. Es bedarf also auch hier eines geschulten Blicks, zuverlässiger Quellen und natürlich einer Freude an der Vitalität, Expressivität und Vielfalt der Gabbeh.

Durch die Feldforschung und Sammeltätigkeit einiger erfahrener Kenner ist es heute möglich, eine differenzierte Klassifizierung und Terminologie für die Teppiche und Kelims der südpersischen Bauern und Nomaden der Provinz Fars zu verwenden. Die wichtigsten Begriffe sind Gashgai (Kashga`i, Qashgai), Luri, Bachtiari und Khamseh. Letzterer bezeichnet eine Konföderation aus fünf Stämmen. Auch die Gashgai lassen sich in Stämme untergliedern, die wiederum aus Klanen bestehen. Zum Teil können heute Teppiche und Flachgewebe konkret den Hauptgruppen oder sogar den Unterstämmen zugeordnet werden. Die Stämme stellten Knüpfteppiche verschiedenster Formate, Taschen, Schlitzkelims und andere Flachgewebe her. Einige Teppichgruppen sind durch Ornamentik, Kolorit und auch durch ihre Struktur leicht bestimmten Stämmen zuzuordnen. Bisweilen gibt es jedoch innerhalb von Gruppen Abweichungen und auch Überschneidungen von Merkmalen verschiedener Gruppen, die dieses Unterfangen erschweren. Für den Lernbegierigen ist es einfach, die wichtigsten Gruppen bald zu erkennen. Schnell wird er wissen, daß etwa ein Teppich mit dem sogenannten Garten- oder Felder-Muster in der Regel den Bachtiari zuzuordnen ist.

Für den Sammler ist es beim südpersischen Teppich zuweilen schwierig, zwischen genuinen Nomadenarbeiten und städtischer Produktion zu unterscheiden. Auch nomadische Teppiche können zuweilen sehr fein sein und eher urbanen Charakter besitzen. Die Größen geben ebenfalls nur Hinweise, denn aus Südpersien sind Großformate bekannt, die für Khane (Stammesfürsten) gearbeitet wurden. Städtische und ländliche Knüpferzeugnisse haben sich also gegenseitig beeinflußt.

Turkmenische Teppiche

Zur Geographie und Geschichte

Die Heimat der Turkmenenteppiche liegt in West- oder Russisch- Turkestan, also dem sich vom Kaspischen Meer über mehr als 1500 km
nach Osten ausdehnenden Tiefland mit seinen südlichen, teilweise zu
Iran und Afghanistan gehörenden, und östlichen Randgebirgen, deren
Gipfel Höhen zwischen 4000 und nahezu 8000 m erreichen.

Turkmenien umfaßt das Gebiet vom Kaspischen Meer bis über das
östliche Ufer des Amu-Darja hinaus. Den größten Teil des Tieflandes
nimmt die hügelige Wüste Kara-Kum ein, deren Fortsetzung die Wüste
Kysil-Kum zwischen Amu-Darja und Syr-Darja ist. Südlich der ehemaligen sowjet-iranischen Grenze ist auch die Turkmenensteppe, Dasht-
E-Gorgan, zwischen Bandar Shah und Maraveh seit alten Zeiten von
Turkmenen bewohnt. Im Südosten zählt das Gebiet zwischen Maima-
neh und Shur-Tepah in Nordwest-Afghanistan zum alten turkmenischen Siedlungsbereich.

Es herrscht ein trockenes Binnenlandklima mit starken Temperaturschwankungen. Die Jahresmenge der Niederschläge beträgt nur 120 bis
130 mm. Von den im Gebirge entspringenden Flüssen erreicht nur der
Atrek das Kaspische Meer. Amu-Darja (Oxus) und Syr-Darja (Jaxartes)
münden in den abflußlosen Aralsee, dessen Oberfläche fast die Größe
Bayerns erreicht, jedoch im Abnehmen begriffen ist, weil den Zuflüssen
viel Wasser für den Bewässerungsbodenbau entzogen wird, durch den
jährlich Tausende von Quadratkilometern Steppenbodens fruchtbar
gemacht werden. Alle übrigen Wasserläufe versickern im Wüstenboden.
Am Südrand der großen Buschwüsten reichen Grassteppen bis zu einer
Höhe von 3000 m. Nur Teile des Hochgebirges haben Laub- und Nadel-
waldbestand. Große Siedlungen konnten lediglich in der Nähe jener Teile der Flußläufe entstehen, welche die Voraussetzungen für eine Oasen-
wirtschaft boten. Irrigationsbodenbau wurde auch mit Hilfe von Karizen
betrieben, die den persischen Ghanaten entsprechen und das Wasser der
an den Gebirgsrändern angezapften Grundwasserhorizonte unterirdisch
zu den Feldern leiten. Im bewässerten Boden gedeihen Weizen, Gerste,
Reis, Obst, Gemüse und Baumwolle.

Der Wüstensteppenboden bringt nur 30 bis 50 Prozent der Futtermenge der Steppen im europäischen Teil Rußlands hervor. Zur Ernährung eines Fettschwanzschafes sind deshalb etwa sechs Hektar notwendig. Da für den bescheidenen Lebensstandard einer Nomadenfamilie ein Herdenbestand von mehreren hundert Schafen und dreißig bis vierzig Kamelen und Pferden erforderlich war, sicherte die Steppe – trotz der Weite des Raumes – nicht die Existenz einer unbeschränkten Anzahl von Nomadenvölkern. Deren Geschichte war bis in die zweite Hälfte des 19. Jahrhunderts hinein eine Kette von Kämpfen um Wasserrechte und Weidegründe. Vor etwa hundert Jahren betrug die Zahl der in diesem Raume lebenden Turkmenen kaum mehr als eine Million. An seiner Peripherie standen sie in ständigem, teils kriegerischem, teils friedlichem Kontakt mit anderen zentralasiatischen Völkern, so im Nordwesten mit den mongolischen Kalmücken und den turkstämmigen Kasachen, im Nordosten mit den Usbeken und Karakalpaken, im Osten mit Usbeken und Tadschiken, im Südosten mit den indoeuropäischen Belutschen, den mongolischen Hazara, den Ostkurden und mehreren turkstämmigen Volksgruppen und im Südwesten mit den Persern. Die schon in früheren Jahrhunderten in der Steppe angelegten 30 bis 50 m tiefen und bis zu 50 km voneinander entfernten Brunnen enthalten zumeist Salzwasser, an welches das Vieh im Laufe der Zeit gewöhnt wurde, das jedoch für den menschlichen Genuß ungeeignet ist. In der Regenzeit leitete man das sich in Mulden sammelnde Wasser in die Brunnen, wo es sich über dem schwereren Salzwasser als auch für den Menschen genießbarer, einige Zeit ausreichender Vorrat absetzte.

Frühzeitig ging ein Teil der Nomadenvölker zum Halbnomadentum über: Wo die Wasserverhältnisse es irgendwie erlaubten – während der Regenzeit zog man im Umkreis der Steppenbrunnen sogar Melonen –, wurde Ackerbau betrieben, während die Herden in der Steppe weideten. Im Winter zwang der Brennstoffmangel – die Temperaturen fallen kurzfristig auf 20 bis 25 Grad Kälte, und Schneestürme richteten große Verheerungen unter den Herdenbeständen an – auch die Bewohner der in den Ackerbaugebieten entstandenen kleinen Dörfer (Aulen), mit ihren Zelten (Kibitka oder Öy) in die Steppe zu ziehen. War doch die Steppe im Laufe der Zeit im weiten Umkreis der Aulen von brennbarem Wuchs entblößt worden.

Der Tauschhandel der Vollnomaden entwickelte sich mehr zu den Bewohnern der großen Oasengebiete, wie Buchara, Merw und Chiwa, hin als zu den Halbnomaden, die selbst am Rande der Anbaugebiete und in der Steppe Schafzucht betrieben und vornehmlich Abnehmer für Brennmaterial waren. Die Oasenstädte nahmen hingegen alle Produkte der Nomadenwirtschaft auf: Felle, Fleisch, Wolle, Teppiche und die in der Steppe gezüchteten Kamele und Pferde im Tausch gegen Getreide, Tee, Zucker, Waffen und Handwerkszeuge. In jedem Herbst durchzogen lange, mit Nomadenprodukten beladene Karawanen die Steppen in Richtung auf die Oasenstädte und kehrten dann mit den eingetauschten Gütern zurück. Trotz bewaffneten Geleitschutzes waren sie oft das Ziel räuberischer Überfälle. Nicht allein Waren und Lasttiere gingen verloren, ihre Besitzer und Bewacher konnten in der Sklaverei enden.

Klima und Nomadenwirtschaft boten alle Voraussetzungen für die Entwicklung der Knüpfkunst. So wurden Buchara und Chiwa zu bedeutenden Märkten für die Knüpferzeugnisse der Turkmenen. Ein großer Teil der Knüpfteppiche und -taschen der Turkmenen aus dem Emirat Buchara wurde gen Süden über Afghanistan exportiert, während im Westen die Ortschaften in der iranischen Turkmenensteppe bekannte Marktplätze waren.

Eine Arbeitsteilung nach Berufen war bei den Turkmenen kaum entwickelt. Alle handwerklichen Tätigkeiten wurden nebenberuflich ausgeübt. Innerhalb der Familien gab es eine Arbeitsteilung nach dem Geschlecht. Den Männern oblag die Leder- und Fellaufbereitung, die Fertigung von Schuhwerk aus Kamelleder, von Mützen aus Lammfell, von Zaumzeug und Sätteln. Die Wollverarbeitung war Angelegenheit der Frauen: Das Spinnen, Zwirnen, Weben, Nähen und Sticken erlernten die Mädchen ebenso wie das Walken von Filz und das Knüpfen. Zur Anfertigung der Filze wird die Wolle in mehreren Schichten auf einer Schilfmatte ausgebreitet, angefeuchtet und dann in die Matte eingerollt. Diese Rolle wird fest verschnürt und unter öfterem Begießen mit Wasser längere Zeit gerollt, bis die Masse verfilzt. Nach dem Herausnehmen aus der Matte wird der Filz nochmals ein bis zwei Stunden eingerollt. Filze dienen zum Bedecken des Holzgerippes der Zelte und, oft mit Mustern versehen, zum Bedecken des Zeltbodens. Geknüpft wurde vornehmlich für den eigenen Bedarf. Nur ein Drittel der Frauen gab bei einer Befragung am Ende des 19. Jahrhunderts an, auch für den Tauschhandel zu knüpfen.

Die Geschichte Westturkestans, dieses Verbindungsgliedes zwischen Ost- und Vorderasien, ist nicht in allen Einzelheiten bekannt. Sein Besitz war stets von den großen asiatischen Reichen umkämpft. Im Altertum war Sogdiana zwischen Oxus (Amu-Darja) und Jaxartes

(Syr-Darja) die am weitesten nach Innerasien vorgeschobene Provinz des Achämenidenreiches. Die Skythen jenseits von Samarkand gehörten zu den achtundzwanzig den achämenidischen Herrschern tributzollenden Völkern. Die sogdische Hauptstadt Marakanda (Samarkand) wurde von Alexander dem Großen besetzt. Zeitweilig herrschten griechische und skythische Fürsten. Unter den Dynastien der Parther und Sassaniden versuchte Persien immer wieder das Gebiet unter seine Oberhoheit zu bringen, doch war diesem Bestreben meist nur vorübergehender Erfolg beschieden.

Im ersten und zweiten nachchristlichen Jahrhundert beherrschte das Kushan-Reich, gegründet von einer aus Nordosten gekommenen Völkerschaft, den größten Teil Zentralasiens und damit auch West-Turkestans. Im 4. und 5. Jahrhundert übten den Hunnen verwandte Stämme, die Chioniten und Hephtaliten, die faktische Oberhoheit in Turkestan aus. Ihnen folgten um die Mitte des 6. Jahrhunderts die ersten türkischen Eroberer, die von da an das Gesicht Zentralasiens weitgehend prägen sollten.

Die Seidenstraße ließ Samarkand, Taschkent, Balkh und Merw zu bedeutenden Handelszentren aufsteigen. In der zweiten Hälfte des 7. Jahrhunderts drangen die Araber in das Gebiet ein, das sie jedoch erst um die Hälfte des 8. Jahrhunderts wirklich kontrollierten. Im 9. und 10. Jahrhundert trat das türkische Volk der Ogusen hervor, die direkten Vorfahren der Turkmenen. Ihnen entstammen auch die Seldschuken, unter denen das 1036 besetzte Merw (das alte Margiane) zur blühenden Hauptstadt wurde, bis es im 13. Jahrhundert vom Mongolensturm verwüstet wurde. Im 14. Jahrhundert erhob Timur nach seinen großen Eroberungszügen Samarkand zur Residenz. Auf Befehl des Herrschers, der selbst in einem riesigen, von Ruy Gonzales de Clavigo im Bericht über seine Sendung an den Hof von Samarkand in allen Einzelheiten beschriebenen Prachtzelt residierte, entstanden monumentale Bauten, darunter sein Mausoleum. Für Bau und Ausstattung zog Timur von fern her Fachleute heran. Scheich Mohammed aus Täbris beispielsweise, ein Meister des Mosaiks, schuf Verkleidungen von Bauten. In den Brokatmanufakturen Timurs arbeiteten neben Chinesen Weber aus Damaskus. Der Bedarf an golddurchwirkten Seidenstoffen war enorm, da über Kleider, Mäntel, Decken und Polster hinaus der Bau der großen Prachtzelte große Mengen dieses kostbaren Materials verschlang. Die mittelalterliche »Perle des Ostens« war Hauptstadt einer gewaltigen orientalischen Macht. In der ersten Hälfte des 15. Jahrhunderts setzte Ulug-bek, der als Astronom berühmte Enkel

Timurs, die Bautätigkeit fort. Seine Sternwarte war in jener Zeit die beste der Welt. Später fiel Samarkand an das Khanat Buchara, das sich – gleich dem Khanat von Chiwa – unter usbekischen Herrschern gebildet hatte.

Im 14. und 15. Jahrhundert schien eine Umschichtung der Turkmenenstämme vor sich gegangen zu sein. Vom 16. Jahrhundert an erschienen Tekke, Jomut und andere Stämme an allen Brennpunkten der Ereignisse. Die Turkmenen waren im 10. Jahrhundert nicht nur auf das linke Ufer des Amu-Darja und in den Bezirk Merw gewandert, sie hatten auch das Kaspische Meer erreicht und waren in den Süden bis an den Gorgan vorgestoßen. Da die meisten Stämme nicht über eine Schriftsprache verfügten, ist ein großer Teil ihrer geschichtlichen Überlieferung Mythologie. Wichtigste Quellen sind bis ins 19. Jahrhundert chivinische und iranische Chronisten: Im »Schedscherey-i-terakime« oder Stammbaum der Turkmenen, um die Mitte des 17. Jahrhunderts vom Khan von Chiwa Abul-Ghasi-Bogadur aufgestellt, werden für die Zeit Sufjan-Khans (1525-1535) Tekke, Jomut, Saryken und Ersari gemeinsam mit den chorassanischen Saloren unter dem Sammelnamen Steinsaloren aufgeführt. Über die Abstammung schreibt Abul-Ghasi: »Bei Salor war ein gewisser Toi-Tutmas, die Tekke und Saryk sind seine Nachkommen.« Allerdings ist diese behauptete Herkunft von den Saloren nicht so sehr als ein Beweis für die tatsächliche Abstammung als vielmehr ein Zeichen für die Achtung, derer sich die Saloren damals und auch später noch erfreuten, zu betrachten.

Die Saloren werden schon im 11. Jahrhundert von Machmud von Kaschgarien als einer der vierundzwanzig Ogusenstämme erwähnt. Dann treten sie erneut im 14. Jahrhundert bei Raschid-ad-din auf. Dieser Autor berichtet auch, daß die sechs Zweige der Ogusenstämme jeweils ein bestimmtes Totemschutztier hatten, »und es ist ein solcher Brauch, daß alles das, was der ongon irgendeines Stammes ist, daß sie ihn nicht ergreifen, sich ihm nicht widersetzen und sein Fleisch nicht essen, weil sie ihn angenommen haben für ein günstiges Omen ...«. Die tiertotemistischen Bezeichnungen Kamel, Hund, Wolf, Schaf, Fuchs, Stier, Huhn finden sich mehr oder weniger bei allen Turkmenenstämmen als Namen der einzelnen Abteilungen wieder. Ebenso tauchen die astraltotemistischen Bezeichnungen – die Namen der sechs Söhne Ogus-Khans bedeuten Sonne, Mond, Stern, Himmel, Berg und Meer – verschiedentlich wieder auf. Hinzu kommen die Paarigkeitskontraste Schwarz-(kara-)Weiß (ak), die das Phänomen der Zweiteilung vieler Stämme beleuchten.

Der Stamm teilte sich in zwei Hälften, die sich territorial gegeneinander abgrenzten, im Kriege und bei Eroberungszügen getrennte Einheiten bildeten und sich bei bewaffneten Streitigkeiten ebenso wie in friedlichen Wettkämpfen gegenüberstanden. Das Auftreten gleicher Namen für Einheiten verschiedener Stämme legt den Schluß nahe, daß sich im 14. und 15. Jahrhundert, als die alten Stammesverbände zerfielen, offenbar starken Anführern einzelner Gruppen andere Einheiten freiwillig angeschlossen hatten; weitere waren dann unterworfen worden. Zur Festigung der neuen Einheit schuf man einen Stammbaum, der alle Untergruppen – bei den Tekke sind es beispielsweise neunundvierzig – als von einem gemeinsamen Urahnen abstammend erscheinen ließ.

Gegen die Khane von Chiwa und Buchara kämpfend oder mit diesen verbündet, sich gegenseitig verfolgend, kamen die Turkmenen für Jahrhunderte nicht zur Ruhe. In der Weite des Raumes war der wirtschaft- und verwandtschaftliche Zusammenhalt der großen Stämme nur sehr locker. Die Überfälle auf die kleinen dorfähnlichen Nomadengemeinschaften (obas) zwangen zum Zusammenschluß einiger obas zu einer Stammesunterabteilung (tire), die ihr festumgrenztes Territorium nur in Notfällen (bei Verdrängung durch stärkere Nachbarn, Verlust der Herden) verließen. Auch Tributzahlungen kleiner Stämme an die mächtigen Tekke, um deren Schutz zu genießen, sind überliefert.

Schah Abbas schob die Grenze des Saffawidenreiches wieder zum Amu-Darja vor. Nadir-Schah mußte im 18. Jahrhundert mehrere Feldzüge gegen die Turkmenen unternehmen, um Aufstände von Tekke, Jomuten, Imreli, Ali-Eli und Sarlu niederzuschlagen und Überfälle auf seine Garnisonen zu unterbinden. Er zwang Unterstämme der Tekke und Jomut zur Auswanderung nach Chorassan und Westiran. Sowohl in Nordostiran als auch im Raum von Kermanschah haben sich turkmenische Muster und Struktur in Knüpferzeugnissen der Nachkommen dieser Deportierten erhalten. Während des Zwangsaufenthaltes in Nordostpersien zog Ogurdschik mit tausend Kibitken um das Kaspische Meer über Schemacha und die Krim bis in den Ural, mußte von dort aber wieder bis in das Gebiet am südlichen Ostufer des Kaspischen Meeres zurückweichen.

Nach dem Tode des Nadir-Schah (1747) erobern die Khane von Buchara Merw, verwüsten es und verschleppen die Bevölkerung in ihr Khanat. Überdies waren im 17. und 18. Jahrhundert Chiwa und Iran immer wieder die mächtigsten Gegner der sich auch untereinander bekriegenden Turkmenen. Diese dehnten, angeregt durch Aufstände iranischer Statthalter, ihre Raubzüge bis Meschedd und Isfahan aus und wurden besonders für die Chiwer oft zur Plage, der man durch zahlreiche Strafexpeditionen Herr zu werden versuchte.

Auch im 19. Jahrhundert zogen Turkmenen auf der Suche nach neuen Weidegründen raubend und plündernd in Besitze Chiwas, Bucharas und Persiens. Mitte des Jahrhunderts brauchten die chiwinischen Khane die Hilfe der Tekke gegen Jomuten und Tschaudoren, die einen starken Druck auf das Khanat ausübten. Rußland, das zu dieser Zeit in Turkmenien stärker Fuß gefaßt hatte, gelang es dann, das Gebiet mit der Unterwerfung des mächtigsten Stammes, der Tekke, endgültig zu befrieden (1885).

Nach den von russischen Behörden und Wissenschaftlern erarbeiteten ethnographischen Unterlagen bestand am Ende des vorigen Jahrhunderts, also zu jener Zeit, aus der wir die meisten guten Turkmenenteppiche besitzen, die Bevölkerung zu etwa 75 Prozent aus Turkmenen. Hierunter fallen auch die sogenannten Evljadi-Stämme (Scheich, Sayed, Machtum, Ata, Chodscha), die zunächst als turkmenisierte, arabische Stämme angesehen wurden, die jedoch, wie man mittlerweile erkannt hat, zu jener im gesamten islamischen Bereich zahlreichen Gruppe derer gehören, die für sich in Anspruch nehmen, von einem Abkömmling der Familie des Propheten abzustammen. Der Rest bestand aus turkmenischen Gruppen, die wohl ursprünglich iranischer Abstammung sind (z.B. die Nutschurli und Mutschurli im Süden), sowie aus Kasachen, Karakalpaken, Usbeken, eingewanderten Russen und kleinen Gruppen anderer ethnischer Herkunft. Auch von den Kasachen, Karakalpaken und Usbeken sind vereinzelt Knüpfteppiche angefertigt worden. Einige turkmenische Stämme scheinen am Ende des 19. Jahrhunderts das Knüpfen bereits aufgegeben zu haben. Die Anfertigung von Wirkteppichen – in Zentralasien Palas genannt – war weit verbreitet, auch bei Gruppen, die keine Knüpfteppiche erzeugten. Besonders schöne Kelims wurden außerhalb des eigentlichen turkmenischen Bereichs von arabischen Restgruppen östlich des Amu-Darja gewebt.

Die Erzeugung war noch zu Anfang des 20. Jahrhunderts geringer als gemeinhin angenommen wird. Bogolubow nennt für das russische Transkaspien ein jährliches Mittel von 1000 Palasen, 60 000 Koschmen (Filzen), 1500 Teppichen und insgesamt 7000 Tschowals, Torbas, Churdjin, Kapunuks u. ä. Unter Hinzurechnung der Produktion des übrigen Westturkestans und des afghanischen Gebietes verblieb unter Berücksichtigung des Eigenbedarfs nur ein geringer Teil für den Handel mit Europa. Eine im Ark-Museum von Buchara aufbewahrte Statistik weist für den Export nach Rußland im Jahrzehnt von 1840-1849 folgende Werte aus:

Trockenfrüchte	17 200 Rubel	Baumwollerzeugnisse	303 000 Rubel
Karakul-Felle	83 300 Rubel	Fertigerzeugnisse:	
	(398 000 Stück)	Kleider, Mützen,	
Baumwolle	65 000 Rubel	Matratzen, Vorhänge	9 600 Rubel
Seidenfaden	158 000 Rubel	Teppiche	900 Rubel
	(14 000 Pud)		(200 Stück)

Die bekanntesten Stämme der Turkmenen in der zweiten Hälfte des vorigen Jahrhunderts waren die Saloren, die Saryken, die Tekke, die Jomut und die Ersari. Selbständige Stämme von sinkender Bedeutung waren unter anderen die Tschaudoren – sie gehörten zu den ältesten Stämmen neben den Saloren –, die Göklan, die Ikdyr, die Abdal, die Arabatschi, die Karadaschli und möglicherweise die Ogurdaschli. Neue Gruppierungen sind wahrscheinlich die Ali-Eli im Norden und die Tschub-Basch in Nordafghanistan.

Alle Stämme hatten Stammesuntergruppen mit eigenen Namen. So gab es bei den Tekke die Hauptzweige oder Flügel Otamysch und Tochtamysch, die sich wiederum jeweils in die Bek und Vekil sowie die Bachschi und Sytschmas gliederten. Die beiden Flügel der Jomut nannten sich Kara-Tschoka und Bairam-Chali, die beiden Unterabteilungen der Kara-Tschoka hießen Atabai und Dschafarbai. Die beiden letzteren Bezeichnungen werden heute noch in der nordiranischen Turkmenensteppe angewandt. Von den Stammesabteilungen der Ersari sind die Kara, die Bekaul, die Gunasch und die Ulug-Tepe zu nennen, zu den Unterabteilungen der Ulug-Tepe werden auch die Beschir und die Kisil-Ayak gerechnet. Die Tatsache, daß eine kleine Minderheit der Turkmenen, die einen ausgeprägten mongolischen Typ aufwiesen, sich als reinblütig (Igen) bezeichneten, dürfte darauf zurückzuführen sein, daß in Zentralasien und über seine Grenzen hinaus die Abstammung von Dschingis-Khan und seinen Mongolen als ein Zeichen besonderer Vornehmheit galt.

Als Hauptwohngebiete für die nichtstädtische Bevölkerung, die sich infolge der Beweglichkeit der Nomaden nur in groben Umrissen festlegen ließen, sind aufgeführt: Tekke mit etwa 36 800 Kibitken im Oasengebiet Achal-Tekke zwischen Kysil-Arwat und Geok-Tepe, im Gebiet östlich davon, also im Bezirk Aschkabad, und im Norden der Bezirke

Tedschen und Merwj; Saryken mit 7290 Kibitken in den Oasen Dscholatan und Pendehj; Saloren mit rund 3000 Kibitken in den Oasen von Seraks im Bezirk Tedschen. Eine starke Gruppe von Saloren lebte am mittleren Amu-Darja und hatte sich am Anfang des 19. Jahrhunderts dem Stammesverband der Ersari angeschlossen.

Die Jomuten mit rund 4600 Kibitken lebten längs der Flüsse Sumbar und Atrek und im Osten und Süden des Khanats Chiwa, Göklan längs Atrek und Sumbar und in Chiwa, Ikdyren und Abdalen am Kaspischen Meer und im Khanat Chiwa, Ogurdschali am Kaspischen Meer und auf den Inseln Tscheleken, Dolgi und Ogurdschinsk. Tschaudoren waren im westlichen Teil des Khanats Chiwa und am Unterlauf des Amu-Darja, Ersari im Bezirk Merw, am mittleren Amu-Darja und in Nordwest-Afghanistan.

Im Khanat Chiwa gab es außerdem Kasachen, die auch den Hauptteil der Bevölkerung der russischen Steppe bis zum Kaspischen Meer und im Norden und Osten der Wüsten Kara-Kum und Kysil-Kum stellten. Arabatschen und Busatschli lebten längs des unteren Amu-Darja, Usbeken, Evljadi, Karakalpaken und andere im Delta des Amu-Darja.

Im allgemeinen führte der größere Teil der Jomut, der Tschaudoren, der Tekke und Saryken der Bezirke Merw und Aschkabad sowie ein Teil der Ersari noch ein reines Nomadenleben. Die Mehrzahl der Turkmenen der Bezirke Merw und Aschkabad, die Bevölkerung des Bezirkes Tedschen und die Göklan waren Halbnomaden bzw. seßhaft. Die Ogurdschali und der größere Teil der Ersari wohnten in festen Häusern, wobei die letzteren während des Sommers zum Teil mit ihren Herden zogen und die Stampflehmhäuser nur als Winterquartier benutzten.

Während der Eroberung Turkmeniens hatten die Russen mit dem Bau der Zentralasiatischen Eisenbahn vom Kaspischen Meer über Aschkabad, Merw, Beshir, Buchara und Samarkand nach Taschkent und Andischan begonnen. Diesen neuen Verkehrsweg benutzten auch die Teppichaufkäufer und die Lieferanten von Anilinfarben, um in die Aulen vorzudringen. Rußland schätzte die bis dahin in Europa wenig bekannten Turkmenenteppiche so sehr, daß Reiseberichten zufolge in den Aulen zuweilen nicht ein einziger Teppich vorhanden war. Die russische Zollpolitik schloß die Turkmenen von den Lieferländern ihrer schönen Naturfarben – Persien und Indien – ab. So erklärt sich die Anilinfärbung bester Wolle in ausgezeichnet geknüpften Turkmenenteppichen aus der Zeit um die Jahrhundertwende.

Die große Wandlung Westturkestans vollzog sich in den letzten Jahrzehnten. In den ehemaligen Sowjetrepubliken Turkmenistans, dessen Hauptstadt Aschkabad – heute selbst wichtigstes turkmenisches Teppichproduktionszentrum, dessen Manufakturen vornehmlich für den Export arbeiten, während die Teppichproduktion von Chiwa und Andischan für den Inlandsmarkt bestimmt ist – die Nachfolge Bucharas und Chiwas als Teppichmarkt angetreten hat, und Usbekistan – Randgebiete Westturkestans gehören auch zu den Republiken Tadschikistan, Kasachstan und Kirgisistan – haben Kolchosen, der Bau großer Kanäle und der Sog der Städte das Leben in der Steppe nicht unberührt gelassen. Aschkabad, Buchara, Chiwa, Samarkand und Taschkent, deren Namen in uns Vorstellungen von Geheimnis und Romantik erwecken, sind heute moderne Großstädte, Industrie- und Kulturzentren.

Taschkent, das »Juni« chinesischer Chroniken aus dem zweiten und ersten Jahrhundert vor der Zeitrechnung, hat als Hauptstadt Usbekistans 1,1 Millionen Einwohner. Es ist ein Zentrum der Baumwollerzeugung, beherbergt u. a. ein Textilkombinat, Bagger-, Textilmaschinen- und Landwirtschaftsmaschinenfabriken, 16 Hochschulen und ein großes, 70 000 Zuschauer fassendes Stadion. Das Leben Samarkands, dessen Stadtbild von Timur geprägt wurde, bestimmen Konfektions-, Trikotagen-, Kraftwageneinzelteile-, Konserven-, Kunstdünger- und Kinoapparaturfabriken, Seidenspinnerei, Universität, Hoch- und Mittelschulen, Theater und Klubs. Ähnliches gilt für die Verhältnisse Aschkabads, Chiwas und Bucharas.

In Chiwa, der spätfeudalistischen Hauptstadt des usbekischen Khanats Chorasm, mußten die schmalen, krummen Gassen dem modernen Verkehr weichen. Das grandiose, besonders um 1800 entstandene städtebauliche Ensemble jedoch blieb erhalten. Buchara, »i-scherif« (das Edle), mit den Resten seiner mächtigen Lehmstampfstadtmauern ist ein Bilderbuch zentralasiatischer Architektur, von den sogdischen Bauten vorarabischer Zeit bis zum Palast des letzten Emirs. Die berühmtesten der Mausoleen sind die des Scheichs Seifeddin Bocharsi (13. bis 14. Jahrhundert), Tschaschm-Ayub (1380) und die mit blauen Kacheln verkleidete des Kahns Buyan Kuli. Die alte Zitadelle Ark, schon im 6. Jahrhundert Zentrum der Stadt, Schloß des Fürsten Schiri-Kisch, blieb bis zum Sturz des Emirats (1920) Zwingburg. Sie beherbergt heute ein Museum mit hervorragend gestickten Decken und Gewändern. Sein Bestand an Teppichen ist von mittlerer Qualität. Sie dienten früher freitags zum Bedecken des Weges, den der Emir zur gegenüberliegenden Bolohaus-Moschee nahm. Diese gehört ebenso zu den architektonischen Glanzstücken wie die Medrese Miri-Arab (um 1535) und das

144

1
Pazyrykteppich (Ausschnitt)
(Beschreibung vgl. Skizze S. 19)

2
Bergama
Anatolien, Anfang 19. Jahrhundert

3
Melas
Südwestanatolien, geknüpfte Taschenfront, Mitte 19. Jahrhundert, 43 x 48 cm
Kette: W, Z 2S, elfenbein.
Schuß: W, rot, zweifach.
Flor: W, ca. 1400 Kn/qdm.
Seiten: W-Schirasi, rot, 2 x 2 Kettfäden umwickelt, Schmalseiten roter W-Kelim.
Griff: Weich, rückseitig leicht ripsig.
Farben: 9.
Muster: Geknüpfte Front einer Heybeh (anatolische Doppeltasche). Ein kleines, elfenbeingrundiges Innenfeld liegt im Zentrum dieser Melas-Knüpfarbeit, von denen nur wenige Stücke bekannt sind. Es trägt das amulettartige Symbol der farblich diagonal viergeteilten Raute. Stilisierte Rosetten und Blütenkelche schmücken den Bordürenrahmen.
Provenienz: Stuttgarter Kunstauktionshaus Dr. Fritz Nagel – Sammlung Hubel/Langelot.

4
Cicim
Westanatolien, 19. Jahrhundert, 220 x 165 cm
Struktur: Flachgewebe in Cicimtechnik, Wolle und Musterpartien in weißer Baumwolle.
Muster: Ungewöhnliches und farblich reizvolles Flachgewebe. Der gedeckt rote Grund ist im Innen-
feld fliesenartig mit rautenförmigen, bunten Fruchtbarkeitssymbolen belegt. 6 quadratische Felder
mit eingeschriebenen Rautenmotiven, ebenfalls mit Fruchtbarkeitssymbolen gemustert, sind aufge-
legt und durch feine Linien vertikal verbunden. Die quadrierte Bordüre ist mit bunt wechselnden
Motiven mit eingeschriebenen Tierkopfhaken belegt.
Provenienz: Stuttgarter Kunstauktionshaus Dr. Fritz Nagel – Sammlung Hubel/Langelot.

5
Bergama
um 1800, 176 x 149 cm

Kette: W. Z-Spinng. S-Zwirng. (2) ungefärbt elfenbein. Schuß: W. Z-Spinng. (1) gefärbt rot. 2 Schüsse entgegengesetzt gewellt. Flor: W. Z-Spinng. (2-3) Knoten G I: H 24, B 22 = 528 Kn/qdm. Oberkante: Einige Schüsse Rest eines W-Kilim rot. Unterkante: –. Seiten: W-Schirasi rot nicht original. Griff: Weich, mittelschwer, grob flachkörnig. Farben: Rot, Blau, Blaugrün, Elfenbein, Orangebraun, Dunkelbraun.

Muster: Im roten Innenfeld ist ein großes, durch die Seitenbordüren abgeschnittenes Motiv vertikal so gereiht, daß dazwischen der rote Fond in Form des gleichen Motivs erscheint. Diese großen Motive sind durch Volutenhakenfortsätze miteinander verklammert. Alle Motive sind mit X-Haken und geometrischen Blüten symmetrisch bestreut. Als Hauptborte ist auf elfenbeinfarbigem Grund eine große geometrische Blüte gereiht. Die Nebenborten bestehen aus von rot-weiß gepunkteten Nähten begleiteten Schrägstreifenbändchen.

6
Seldschukenteppich
Konya, 13. Jahrhundert, 520 x 285 cm (Ausschnitt)
Kette: W. Z-Spinng., S-Zwirng. (2) ungefärbt.
Schuß: W. Z-Spinng. (1) gefärbt rot, 3 Schüsse entge-
gengesetzt gewellt.
Flor: W. Z-Spinng. (2). Knoten G I: H 18, B 19 = 342
Kn/qdm.
Oberkante: –. Unterkante: –. Seiten: –. Griff: Trocken,
weich, lappig, grob.
Farben: 7, Dunkelweinrot, Dughi, Dunkelblau, Hellgrün-
blau, Lichtbraun, Elfenbein, Dunkelgrünblau.

8
Reihengebetsteppich (Saph)
Anatolien, 15. Jahrhundert, 128 x 311 cm

7
Seldschukenteppich
Konya, 13. Jahrhundert, Fragment 123 x 226 cm (Aus-
schnitt)
Kette: W. Z-Spinng., S-Zwirng. (2) ungefärbt.
Schuß: W. Z-Spinng. (1), gefärbt rot. 2 Schüsse entge-
gengesetzt gewellt und 3 Schüsse : 1. entgegengesetzt
zu 2. und 3.
Flor: W. Z-Spinng. (2). Knoten G I: H 28, B 25 = 700
Kn/qdm.
Oberkante: –. Unterkante: –. Seiten: –. Griff: Trocken,
lappig, mitteldick, grob.
Farben: 7, Dunkelblau, Blaßblau, Rot, Braungelb, Hell-
olivbraun, Braunrot, Dunkelbraun.

Kette: W. Z-Spinng., S-Zwirng. (2) ungefärbt hell. Schuß: W. Z-Spinng. (1), gefärbt rot. 3 und 2 Schüsse entgegengesetzt, gelegentlich 2. und 3. zusammen gewellt, Zwickelbildung. Flor: W. Z-Spinng. (2). Knoten G I: H 30, B
28 = 840 Kn/qdm, Arbeitsrichtung von links nach rechts. Oberkante: Rest eines W-Kilim, rot. Unterkante: –. Seiten: –. Griff: hart, grob. Farben: Dunkelblau, Violett, Rot, Elfenbein, etwas Hellgrün, Gelb, Hell- und Dunkelbraun.
Muster: 2 Reihen zu je 8 Mihrabs, als Rahmen gezeichnet auf dunkelblauem Grund. Nach dem ersten Mihrab-
paar die Zeichnung verkleinert weitergeführt. In der Bordüre Frühform des Schlingenkufi. In der Nebenborte
anfangs ein anderes Muster.

9
Reihengebetsteppich (Saph)
Anatolien, 15. Jahrhundert, 120 x 425 cm
Kette: W. Z-Spinng., S-Zwirng. (2) ungefärbt hell. Schuß: W. Z-Spinng. (1), gefärbt rot, 3 Schüsse entgegengesetzt gewellt. Flor: W. Z-Spinng. (2). Knoten G I: H 23, B 23 = 529 Kn/qdm. Arbeitsrichtung von links nach
rechts. Oberkante: –. Unterkante: Rest eines breiten W-Kilim, rot. Seiten: –. Griff: Trocken, grob. Farben: 7, Elfenbein, Rot, Dunkel- und Hellblau, Dunkelgrün, Dunkel- und Olivbraun.
Muster: Aus der Kufi-Borte entwickelte Mihrabzeichnung als Rahmen mit angehängten Ampeln und hellen Recht-
eckfeldern. Die Zeichnung der Oktogone in der Hauptborte ist eine Vorstufe der Konturverknotung. Inner- und
außerhalb der Nischen je 2 hakenbesetzte Zwickel, wie sie in anatolischen (besonders Konya und Bergama) und
kaukasischen Teppichen noch heute zu finden sind.

10
Seldschukenteppich
Konya, 13. Jahrhundert, 320 x 240 cm (Ausschnitt)
Kette: W. Z-Spinng., S-Zwirng. (2) ungefärbt.
Schuß: W. Z-Spinng. (1), gefärbt rot. 2 Schüsse entgegengesetzt gewellt.
Flor: W. Z-Spinng. (2). Knoten G I: H 30, B 28 = 840 Kn/qdm.
Oberkante: –. Unterkante: –. Seiten: –. Griff: Trocken, lappig, grob.
Farben: 7, Mittelblau, Blaßblau, Hellrot, Weinrot, Mittelbraun, Lichtbraun, Grünblau.

11
Holbein-Teppich
Anatolien, 15./16. Jahrhundert, 264 x 124 cm
Kette: W. Z-Spinng., S-Zwirng. (2) Ungefärbt hell.
Schuß: W. Z-Spinng. (1), gefärbt rot. 2 Schüsse entgegengesetzt gewellt. In der rechten Hälfte viermal Zwickelbildung.
Flor: W. Z-Spinng. (2). Knoten G I: H 38, B 25 = 950 Kn/qdm.
Oberkante: –. Unterkante: –. Seiten: –. Griff: Trocken, lappig, dünn, schwach ripsig.
Farben: 7, starkes Rot, Elfenbein, Hellblau, Dunkelgrün, Braunrot, etwas Olivgelb, Mittelblau. Braunschwarze Konturen ausgefallen.
Muster: Oktogone mit Konturverknotung in versetzter Reihung mit aus Arabeskblattpaaren gebildeten Rauten. In der Hauptbordüre verschlungenes Kufiband. Gleichartiger Teppich als Tischdecke im Porträtbild des Kaufmanns Gisze von Holbein (1532).

12
Stern-Ushak
Westanatolien, Anfang 17. Jahrhundert, 183 x 119 cm
Kette: W, Z 2S, elfenbein. Schuß: W, zweifach, rot. Flor: W, Sy, leicht geschichtet, ca. 1500 Kn/qdm.
Kanten: Schirasi ergänzt, Oberkante Schußreps dunkelgrün, Unterkante festoniert. Farben: 9.
Muster: Im roten Fond ein Ausschnitt aus der unendlichen Wiederholung der versetzten Reihung
von großen Arabeksternen mit großen Kreuzkartuschen, wobei nur ein Sternmedaillon im Innen-
feld zu sehen ist. Als Füllmuster feine, eckig gezeichnete Blütenranken. Auf der Hauptbordüre eine
Arabesk-Wellenranke, die in ihren Zwickeln stilisierte Floralmotive trägt.
Provenienz: Stuttgarter Kunstauktionshaus Dr. Fritz Nagel – vormals Sammlung U. Schürmann.

13 (linke Seite)
Vogel-Ushak
Antiker Knüpfteppich, 187 x 130 cm
Muster: Das elfenbeingrundige Innenfeld wird von einem Ausschnitt aus einem unendlichen, gitterartigen Flächenmuster überzogen, das unter der Bezeichnung Vogelmuster bekannt ist, da die Rosetten des Rapports je vierfach von vogelartigen Motiven umstellt werden. Mustervergleiche, besonders mit türkischen Kacheldekoren des 16. und 17. Jahrhunderts, lassen die Motive jedoch als S-förmig geschwungene Gabelarabesken erkennen. Das Innenfeld wird von einer breiten Hauptbordüre mit dem sogenannten Wolkenbandmuster umrahmt.
Die weißgrundigen Vogel-Ushak-Teppiche, deren Alter europäische Gemälde des 16. und 17. Jahrhunderts belegen, sind als Arbeiten des 17. und 18. Jahrhunderts äußerst seltene Sammlungsstücke. Sie wurden jedoch auch im 19. und frühen 20. Jahrhundert kopiert, teils auch in Bulgarien. Einige Belegstücke sind in Siebenbürger Kirchen erhalten. Eine frühe Entstehung in Siebenbürgen wird zuweilen diskutiert.
Provenienz: Stuttgarter Kunstauktionshaus Dr. Fritz Nagel.

14
Ushak
17. Jahrhundert (Ausschnitt)
Muster: Das Cintamani versetzt gereiht auf hellem Grund. In der Hauptborte eine doppelläufige Ranke mit arabesken Wolkenbandschleifen und stilisierten Blüten.

15
Lotto-Teppich
Westanatolien, 17. Jahrhundert, 174 x 126 cm
Muster: Kleinformatiger Teppich mit gelbem Arabesken-Gitter im sogenannten ornamented style
auf rotem Fond. Sehr ähnlich wie bei einem Vergleichsstück im Musée des Arts Décoratifs in Paris
sind die Oktogonformen des unendlichen Rapportmusters aus den geometrisierten Arabesk- und
Palmettenranken nicht vollständig sichtbar, sondern werden vom Bordürenrahmen teils überlegt.
Auch die Kreuzform zwischen ihnen wird nur einmal vollständig auf der Mittelachse gezeigt. Eine
blaugrundige Kartuschenhauptbordüre umrahmt das museale Sammlungsstück.
Provenienz: Stuttgarter Kunstauktionshaus Dr. Fritz Nagel.

16
Ladik-Gebetsteppich
Zentralanatolien, um 1700, 134 x 103 cm
Kette: W, rotbraun.
Schuß: W, braun gefärbt.
Flor: W, Sy, ca. 1200 Kn/qdm.
Seiten: Ergänzt.
Muster: Das Innenfeld trägt ein ungewöhnliches, ungemustert belassenes Gebetsfeld mit rotem Grund. Außerordentlich markant sind die Motive über dem Giebel, zumal die gebogten Formen mit Augenpunkten versehen sind, wodurch sich ein Vergleich mit dem Drachen-Phönix-Motiv anbietet. Das Stück kann zur Gruppe der sogenannten Siebenbürger-Teppiche gezählt werden und ist von musealem Wert.
Provenienz: Stuttgarter Kunstauktionshaus Dr. Fritz Nagel.

17
Gebetsteppich
Westanatolien, Bergama-Gebiet, um 1800, 140 x 96 cm
Struktur: Sy-Knüpfung, Wolle.
Muster: Ein Giebelband beschreibt auf dem elfenbeinweißen Fond ein rechtwinkliges Gebetsfeld mit »Fußeinstülpung« und markantem abgesetztem Giebel. Es handelt sich um eine Kombination der sogenannten Keyhole- und Re-entrant-Komposition. Wie bei den frühesten Beispielen dieses Mustertypus sind in die oberen Feldecken Füllpolygone eingestellt. Solche umschließen auch das zentrale sternartige Motiv. Das Innenfeld wird von einer braungrundigen Hauptbordüre umschlossen, auf der ein kreuzförmiges Motiv mit gegenständigen Tierabstraktionen (?) alterniert.
Provenienz: Stuttgarter Kunstauktionshaus Dr. Fritz Nagel – Publiziert: Sammlung E.H. Kirchheim, Sammlungskatalog 1993.

18
Medaillon-Ushak
Westanatolien, 16. Jahrhundert, 498 x 249 cm
Kette: W, Z 2S, elfenbein.
Schuß: W, rot, zwei- bis dreifach.
Flor: W, Sy2, ca. 1500 Kn/qdm. Seiten: Schirasi ergänzt; schmalseitiger Kelim ergänzt.
Farben: 7.
Muster: Von den 2 Hauptgruppen der Ushak-Teppiche mit Medaillonmuster – den rotgrundigen mit
blauem Medaillon und den blaugrundigen mit rotem Medaillon – ist die letztere seltener und kann
früher datiert werden. Der Fond trägt ein mächtiges, zitronenförmiges Zentralmedaillon. Aus dem
unendlichen Rapport von versetzt gereihten, alternierenden Medaillons werden blaugrundige, pas-
sige Kreismedaillons vierfach halbiert sichtbar. Gelbes Rankwerk füllt die verbleibende Fondfläche.
Die zeitliche Einordnung dieser Gruppe ist dank der Meister der abendländischen Malerei des 16.
und 17. Jahrhunderts gesichert. Die Farben bleiben konstant auf der Basis von Krapp, Indigo und
Wau. Bedeutendes Sammlungsstück.
Provenienz: Stuttgarter Kunstauktionshaus Dr. Fritz Nagel.

19

Gebetsteppich

Westanatolien, sogenannter Siebenbürger-Teppich, 18. Jahrhundert, 170 x 140 cm

Struktur: Sy-Knüpfung, Wolle.

Muster: Das kleine Innenfeld trägt ein fünfseitiges, rotgrundiges Gebetsfeld, bekrönt von blattarti-gen Motiven über dem gestuften Giebel. Besonders prägnant ist die charakteristische, gelbgrundi-ge Hauptbordüre. Als wahrscheinlich dürfte eine Entstehung in der 1. Hälfte des 18. Jahrhunderts gelten. Die lokale Zuordnung dieser Gruppe konnte nie vollständig abgesichert werden, wobei Ushak und Melas, aber auch eine Entstehung im zentralasiatischen Raum möglich wären. Sehr sel-tenes Stück.

Provenienz: Stuttgarter Kunstauktionshaus Dr. Fritz Nagel.

20
Bergama
Westanatolien, Anfang 19. Jahrhundert, 179 x 152 cm
Struktur: Sy-Knüpfung, Wolle.
Muster: Im Mittelfeld 2 wuchtige Balkensterne in weißen Oktogonen als Nachläufer eines alten Musterschemas des 15. Jahrhunderts. Auf ihren oktogonalen Kernen liegen Flechtbandmotive. Bei Vorläufern dieser Gruppe sind die hakenbesetzten Motive in den 8 Medaillonfortsätzen noch deutlich als Tierabstraktionen zu erkennen.
Provenienz: Stuttgarter Kunstauktionshaus Dr. Fritz Nagel.

21
Melas
Südwestanatolien, Mitte 19. Jahrhundert, 152 x 124 cm
Struktur: Sy-Knüpfung, Wolle.
Muster: Das Muster besteht, bis auf ein kleines rotgrundiges Innenfeld, nur aus Bordüren. Die Zeichnung der Hauptbordüre zeigt die von frühen Ushak-Teppichen bekannte, später in Melas und Bergama oft verwendete, geknickte Wellenranke mit hahnenkammartigen Arabeskansätzen. Musterkundlich hochinteressanter Sammlerteppich.
Provenienz: Stuttgarter Kunstauktionshaus Dr. Fritz Nagel.

22
Megri
Westanatolien, 19. Jahrhundert, 185 x 124 cm
Kette: BW, Z 2S, weiß. Schuß: W, rot, zweifach. Flor: W, Sy 1, ca. 750 Kn/qdm. Kanten: ergänzt. Farben: 11.
Muster: Das Innenfeld ist in 2 streifenartige, sechsseitige Paneele gegliedert. Bizarre Floralmotive sind auf ihnen gereiht. Ein zusätzliches Musterpaneel mit gereihten Motiven begrenzt am unteren Feldrand die beiden Paneele. Baumartig setzt sich das Kettenornament auf dem gelben Grund der Hauptbordüre fort, die von einer weißgrundigen Außenborte mit Rankenornament begleitet wird. Farblich charakteristisches Beispiel für die Zwei-Felder-Gruppe unter den Megri-Teppichen.
Provenienz: Stuttgarter Kunstauktionshaus Dr. Fritz Nagel – Sammlung Hubel/Langelot.

23
Gebetsteppich
Westanatolien, Bergama-Gebiet, 19. Jahrhundert, 116 x 109 cm
Struktur: Sy-Knüpfung, Wolle. Originaler breiter Kelimabschluß an der Oberkante mit 3 Motiven in
Schlitzkelimtechnik. Zackengemusterte Schirasi.
Muster: Ein emailblauer Gebetsgiebel, belegt mit abstrahierten Blütenkelchen, wird von stilisierten
Säulen getragen, die ein zentrales Lebensbaummotiv im sanft rotbraunen Mihrab flankieren. Stili-
sierte Blütenkelche sind auf der weißgrundigen Hauptbordüre gereiht.
Provenienz: Suttgarter Kunstauktionshaus Dr. Fritz Nagel.

24
Ladik

Zentralanatolien, 1. Hälfte 19. Jahrhundert (oder früher), 162 x 118 cm
Struktur: Sy-Knüpfung. Wolle.
Muster: Ein ungemein ausdrucksstarker und höchst sammlungswürdiger Gebetsteppich. Das klassische Kolonnen-Tulpen-Muster der berühmten Ladik-Gebetsteppiche des 17. und 18. Jahrhunderts hier in einer rustikal anmutenden Variante, die nicht minder reizvoll ist als die urbanen Vorbilder. Ein Vergleichsstück dieser Gruppe bei Schürmann (1966, S. 20) ist datiert in das Jahr 1822.
Beeindruckend schöne, großzügig gemusterte Hauptbordüre.
Provenienz: Stuttgarter Kunstauktionshaus Dr. Fritz Nagel.

25
Bergama
Westanatolien, 19. Jahrhundert, Gebetsteppich, 173 x 131 cm
Struktur: Sy-Knüpfung, Wolle.
Muster: Ein rotgrundiges Gebetsfeld mit einem kleinen Achtzackstern im Zentrum wird oben von einem hakenbesetzten Giebelband, unten von einem großen sogenannten Tulpenpaneel begrenzt. Gereihte Motive auf der apricotgrundigen Hauptbordüre. Eine unleserliche Datierung ist unter dem Giebel eingeknüpft.
Provenienz: Stuttgarter Kunstauktionshaus Dr. Fritz Nagel.

26
Siebenbürger-Teppich
Westanatolien oder Transsylvanien, Gebetsteppich, 157 x 120 cm
Kette: W, Z 2S, rot.
Schuß: W, rot.
Flor: W, Sy1, ca. 900 Kn/qdm.
Kanten: W-Schirasi, dreifach, gelb; schmalseitig Kelimabschlüsse.
Farben: 9.
Muster: Die sogenannten Siebenbürger-Teppiche mit Doppelnische und Kartuschenbordüre lassen sich in 2 Hauptgruppen einteilen. Die eine zeigt eine Arabeskenzeichnung, die andere rosettenähnliche Formen in den Zwickelfeldern, die das hexagonale Innenfeld umfassen. Den frühesten Beispielen eigen sind reziproke Hakenornamente in einer oder beiden Nebenborten. Die Kartuschenhauptbordüre zeigt eine außergewöhnliche Innenzeichnung. Bedeutender klassischer Sammlerteppich.
Provenienz: Stuttgarter Kunstauktionshaus Dr. Fritz Nagel.

27
Ushak
Westanatolien, 18. Jahrhundert, 181 x 153 cm
Struktur: Sy-Knüpfung, W, ca. 1800 Kn/qdm.
Muster: Im rotgrundigen Innenfeld wird die Musterkonzeption von Gebetsteppichen des 16. und
17. Jahrhunderts aufgenommen. Ein blaues Giebelband mit sogenannten Keyhole-Fußeinstülpun-
gen an beiden Schmalseiten umschließt ein zentrales, hexagonales Medaillon. Alternierende Motive
sind auf der gelbgrundigen Hauptbordüre gereiht. Hochkarätiger Sammlerteppich.
Provenienz: Stuttgarter Kunstauktionshaus Dr. Fritz Nagel.

28
Konya
18. Jahrhundert, 217 x 102 cm (97-107)
Kette: W. Z-Spinng., S-Zwirng. (2), ungefärbt hell.
Schuß: W. Z-Spinng. (1), ungefärbt dunkelbraun. 2-4 Schüsse entgegengesetzt gewellt.
Flor: W. Z-Spinng. (2). Knoten G I: H 31, B 31 = 961 Kn/qdm.
Oberkante: –. Unterkante: –. Seiten: –.
Griff: Weich, dünn.
Farben: 11, Englischrot, Drapp, Dunkelblau, Hellblau, Grünblau, Gelbgrün, Blaugrün, Weiß, Dunkelbraun, Zinnoberrot, Dunkelviolettbraun.
Muster: Im roten Mittelfeld sind 4 große, fliegenden Vögeln ähnlich geometrisierte Ranken asymmetrisch angeordnet. Dieses für Bordüren früher Gördesteppiche typische Motiv wird in der Türkei Kafale-(=Kopf-)Muster genannt. Auf dem drappfarbenen Grund der Hauptborte sind Vierpaßrosetten auf einer dünnen geraden Ranke gereiht.

29
Ladik

Gebetsteppich, Tulpenladik, datiert 1771, 187 x 113 cm
Kette: W. Z-Spinng., S-Zwirng. (2), ungefärbt hell.
Schuß: W. Z.-Spinng. (1), ungefärbt braun.
Flor: W. Z-Spinng. (2). Knoten G II (25 Grad): H 52, B 32 = 1664 Kn/qdm.
Oberkante: Reste eines W-Kilim rot. Unterkante: Wie Oberkante. Seiten: W-Schirasi rot um 2 Kettfadenpaare.
Griff: Trocken, fast dünn, ripsig.
Farben: 9, Rot, Dunkelblau, Olivgelb, Grünblau, Hellblau, Elfenbein, Schwarzbraun, Blaßviolett, Zinnoberrot.
Muster: Das typische Muster des Tulpenladik. Im relativ schmalen Mittelfeld liegt das rote Mihrab mit sechsfach gestuftem, in einem Doppelhaken endenden Giebel, der die Inschrift »Tarih sene 1185« (=»Datum Jahr 1185«) trägt. In den grünblauen Zwickeln geometrisierte Blätter und Blüten. Im fast quadratischen Paneel hängen 5 Lilienstiele in 3 Nischenbogen. In der dunkelblauen Hauptborte geometrisierte Paßblüten in regelmäßigem Wechsel mit einer Tulpe zwischen rechtwinkliger Blattgabel.

30
Palmetten-Teppich
Westanatolien, Ende 17. Jahrhundert, sogenannter Smyrna, 291 x 189 cm
Struktur: Sy-Knüpfung, W.
Muster: Kettartig verbunden werden im abraschierten Innenfeld in 2 Reihen große, bizarr anmuten-
de Palmetten gezeigt. Der Bordürenrahmen mit der Kartuschenhauptbordüre verdeutlicht die Ver-
wandtschaft zu den sogenannten Siebenbürger-Teppichen. In der niederländischen Malerei lassen
sich solche Smyrna-Teppiche verstärkt in den Jahren 1670 bis 1690 nachweisen.
Provenienz: Stuttgarter Kunstauktionshaus Dr. Fritz Nagel.

31
Dorfteppich
Westanatolien, wohl Bergama-Gebiet, 18. Jahrhundert, 214 x 156 cm
Struktur: Sy-Knüpfung, ca. 900 Kn/qdm, W.
Muster: Die schönen Teppiche dieser Gruppe sind bemerkenswert wegen ihrer breiten und dramatisch gezeichneten Bordüre, die zuweilen auch Krabbenmuster genannt wird. Bei diesem Beispiel umrahmt sie ein kleines rotgrundiges Innenfeld mit axialsymmetrischer Zeichnung. Ausgefallenes und frühes Stück.
Provenienz: Stuttgarter Kunstauktionshaus Dr. Fritz Nagel.

32
Dorfteppich
Ostanatolien, 18. Jahrhundert, 320 x
115 cm
Kette: W, S, hellbraun.
Schuß: W, dunkelbraun, 2- bis 3-
fach.
Flor: W, Sy3, ca. 1400 Kn/qdm.
Kanten: ergänzt.
Farben: 9.
Muster: Der schlanke, nachtblaue
Fond trägt 4 formatfüllende Hexago-
ne mit Hakenkonturen und interes-
santer Innenzeichnung. Schöne Kar-
tuschenhauptbordüre mit farblich
alternierendem Grund. Sehr seltene
Gattung.
Provenienz: Stuttgarter Kunstaukti-
onshaus Dr. Fritz Nagel.

33
Mudjur
Zentralanatolien, 1. Hälfte 19. Jahrhundert, Gebetsteppich, 162 x 121 cm
Struktur: Sy-Knüpfung, W.
Muster: Im Aufbau des Bordürenrahmens und in der Gliederung des Innenfeldes ein klassischer
früher Mudjur. Durch den seltenen gelben Grund des Gebetsfeldes – die meisten bekannten
Stücke zeigen ein rotgrundiges Mihrab – und seine interessante, baumartige Zeichnung hebt sich
dieser seltene Sammlerteppich jedoch deutlich hervor. Darüber hinaus ist er ein eindruckvolles Bei-
spiel für die Breite und Schönheit der Farbpalette dieser markanten Gruppe.
Provenienz: Stuttgarter Kunstauktionshaus Dr. Fritz Nagel.

36
Kelim
Zentralanatolien, Konya-Region,
Flachgewebe, 387 x 150 cm
Struktur: Schlitzkelimtechnik mit
zusätzlich eingetragenen Cicimmoti-
ven, aus 2 Webbahnen zusammen-
gesetzt, Wolle und Baumwolle.
Muster: Der seltene weißgrundige
Fond trägt auf der Mittelachse 5
große, konzentrisch aufgebaute
Hexagone. Sie werden von zickzack-
förmigen Bändern mit großen seitli-
chen Hakenfortsätzen zu einem Stan-
genornament verbunden. Zusätzliche
Musterpaneele mit archaisch anmu-
tenden Motiven in Reihung an den
Schmalseiten.
Provenienz: Stuttgarter Kunstauktionshaus Dr. Fritz Nagel.

37
Gebetskelim
Westanatolien, Afyon-Denizli-Kütahya-Region, Flachgewebe, 204 x 96 cm
Struktur: Schlitzkelimtechnik auf heller Wollkette, teils mit umlaufendem Konturfaden. Wolle. Zusätzlich eingetragene Cicimmotive, teils in Metallfäden.
Muster: Das braungrundige Gebetsfeld ist dicht mit bunten Polygonen belegt und wird von einer markanten weißgrundigen Bordüre mit aufstrebend ausgerichteten Motiven umrahmt. Beim Vergleichsstück aus dem Vakiflar-Museum wird erwähnt, daß es sich bei den längsseitigen Bordürenmotiven um sogenannte Kümbet- (Grabmal-) oder Jurtenmotive handele und daß eine Verbindung dieser Gebetskelims zur Stammesgruppe der Holanda bestehen dürfte.
Provenienz: Stuttgarter Kunstauktionshaus Dr. Fritz Nagel.

38
Obruk-Kelim
Zentralanatolien, Flachgewebe, 19.
Jahrhundert (oder früher), 415 x 135
cm
Struktur: Schlitzkelimtechnik, teils mit
umlaufendem Konturfaden, Wolle und
weiße Baumwolle.
Muster: Im rotgrundigen Innenfeld lie-
gen 5 sogenannte Tierfellmedaillons
im Wechsel von Blau und hellem
Grün. Im Gegensatz zu den üblichen
Kelims dieser Obruk-Gruppe sind die
Medaillons hier stangenartig verbun-
den. Großzügig gereihte Rautenmoti-
ve auf der Hauptbordüre.
Provenienz: Stuttgarter Kunst-
auktionshaus Dr. Fritz Nagel.

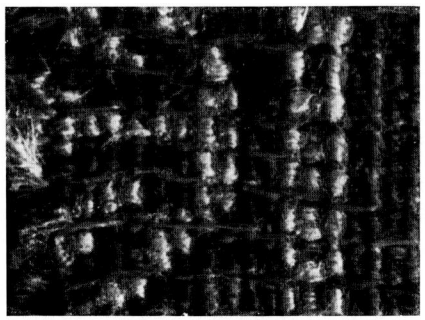

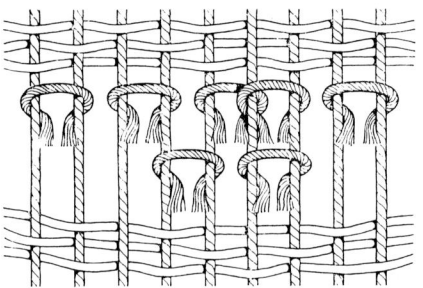

39
Fragment aus Fostat (Alt-Kairo)
Anatolien, 9. Jahrhundert, ca. 12 x 10 cm
Kette: W. Z-Spinng., S-Zwirng. (2) ungefärbt hell.
Schuß: W. Z-Spinng. (1) gefärbt rot. 3 Schüsse entgegengesetzt gewellt, teilweise hinter 3-4 Kettfäden geführt.
Flor: W. Z-Spinng. (2-4). Knoten G III (15 Grad): H 52, B 54 = 2808 Kn/qdm. Auch 2 Knoten auf 3 Kettfäden. Oberkante: –. Unterkante: –.
Seiten: Rest einer W-Schirasi rot um 3 x 1 und 2 x 1 Kettfäden.
Griff: Samtartig, dünn, fest, glatt.
Farben: 7, Rot, Dunkelblau, Gelboliv, Elfenbein, Lichtblau, Dunkelbraun, Hellgelboliv.
Muster: Es handelt sich um ein Fragment aus der rechten Seitenbordüre. Über den roten Grund der Hauptborte, die durch eine dunkelbraune Naht (2 Kn. auf 3 Kettfäden) vom gelboliven Rand abgesetzt ist, zieht sich eine zarte, geknickte Ranke, die mit geometrischen Kreuzblüten besetzt ist. Diese Kreuzblüte erscheint an den Wendepunkten der Ranke zu je zwei Dritteln. Dazwischen alternieren an der Ranke kleine Rhomben, von welchen gegenständig 2 winzige gabelförmige Blüten ausgehen mit einem Drittel der Kreuzblüte, das mit einem volutenkelchförmig geometrisch vegetabilen Motiv kombiniert ist. In den Zwickeln Halbrauten mit je einer der dreiblättrigen Blüten an den Spitzen und einer halben geometrischen Kreuzblüte im Zentrum. Auf dem hellgelboliven Grund der Nebenborte ist auf einem blauen Band anscheinend eine stilisierte Blume gereiht, wie sie in fast unveränderter Form bis ins 20. Jahrhundert in feinsten Knüpfarbeiten der Turkmenen nachzuweisen ist. Die Zwickel zwischen den unteren Partien der Blumen sind rotgrundig und mit einem elfenbeinfarbenen Punkt gemustert.

40

Sumakh

Kaukasus, 19. Jahrhundert, 329 x 262 (250-274) cm

Kette: W. Z-Spinng., S-Zwirng. (3) ungefärbt elfenbein. Ca. 70 Kettfäden/dm. Schuß: W. Z-Spinng., in S-Drehg. schwach gezwirnt (2), ungefärbt elfenbein. 1 Schuß nach jeder Musterschußreihe.

Musterschuß: W. Z-Sping., S-Zwirng. (4). Auf der Vorderseite jeweils über 2 Kettfäden diagonal vor- und auf der Rückseite in entgegengesetzter Richtung über 1 Kettfaden zurückgeführt. Diagonalrichtung nach jeder Reihe wechselnd, so daß Grätenstruktur entsteht.

Oberkante: Je ca. 6 Kettfäden zusammengefaßt zu einer wabenartigen Verknotung in 6 Knotenreihen. Unterkante: Wie Oberkante. Seiten: W-Schirasi rot um 4 Kettfäden. Farben: 13, Rot, Elfenbein, Dunkelgrün, Dunkelblau, Gelb, Braunschwarz, Violett, Blau, Braun, Dughi, Hellbraun, Olivgrün, Hellrotbraun.

Muster: Das aufsteigende Muster des rotgrundigen Innenfeldes steht in der Tradition der Drachenteppiche. In der Längsachse sind drei mächtige Motive gereiht, die je aus zwei gegenständig sich überlappenden Blattpaaren bestehen, welche eine Palmette einschließen. Als Verbindung dieser monumental wirkenden Motive je eine, von 2 mächtigen blauen Blättern kelchartig eingefaßte Palmette. Die ehemaligen »Drachenkämpfe« sind zu 4 flächigen gelben Gebilden mit geometrisch vegetabiler Innenzeichnung reduziert. Symmetrisch ist viermal der doppelköpfige, 3 Kronen tragende russische Zarenadler in das Muster eingeordnet.

41
Drachenteppich
Kaukasus, 16. Jahrhundert, 678 x 230 cm (Ausschnitt)
Kette: W. Z-Spinng., S-Zwirng. (3) ungefärbt hell. Schuß: W. Z-Spinng. (2) ungefärbt braun. 2
Schüsse: 1. gerade, 2. gewellt. Flor: W. Z-Spinng. (2). Knoten G II: H 32, B 44 = 1408 Kn/qdm.
Oberkante: –. Unterkante: –. Seiten: –. Griff: Trocken, mittelschwer, grobripsig. Farben: 7, Rot,
Blau, Drapp, Braun, Schwarzbraun, Blaßblaugrün, Elfenbein.
Muster: Das blaue Mittelfeld ist durch breite, rote und drappfarbene Blattpaare mit wuchtigen kau-
kasischen Palmetten gerautet. In den Rautenfeldern Drachen, Tierkampfgruppen, große kauka-
sische Palmetten und Bäume in symmetrischer Anordnung, Enten in den Halbrauten am unteren
Rand. Als Borte eine geknickte Wellenranke mit quadratischen Rosetten und diagonalgestellten
Palmetten.

42
Drachenteppich
Kaukasus, 17. Jahrhundert, Fragment, 100 x 83 cm
Struktur: Sy-Knüpfung auf heller W-Kette, Wolle.
Muster: Aus dem gitterartigen Rapport der sogenannten Drachenteppiche sind links eine rote und eine gelbe gegenständige Giebelform erhalten, die eine Palmette umschließen. Am rechten Rand eine teils erhaltene weitere Palmette, in der oberen Mitte ein Teil der namengebenden Drachendarstellung.
Provenienz: Stuttgarter Kunstauktionshaus Dr. Fritz Nagel.

43
Kuba
Kaukasus, 18. Jahrhundert, 303 x 168 cm
Struktur: Sy-Knüpfung in Wolle auf Wolle.
Muster: Das schöne Königsblau des Fonds zeigt einen Ausschnitt aus dem Harschang-Rapport-
muster. Unter den groß angelegten obligaten Rapportelementen sind doppeladlerförmige Motive
auf der Mittelachse und mächtige Palmetten sowie Rosetten mit vierfachem Blattgabelbesatz am
Feldrand. Museales Sammlungsstück.
Provenienz: Stuttgarter Kunstauktionshaus Dr. Fritz Nagel.

44
Kuba
Kaukasus, 18. Jahrhundert, 411 x 110 cm
Struktur: Sy-Knüpfung in Wolle auf weißer
Baumwoll-Grundstruktur.
Muster: In stangenartiger Verbindung über-
legen 5 Motivreihen das schöne Gelb des
Fonds. Während in dreien von ihnen geome-
trisierte Palmetten gezeigt werden, setzen
sich die anderen aus interessanten vierteili-
gen Motiven zusammen. Seltenes, allseitig
aufstrebend ausgerichtetes Bordürenorna-
ment. Wichtiges Zeugnis kaukasischer
Knüpfkunst.
Provenienz: Stuttgarter Kunstauktionshaus
Dr. Fritz Nagel.

45 (linke Seite)
Schirwan
Kaukasus, Anfang 18. Jahrhundert, 371 x 189 cm
Kette: BW/S, Z 3S, elfenbein.
Schuß: S, rosa, zweifach.
Flor: Sy1, ca. 1400 Kn/qdm.
Seiten: Schirasi zweifach, hellblau ergänzt. Farben: 8
Muster: Der azurblaue Fond trägt in 4 Reihen geometrisierte Palmetten, wegen deren Schildform diese Teppichgruppe zuweilen den Namen Schildteppiche erhält. Die farblich alternierenden Motive werden von je 2 wedelartigen Formen umfaßt. Eines der schönsten erhaltenen Beispiele dieser berühmten Teppichgruppe.
Provenienz: Stuttgarter Kunstauktionshaus Dr. Fritz Nagel.

46
Felder-Teppich
Kaukasus, 18./19. Jahrhundert, Knüpfteppichfragment, 460 x 162 cm
Kette: ZH, Z 3S, beigebraun.
Schuß: W, zweifach, dunkelbraun.
Flor: W, As4, ca. 1500 Kn/qdm.
Kanten: ergänzt; Oberkante: Reste von rotem Kelim mit netzartig abgeknoteten Kettfäden. Farben: 11.
Muster: Das alterskorrodierte Dunkelbraun des Fonds wird von einem Gitter aus roten Gabelarabesken in Felder gegliedert, die mit variierten Blütenbäumchen belegt sind, 3 von ihnen von Tierabstraktionen, eines sogar von Menschenfiguren flankiert. Das Kartuschenornament auf der gelbgrundigen Hauptbordüre, begleitet von reziproken Zinnenborten, ist in dieser Form von kaukasischen Blütenteppichen des 18. Jahrhunderts bekannt. Außergewöhnliches Sammlerstück von großer Seltenheit.
Provenienz: Stuttgarter Kunstauktionshaus Dr. Fritz Nagel.

47
Tierteppich
Kaukasus, 18. Jahrhundert,
armenischer Knüpfteppich, 302 x
140 cm
Struktur: Sy-Knüpfung in Wolle
auf Wolle.
Muster: Das archaisch anmutende Dessin setzt sich aus Reihen
farblich wechselnder Palmetten
zusammen. Zwischen ihnen sind
einzelne Tierdarstellungen oder
Tierkampfszenen zu sehen, die
dieser seltenen Teppichgruppe
die Bezeichnung Jagdteppiche
geben. Große Floralmotive sind
auf der Bordüre dieses bedeutenden Sammlerstückes gereiht.
Provenienz: Stuttgarter Kunstauktionshaus Dr. Fritz Nagel –
jetzt Sammlung E. H. Kirchheim,
Stuttgart/Linden-Museum für Völkerkunde, Stuttgart.

48 (rechte Seite)
Stern-Kasak
Kaukasus, 229 x 164 cm
Kette: W, Z 2S, elfenbein.
Schuß: BW, 2- bis 4-fach, elfen-
bein.
Flor: Sy1, ca. 1000 Kn/qdm.
Kanten: Schirasi aus 2 x 4 Kettfä-
den umwickelt, elfenbein; ober-
kantig bandartig abgeflochten.
Griff: Weich und dick.
Farben: 9.

Muster: Das prägnante Feldmuster der sogenannten Stern-Kasaks ist ein dichtes Sternendekorsy-
stem aus blauen Achtzacksternen mit roten und grünen Polygonen auf weißem Fond. Die spekta-
kuläre Gruppe läßt sich in 4 Untergruppen gliedern, wobei das abgebildete Stück zur Gruppe A
gezählt wird. Vergleichsstücke mit eingeknüpften Datierungen in die Jahre 1829 und 1820 sind
bekannt. Offensichtlich sind die sogenannten Sternen-Kasaks jedoch auch in Manufakturen bis in
das frühe 20. Jahrhundert geknüpft worden.
Provenienz: Stuttgarter Kunstauktionshaus Dr. Fritz Nagel.

49

Kasak

Zentralkaukasus, Kasak-Gendje-Gebiet, 19. Jahrhundert, 184 x 117 (113-121) cm
Kette: W. Z-Spinng., S-Zwirng. (2), ungefärbt hell, hell mit hellbraun und hell mit dunkelbraun.
Schuß: W. Z-Spinng., S-Zwirng. (2), ungefärbt hellbraun. 2-4 Schüsse entgegengesetzt gewellt.
Flor: W. Z-Spinng. (2). Knoten G I: H 28, B 26 = 728 Kn/qdm. Oberkante: W-Kilim braun nach hinten umgeschlagen und vernäht. Unterkante: Einige Schüsse Rest eines W-Kilim braun. Seiten: W-Schirasi braun und gelboliv um 4 Kettfadenpaare. Griff: Weich, schwer, sehr dick, grob. Farben: 9, Rot, Grün, Blau, Schwarzbraun, Gelb, Elfenbein, Helloliv. Lichtrotbraun, Rostrot.
Muster: Das Mittelfeld ist in breite Diagonalstreifen aufgeteilt, in welchen große Boteh mit linksgeneigten Wipfeln gereiht sind. Einige Vögel und kleine Boteh füllen die Streifenenden; nur 2 winzige S-Zeichen in der Mitte des mittleren Streifens. In der hellen Hauptborte der dreifachen Bordüre zu Quadraten mit angesetzten Doppelhaken aufgelöste Ranke. Medachylbänder als Nebenborten.

50
Swastika-Kasak
Kaukasus, 19. Jahrhundert, 224 x 187 cm
Struktur: Sy-Knüpfung in Wolle auf Wolle. Hoher, stapeliger Flor.
Muster: Neben den Stern-Kasaks (Abb. 48) stellen die sogenannten Swastika-Kasaks eine zweite
unter den spektakulärsten Dorfteppichgruppen aus dem Kaukasus des 19. Jahrhunderts dar. Ihr
rotgrundiger Fond trägt versetzt gereihte Hakenmotive, die von stangenartigen grünen Polygonen
begleitet werden. Der charakteristische Bordürenrahmen besteht aus der hier vorliegenden Kombination von weißgrundiger Hauptbordüre und bunt zackengemusterten Nebenborten. Vergleichsstücke mit eingeknüpften Jahreszahlen des frühen 19. Jahrhunderts sind bekannt.
Provenienz: Stuttgarter Kunstauktionshaus Dr. Fritz Nagel.

51
Kasak-Karachoph
Kaukasus, Mitte 19. Jahrhundert, 212 x 132 cm
Struktur: Sy-Knüpfung in Wolle auf Wolle, fleischiger Griff.
Muster: In charakteristischer Karachophgliederung trägt das rote Innenfeld im Zentrum das mächtige Karachoph-Oktogon, von schachbrettgemusterten Dreiecken zum Rechteck ergänzt. Die typischen Sekundärmotive sind hakenbesetzte Rechtecke mit Achtzacksternen. Grüngrundige Hauptbordüre mit sogenanntem Sägeblatt-Weinglas-Muster.
Provenienz: Stuttgarter Kunstauktionshaus Dr. Fritz Nagel.

52
Kasak
Kaukasus, Mitte 19. Jahrhundert, 235 x 138 cm
Struktur: Sy-Knüpfung in Wolle auf Wolle.
Muster: Der rotgrundige Fond trägt ein großes, gegliedertes Polygon in der Art der Sevan-Kasaks.
Der grüne Grund des schildartigen Motivs ist mit sterngeschmückten weißen Rechteckskartuschen
belegt. Seltene Kotschanak-Hauptbordüre in buntem Wechsel.
Provenienz: Stuttgarter Kunstauktionshaus Dr. Fritz Nagel.

53
Kasak
Kaukasus, 19. Jahrhundert, 206 x 154 cm
Struktur: Sy-Knüpfung in Wolle auf Wolle, fleischiger Griff.
Muster: Der rotgrundige Fond trägt ein schildartiges Motiv, das auch als Doppelnische interpretiert werden kann. Hakenbesetzte Rautenmotive schmücken die verbleibende Feldfläche. Gereihte Rosetten und S-Motive im Bordürenrahmen.
Provenienz: Stuttgarter Kunstauktionshaus Dr. Fritz Nagel.

54
Bordjalou-Kasak
Kaukasus, Mitte 19. Jahrhundert (oder früher), 225 x 180 cm
Struktur: Sy-Knüpfung in Wolle auf Wolle.
Muster: Das eindrucksvolle Hauptbordürenornament zählt zu den kennzeichnenden Ornamenten im Musterrepertoire der Bordjalou-Teppiche. Es ist ein Ausschnitt aus einem Rapport fliesenartig gereihter, konzentrisch aufgebauter Hakenrauten. Ähnliche Motive sind hier auch dreifach auf die Mittelachse des rotgrundigen Fonds gelegt.
Provenienz: Stuttgarter Kunstauktionshaus Dr. Fritz Nagel.

55
Sternen-Gendje
Kaukasus, Mitte 19. Jahr-
hundert, 257 x 110 cm
Struktur: Sy-Knüpfung in
Wolle auf Wolle, weicher
Griff.
Muster: Nur wenige
Stücke dieser interessan-
ten Gruppe, musterlich
mit den weißgrundigen
Sternen-Kasaks verwandt
(Abb. 48), sind bekannt.
Der Wechsel aus
Achtzacksternen und
roten Medaillons ist im
Feldausschnitt nur in einer
Vertikalreihe zu sehen. Die
schmale, gelbgrundige
Bordüre trägt bunt wech-
selnde Motive in Reihung.
Provenienz: Stuttgarter
Kunstauktionshaus Dr.
Fritz Nagel.

56
Lenkoran
Kaukasus, Ende 19.
Jahrhundert, 286 x
132 cm
Struktur: Sy-Knüp-
fung in Wolle auf Wol-
le.
Muster: Das markante
Feldmuster der Len-
koran-Teppiche
besteht aus oktogo-
nalen Motiven mit
Hakenfortsätzen im
Wechsel, flankiert von
X-förmigen Polygo-
nen. Die hier gezeigte
Lenkoranvariante ist
vergleichsweise sel-
ten. Die archaisch
anmutenden Haupt-
motive sind von den
obligaten Spiralhaken
umlegt.
Provenienz: Stuttgar-
ter Kunstauktions-
haus Dr. Fritz Nagel.

57 (linke Seite)
Schuscha
Karabagh, 19. Jahrhundert (417-427) 422 x 192 (182-202) cm.
Kette: W. Z-Spinng, S-Zwirng. (3), ungefärbt hell oder hell mit braun.
Schuß: BW. Z-Spinng., S-Zwirng. (3) ungefärbt hell. 2 Schüsse: 1. gerade, 2. gewellt.
Flor: W. Z-Spinng. (2). Knoten G III, 20 Grad: H 37, B: 32 = 1184 Kn/qdm.
Oberkante: –. Unterkante: –. Seiten: W.-Schirasi blau um 2 Kettfadenpaare. Griff: Weich, dünn, fest, schwach ripsig.
Farben: 11, Schwarz, Oliv, Elfenbein, Cochenillerot, Steingrün, Lichtblau, Dughi, Gelb, Hellbraun, Olivbraun, Mittelblau.
Muster: Im schwarzen Mittelfeld sind über dem dichten Grundmuster von in 14 Reihen geordneten Blütenranken 3 große, kleingestufte Polygone zusammen mit kleineren und einem Schild auf einer Stange gereiht. Das mittlere Polygon wird in Vierteln als Eckfüllung wiederholt. In der olivfarbenen Hauptborte fast quadratische hellblaue Boteh gereiht.

58
Kasak-Karabagh
Kaukasus, um 1880, 310 x 183 cm
Struktur: Sy-Knüpfung in Wolle auf Wolle.
Muster: Ein musterkundlich sehr interessanter Dorfteppich aus dem zentralen Kaukasus, der ornamental an eine Übergangsform zwischen den frühkaukasischen Drachenteppichen und den sogenannten Wolkenband-Kasaks angelehnt ist. Das zentrale Hauptmotiv ist den späteren Wolkenbandoktogonen schon sehr ähnlich. Es wird von stangenartigen Motiven vierfach umlegt und von je 3 großen Palmetten flankiert. Das Hauptbordürenornament ist unter der Händlerbezeichnung Krabbenborte bekannt. Provenienz: Stuttgarter Kunstauktionshaus Dr. Fritz Nagel.

59 (linke Seite)
Karabagh-Tschelaberd
Kaukasus, 2. Hälfte 19. Jahrhundert, 213 x 140 cm
Struktur: Sy-Knüpfung in Wolle auf Wolle.
Muster: Die frühen Vorgänger dieser Teppichgruppe, die fälschlicherweise unter der Bezeichnung
Adler-Kasak bekannt sind, zeigen ein Feldmuster aus alternierenden weißen Medaillons, den soge-
nannten Adlermedaillons, und oktogonalen Motiven. Bei den Stücken des 19. Jahrhunderts in Ein-
medaillonanlage erscheint wie hier das zentrale Adlermedaillon, flankiert von halbiert sichtbaren
Oktogonen. Für Adler-Kasaks und Wolkenband-Kasaks typischer Bordürenrahmen.
Provenienz: Stuttgarter Kunstauktionshaus Dr. Fritz Nagel.

60
Kuba
Kaukasus, 19. Jahrhundert, Gebetsteppich, 141 x 93 cm
Kette: W, Z 3S, naturbraun.
Schuß: W, Z 2S, elfenbein.
Flor: W, Sy, geschichtet, ca. 1400 Kn/qdm.
Seiten: Schirasi BW, 2 x 2 Kettfäden umwickelt; schmalseitig BW-Kelimabschlüsse.
Farben: 12.
Muster: Unter einfachem giebelförmigem Bogen trägt der seltene gelbe Fond versetzt angeordne-
te, stilisierte Blütenstauden und dazwischen eingestreute, geometrische Füllmotive. Das Ornament
der weißgrundigen Hauptbordüre ist für Kuba-Teppiche typisch. Es sind nur wenige Teppiche die-
ses Mustertypus bekannt.
Provenienz: Stuttgarter Kunstauktionshaus Dr. Fritz Nagel.

61 (linke Seite)
Karagashli
Ostkaukasus, 2. Hälfte 19.
Jahrhundert, 173 x 102 cm
Struktur: Feine Sy-Knüpfung
in Wolle auf Woll-Kette, BW-
Schüsse, kurz geschorener
Flor.
Muster: Ein Standardmuster
dieser Region zeigt im
zumeist blauen Innenfeld
stangenartig gereihte Rau-
ten, die von roten Guptamo-
tiven am schmalseitigen
Feldrand flankiert werden.
Hier jedoch werden nur vier
Guptamotive im Innenfeld
aufstrebend übereinander-
gestellt. Gelbgrundige Säge-
blatt-Weinglas-Hauptbor-
düre.
Provenienz: Stuttgarter
Kunstauktionshaus Dr. Fritz
Nagel.

62
Kuba-Schirwan
Kaukasus, Ende 19. Jahr-
hundert, 273 x 128 cm
Struktur: Mittelfeine Sy-
Knüpfung in Wolle auf Wolle.
Muster: Das alte Awshan-
Feldmuster wird auf typisch
nachtblauem Fond gezeigt,
wobei auf der Mittelachse
die charakteristischen
gestuften Rosetten im
Wechsel mit rotgrundigen
Sternmedaillons zu sehen
sind. Die namengebenden,
leuchtend weißen Gabelarabesken der Blattgabel-
Kuba-Teppiche sind mit
sogenannten Adlerklauen
besetzt. Wie die frühen Vergleichsstücke des 18. Jahrhunderts wird das Innenfeld
von einer Kufibordüre
umschlossen.
Provenienz: Stuttgarter
Kunstauktionshaus Dr. Fritz
Nagel.

63 (linke Seite)
Perepedil

Kaukasus, Kuba-Gebiet, Anfang 20. Jahrhundert, 195 x 132 cm

Struktur: Feine Sy-Knüpfung in Wolle auf Wolle.

Muster: Ein sehr charakteristischer Perepedil-Teppich für diese Periode. Das traditionelle Feldmuster mit seinen hörnerartigen Formen auf der Mittelachse (Wurmamotive), den Schwertformen am längsseitigen Feldrand und den markanten Perepedilvögeln fand seine frühen Vorbilder in erster Linie in kaukasischen Nadelarbeiten. Mustergültiger Bordürenrahmen mit Kufihauptbordüre.

Provenienz: Stuttgarter Kunstauktionshaus Dr. Fritz Nagel.

64
Südwest-Schirwan

Akstafa, 19. Jahrhundert, ca. 305 x 131 cm

Kette: W. Z-Spinng., S-Zwirng. (3), ungefärbt hell und 2 helle Fäden mit einem dunkelbraunen.

Schuß: BW. Z-Spinng., S-Zwirng. (2-3), ungefärbt. 2 Schüsse entgegengesetzt gewellt.

Flor: W. Z-Spinng. (2-3). Knoten: G I: H 41, B 32 = 1312 Kn/qdm.

Oberkante: 2 cm W-Kilim hell mit blauem Sumakhstich. Je 6-8 Kettfäden zusammen verknotet.

Unterkante: 2 cm Rest eines W-Kilim hell. Einzelne Kettfäden noch geschlauft und verdrallt.

Seiten: BW-Schirasi hellblau um 2 Kettfadenpaare.

Griff: Weich, dick, schwer, ziemlich glatt.

Farben: 13, Kirschrot, Elfenbein, Mittelblau, Schwarz, Grün, Dunkelblau, Rotbraun, Fraise, Gelb, Lichtoliv, Lachsrot, Cochenille, Zimtbraun.

Muster: Im roten Mittelfeld ist eine baumähnlich aufsteigende Ranke von 4 großen Sternmedaillons überlagert. In die Zwischenräume sind von den Seiten her geflügelte Tiere eingeschoben, die sich wahrscheinlich aus Gabelranken entwickelt haben. Dichtes Streumuster geometrisierter Tiere und Blumen.

65 (rechte Seite)
Kuba-Sejchur
Kaukasus, 2. Hälfte 19. Jahrhundert,
293 x 107 cm
Struktur: Mittelfeine Sy-Knüpfung,
leicht geschichtet, Wolle auf Wolle.
Muster: Eines der wichtigsten Muster
des Sejchur-Repertoires ist das
sogenannte Kreuzmedaillonmuster.
Dieses gitterartige Feldmuster wird
zumeist in einem Ausschnitt derge-
stalt gezeigt, daß es als vertikale Reihung von formatfüllenden, diagonalen Balkenkreuzen erscheint. Hier
wird es von einem sejchurtypischen
Bordürenrahmen mit sogenannter
georgischer Borte als äußerem
Abschluß umrahmt.
Provenienz: Stuttgarter Kunstauktionshaus Dr. Fritz Nagel.

66
Bidjov
Kaukasus, Kuba-Seichur-Gebiet,
Ende 19. Jahrhundert, 229 x 137 cm
Struktur: Mittelfeine Sy-Knüpfung,
leicht geschichtet, Wolle auf Wolle.
Muster: Das archaisch anmutende,
aufstrebend ausgerichtete Feldmuster der Bidjov-Teppiche zeigt sich
als stangenartige Reihung von Motiven auf der Mittelachse, wobei die
schwingenartigen Formen die markantesten Bestandteile des traditionellen Feldmusters sind. Für das
Gebiet typischer Bordürenrahmen
mit weißgrundiger Hauptbordüre,
begleitet von sogenannten Nelken-
borten.
Provenienz: Stuttgarter Kunstauktionshaus Dr. Fritz Nagel.

67
Sejchur-Wagireh
Kaukasus, Kuba-Gebiet, datiert 1320 (=1902), Musterteppich, 180 x 116 cm
Struktur: Mittelfeine Sy-Knüpfung über geschichteter Wollkette.
Muster: Wegen ihrer Bizarrheit und Expressivität erregen diese Musterteppiche, die als Knüpf- und Handelsvorlagen Verwendung fanden, große Aufmerksamkeit und Wertschätzung. In mehreren Abschnitten werden in dieser Wagireh Variationen auf das Rosenmuster des Sejchur-Gebietes gezeigt.
Provenienz: Stuttgarter Kunstauktionshaus Dr. Fritz Nagel.

68
Saljani
1. Hälfte 19. Jahrhundert, 236 x 127 cm
Struktur: Sy-Knüpfung in Wolle auf Wollkette, weiße BW-Schüsse, flauschig hoher Flor.
Muster: In den brillantesten Farbtönen der Knüpfgebiete des Kaspischen Meeres wird im rotgrundigen Innenfeld ein Gittermuster mit eingestellten geometrisierten Floralmotiven gezeigt. Auffällig sind die frühe Medachyl-Innenborte und die weißgrundige talischartige Hauptbordüre.
Provenienz: Stuttgarter Kunstauktionshaus Dr. Fritz Nagel.

69
Tschitschi
Kaukasus, Kuba-Gebiet, datiert 1868, 174 x 109 cm
Struktur: Feine Sy-Knüpfung in Wolle auf Wolle, leicht geschichtet.
Muster: In zarten, pastell wirkenden Tönen und reichlich verwendetem Elfenbein wird das Innenfeld
von fingerbreiten Diagonalstreifen überzogen. Eine sogenannte Krabbenbordüre und Tschetsche-
nenborten umrahmen das Stück. Diagonale und vertikale Streifenmuster sind auch in anderen kau-
kasischen Knüpfregionen bekannt.
Provenienz: Stuttgarter Kunstauktionshaus Dr. Fritz Nagel.

70
Marasali
Kaukasus, Ende 19. Jahrhundert, Gebetsteppich, 134 x 113 cm
Kette: W, Z 3S, elfenbein/braun meliert.
Schuß: BW, weiß, zweifach.
Flor: W, Sy, leicht geschichtet, ca. 1900 Kn/qdm.
Farben: 10.
Muster: Ein geradezu mustergültiges Beispiel für einen Gebetsteppich dieser Gruppe. Das gesamte Innenfeld ist mit den gebietstypischen gezackten Botehs belegt und wird von einem obligaten Bordürenornament auf elfenbeinweißem Grund umschlossen. Dieses rankenartige Muster schmückt auch das Giebelband.
Provenienz: Stuttgarter Kunstauktionshaus Dr. Fritz Nagel.

71 (linke Seite)
Zeijwa-Kuba
Kaukasus, Ende 19. Jahrhundert, 243 x 139 cm
Struktur: Sy-Knüpfung in Wolle auf Wolle, leichte Kettschichtung.
Muster: Unter den Zeijwa-Teppichen können 2 Hauptgruppen definiert werden. Der häufigere Typus ist meist kleinformatig und zeigt 3 der markanten Zeijwamedaillons im Innenfeld. Die zweite Gruppe, zu der das abgebildete Beispiel zählt, zeigt das Medaillonmuster als Ausschnitt aus einem fliesenartigen Rapport. Die Medaillonform ist gerundeter. Ein für das Kuba-Gebiet typischer Bordürenrahmen mit sogenannter georgischer Hauptbordüre umrahmt das Stück.
Provenienz: Stuttgarter Kunstauktionshaus Dr. Fritz Nagel.

72
Kasak
Kaukasus, 19. Jahrhundert, 300 x 200 cm
Struktur: Sy-Knüpfung in Wolle auf Wolle. Hoher, stapeliger Flor.
Muster: Die Lebensbäume, die bei diesem hervorragenden Stück dreifach im rotgrundigen Innenfeld übereinandergestellt sind, kennzeichnen eine verhältnismäßig seltene Teppichgruppe aus dem Kasak- und Gendje-Gebiet. Sie werden hier von einem breiten Bordürenrahmen mit weißgrundiger Hauptbordüre umrahmt, die mit käferartigen Motiven gemustert ist.
Provenienz: Stuttgarter Kunstauktionshaus Dr. Fritz Nagel.

73
Talisch
Kaukasus, Mitte 19. Jahrhundert,
246 x 95 cm
Muster: Der Talisch-Met-haneh ist
gekennzeichnet durch ein schmales,
ungemustertes Innenfeld, das von
einer reziproken Zinnenkontur eingefaßt wird. Kennzeichnend ist auch
das Ornament der weißgrundigen
Hauptbordüre, deren Hauptmotive
zuweilen sogar als Talischrosetten
bezeichnet werden.
Provenienz: Stuttgarter Kunstauktionshaus Dr. Fritz Nagel.

74 (rechte Seite)
Karabagh
Kaukasus, datiert 1853, Gebetstep-
pich, 145 x 95 cm
Struktur: Sy-Knüpfung in Wolle auf
Wolle.
Muster: Das vertikale Streifenmuster
mit Botehs ist bei Karabagh-Gebets-
teppichen zwar bekannt, hier jedoch
eigenständig interpretiert und von
einem »pointillistisch« wirkenden
Floralmuster auf weißgrundigen
Begleitstreifen flankiert. Das Giebel-
feld trägt ein archaisch anmutendes
Motiv und die eingeknüpfte Datie-
rung ins Jahr 1270 der Hedschra.
Provenienz: Stuttgarter Kunstaukti-
onshaus Dr. Fritz Nagel.

75
Kelim
Kaukasus/Nordwestpersien, um 1900, Flachgewebe, 230 x 165 cm
Struktur: Schlitzkelimtechnik in Wolle.
Muster: Streifengemusterte Kelims aus dem Kaukasus und aus Nordwestpersien überzeugen oft durch ihre Plakativität und farbliche Brillanz. Der abgebildete sogenannte Schirwan-Kelim fällt durch seine Reduktion auf wesentliche Formen auf.
Provenienz: Stuttgarter Kunstauktionshaus Dr. Fritz Nagel.

76
Sumakh

Kaukasus, Mitte 19. Jahrhundert, Flachgewebe, 348 x 179 cm
Struktur: Sumakh-Weberei in Wolle.
Muster: Neben den sogenannten Drachen-Sumakhs (Abb. 40) bilden jene mit rautenförmigen Medaillons die markanteste Sumakh-Gruppe, die auch weit häufiger anzutreffen ist. Innerhalb dieser bildet jedoch der abgebildete Typus eine Sondergruppe. Sie ist gekennzeichnet durch Rautenmedaillons mit Flechtenbandkonturen auf der Mittelachse und halbiert sichtbare Rauten am längsseitigen Feldrand, die mit interessanten Tierabstraktionen geschmückt sind. Ein sumakhtypischer Bordürenrahmen umschließt das Feld.
Provenienz: Stuttgarter Kunstauktionshaus Dr. Fritz Nagel.

77 (linke Seite)
Sileh
Nordwestpersien, Anfang 20. Jahrhundert, Flachgewebe, 205 x 133 cm
Struktur: Sumakhähnliche Webtechnik. Wollgrundgewebe sehr feiner Kelim, an den Farbübergängen in Schlitzkelimtechnik gezackt verzahnt. Mustereintrag in Wolle und weißer Baumwolle.
Muster: In der jüngeren Literatur wird die Bezeichnung für diese markante Flachgewebsgruppe korrigiert: Während sie früher als kaukasische Vernehs oder Schadda-Decken (Abb. 80) bezeichnet wurden, verwendet man heute den korrekten Begriff Sileh, der früher für die Drachen-Vernehs (Abb. 82) üblich war. Die 3 gebräuchlichsten Hauptmotive – Vogeldarstellungen, zweiköpfige Tierabstraktionen und fiederartige Motive – werden auch bei dem abgebildeten charakteristischen Beispiel gezeigt.
Provenienz: Stuttgarter Kunstauktionshaus Dr. Fritz Nagel.

78
Shahsavan-Mafrash
Nordwestpersien, Anfang 20. Jahrhundert, kastenförmiger Transportbehälter, 55 x 124 x 60 cm
Struktur: Längsseitige Paneele in Sumackhtechnik, durchgewebt mit gestreiftem Boden in Kelimtechnik, angesetzte Schmalseitenpaneele. Wolle.
Muster: Wie die Stücke auf den Abb. 77 und 79 werden auch die Transportbehälter in dieser Art heute nicht mehr als kaukasische, sondern als Shasavan-Arbeiten aus Nordwestpersien betrachtet. Im Gegensatz zum Gros der Mafrash-Stücke ist dieses nicht in horizontalen Paneelen gemustert, sondern zeigt ein durchgehendes, vielfarbiges Wabenmuster mit eingestellten Achtzacksternen.
Provenienz: Stuttgarter Kunstauktionshaus Dr. Fritz Nagel.

79
Shahsavan-Khordjin
Nordwetspersien, Moghan-Gebiet,
um 1900 oder früher, Doppeltasche,
135 x 56 cm
Struktur: Fein gewebte Sumakh-
taschenfronten, gestreifter Kelim-
rücken. Wolle.
Muster: Fast alle Vergleichsstücke
dieses seltenen Mustertypus sind
lediglich als einzelne Taschenfronten
erhalten und nicht wie hier in Form
einer kompletten Doppeltasche mit
Verschlußschlaufen und durchge-
webtem, gestreiftem Kelimrücken.
Die fein gewebten Sumakhtaschen-
fronten tragen ein formatfüllendes
Motiv mit pfeilspitzförmigen Fortsätzen und interessanter Innenzeichnung. Sehr aufschlußreich ist ein
Vergleich mit dem Aufbau turkmenischer Güls. Auch im Vergleich mit
anderen publizierten Stücken ein
farblich besonders reizvolles und klar
gestaltetes Sammlerstück.
Provenienz: Stuttgarter Kunstauktionshaus Dr. Fritz Nagel.

80 (rechte Seite)
Shadda-Decke
Nordwestpersien, 19. Jahrhundert,
Flachgewebe (Detailabbildung einer
Webbahn), 476 x 100 cm
Muster: Frühe Shadda-Decken sind gesuchte und hochbezahlte Sammlungsstücke. Während sie
technisch und vom musterlichen Charakter den Sileh in der Art von Abb. 77 gleichen, sind sie
meist aus 2 Webbahnen zusammengesetzt und zeigen markante Darstellungen von Kamelkarawa-
nen, andere Tierdarstellungen und zuweilen auch menschliche Figuren.
Provenienz: Stuttgarter Kunstauktionshaus Dr. Fritz Nagel.

81
Sumakh

Kaukasus, Ende 19. Jahrhundert,
Flachgewebe, 345 x 163 cm
Struktur: Sumakh-Webtechnik in
Wolle.
Muster: Mit seinem Knüpftep-
pichmuster in dem Innenfeld und
Bordürenrahmen, wie es von
mehreren Teppichgruppen des
östlichen Kaukasus bekannt ist,
ist dieses Flachgewebe eine Seltenheit, zumal es sich hier um ein
Feldmuster handelt, das nur selten in die Webtechnik übertragen
wurde. Das gelbgrundige Innenfeld wird von einem traditionellen
Gittermuster überzogen. In die
Gitterflächen sind hochabstrahierte Motive eingestellt.
Provenienz: Stuttgarter Kunstauktionshaus Dr. Fritz Nagel.

82 (rechte Seite)
Drachen-Verneh

Kaukasus/Nordwestpersien, 2.
Hälfte 19. Jahrhundert, Flachgewebe, 300 x 209 cm
Struktur: Sumakhähnliche Flachgewebstechnik in Wolle und
weißer Baumwolle. In 2 Webbahnen gearbeitet und zusammengefügt.
Muster: Die großen S-Formen
sind kennzeichnend für diese
Flachgewebsgruppe und werden
zumeist als Drachenmotive interpretiert. Dies wird einleuchtender,
wenn die Abbildung um 90 Grad
gegen den Uhrzeiger gedreht
wird: Es sind dann schlangenarti-
ge Körper mit langen Schwänzen
und einem Maul aus zwei Haken-
formen erkennbar. Charakteristisch für die Drachen-Vernehs
(früher als Silehs bezeichnet) sind
auch die Füllmotive.
Provenienz: Stuttgarter Kunstauktionshaus Dr. Fritz Nagel.

83
Schirwan

19. Jahrhundert, 310 x 117 (115-119) cm
Kette: W. Z-Spinng., S-Zwirng. (3), ungefärbt dunkelbraun oder ein heller Faden mit 2 dunkelbraunen.
Schuß: W. Z-Spinng. (1) und BW. Z-Spinng., S-Zwirng. (2), ungefärbt hell. 2-3 Schüsse: 1. gerade, 2. gewellt oder 2. gerade, 1. und 3. gewellt.
Flor: W. Z-Spinng. (2). Knoten G III, bis 40 Grad: H 48, B 50 = 2400 Kn/qdm.
Oberkante: Einige Schüsse Rest eines W./BW-Kilim weiß. Unterkante: Wie Oberkante.
Seiten: BW-Schirasi weiß um 2 Kettfadenpaare.
Griff: Fein, fest, dünn, glatt.
Farben: 11, Dunkelblau, Elfenbein, Rot, Hellblau, Schwarzbraun, Dunkelgrün, Olivgelb , Cochenillerot, Schwarz, Dunkelrotbraun, Drapp.
Muster: Das dunkelblaue Mittelfeld ist mit der Diagonalreihung von Blütensternen gleicher Form dicht durchgemustert. Von den farblich variierten Blütensternen stehen in jeder Reihe nur 2 in regelmäßigem Wechsel zur klareren Gliederung des endlosen Musters. Zwischen die Sterne sind winzige geometrisierte Blüten und 2 Vögel eingestreut.

84
Floralteppich
Nordwestpersien, 18. Jahrhundert, Knüpfteppichfragment, 352 x 200 cm
Struktur: Sy-Knüpfung auf heller Wollkette, BW-Schußmaterial.
Muster: Im Zentrum des axialsymmetrisch konzipierten Feldmusters liegt eine typische Rankenraute mit 2 angesetzten Palmettenpaaren. Nebeb den variantenreichen Floralmotiven des Rapports sind die wolkenbandartigen, muschelförmig verschlungenen Motive besonders interessant. Breite Hauptbordüre mit rhythmisch wechselnden Palmetten, teils von weißen, gebogten Blättern umschlossen.
Provenienz: Stuttgarter Kunstauktionshaus Dr. Fritz Nagel.

85
Ardebil-Teppich
Knüpfteppich aus der Moschee von Ardebil, Nordpersien oder Keshan, datiert 1539/40, 1152 x 534 cm (Ausschnitt)
Muster: Das dunkelblaue Mittelfeld ist von einem dichten Blütenrankenwerk überzogen. Das sechzehnpassige Zentralmedaillon mit 16 spitzovalen Anhängern und je einer angehängten Ampel in der Längsachse ist in das Grundmuster hineinkomponiert, ebenso seine Wiederholung in nahezu einem Viertel in den Eckstücken. Als Innenzeichnung ein feines Arabeskrankensystem, in dem Gabelranken dominieren, um einen Achtpaß als Zentrum. In der Hauptborte ein Band von Kartuschen und Achtpässen auf feinem Blütenrankengrund. Symmetrisch geordnete Wolkenbandschleifen dominieren in der Musterung der Kartuschen, Arabeskkreuze in den Achtpässen. Als Nebenbortenmusterung innen Wolkenbandranke, außen Arabeskranke mit Palmetten. Inschrift der Tafel: »Außer deiner Schwelle bin ich in der Welt hier ohne Zuflucht. Meinem Haupt ist außer dieser Pforte auch kein Anvertrauungsort. Verfertigt vom Knecht der Schwelle Maqsud Kaschani im Jahre 946.«

86
Jagdteppich
Seidenteppich mit Metallbroschierung, Keshan, 16. Jahrhundert, ca. 685 x 325 cm (Ausschnitt)
Kette, Schuß, Flor: Seide, Knoten S II, 85 Grad: H 116, B 112 = 12992 Kn/qdm.
Oberkante: –. Unterkante: Rest eines Seidenkilim, himbeerrot. Seiten: –. Griff: Wie dünner Samt.
Farben: 14, Weinrot, Pistaziengrün, Grün, Marineblau, Blaßblau, Sürmey, Braunschwarz, Gelb,
Olivgelb, Drapp, Elfenbein, Olivbraun, Gold, Silber.
Muster: Medaillonmuster mit Eckstücken. Das Innenfeld ist unsymmetrisch mit zahlreichen Jagd-
motiven gefüllt. In der Hauptborte sitzen geflügelte Genien in einem zarten, reichen Blütenranken-
muster.

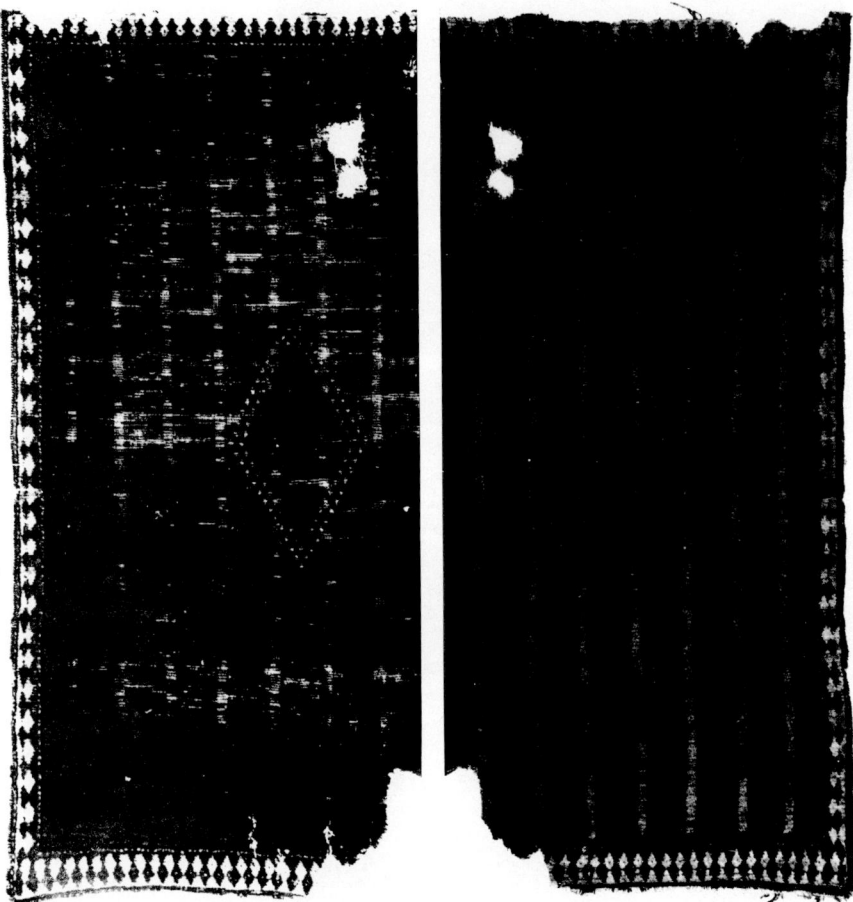

87 (linke Seite)
Seidenteppich
Knüpfteppich im Stil der sogenannten Polenteppiche, 280 x 174 cm
Struktur: Sehr feine Knüpfung in Seide auf Baumwollkette, goldbroschierte Musterpartien.
Muster: Das markante Feldmuster dieses Stückes und die großzügige Verwendung goldbroschierter Flächen sind von den sogenannten Polenteppichen inspiriert – einer Gruppe früher saffawidischer Knüpfkunstwerke. Die Grundflächen der großen Palmetten und Reserven im Innenfeld sind in Metallfäden gearbeitet, so auch einige Bestandteile der elfenbeingrundigen Hauptbordüre.
Provenienz: Stuttgarter Kunstauktionshaus Dr. Fritz Nagel.

88
Doruje (d'druja')
Nordwestpersien, kurdische Arbeit, 19. Jahrhundert, zweigesichtiger Teppich, ca. 193 x 132 cm
Kette: BW, Z 5S, ungefärbt.
Schuß: BW, 4Z, ungefärbt. 3-3 Schüsse entgegengesetzt gewellt nach jeder 2. Knotenreihe.
Flor: W, 2Z, geschichtet, ca. 1360 Kn/qdm.
Schirasi: W, rot, um 4 gebündelte Kettfäden; schmalseitig Reste lichtblauen BW-Kelims.
Griff: Weich, sehr schwer.
Farben: 7, Rot, Blau, Gelb, Elfenbein, Blaugrün, etwas Schwarzblau und Helloliv.
Muster: Auf der einen Seite eine blaue Raute im Zentrum des roten Fonds, auf der anderen breite blaue und grüne Vertikalstreifen mit gelben Rändern. Auf beiden Seiten Medachylborte.

89

Meschgin

Nordwestpersien, Kenareh, 19./20. Jahrhundert, (379-389) 384 x 91 (88-94) cm (Ausschnitt)

Kette: BW. Z-Spinng., S-Zwirng. (2), ungefärbt.

Schuß: Wie Kette: 2-3 Schüsse entgegengesetzt gewellt.

Flor: W. Z-Spinng. (2). Knoten G I: H 25, B 24 = 600 Kn/qdm.

Oberkante: 2 cm BW-Kilim. Je 3 Kettfäden abgeknotet.

Unterkante: –.

Seiten: W-Schirasi braun um 2 x 3 Kettfäden. Griff: Weich, schwer, fest, grob.

Farben: 9, Mittelbraun, Braunschwarz, Drapp, Mittelblau, Rot, Lichtblau, Lichtrotbraun, Olivgelb, Lichtblaugrün.

Muster: Von einem das braunschwarze Mittelfeld als Längsachse durchziehenden, dünnen, geraden Stamm zweigen unten je 3 geometrisierte Äste ab, die als Zickzacklinie das Mittelfeld durchlaufen und 12 Sechsecke bilden. In diese Hexagone und die zugehörigen Zwickel sind Nomaden mit ihrem ganzen Besitz an Tieren (Pferde, Kamele, Kühe, Ziegen, Hunde und Federvieh) unbeholfen gezeichnet. Schrägstreifenbordüre.

90

Täbris

Nordwestpersien, Ende 19.
Jahrhundert, 632 x 286 cm
Struktur: As-Knüpfung in
Wolle auf ungefärbter Baum-
wollkette. Ca. 3000
Kn/qdm.

Muster: Ein meisterliches
Knüpfkunsthandwerk, das
wohl als Auftragsarbeit und
Unikat gelten darf. Das passige Scheibenmedaillon mit
seinen markanten Ampel-
Anhängern ist an den sogenannten Ardebil-Teppich
angelehnt (Abb 85), und
auch der Entwurf der Kartu-
schen-Hauptbordüre ist von
diesem Vorbild inspiriert. Der
Fond wurde jedoch im
Gegensatz zum Vorbild
ungemustert belassen.
Provenienz: Stuttgarter
Kunstauktionshaus Dr. Fritz
Nagel.

91
Heriz
Nordwestpersien, Anfang 20. Jahrhundert, 626 x 396 cm
Struktur: As-Knüpfung in Wolle auf ungefärbter Baumwollkette.
Muster: Ein mächtiges Sternmedaillon mit aquamarinblauem Grund hebt sich deutlich vom Nacht-
blau des Fonds ab. Das Medaillon, seine imposanten palmettartigen Fortsätze auf den Diagonalen
und die mächtigen Anhänger auf der Vertikalachse sind von wuchtigen, wolkenbandartigen Kontu-
ren umschlossen. Sogenannte Herati-Hauptbordüre mit rotem Grund.
Provenienz: Stuttgarter Kunstauktionshaus Dr. Fritz Nagel.

92
Bagschaich
Nordwestpersien, Heris-Knüpfgebiet, 2. Hälfte 19. Jahrhundert, 433 x 347 cm
Muster: Der gitterartig durchgemusterte Fond trägt ein imposantes, gegliedertes Medaillon mit nachtblauem Grund und weißem Konturband. Ein diagonal gestelltes, kreuzförmiges Motiv bildet die Innenzeichnung. Eine Blütenranke auf dem roten Grund der Hauptbordüre wird von mehreren Nebenborten flankiert. Seltenes Dessin.
Provenienz: Stuttgarter Kunstauktionshaus Dr. Fritz Nagel.

93
Veramin
Nordpersien, um 1940, 375 x 245 cm
Struktur: Mittelfeine As-Knüpfung auf BW-Grundstruktur, fester Griff.
Muster: Der azurblaue Fond wird vom sogenannten Mina-Khani-Muster überzogen. Auch die Heratibordüre in diesem Stil gehört zum typischen Repertoire der Veramin-Manufakturteppiche dieser Periode.
Provenienz: Stuttgarter Kunstauktionshaus Dr. Fritz Nagel.

94
Bidjar

Westpersien, 1. Viertel 20. Jahrhundert, 600 x 340 cm

Struktur: As-Knüpfung auf BW-Grundstruktur, typisch schwere, brettartige Bidjar-Qualität.

Muster: Die klassische Anordnung von 4 Teppichen in großen Räumen persischer Häuser wurde bei der seltenen Gruppe der sogeannten Triclinium- oder Audienz-Teppiche in einem einteiligen Großformat realisiert. Zwischen 2 rotgrundigen Galerien mit sogenanntem Heratimuster liegt der Hauptteppich mit elfenbeinweißem Fond. Darüber ein weiterer Teppich, auf dessen wasserblauem Grund das alte Awshan-Muster zu sehen ist, womit in bemerkenswerter Weise 3 wichtige Bidjar-muster in einer Knüpfarbeit zusammengefaßt sind.

Provenienz: Stuttgarter Kunstauktionshaus Dr. Fritz Nagel.

95
Namakdan
Nordpersien, Veramin-Gebiet, Salztasche mit geknüpfter Front, ca. 46 x 33 cm
Kette: W. Z-Spinng., S-Zwirng. (2), ungefärbt dunkel und BW. Z-Spinng., S-Zwirng. (3), ungefärbt.
Schuß: W. Z-Spinng. (1), gefärbt rot. Ein Schuß gewellt.
Flor: W. Z-Spinng. (2-3). Knoten G I: H 36, B 32 = 1152 Kn/qdm. Arbeitsbeginn am schmalen Teil.
Oberkante: W-Kilim rostrot, umgeschlagen und vernäht.
Unterkante: W-Kilim rotbraun als Übergang zum Rückwand-Palas, der auf Kettfadenpaaren gewebt ist.
Griff: Fleischig, dick, grobkörnig.
Farben: 9, Sürmey, Elfenbein, Rostrot, Hellbraun, Marineblau, Helloliv, Grün, Olivgelb, Schwarz.
Muster: Im sürmeyfarbenen Mittelfeld primitives Heratimotiv. Im schmalen Teil Rosetten und Tiere, die (entsprechend der Arbeitsrichtung ausgeführt) auf dem Kopf stehen.

96 (rechte Seite)
Senneh
Westpersien, 2. Hälfte 19. Jahrhundert, 219 x 128 cm
Struktur: Sy-Knüpfung auf mehrfarbiger Seidenkette, BW-Schußmaterial, ca. 4200 Kn/qdm, tuchartig feiner Griff.
Muster: Das netzartige Heratimuster überspannt den Fond, dessen Grundfarben in medaillonartiger Gliederung von Nachtblau zu Elfenbein wechselt. Unter der gleichen Bezeichnung wie das Feldmuster ist auch das der Bordüre bekannt.
Provenienz: Stuttgarter Kunstauktionshaus Dr. Fritz Nagel.

97
Kirman
Südpersien, 19. Jahrhundert, 195 x 122 cm
Muster: Der elfenbeinweiße Fond dieses hochfein geknüpften Stückes ist dicht mit versetzt gereih-
ten Botehs durchgemustert. In filigraner Feinheit werden auch die schmalen Borten gezeigt. Teppi-
che dieses Charakters sind sonst eher als Arbeiten des Arak-Gebiets in Westpersien bekannt.
Provenienz: Stuttgarter Kunstauktionshaus Dr. Fritz Nagel.

98
Senneh-Kelim
Westpersien, 2. Hälfte 19. Jahrhundert, Flachgewebe, 217 x 148 cm
Struktur: Schlitzkelim in Wolle.
Muster: Das nachtblaugrundige Innenfeld ist dicht mit versetzt gereihten Botehs durchgemustert, die sich aus einer kleinen stilisierten Blütenstaude formen. Eine Diagonalstreifenbordüre wird von lichtblauen Rankenborten begleitet.
Provenienz: Stuttgarter Kunstauktionshaus Dr. Fritz Nagel.

99
Meyghun
Westpersien, 1. Viertel 20. Jahrhundert, 203 x 135 cm
Struktur: Feine As-Knüpfung auf BW-Grundstruktur. Fester Griff.
Muster: Während der Farbcharakter für Meyghunarbeiten als typisch bezeichnet werden kann,
hebt sich dieses Stück musterlich hervor. Das charakteristische Heratimuster wurde nur im zentra-
len Hexagon verwendet. Der nachtblaue Fond trägt dagegen ein Muster aus aufstrebend angeord-
neten Baummotiven, die teils aus Vasen erwachsen.
Provenienz: Stuttgarter Kunstauktionshaus Dr. Fritz Nagel.

100
Hamadan
Westpersien, 19. Jahrhundert, 388 x 95 cm
Struktur: As-Knüpfung auf W-Kette. Weicher Griff.
Muster: In typischer Weise wirken die Ornamente
und Motive auf dem Kamelhaargrund wie aufge-
legt. Im schlanken Innenfeld 2 hexagonale Kartu-
schen mit Rautenmotiven über gitterartigem
Flächenmuster. Der äußere Uni-Fries ist kennzeich-
nend für diese Hamadan-Mustergruppe.
Provenienz: Stuttgarter Kunstauktionshaus Dr. Fritz
Nagel.

101

Khamseh

Südpersien, Kenareh, Anfang 20. Jahrhunderts, 530 x 115 (113-117) cm (Ausschnitt)

Kette: W. Z-Spinng., S-Zwirng. (3), ungefärbt lichtbraun.

Schuß: W. Z-Spinng., in S-Drehg. (4) leicht gezwirnt, ungefärbt lichtbraun. 2 Schüsse: 1. gerade, 2. gewellt.

Flor: W. Z-Spinng. (2). Knoten G II, 20 Grad: H 30, B 33 = 990 Kn/qdm.

Oberkante: 2 cm W-Kilim lichtbraun, Fransen. Unterkante: –. Seiten: W-Schirasi um 2 Kettfadenpaare in verschiedenen Farben. Griff: Weich, mittelschwer, leicht körnig.

Farben: 8, Rostrot, Orangerot, Olivgelb, Elfenbein, Sürmey, Marineblau, Dunkelbraun, etwas Oliv.

Muster: 6 mächtige, kleingetreppte Hexagone sind zusammen mit 7 Schachbrettrhomben auf einem Stab über gestreiftem Grund gereiht.

Provenienz: Stuttgarter Kunstauktionshaus Dr. Fritz Nagel – Sammlung R.G. Hubel.

102
Saruk

Feraghan, Satteldecke, Westpersien, 19. Jahrhundert, 99 x 96 cm

Kette: BW. Z-Spinng., S-Zwirng. (4) ungefärbt.

Schuß: BW. Z-Spinng., in S-Drehg. (4) leicht gezwirnt, ungefärbt, dick. (2) leicht gezwirnt, gefärbt blau, dünn. 2 Schüsse: 1. dick, 2. dünn, gewellt.

Flor: W. Z-Spinng. (2). Knoten S II, 85 Grad: H 74, B 72 = 5328 Kn/qdm. Ober- u. Unterkante: –.

Seiten: W-Schirasi rot um 2 Kettfäden. Griff: Trocken, lederhart, dünn, feinkörnig.

Farben: 9, Sürmey, Zinnoberrot, Drapp, etwas Hellblau, Braunrot, Schwarz, Violettrot, Olivgrün und Olivgelb.

Muster: Im heratigemusterten leuchtendroten Mittelfeld liegt die sürmeyfarbene, nur mit 2 Blütenvasen und 4 Blüten gemusterte Sitzfläche. Schekiri-Borte.

103
Isfahan
Zentralpersien, Anfang 20. Jahrhundert, Porträtteppich, 170 x 135 cm
Struktur: Sehr feine As-Knüpfung auf BW-Grundstruktur.
Muster: Porträtteppiche mit Darstellungen persischer Shahs wurden im 19. Jahrhundert öfter geknüpft. Hier jedoch ist ein europäischer Herrscher dargestellt. Die um die Jahrhundertwende wohl anläßlich einer der Reisen des Kaisers in den Orient entstandene Auftragsarbeit zeigt ein ganzfiguriges Porträt Wilhelms II., gerahmt von einer kunstvollen Palmettenranke. Als Vorlage diente ein bekanntes Gemälde des Kaisers.
Provenienz: Stuttgarter Kunstauktionshaus Dr. Fritz Nagel – heute Besitz des Historischen Museums in Berlin.

104
Täbris
Nordwestpersien, Ende 19. Jahrhundert, Bildteppich, 180 x 117 cm
Struktur: As-Knüpfung in Seide auf Seide, ca. 7200 Kn/qdm.
Muster: Porträtdarstellung des legendären Schah Abbas in jugendlichen Jahren. Der Herrscher mit
Krone und Dolch, in siegellackrotem Gewand auf königsblau gepolstertem Thronsessel.
Provenienz: Stuttgarter Kunstauktionshaus Dr. Fritz Nagel.

105
Saruk
Westpersien, um 1920, 355 x 270 cm
Struktur: As-Knüpfung in sogenannter Manchester-Wolle auf BW-Grundstruktur. Hoher, weicher, glanzreicher Flor.
Muster: Ein Stück, das sich aus dem Gros der Teppiche dieses Stils (sogenannte amerikanische Saruks, d.h. aus den Vereinigten Staaten reimportierte Teppiche) deutlich hervorhebt. Das Feldmuster liegt auf einem sanft schimmernden Fraiseton. Es wird gegliedert durch spiralig gebogte, elegante Gabelarabesken.
Provenienz: Stuttgarter Kunstauktionshaus Dr. Fritz Nagel.

106 (rechte Seite)
Saruk
Westpersien, um 1900. 208 x 138 cm
Struktur: Feine Sy-Knüpfung in Wolle auf BW-Grundstruktur.
Muster: Das tiefe Blau des Fonds trägt ein großes Zentralmedaillon mit sanft hellrotem Grund. Dem hellen Blütenmuster im Fond sind naturalistisch aufgefaßte Vogeldarstellungen beigegeben. Bemerkenswert auch die Vogelköpfe, mit denen die Medaillonviertel der Feldecken bekrönt sind.
Provenienz: Stuttgarter Kunstauktionshaus Dr. Fritz Nagel.

107
Ziegler-Mahal
Westpersien, Ende 19. Jahrhundert, 356 x 290 cm
Struktur: Sy-Knüpfung in Wolle auf BW-Grundstruktur.
Muster: Der ziegelrote Grund wird vom sogenannten Heratimuster überzogen. Die nachtblaugrundige Hauptbordüre trägt ein Rankenornament mit Blüten und stilisierten Blumenvasen. In Sultanabad, dem heutigen Arak, unterhielt die englische, von einem Schweizer gegründete Firma Ziegler & Co. Manufakturen, in denen hochwertige Teppiche für den westlichen Markt geknüpft wurden und heute unter »Ziegler-Mahals« oder ähnlichen Bezeichnungen gehandelt werden.
Provenienz: Stuttgarter Kunstauktionshaus Dr. Fritz Nagel.

108
Isfahan
Zentralpersien, um 1925, 200 x 140 cm
Struktur: Selten feine Knüpfung in Seide auf Seide.
Muster: Vom Fuße des rotgrundigen Gebetsfeldes erhebt sich ein kunstvoll stilisierter Lebensbaum mit sprialigen Ästen bis unter den geschwungenen Giebel, der von Vogeldarstellungen flankiert wird. Aquamaringrundige Hauptbordüre mit alternierenden Palmetten und Rosetten.
Provenienz: Stuttgarter Kunstauktionshaus Dr. Fritz Nagel.

109
Keschan
Zentralpersien, Anfang 20. Jahrhundert, Paar Knüpfteppiche, je ca. 225 x 140 cm
Struktur: Sehr feine As-Knüpfung in Wolle auf Wolle.
Muster: Die Zentralmedaillons werden von feingliedrigem Rankwerk umschlossen, dem kleine Vogeldarstellungen beigegeben sind. Das helle Blau in den Feldecken ist von Azur- bis Aquamarin-blau abraschiert. Ein bemerkenswert schönes, stangenartiges Ornament durchzieht die Hauptbordüren. Teppiche dieser Qualität werden häufig als Mochtaschem angeboten, was dann als Qualitätsbegriff zu verstehen ist.
Provenienz: Stuttgarter Kunstauktionshaus Dr. Fritz Nagel.

110 (rechte Seite)
Heriz
Nordwestpersien, um 1900, 174 x 127 cm
Struktur: Selten feine As-Knüpfung in Seide auf Baumwolle.
Muster: Ein paradiesischer Garten mit Bäumen und verschiedenen Tierdarstellungen wird unter einem rankenumsäumten Giebel über kupferbraunem Grund dargestellt. Auch dem Rankenornament der Hauptbordüre sind Vogelprotome beigegeben.
Provenienz: Stuttgarter Kunstauktionshaus Dr. Fritz Nagel.

111

Isfahan

Zentralpersien, Mitte 20. Jahrhundert, 375 x 260 cm

Struktur: Sehr feine As-Knüpfung in Wolle auf Seidenkette, partielle Musterkonturen in Seide.

Muster: Im elfenbeinweißen Fond liegt ein rundes Zentralmedaillon, umlegt von kunstvollem Blüten-rankwerk. Im unteren Kelimansatz eingeknüpfte Kartusche mit der Signatur der berühmten Manu-faktur Seirafian.

Provenienz: Stuttgarter Kunstauktionshaus Dr. Fritz Nagel.

112 (linke Seite)

Kirman

Südpersien, um 1900, Satteldecke, 79 x 137 cm

Struktur: Feine As-Knüpfung in Wolle.

Der fürstlich wirkende Sattelschmuck zeigt im Innenfeld ein kunstvolles Rankenmuster mit Blüten, das aus einer stilisierten Balustervase erwächst. Im Bordürenrahmen Jagddarstellungen.

Provenienz: Stuttgarter Kunstauktionshaus Dr. Fritz Nagel.

113
Dschoschegan
Zentralpersien, 1. Hälfte 19. Jahrhundert, 575 x 230 cm
Kette: BW, Z 4S, ungefärbt.
Schuß: BW, Z 4S, ungefärbt, einige hellblau, 2 Schüsse entgegengesetzt gewellt.
Flor: W, Z, As1, ca. 1000 Kn/qdm.
Kanten: –.
Griff: weich, grob, ripsig.
Farben: 9.
Muster: Das rotgrundige Innenfeld wird von einem gitterartigen Rapportmuster aus stern- und kreuzförmigen Kartuschen überzogen, die mit Blütenmotiven ausgefüllt sind. Auf der blaugrundigen Hauptbordüre werden Rosetten von gelben Blättern umschlossen.
Provenienz: Stuttgarter Kunstauktionshaus Dr. Fritz Nagel – vormals Sammlung Danker, Wiesbaden.

114

Kurdistan

Westpersien, 1. Hälfte 19.
Jahrhundert, 510 x 212 cm
Struktur: Sy-Knüpfung auf
BW-Kette.

Muster: Das Innenfeld wurde
zugunsten des monumenta-
len Bordürenrahmens klein
angelegt. Sein nachtblauer
Fond wird von einem Herati-
Rapport in brillanten Farben
überzogen. Besonders
beeindruckend ist die wuchtige Palmetten- und Blütenranke, die auf den fraisefar-
benen Grund der Hauptbor-
düre gelegt ist. Frühe Teppiche des 18. Jahrhunderts
aus Ostpersien (Khorassan,
Herat) sind zuweilen sehr
ähnlich.

Provenienz: Stuttgarter
Kunstauktionshaus Dr. Fritz
Nagel.

115
Bachtiari
Südpersien, um 1900, 404 x 313 cm
Struktur: As-Knüpfung auf weißer BW-Kette, ca. 1200 Kn/qdm.
Muster: Der elfenbeinweiße Fond trägt ein Muster aus großen, versetzt gereihten Vasenmotiven, jeweils bekrönt von einer Vogeldarstellung. Schmale Bordüre, typisch für südpersische Stammesarbeiten. Vermutlich Auftragsarbeit für einen Bachtiari-Khan aus Tschahar Mahal.
Provenienz: Stuttgarter Kunstauktionshaus Dr. Fritz Nagel.

116
Kirman
Südpersien, Ende 19. Jahrhundert, 213 x 134 cm
Struktur: As-Knüpfung auf BW-Grundstruktur.
Muster: Der helle Fond ist mit eleganten Blütenrispen schwungvoll und flächig bedeckt. Eine rote Rankenkontur umschließt im Zentrum ein grüngrundiges, hochgestrecktes Medaillon mit Anhängern.
Provenienz: Stuttgarter Kunstauktionshaus Dr. Fritz Nagel.

117 (linke Seite)
Mesched
Ostpersien, Anfang 20. Jahrhundert, Teppich mit Mihrab, 220 x 140 cm
Kette: BW in S-Drehg. (10) gezwirnt, ungefärbt.
Schuß: BW in S-Drehg. (3) gezwirnt, ungefärbt (einzelne Fäden gefärbt blau). 2 Schüsse: 1. gerade, 2. gewellt.
Flor: W. Z-Spinng. (2). Knoten S III, 80 Grad: H 52, B 60 = 3120 Kn/qdm.
Oberkante: 2 cm BW-Kilim, ungefärbt. Unterkante: 1 cm BW-Kilim ungefärbt, einige Kettschlaufen noch geschlauft und verdrallt. Seiten: W-Schirasi dunkelblau um 5 verdrallte Kettfäden.
Griff: Glatt, sehr fest, mittelschwer, feinkörnig.
Farben: 15, Drapp, Dunkelrotbraun, Weinrot, Hellblau, Dughi, Rot, Hellgrün, Hellolivgrün, Mittelblau, Dunkelblau, Oliv, Schwarz, Weiß, Helloliv, Blaßgrün.
Muster: Durch Rankenfüllung der oberen Mittelfelddecken entsteht ein dekoratives Mihrab. Auf seinem drappfarbenen Grund flankieren 2 Blütenbäume eine große Vase, aus der Blütenstauden aufsteigen. In den Zweigen Vögel, unten Rehe schlagende Leoparden, von Schlangen bedroht. In der Hauptborte Kompositblütenranke mit dominierenden Botehblättern.

118
Mesched
Ostpersien, Manufaktur Saber, 2. Viertel 20. Jahrhundert, 564 x 397 cm
Struktur: Sehr feine As-Knüpfung auf BW-Grundstruktur.
Muster: Der gedeckt rote Fond ist mit einem floralen Rapportmuster durchgemustert, das von einem entsprechenden Hauptbordürenornament umrahmt wird. Die beiden Mesched-Manufakturen Amoghli und Saber stehen für hochwertige Arbeiten aus Khorassan des 20. Jahrhunderts.
Provenienz: Stuttgarter Kunstauktionshaus Dr. Fritz Nagel.

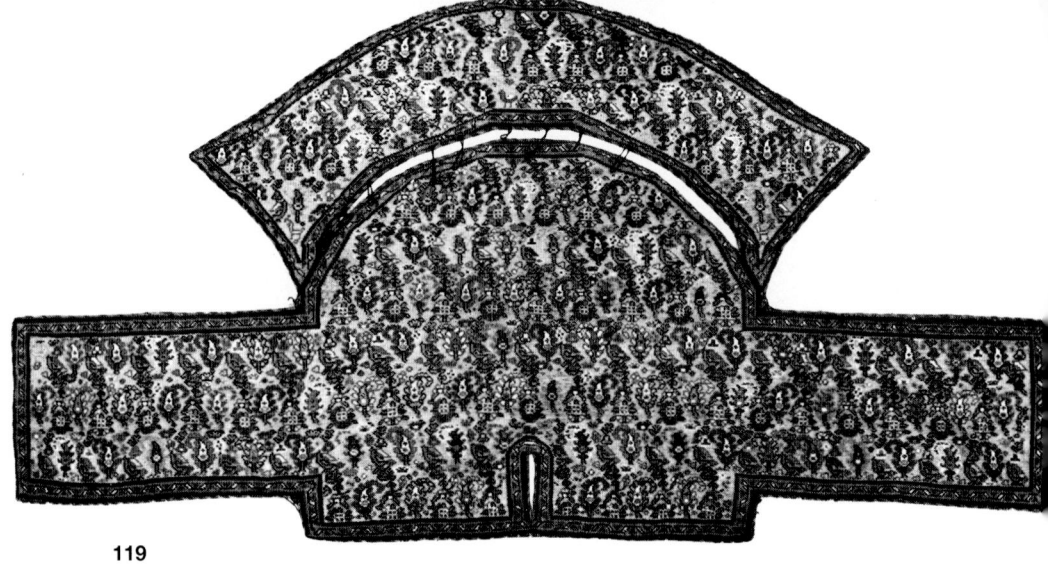

119
Senneh
Südpersien, 19./20. Jahrhundert, Satteldecke, ca. 76 x 153 cm
Struktur: 3120 Knoten G II/qdm. Kanten, Seiten und Sattelstegschlitz dick mit Seide grün/violettrot umfangen. Griff: Trocken, dünn, lederartig, stark körnig.
Farben: 10, Gelb, Rot, Schwarz, Hellblau, Blaßblau, Orangerot, Violett, Blaßviolett, Blaßblaugrün, Elfenbein.
Muster: Der gelbe Grund ist dicht mit Horizontalreihen kleiner Boteh überzogen, die ihre Wipfelrichtung von Reihe zu Reihe gemeinsam wechseln. Dazwischen verlaufen diagonal zarte, mit Blütenrosetten besetzte Ranken. Einige winzige Vögel sind eingestreut. Als Bordüre ein geknicktes Wellenbändchen.

120
Gashgai
Südpersien, Fars-Gebiet, Ende 19. Jahrhundert, Satteldecke, jetzt 106 x 87 (82-92) cm
Kette: W. Z-Spinng., S-Zwirng. (2), ungefärbt hell.
Schuß: W. Z-Spinng. (2), gefärbt rot. 2 Schüsse entgegengesetzt gewellt.
Flor: W. Z-Spinng. (2). Knoten G I: H 44, B 48 = 2112 Kn/qdm.
Farben: 9, Braungelb, Schwarz, Rot, Sürmey, Hellblau, Rotbraun, Elfenbein, Dunkelbraunrot, Dunkelgrün.
Muster: Eine dreistreifige Bordüre umschließt das gelbe Innenfeld. Es ist bis auf 2 mit stilisierten Ranken und Blüten bestreute Zwickel schwarz überdeckt. Die schwarze Fläche ist kleinteilig gerautet. In jeder Raute ein winziges Boteh. Der rote Sattelstegschlitz endet in 2 Kelchen mit einer Blüte. In der gelben Hauptborte sind geometrische Blumen gegenständig versetzt.

121

Khamseh

Südpersien, Anfang 20. Jahrhundert, 470 x 230 cm (Ausschnitt)

Muster: Ein selten großformatiger, sogenannter Streifen-Schiras in vergleichsweise feiner Knüpfung. Die farblich alternierenden Streifen sind mit einem mosaikartig feinen, kettartigen Ornament geschmückt. Schmaler gebietstypischer Bordürenrahmen.

Provenienz: Stuttgarter Kunstauktionshaus Dr. Fritz Nagel.

122
Gashgai
Südpersien, Provinz Fars, 19./20. Jahrhundert, 34 x 32 cm
Struktur: Ca. 1200 Knoten S II (60 Grad)/qdm.
Die kleine Tasche, Chanteh, wird am Gürtel getragen oder mit ihrem Tragegurt über die Schulter gehängt.
Muster: Im hellen, von einer einfachen Borte eingefaßten Innenfeld 2 gegenständige Vogelpaare in einer für die Gashgais typischen Auffassung, umgeben von kleinen Vögeln und Streublumen.

123 (rechte Seite)
Schiras
Südpersien, Ende 19. Jahrhundert, 265 x 173 cm
Struktur: Sy-Knüpfung auf W-Kette.
Muster: Ein außergewöhniches Beispiel südpersischer Knüpfkunst. Das patinierte Elfenbein des Innenfeldes trägt dreieinhalb Reihen mit je 4 Reiterdarstellungen. Bemerkenswert sind auch die dazwischenliegenden Motivreihen mit Darstellungen springender Hirsche und anderen interessanten Tierabstraktionen, die jeweils paarweise angeordnet sind. Gebietstypisches Bordürenmuster.
Provenienz: Stuttgarter Kunstauktionshaus Dr. Fritz Nagel.

124
Afshari
Südpersien, Ende 19. Jahrhundert, 155 x 98 cm
Struktur: Sy-Knüpfung auf W-Grundstruktur, ca. 1300 Kn/qdm.
Muster: Der kamelhaarfarbene Fond ist mit palmettartigen Motiven in fliesenartiger Reihung gemustert. Die Form der Motive wurde verglichen mit ähnlichen Formen auf einem seldschukischen Teppichfragment des 13. oder 14. Jahrhunderts. Am unteren Feldrand sind drei Tierabstraktionen plaziert. Provenienz: Stuttgarter Kunstauktionshaus Dr. Fritz Nagel.

125 (rechte Seite)
Schiras
Südpersien, ungeklärte Stammeszuordnung, 198 x 154 cm
Kette: Ziegenhaar Z-Spinng., S-Zwirng. (2), ungefärbt schwarzbraun mit hell.
Schuß: W. Z-Spinng. (2), ungefärbt schwarzbraun. 2 Schüsse: 1. gerade, 2. gewellt.
Flor: W. Z-Spinng. (2). Knoten S III, 70 Grad: H 38, B 40 = 1520 Kn/qdm.
Oberkante: 1 cm W-Kilim schwarzbraun, rotgrüne Schrägstichreihe, Fransen. Unterkante: Wie Oberkante.
Seiten: W-Schirasi rotgrün um 7 gebündelte Kettfäden. Griff: Weich, mitteldick, brettig, ripsig.
Farben: 9, Sürmey, Elfenbein, Braun, Mittelbraun, Orangebraun, Orangegelb, Grün, Dunkelgrün, Hellbraun.
Muster: 4 große, auf einer Stange gereihte, hakenbesetzte Rauten über einem vertikal ausgerichteten geometrischen Muster aus kleinen Motiven; unter diesen mehr als 500 Tiere.
Provenienz: Stuttgarter Kunstauktionshaus Dr. Fritz Nagel – vormals Sammlung Hubel.

126

Khamseh

Südpersien, 19. Jahrhundert, 288 x 157 cm

Kette: W, Z 2S, elfenbein/braun meliert. Schuß: W, rot, zweifach. Flor: W, As1, ca. 1200 Kn/qdm. Kanten: W-Schirasi, rot/grün, einfach. Farben: 10.

Muster: Das Innenfeld trägt eine blaugrundige, formatfüllende Feldkartusche, die von weißgrundigen Eckzwickeln eingefaßt und mit 2 hexagonalen Stangenmedaillons belegt ist. Die gesamte Fläche ist dicht mit Floralmotiven, Amuletten und zahlreichen Vogelabstraktionen durchgemustert. Charakteristischer Bordürenrahmen mit zusätzlichen Musterstreifen an den Schmalseiten. Das Besondere an diesem Stück sind jedoch die 3 Inschriften in den unteren Zwickeln und in der Feldkartusche. Oben rechts heißt es »Negar Smodh«, »Geknüpft im Auftrag seiner kaiserlichen Majestät.« In den unteren Inschriften finden sich Jahreszahlen der Hedschra, die sich als 1202 oder 1303 (1705 oder 1805) lesen lassen.

Provenienz: Stuttgarter Kunstauktionshaus Dr. Fritz Nagel.

127
Gashgai
Südpersien, Kashguli-Arbeit, um 1900, 208 x 120 cm
Struktur: Feine As-Knüpfung.
Muster: Geradezu mustergültiges Beispiel für eine Arbeit der Kashguli-Gashgai dieser Periode. Charakteristisch sind die Stangenrauten mit den sogenannten Gashgaiemblemen, häufig auch das Flächenmuster aus floral stilisierten Botehs und die stilistisch unverkennbare Variante des Herati-Rankenornaments auf der weißgrundigen Hauptbordüre.
Provenienz: Stuttgarter Kunstauktionshaus Dr. Fritz Nagel.

128
Khamseh
Südpersien, 2. Hälfte 19. Jahrhundert, geknüpfte Taschenfront, 59 x 61 cm
Kette: W, Z 2S, braun meliert.
Schuß: W, Z, rot, zwei- bis vierfach.
Flor: W, Z2, Sy3, ca. 1500 Kn/qdm.
Kanten: Schirasi ergänzt; oben Verschlußtaschensteg, in Flachgewebstechnik gemustert.
Farben: 9.
Muster: Das nachtblaue Innenfeld trägt geometrisierte Motive in versetzter Reihung. Die charakteristische weißgrundige Hauptbordüre zeigt gegenständige Tierabstraktionen.
Provenienz: Stuttgarter Kunstauktionshaus Dr. Fritz Nagel.

129 (rechte Seite)
Khamseh
Südpersien, um 1900
Muster: Ein ungewöhnlich breiter Bordürenrahmen aus 5 Borten umlegt das Feld. Auf dem roten Grund seiner Hauptbordüre sind große, floral stilisierte Botehs gereiht. Das blaugrundige Innenfeld zeigt einen Ausschnitt aus einem unendlich fortlaufenden Stangenornament.
Provenienz: Stuttgarter Kunstauktionshaus Dr. Fritz Nagel.

130
Gashgai-Kelim
Südpersien, um 1900, Flachgewebe, 230 x 131 cm
Struktur: Feine Schlitzkelimweberei in Wolle und weißer Baumwolle, zopfartig abgeflochtene Wollkette, eingeknüpfte Noppeneffekte.
Muster: Das Gros der Gashgai-Kelims ist nach Reihungsschemata gemustert. Eine seltene Gruppe wird jedoch charakterisiert durch ein unifarbenes Innenfeld, das höchste mit kleinen Amulettmotiven versehen ist. Typisch sind der mehrfarbige, reziproke Rahmen und die schmalseitigen Zusatzpaneele.
Provenienz: Stuttgarter Kunstauktionshaus Dr. Fritz Nagel.

131
Ersari
Turkmenistan, Amu-Darya-Gebiet, 19. Jahrhundert, 190 x 110 cm (Ausschnitt)
Kette: Ziegenhaar, Z-Spinng., S-Zwirng. (2), ungefärbt braun.
Schuß: Ziegenhaar, Z-Spinng. (1), ungefärbt braun, 2 Schüsse entgegengesetzt gewellt.
Flor: W. Z-Spinng. (2). Knoten S Ib: H 38, B 29 = 1102 Kn/qdm.
Oberkante: –. Unterkante: –. Seiten: –. Griff: Seidig, jetzt dünn, leicht körnig.
Farben: 7, Dunkelzinnoberrot, Drapp, Dunkelblau, Lichtblau, Dunkelblaugrün, Mittelbraun, Elfenbein.
Muster: Im roten Mittelfeld 3 Vertikalreihen sich fast berührender Oktogone mit geknickter Kontur. Ihr Rahmen ist durch 2 diagonal korrespondierende Farben geviertelt. Ein kleeblattförmiges Motiv in jedem der Viertel, deren Trennung durch ein Doppelhakenmotiv erfolgt. Auf dem fondfarbenen Zentralrhombus ein Stern. In den Zwischenräumen der Oktogone wechselt regelmäßig ein getupfter Rhombus mit einem gevierteilten ab, dessen Ecken in Doppelhaken auslaufen. Als Bordüre (an den Seiten ergänzt) sind ein Bändchen mit geometrisierten Blüten und ein in Felder unterteiltes Band mit geometrisierten Bäumchen erhalten.

132
Salor
Turkmenistan, 18./19. Jahrhundert, Hauptteppich (gekürzt), 280 x 280 cm
Kette: W, S 2Z, elfenbein.
Schuß: W, dunkelbraun, zweifach.
Flor: W, As3, ca. 3500 Kn/qdm, kleine Musterpartien in cochenilleroter Seide.
Kanten: –.
Farben: 10.
Muster: Die Gruppe der Salor-Hauptteppiche, von denen recht wenige Exemplare bekannt sind, ist in sich sehr homogen. Die Salor-Göls werden in der Regel von oktogonalen Sekundärmotiven begleitet und von einer schmalen, kassettierten Bordüre umrahmt. Bedeutendes Sammlerstück.
Provenienz: Stuttgarter Kunstauktionshaus Dr. Fritz Nagel.

133
Tekke
Turkmenistan, 19. Jahrhundert, Hauptteppich, 259 x 188 cm
Struktur: As2-Knüpfung in Wolle auf elfenbeinfarbener Wollkette.
Muster: Ein typisches Stück, das die Merkmale der frühen Tekke-Hauptteppiche aufweist: Die Tekke-Göls sind noch nicht abgeflacht und werden von einem schmalen Bordürenrahmen umschlossen. Sie werden von Gurbaka-Sekundärmotiven begleitet.
Provenienz: Stuttgarter Kunstauktionshaus Dr. Fritz Nagel.

134

Jomut

Turkmenistan, 1. Hälfte 19. Jahrhundert, Hauptteppich, 257 x 158 cm

Kette: W, Z 2S, elfenbein.

Schuß: W/BW, 2Z, braun und weiß.

Flor: W, As2, ca. 1800 Kn/qdm, längsseitig je 3 Sy-Knotenreihen.

Kanten: –. Farben: 7.

Muster: Jomutische Hauptteppiche mit sogenannten Adler-Göls gehören zu den spektakulärsten Beispielen früher turkmenischer Knüpfkunst. Die fiederartig konturierten Adler-Göls werden hier von zweierlei Varianten des Dyrnak-Göls begleitet. Die weißgrundige Hauptbordüre trägt ein geometrisiertes Rankenornament, das auch unter der Bezeichnung Schiffchenbordüre oder turkmenische Ranke bekannt ist.

Provenienz: Stuttgarter Kunstauktionshaus Dr. Fritz Nagel.

135
Jomut

Turkmenistan, Mitte 19. Jahrhundert (oder früher), Hauptteppich, 283 x 147 cm.

Kette: Z 2S, elfenbein/braun meliert.

Schuß: W und BW, braun und weiß, zweifach.

Flor: W, Sy1, ca. 1600 Kn/qdm.

Kanten: –. Farben: 7.

Muster: Das violettbraune Innenfeld trägt versetzt gereihte Varianten des jomutischen Kepse-Göls in Farbdiagonalen. Das Besondere an den Gölvarianten ist ihre Innenzeichnung, die aus bunten, C-förmigen Motiven besteht. Nur eines der Göls zeigt die übliche Kepse-Göl-Innenzeichnung. Der Bordürenrahmen ist typisch gegliedert, zeigt jedoch ein seltenes Ornament auf der weißgrundigen Hauptbordüre. Die breiten Schmalseiten-Paneele (Elems) sind in farblich diagonaler Ausrichtung gemustert. Sammlerisch sehr interessantes und schönes Stück.

Provenienz: Privatsammlung, Stuttgart.

136

Jomut

Turkmenisch, 19./20. Jahrhundert, Tainaktscha, Pferdedecke, ca. 133 x 120 cm

Kette: W. Z-Spinng., S-Zwirng. (2), ungefärbt hell.

Schuß: W. Z-Spinng. (2), ungefärbt bräunlich. Ein Schuß gewellt.

Flor: W. Z-Spinng. (2). Knoten S I: H 118, B 47 = 5546 Kn/qdm.

Oberkante: 2 cm W-Kilim rot nach hinten umgeschlagen und vernäht. Unterkante: Wie Oberkante, jedoch Kilim hell. Seiten: W-Schirasi blau und Ziegenhaar braun um 2 Kettfadenpaare. Griff: Veloursartig fein, lederhart, dünn, glatt.

Farben: 7, Weichselrot, Zinnoberrot, Sürmey, Braunschwarz, Dunkelbraun, Weiß, etwas Olivgelb.

Muster: Streifeneinteilung durch zinnoberrote und sürmeyfarbige Bänder. Minutiöse geometrisierte florale Musterung der Streifen. Im zweiten zinnoberroten Band ein winziges (Familien-)Zeichen. In dieser rund 700 000 Knüpfungen enthaltenden Schabracke bewahrheitet sich das Sprichwort: »Je größer die Liebe, um so schöner die Satteldecke.«

137 (rechte Seite)

Beschir

Amu-Darya-Gebiet, 2. Hälfte 19. Jahrhundert, 190 x 131 cm

Struktur: As-Knüpfung in Wolle auf Wolle. Breite, streifengemusterte Kelimansätze.

Muster: Das Innenfeld dieses bemerkenswerten Nomadenteppichs ist mit einer turkmenischen Variante des Mutter-und-Kind-Botehs belegt. Dabei wurden ungewöhnlicherweise 2 kleinere Botehs auf die Hauptmotive gelegt. In versetzter Reihung wechseln sie die Ausrichtung reihenweise und sind in ein linienfeines Gitter eingefaßt.

Provenienz: Stuttgarter Kunstauktionshaus Dr. Fritz Nagel.

138
Beschir
Emirat Buchara, 19. Jahrhundert, 233 x 175 cm
Muster: Das Innenfeld dieser schönen Turkmenenarbeit ist mit dichten Reihen kleiner, blaugrundiger Kreuzformen belegt, die jeweils einen rotbraunen Achtzackstern tragen. Die verbleibenden Fondflächen ergeben wiederum Sternformen in Elfenbein und blassem Gelb.
Provenienz: Stuttgarter Kunstauktionshaus Dr. Fritz Nagel.

139

Tekke

Turkmenistan, Ende 19. Jahrhundert, Engsi, 140 x 109 cm

Kette: W, Z 2S, elfenbein. Schuß: W, hellbraun, zweifach. Flor: W, As2, ca. 2500 Kn/qdm. Kanten: –. Farben: 7.

Muster: Engsitypisch ist das Innenfeld fensterkreuzartig in 4 Felder gegliedert, die mit dem Insikusch-Muster ornamentiert sind. Das Besondere an diesem sonst charakteristischen Tekke-Engsi sind die Tierabstraktionen, die über dem braungrundigen unteren Abschlußpaneel plaziert sind. Diese kennzeichnen das Stück als Vertreter der seltenen Gruppe der Tier-Baum-Engsis. Selten ist darüber hinaus das Ornament der dreiseitigen Hauptbordüre.

Provenienz: Stuttgarter Kunstauktionshaus Dr. Fritz Nagel.

140
Tekke

Turkmenistan, 1. Hälfte 19. Jahrhundert, Engsifragment, 139 x 84 cm

Kette: W, Z 2S, elfenbein.

Schuß: W, dunkelbraun, zweifach.

Flor: W, As2, ca. 2400 Kn/qdm.

Kanten: –. Farben: 6.

Muster: Die Gliederung im Innenfeld dieser frühen Tekke-Arbeit kann als typisch bezeichnet werden. Außergewöhnlich und ohne Vergleich ist jedoch die bestechend dynamische Ornamentik auf der Hauptbordüre. Diese macht den Engsi trotz der fragmentarischen Erhaltung zu einem wichtigen Belegstück.

Provenienz: Stuttgarter Kunstauktionshaus Dr. Fritz Nagel.

141
Tschaudor
Turkmenistan, 1. Hälfte 19. Jahrhundert, Engsi, 145 x 130 cm
Kette: ZH, Z 2S, graubraun.
Schuß: W, braun.
Flor: W, As2, ca. 1800 Kn/qdm.
Kanten: W-Schirasi, 4x2, rot und braun schachbrettgemustert; Oberkante Reste von dreifarbig gestreiftem Kelim;
Unterkante Reste von graubraunem Kelim.
Farben: 6.
Muster: Das Interessante an dieser Mustergruppe sind die archaisch wirkenden Tierabstraktionen auf dem unteren Abschlußpaneel (Elem). Sehr aufschlußreich ist ein Vergleich dieser Tierdarstellungen mit ähnlichen Szenen in frühen Tierteppichen, wie sie z.B. von einem Gemälde des 14. Jahrhunderts der Florentiner Schule bekannt sind. Tschaudor-Engsis sind sehr selten.
Provenienz: Stuttgarter Kunstauktionshaus Dr. Fritz Nagel.

142
Saryk
Turkmenistan, Pendeh-Gebiet, Anfang 20. Jahrhundert, Engsi, 185 x 135 cm
Kette: W, Z 2S, elfenbein.
Schuß: W, Z, rot, zweifach.
Flor: W/S/BW, Sy1, ca. 1800 Kn/qdm.
Kanten: W-Schirasi, einfach, schwarz; Oberkante bandartiger, vertikal gestreifter Flachgewebsabschluß; Unterkante W-Kelim mit kordelartigen Ziereinträgen.
Farben: 6.
Muster: Im typisch gedämpften Kolorit dieser Periode präsentiert das Stück das traditionelle Vierfeldermuster, belebt durch ein sparsam verwendetes Apricot, durch ein effektvoll leuchtendes Baumwollweiß sowie durch kleine Musterpartien in roséfarbener Seide.
Provenienz: Stuttgarter Kunstauktionshaus Dr. Fritz Nagel – vormals Sammlung Danker, Wiesbaden.

143
Ersari
Amu-Darya-Gebiet, 2. Hälfte 19. Jahrhundert, Engsi 173 x 93 cm
Struktur: As-Knüpfung auf Wollstruktur. Fleischig voller Griff.
Muster: Die lineare Insikusch-Zeichnung in den 4 Hatschlou-Feldern dieses Ersari-Engsi ist großzü-
gig angelegt. Der vertikale Trennbalken wird von großen, klammerartigen Motiven flankiert.
Achtzacksterne gehören zum Ornament der Hauptbordüre, die außen vom obligaten Sainak-
Muster flankiert wird. Für frühe Ersari-Arbeiten typische »Farbfreudigkeit«.
Provenienz: Stuttgarter Kunstauktionshaus Dr. Fritz Nagel.

144
Beschir
Emirat Buchara, 1.
Hälfte 19. Jahrhun-
dert, Gebetsteppich,
194 x 94 cm
Struktur: As-Knüp-
fung auf W-Grund-
struktur.
Muster: Das elfen-
beingrundige Innen-
feld trägt ein fünfseiti-
ges Mihrab mit rau-
tenförmigem Giebel-
feld und Hakenbekrö-
nung. Gebetsfeld und
Fond sind mit aufstre-
bend angeordneten,
geometrisierten
Floralmotiven gemu-
stert. Seltenes, frühes
Sammlerstück.
Provenienz: Stuttgar-
ter Kunstauktions-
haus Dr. Fritz Nagel.

145
Zeltband
Turkmenistan, 19. Jahrhundert, 1110 x 32 cm
Struktur: Spezifische Knüpftechnik, bei der ein geometrischer Knoten über je 3 Kettfäden des elfenbeinweißen Wollgewebes geführt wird. Verwendung von cochenilleroter Seide und weißer Baumwolle in kleinen Musterpartien.
Muster: Die weißgrundigen, oft als Hochzeitsbänder betrachteten Yolami sind besonders begehrt, wenn der Anlaß ihrer Herstellung durch figurale Darstellungen in Form von Hochzeitskarawanen belegt ist. Auch bei diesem Beispiel wird ein solcher Zug dargestellt, in deren Mittelpunkt das Brautkamel mit Brautsänfte steht. Während die meisten Bänder dieser seltenen Gruppe den Jomut zugeordnet sind, könnte hier eine andere Zuordnung (z.B. Saryk) möglich sein.
Provenienz: Stuttgarter Kunstauktionshaus Dr. Fritz Nagel.

146
Jomut-Asmalyk
Turkmenistan, Mitte 19. Jahrhundert, Kamelflankenbehang, 73 x 120 cm
Struktur: Sy-Knüpfung auf W-Grundstruktur.
Muster: Während die meisten turkmenischen Asmalyks das Aschik-Feldmuster im Innenfeld zeigen (Gitterrapport mit gezackten Rautenformen), trägt dieses seltene Stück 5 der baumartigen Gapyrga-Motive auf blauem und rotem Grund.
Provenienz: Stuttgarter Kunstauktionshaus Dr. Fritz Nagel.

147 (rechte Seite)
Tekke-Tschowal
Turkmenistan, Mitte 19. Jahrhundert oder früher, Taschenfront, 70 x 114 cm
Struktur: Sehr feine As-Knüpfung auf W-Grundstruktur.
Muster: 5 x 5 kleine Güls mit hakenbesetzten Kreuzarmmotiven als Innenzeichnung bedecken mit Tschemtsche-Sekundärmotiven das Innenfeld. Diagonal gestellte Kotschanak-Kreuze belegen die kassetierte Bordüre. Sehr seltene, baumartige Motive auf dem unteren Abschlußpaneel (»Schürze« oder »Elem«).
Provenienz: Stuttgarter Kunstauktionshaus Dr. Fritz Nagel.

148
Ersari/Beschir-Torba
Amu-Darya-Gebiet, 19. Jahrhundert,
Taschenfront, 41 x 108 cm
Kette: W/ZH, Z 2S, elfenbein/braun.
Schuß: W, elfenbein, zweifach.
Flor: W, As2, ca. 900 Kn/qdm.
Kanten: Schirasi ergänzt; Unterkante
Rest von hellem Kelim und von bun-
ten Scheinfransen.
Farben: 9.
Muster: Eine Taschenfront mit selte-
ner Zeichnung. Musterliche Analogi-
en mit der persischen Knüpfkunst
beleuchten den Ursprung dieses
interessanten Dessins, welches auf
warm dunkelrotem Grund wiederge-
geben ist.
Provenienz: Stuttgarter Kunstaukti-
onshaus Dr. Fritz Nagel.

149

Tekke-Kapunuk

Turkmenistan, Mitte 19. Jahrhundert (oder früher), Türeingangsschmuck, 29 (87) x 100 cm

Struktur: Sehr feine As-Knüpfung auf W-Grundstruktur. Reste von mehrfarbigem Scheinfransenbesatz.

Muster: Wie bei den Asmalyk der Jomud (Abb 146) ist auch bei den Kapunuk das »Standardmuster« der Aschik-Rapport. Bei diesem außerordentlich seltenen Türeingangsschmuckpaneel werden jedoch 5 vertikale Felder mit elfenbeinweißem Grund gezeigt, die ein stangenartiges Ornament mit aufgelegten Aschik-Rauten tragen.

Provenienz: Stuttgarter Kunstauktionshaus Dr. Fritz Nagel.

150
Jomut-Ok-Basch

Turkmenisch, Ende 19. Jahrhundert, Schmuckhül-
le für Zeltstangenbündel, Höhe 65 cm
Struktur: Sy-Knüpfung auf W-Grundstruktur. Mehrfarbig umstochene Kantenbefestigungen.
Muster: Ein Paar Ok-Basch wurden auf beide
Enden der Zeltstangen-Bündel beim Transport des
Zeltes auf der Wanderschaft gestülpt. Die geknüpften Zierhüllen wurden in einem Stück geknüpft und
haben geöffnet meist eine Rechteckform mit 2
oder mehr dreieckigen Fortsätzen an der Unterkante. Das gezeigte Muster ist typisch für diese
Arbeiten und ist als eine Variante des Aschik-Feld-
musters zu verstehen.
Provenienz: Stuttgarter Kunstauktionshaus Dr. Fritz
Nagel.

151 (rechte Seite)
Belutsch

Wohl Khorassan, 19./20. Jahrhundert, 94 x 48 cm
Kette: W. Z-Spinng., S-Zwirng. (2), ungefärbt hell.
Schuß: W. Z-Spinng., in S-Drehg (2) schwach gezwirnt, ungefärbt dunkelbraun. 2 Schüsse entge-
gengesetzt gewellt.
Flor: W. Z-Spinng. (2-3) und Seide Z-Spinng. (4). Knoten S II, 30 Grad: H 60, B 46 = 2760
Kn/qdm.
Oberkante: 8 cm W-Kilim rotbraun, davon 2/3 feinste Sumakhtechnik (Djedjim) in Wolle und Seide.
Unterkante: Wie Oberkante. Seiten: Ziegenhaar-Schirasi, links um 5, rechts um 2 x 5 Kettfäden.
Griff. Seidig, fest, mittelschwer, körnig.
Farben: 9, Dunkelblau, Braunrot, Weiß, Zinnoberrot, Violettbraun, etwas Hellblaugrün, Gelb, Violett
und Olivgelb.
Muster: Im dunkelblauen Mittelfeld sind 85 Hähne gereiht, diagonal in gleicher Farbe, dazwischen
winzige Blütensterne. Auf dem braunroten Hauptstreifen der dreifachen Bordüre eine geknickte
Ranke in Form der turkmenischen Linie.

152 (oben links)
Belutsch

Khorassan, Anfang 20. Jahrhundert, 170 x 95 cm
Struktur: As-Knüpfung auf W-Grundstruktur.
Muster: Das schmale Innenfeld trägt ein Gitter mit
hellroten und braunen Grundflächen und reziproker
Innenzeichnung. Der hell braunrote Grund der
Hauptbordüre wird von einer Haschie-Nargessi-
Blütenranke durchzogen, die typisch durch kleine
weiße Blüten betont wird.
Provenienz: Stuttgarter Kunstauktionshaus Dr. Fritz
Nagel.

153 (oben rechts)
Belutsch

Nordostpersien, Ferdows, Arab-Stämme, Ende 19.
Jahrhundert, 135 x 104 cm
Struktur: As-Knüpfung auf W-Grundstruktur.
Muster: Das kamelhaarfarbene Innenfeld trägt ein
axialsymmetrisches Floralmuster in hellem Braun-
rot und Nachtblau. Getreppte Rautenmotive ragen
in den nachtblauen Grund der Hauptbordüre.
Provenienz: Stuttgarter Kunstauktionshaus Dr. Fritz
Nagel.

155
Aimaq
Westafghanistan,
Provinz Herat, 2. Hälf-
te 19. Jahrhundert,
132 x 101 cm
Struktur: Sy-Knüp-
fung auf Wolle und
Ziegenhaar-Grund-
struktur.
Muster: Ein Stück,
das im Handel wohl
als Belutsch angebo-
ten würde und auch
zu den Teppichen der
Belutsch-Tradition
gehört, genaugenom-
men jedoch als
Aimaq-Arbeit klassifi-
ziert werden kann.
Sein braungrundiges
Innenfeld zeigt ein
sehr seltenes Feldmu-
ster aus versetzt
gereihten, hochab-
strahierten Floralmoti-
ven, die in Farbdiago-
nalen angeordnet
sind. Belutschtypi-
sches Ornament auf
der Hauptbordüre.
Provenienz: Stuttgar-
ter Kunstauktions-
haus Dr. Fritz Nagel.

154 (linke Seite unten)
Belutsch
Khorassan, 2. Hälfte 19. Jahrhundert, Gebetsteppich, 161 x 81 cm
Muster: Das kamelhaarfarbene Gebetsfeld wird durch einen hakenbesetzten »Stamm« auf der Mit-
telachse zweigegliedert, der von Botehs in hellem Braunrot und Nachtblau flankiert wird. Handsym-
bole zu Seiten des Gebetsgiebels.
Provenienz: Stuttgarter Kunstauktionshaus Dr. Fritz Nagel.

156 (linke Seite)
Belutsch

Nordostpersien, Ferdows, Ende 19. Jahrhundert, 165 x 115 cm
Muster: Der kamelhaarfarbene Fond wird in 3 Bahnen von stangenartig verbundenen, geometrisierten Floralmotiven überzogen. Die mittlere Motivreihe wird durch gezackte flankierende Bänder betont. Rosetten sind auf der rotgrundigen Bordüre zu einem Rankenornament verbunden.
Provenienz: Stuttgarter Kunstauktionshaus Dr. Fritz Nagel.

157
Belutsch-Soffreh

Khorassan, Anfang 20. Jahrhundert, Speisetuch, 208 x 72 cm
Struktur: Schußreps-Grundbindung mit Mustereintrag in Sumakh-ähnlicher Flachgewebstechnik, schmalseitig Musterstreifen in Flachgewebstechnik mit rückseitig flottant geführtem Schuß.
Muster: Über dem viergliedrigen, kamelhaarfarbenen Kelim-Innenfeld stehen baumartige Abstraktionen. Eine reziproke sogenannte Laufender-Hund-Borte umrahmt das Innenfeld, schmalseitig flankiert von zusätzlichen Musterstreifen.
Provenienz: Stuttgarter Kunstauktionshaus Dr. Fritz Nagel.

158
Belutsch
Ostpersien, um 1900,
Flachgewebe, 306 x 165
cm
Struktur: Feine Webarbeit
in kombinierten Flachge-
webstechniken.
Muster: Das Innenfeld ist
in horizontalen Paneelen
gemustert, die symme-
trisch zum mittleren
Paneel angeordnet sind.
Bemerkenswert und
typisch für den Typus sind
die Tierabstraktionen (?),
die in den beiden Streifen
zu Seiten des Muster-
paneels zu sehen sind.
Provenienz: Stuttgarter
Kunstauktionshaus
Dr. Fritz Nagel.

159
Kirgiz
Zentralasien, Fergana,
Anfang 20. Jahrhundert,
272 x 146 cm
Muster: Im Innenfeld des
kirgisischen Haupttep-
pichs sind 5 blaue, stan-
genartig verbundene
Ornamente mit aufgeleg-
ten geometrisierten Blüten
zu sehen. Der rote Fond
wird von einer roségrundi-
gen Bordüre mit geome-
trisiertem Rankenorna-
ment umrahmt.
Provenienz: Stuttgarter
Kunstauktionshaus
Dr. Fritz Nagel.

160
Samarkand

Ostturkestan, Ende 19. Jahrhundert, 352 x 173 cm
Muster: Das Innenfeld trägt im Zentrum ein großes Scheibenmedaillon, flankiert von 2 Sekundärmotiven. Das musterlich Auffälligste sind die großen hakenbesetzten Kreuzarmmotive, die dreifach im Feld gezeigt werden, einmal im Zentrum des Zentralmotives. Bemerkenswert sind auch die Füllmotive am Feldrand. Als Viertel in den Feldecken sind sie bei chinesischen und ostturkestanischen Teppichen durchaus bekannt. Ein herausragendes Stück.
Provenienz: Stuttgarter Kunstauktionshaus Dr. Fritz Nagel.

161
Khotan

Ostturkestan, 19. Jahrhundert, Reihengebetsteppich, Saph, 436 x 99 cm

Material und Struktur wie in Abb. 133, jedoch Kette und Schuß aus 6 Fäden gezwirnt und Seiten-Schirasi um 1 Kettfadenpaar. 744 Knoten S II/qdm.

Farben: 7, Elfenbein, Rot, Gelb, Dunkelblau, Hellblau, Fleischrot.

Muster: Eine durch Reihung von Vierecken, die mit einer achtpassigen Rosette gefüllt sind, gebildete Borte teilt den Teppich in 9 Felder mit Gebetsnische auf. In jeder Nische der gleiche steife Stengel mit paarweise angesetzten Blättern und Blütenzweigen, dazwischen Blattpaare. Diese Blattpaare sind bis auf eines nur in der Farbe ihrer Kontur variiert, während die Nischen, Mittelfeldmuster und alle übrigen Musterelemente von Feld zu Feld die Farbe wechseln. In den Resten der Nischenfelder ist eine kleine geometrische Blüte diagonal gereiht.

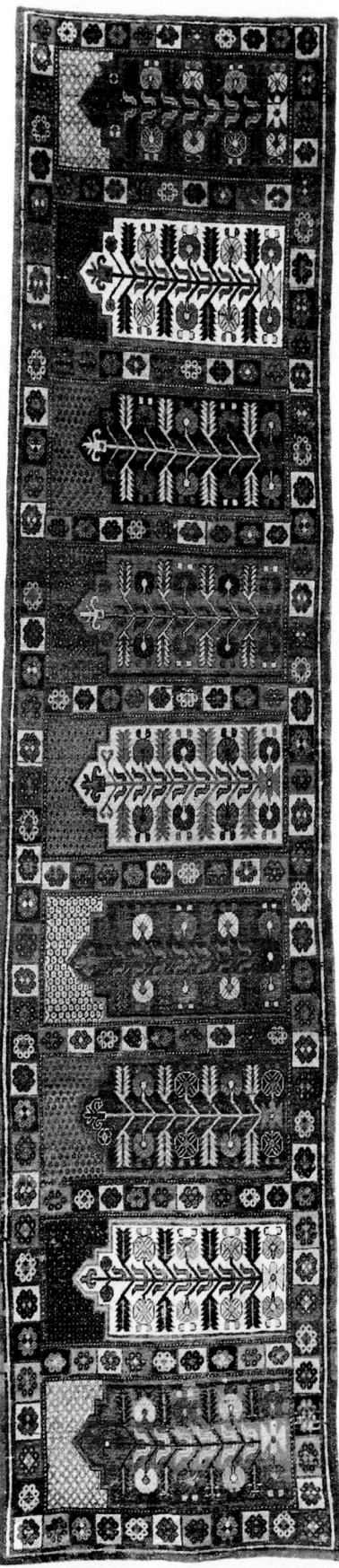

162
Khotan
Ostturkestan, Ende
19. Jahrhundert, 432 x 206
cm
Muster: Der nachtblaue Fond
wird vom gebietstypischen
Granatapfelmuster überzo-
gen, wobei ein zweireihiger
Musterverlauf mit schmalseitigen stilisierten Vasenmotiven
angelegt wurde. Zwei Varianten des Yün-Tsai-T'ou-
Musters sind im Bordürenrahmen zu sehen, wobei sie von
einem Swastika-Mäander-
Ornament in diagonaler Farb-
gestaltung begleitet werden.
Provenienz: Stuttgarter
Kunstauktionshaus
Dr. Fritz Nagel.

163
Khotan

Ostturkestan, Anfang
20. Jahrhundert, 208
x 116 cm
Kette: BW. Z-Spinng.,
S-Zwirng. (5) unge-
färbt.
Schuß: BW. Z-
Spinng., in S-Drehg.
(5) schwach gezwirnt,
ungefärbt. 2-4 Schüs-
se: 1. und 3. gerade,
2. und 4. gewellt.
Flor: W. Z-Spinng. (2-
3). Knoten S II, 20
Grad: H 31, B 32 =
992 Kn/qdm.
Oberkante: 2 cm BW-
Kilim, ungefärbt hell.
Zuerst einfache, dann
einige Doppelschüs-
se. Je 10 Kettfäden
zusammen abgekno-
tet. Unterkante: Wie
Oberkante, jedoch
nur einfache Schüsse.
Kettfäden geschlauft
und verdrallt. Seiten:
–. Griff: Weich, jetzt
dünn, ziemlich grob,
schwach haarig.
Farben: 7, Rostrot,
Marineblau, Hellblau,
Blaugrün, Schwarz-
braun, Elfenbein, Oliv-
gelb.
Muster: Die fünffache
Bordüre teilt vom
rechten Grund das
Mittelfeld ab. In die-
sen 3 Scheibenme-
daillons in der für
Khotan typischen
Form sowie einige
Pflaumenblüten- und
Chrysanthemenzwei-
ge. In den Ecken
lineares Yün-Tsai-
T'ou. Im mittleren
Medaillon ein Granat-
apfelzweig mit 5
Früchten in einer
Vase. Als Hauptbor-
ten Swastikamäander
und Schrägswastika.

164

Drachenteppich

China, späte Ming-Zeit, wohl 1. Hälfte 17. Jahrhundert, 339 x 347 cm

Kette: BW, S 3Z, elfenbein. Schuß: BW, Z-Spinng., 2 Stränge aus je 6 Fäden. Flor: W, S-Spinng., ca. 400 Kn/qdm. Farben: 11.

Muster: Der ockerfarbene Fond zeigt fünfklauige Himmelsdrachen in unvergleichlich dramatischer und eindrucksvoller Darstellung. Der mittlere Drache wird in klassischer Weise mit einem S-förmig gebogten, gelb geschuppten Schlangenkörper gezeigt, der das Symbol des Feuerballes umwindet. Die 4 weiteren Drachen, in Petrol-, Azur- und Dunkelblau sowie Goldocker flankieren ihn und einen weiteren Feuerball, der sich über einem giebelförmig abstrahierten, wolkenumwundenen Berg erhebt. Dieser gehört zu einem Yün-Tsai-T'ou-Paneel mit einem aufschäumenden Wellenpaneel, das zu farblich konzentrisch aufgebauten Halbkreisen stilisiert ist. Wichtiges, museales Sammlungsstück.

Provenienz: Stuttgarter Kunstauktionshaus Dr. Fritz Nagel.

165 (rechte Seite)

Drachenteppich

China, um 1900, goldbroschierter Seidenteppich, 284 x 184 cm

Struktur: As-Knüpfung in Seide auf BW-Grundstruktur, Medaillongrund in Goldbroschierung.

Muster: Reliefartig heben sich die fünfklauigen Drachendarstellungen vom goldbroschierten Grund des zentralen Scheibenmedaillons und der Medaillonviertel in den Feldecken ab. Der Fond ist gitterartig durchgemustert und wird von einer floral gemusterten Hauptbordüre umrahmt. An der Oberkante eine eingeknüpfte Inschrift, die auf eine Entstehung in einer kaiserlichen Manufaktur hinweist.

Provenienz: Stuttgarter Kunstauktionshaus Dr. Fritz Nagel.

中和御用

166
Medaillon-Teppich
China, 1. Hälfte 19. Jahrhundert (oder früher), 225 x 165 cm
Kette: BW, Z 3S, weiß.
Schuß: BW, zwei dreifädige Stränge, weiß.
Flor: W, As1, ca. 500 Kn/qdm.
Kanten: BW-Schirasi, 2 x 4 Kettfäden umwickelt, weiß.
Farben: 8.
Muster: Auf ein gitterartiges Feldmuster mit eingestellten, hochabstrahierten Vierpaßblüten sind 8 angedeutet passige Rundmedaillons aufgelegt. Ihre Kernzeichnung – ein floral stilisiertes, hakenbesetztes Kreuzarmmotiv – ist girlandenartig von Blüten umlegt. Typischer Bordürenrahmen mit innerer Perlborte, einem Mäanderornament als Hauptbordüre und einem blauen Außenfries.
Provenienz: Privatsammlung Stuttgart.

167
Tempelteppich
China, 19. Jahrhundert, 400 x 308 cm.
Muster: Über einem Yün-Tsai-T´ou-Fries an der Unterkante trägt der gelbe Fond – eingebettet zwischen stilisierten Wolken – zwei gegenständige Lama-Figuren, die auf Muschelhörnern blasen. Zwichen ihnen ein Vasenmotiv. An die perpektivische Mäander-Borte an der Oberkante setzt ein baldachinartiges Paneel mit eingesetzten Maskerons an. Mit seinem monumentalen Format kann dieser Tempelteppich als außerordentliche Seltenheit gelten.
Provenienz: Stuttgarter Kunstauktionshaus Dr. Fritz Nagel

168
Tempelteppich
China, Mitte 19. Jahrhundert, 239 x 156 cm
Kette: BW, Z 4S, weiß. Schuß: BW, weiß. Flor: W, As1, ca. 700 Kn/qdm. Farben: 11.
Muster: Im Gliederungsschema ähnlich wie bei den Säulenteppichen, wird das Innenfeld an der Unterkante durch einen Yün-Tsai-T'ou-Fries, an der Oberkante durch ein schabrackenartiges Ornamentpaneel begrenzt. Sehr ungewöhnlich ist die große Darstellung von einem der 8 Glücksgötter als Hauptmotiv. Kranich und Reh zu seiner Seite erinnern an die Legende vom »Pilz der Unsterblichkeit.«
Provenienz: Stuttgarter Kunstauktionshaus Dr. Fritz Nagel.

169

China, 19. Jahrhundert, 269 x 193 cm

Struktur: As-Knüpfung auf BW-Grundstruktur.

Muster: Ein stilistisch und im Aufbau sehr ähnliches Vergleichsstück mit 9 Fo-Hunden befindet sich im Victoria & Albert-Museum (London) und wird als Arbeit des 18. Jahrhundert betrachtet. Hier wie dort sind stilisierte Tempelhunde um einen größeren im Zentrum angeordnet. Zwischen ihnen sind abstrahierte Wolkenbänder und Päonien im beigegelben Fond plaziert. Harmonisch umschließen eine Perlborte, ein einfacher Mäander und eine perspektivische Swastika-Mäander-Hauptbordüre das Innenfeld.

Provenienz: Stuttgarter Kunstauktionshaus Dr. Fritz Nagel.

170-175 (siehe auch rechts oben)
China, 19. Jahrhundert, ca. 65 x 65 cm
4 Sitzteppiche und Rückenlehnteppiche
Struktur: As-Knüpfung auf BW-Grundstruktur.
Muster: Die Abbildung zeigt 4 annähernd quadratische »Kissenplatten« und 2 Teppiche für die Rückenlehne, typisch mit getreppt giebelförmigem oberen Abschluß. Die häufigste Variante ist jene mit der Darstellung von 5 Himmelsdrachen (Abb. 171 und 174, Mitte links und rechts). Seltener sind Stücke mit Fo-Hunden (Abb. 173, rechts oben) oder mit offenen Floralmedaillons (Abb. 172 und 175, unten).
Provenienz: Stuttgarter Kunstauktionshaus Dr. Fritz Nagel – vormals Sammlung H. A. Lorentz.

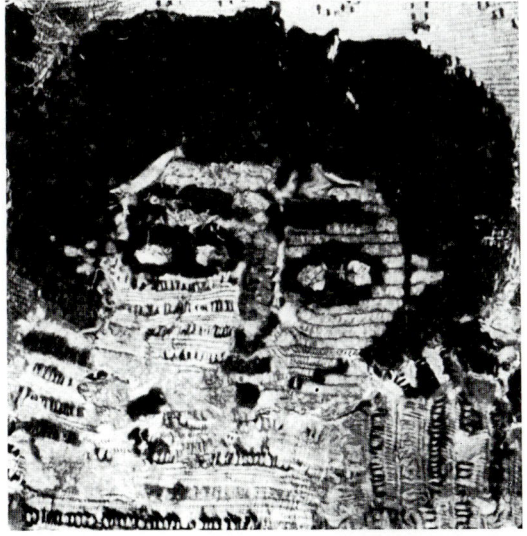

176

Ägypten, 3./4. Jahrhundert, Teppichfragment (Ausschnitt) ca. 20 x 25 cm.

Towel- oder Schlaufentechnik

Kette: Leinen, S-Spinng. (1) ungefärbt bis zu 80 Kettfäden/dm. Schuß: Leinen, S-Spinng. (1), ungefärbt. 3 Schüsse entgegengesetzt gerade so straff eingetragen, daß panamaähnliche Bindung entsteht.

Florschlaufen: W. S-Spinng. (2) und Leinen (weiß) S-Spinng. Ca. 10 Schlaufenreihen/dm.

Die Technik hat ihren Vorläufer in den zu einem ca. 5 cm langen Flor aufgeschnittenen Schlaufen in den knapp 2000 Jahre älteren Teppichen der Amun-Priester. Dort wurde für die Schlaufen sechsfache Leinen in S-Drehg. ungezwirnt oder in Z-Drehg. schwach gezwirnt verwendet.

177
Teppichfragment
Ägypten, 9. Jahrhundert (?), Fragment aus Fostat (Alt-Kairo), ca. 11 x 22 cm
V-Schlingentechnik
Kette: Leinen, S-Spinng., Z-Zwirng. (2), ungefärbt hell.
Schuß: Leinen, S-Spinng., in Z-Drehg. (2) schwach gezwirnt, ungefärbt hell. Ein Schuß gerade.
Florschlingen: W. S-Spinng. (1). H 36, B 44 = 1584 Schlingen/qdm.
Oberkante: –. Unterkante: –. Seite: Keine besondere Befestigung.
Farben: 5, Rostrot, Hellgrün, Sürmey, Creme, Dunkelgrün.
Muster: Es ist das Fragment einer Bordürenecke. Die Hauptborte ist durch die versetzte Reihung von Hexagonen gerautet. Diesen Hexagonen sind kleinere konzentrisch einbeschrieben.

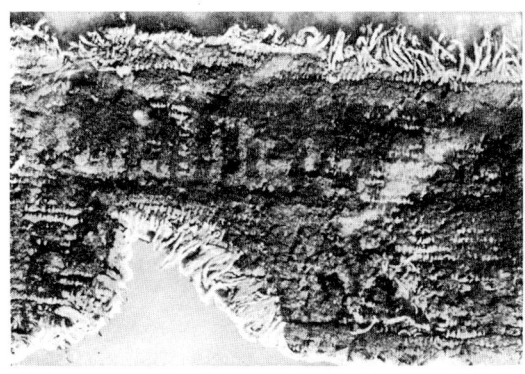

178 a/b
Teppichfragment
Ägypten, wahrscheinlich 9. Jahrhundert, Fragment aus Fostat (Alt-Kairo), ca. 14 x 38 cm
V-Schlingentechnik (Mitte und unten)
Kette: Leinen, S-Spinng., Z-Zwirng. (2), ungefärbt bräunlich. Schuß: Leinen, S-Spinng. (5), unge-
färbt bräunlich. Ein Schuß gerade. Durch die dicken gebündelten Schüsse erscheint die Rückseite
grob gerippt.
Florschlingen: W. S-Spinng. (1). H 27, B 40 = 1080 Schlingen/dm.
Seiten: Leinen-Schirasi um 3 Kettfäden. Farben: 3, Rehbraun, Dunkelgrün, Rostrot.
Muster: Im rehbraunen Mittelfeld große stilisierte dunkelgrüne Blüten. Auf dem dunkelgrünen Grund
der Bordüre der Beginn einer Koransure in kufischer Schrift: »Im Namen Allahs...« (Gebetsteppich?).

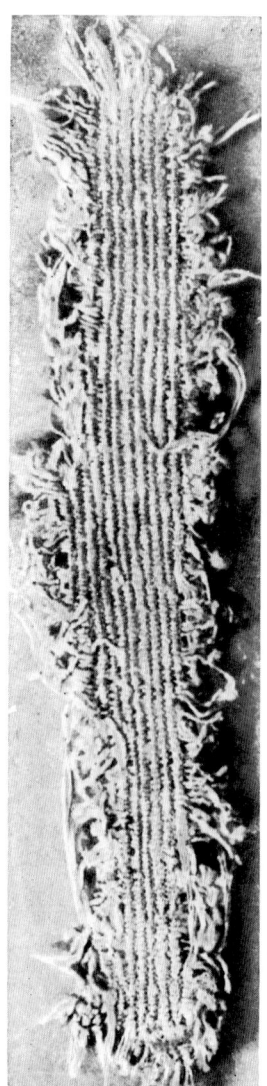

179 a/b
Teppichfragment
Ägypten, wahrscheinlich 9. Jahrhundert, Fragment aus Fostat (Alt-Kairo), 5 x 25 cm
V-Schlingentechnik (oben)
Kette: Leinen, S-Spinng., Z-Zwirng. (2), ungefärbt hell. Schuß: Leinen S-Spinng. (5), ungefärbt hell.
1 Schuß gerade. Durch die dicken gebündelten Schüsse erscheint die Rückseite grob gerippt.
Florschlingen: W. S-Spinng. (1) und BW. (weiß). H 40, B 68 = 2720 Schlingen/qdm.
Farben: Noch 2: Weinrot, Weiß. Muster: Weiße Inschrift auf rotem Grund: »Sohn von Abssy dem
Kalifen eingesetzt« (als Leiter der Finanzen oder Polizei).

180

Mamelucken-Teppich

Ägypten, 15./16. Jahrhundert, 207 x 141 cm (Ausschnitt)

Kette: W. S-Spinng., Z-Zwirng. (4), ungefärbt hell.

Schuß: W. S-Spinng. (3), bräunlich. 2 Schüsse: 1. gerade, 2. gewellt.

Flor: W. S-Spinng. (3). Knoten S II, 85 Grad: H 40, B 45 = 1800 Kn/qdm.

Oberkante: –. Unterkante: –.

Seiten: W.-Schirasi, weinrot um 2 verstärkte Kettfäden, aus je 4 in S-Drehg. miteinander verdrallten normalen Kettfäden.

Griff: Seidig, mittelschwer, feinripsig. Farben: Weinrot, Lichtblau, Hellgrün.

Muster: Kaleidoskopartige Ordnung von sternartigen geometrischen Formen um das Zentraloktogon. Durchdringung der geometrischen Motive mit vegetabilen Elementen. Einbeziehung der farblich nicht abgesetzten Bordüre ins Innenfeldmuster. Fünfstielige Papyrusmotive in den Kartuschen und die Papyruswellenranke in den Nebenborten sind schon 3000 Jahre früher in der altägyptischen Kunst vorgebildet.

181

Kairo, 16. Jahrhundert, 230 x 194 cm

Kette: W. S-Spinng., Z-Zwirng. (4), ungefärbt. Schuß: W. S-Spinng. (4), gefärbt orangebraun; einige Schüsse ungefärbt. 3 Schüsse: 1. und 3. gerade, 2. gewellt.

Flor: W. S-Spinng. (2-3). Knoten: S II, 60 Grad: H 36, B 40 = 1440 Kn/qdm.

Oberkante: –. Unterkante: –. Seiten: Rest eines W-Schirasi rot um 2 verdrallte Kettfadenpaare.

Griff: Weich, dünn, glatt. Farben: 5, Weinrot, Blaßgrünblau, Olivgelb, Lichtblau, Lichtolivgrün.

Muster: Im weinroten Mittelfeld bilden dünne geknickte olivgelbe Ranken zusammen mit sie überschneidenden grünblauen Arabeskblättern ein kleinteiliges Rautensystem. Die Vertikale und Horizontale betonende, in Palmetten endende starre Rankenkreuze erwecken zusätzlich den Eindruck einer Quadrierung und – durch die Ordnung der Arabeskblätter – einer versetzten Reihung zweier gleichwertiger Motive (vgl. die Lotto-Teppiche Ushaks). In der weinroten Hauptborte regelmäßiger Wechsel einer fast zum Kreis geschlossenen W-förmigen Blumenranke mit einer baumförmigen Tulpe. Papyrus-Wellenranke in den Nebenborten.

182

Schachbrett-Teppich

Ostanatolien/Syrien (?), 16./17. Jahrhundert, 275 x 190 cm

Kette: ZH, Z 2S, hellgrau. Schuß: W/ZH, Z, zweifach, hellrot. Flor: W, As3, ca. 1200 Kn/qdm. Farben: 8.

Muster: Der rotgrundige Fond dieses sogenannten Schachbrett- oder Damaskus-Teppichs zeigt ein für die Gruppe spezifisches Reihenmuster mit angedeuteter Kassettierung. Die Hauptmotive sind blaue und hellgrüne Sterne, die strahlenartig umlegt sind. Die Anzahl der Sterne in den Reihen liegt ungewöhnlicherweise bei 5, wobei die obere Felderreihe nicht vollständig gezeigt wird. Die Kartuschenbordüre hat das Stück mit den meisten seiner Gattung gemein.

Während die äußerst seltenen Vertreter dieser Teppichgruppe früher unter der Bezeichnung Damaskus-Teppiche bekannt waren, was eine Entstehung in Syrien implizierte, vermutet man heute eine Entstehung im ostanatolischen Raum. Nur wenige bekannte Beispiele sind komplett oder gar, wie hier, gut erhalten. Provenienz: Stuttgarter Kunstauktionshaus Dr. Fritz Nagel.

183

Kairo, 16. Jahrhundert, 192 x 132 cm

Kette: W. S-Spinng., Z-Zwirng., gefärbt altgold.

Schuß: W. S-Spinng. (4), gefärbt orangerot. 2 Schüsse: 1. gerade, 2. gewellt.

Flor: W. S-Spinng. (2). Knoten: S II, 40 Grad: H 32, B 44 = 1408 Kn/qdm.

Oberkante: 1,5 cm W-Kilim, dann je 10 Kettfäden zusammen verdrallt. Unterkante: Wie Oberkante.

Seiten: W-Schirasi rot um 2 Bündel von je 3 miteinander verdrallten Kettfäden.

Griff: Seidig, lappig, ripsig.

Farben: 7, Weinrot, Pistaziengrün, Altgold, Dunkelblau, Blaßblau, Dunkelgrün, etwas Weiß.

Muster: Im weinroten Mittelfeld ein Ausschnitt aus der unendlichen Wiederholung eines für die osmanische Hofmanufaktur charakteristischen Motivs: Aus einer zentralen Rankenraute wachsen symmetrisch Palmetten und gefiederte Akanthusblätter zu einem medaillonartigen Motiv, von dem ein Viertel in jeder Ecke wiederholt wird. In der breiten Hauptbordüre eine geschwungene zarte Ranke mit großen Fiederblättern, Palmetten und Kompositblüten.

184

Gebetsteppich

Kairo, Mitte 16. Jahrhundert, Gebetsteppich aus der Türbe des Sultans Selim, soll Sultan Ahmed I.
als Namazlik gedient haben, 190 x 140 cm

Kette: W. S-Spinng., Z-Zwirng. (4), gefärbt orange.

Schuß: Seide, S-Spinng. (2), gefärbt weinrot. 2 Schüsse: 1. gerade, 2. gewellt.

Flor: Seide, W. S-Spinng. (3). Knoten: S II, 45 Grad: H 74, B 64 = 4736 Kn/qdm.

Oberkante: –. Unterkante: –. Seiten: –.

Griff: Seidig, dünn, fest.

Farben: 7, Oliv, Weinrot, Hellblau, Elfenbein, Mittelblau, Grün, Helloliv.

Muster: Im olivfarbenen Mittelfeld bildet ein elfenbeinfarbenes Band mit hellblauen Arabeskranken
den geschwungenen Giebel der Nische. Gleichgemusterte Eckstücke unten. In der Nischenmitte
ein spitzovales Medaillon mit aufsteigendem floralen Muster aus Fiederblättern mit Rosetten; Kompositblüten im Zentrum. In der breiten Hauptborte der siebenfachen Bordüre eine komplizierte Fie-
derblattranke mit Kompositblüten und Palmetten auf weinrotem Grund.

185
Hanbel
Marokko, Mittlerer Atlas,
19. Jahrhundert, 373 x
172 cm
Struktur: Kombinierte
Flachgewebstechniken
und Knüpftechnik, Wolle
auf Wolle.
Muster: Drei geknüpfte
Musterpaneele überziehen
das bordürenlose Stück.
Broschierte Mustersäume
trennen sie vom vielfarbi-
gen Streifenkelim. Kurios
ist dabei, daß die mit 2
Mustertypen ornamentier-
ten Broschiersäume ihre
eigentliche Schauseite auf
jener Seite tragen, wo die
geknüpften Paneele nur
von hinten erkennbar wer-
den.
Provenienz: Stuttgarter
Kunstauktionshaus
Dr. Fritz Nagel.

186
Knüpfteppich
Marokko, wohl Rabat, 19.
Jahrhundert, 498 x 193 cm
Muster: Das Innenfeld trägt
eine formatfüllende, hexagonale Feldkartusche mit geometrischen Motiven, die
schmalseitig von zusätzlichen Musterfriesen flankiert
wird. Der breite Bordürenrahmen zeigt vornehmlich
Motive in Reihung, jedoch
teils unregelmäßig wech-
selnd. Typisch ist, daß die
Ornamente und Motive an
anatolische Teppiche erinnern.
Provenienz: Stuttgarter
Kunstauktionshaus Dr. Fritz
Nagel.

187
Teppichfragment
Spanien, 16./17. Jahrhundert, ca. 163 x 185 cm (Ausschnitt)
Kette: W.-Z-Spinng., S-Zwirng. (2), ungefärbt hell.
Schuß: W. Z-Spinng. (3), gefärbt rot. 1 Schuß gerade.
Flor: W. Z-Spinng. (2). Knoten spanisch: H 38, B 48 = 1824 Kn/qdm.
Oberkante: –. Unterkante: –. Seiten –.
Griff: Glatt, fest, fast dünn, glatt.
Farben: 4 Rostrot, Dunkelgrün, Grünblau, Olivgelb.
Muster: Im rostroten Innenfeld 2 Vertikalreihen dunkelgrüner Kranzmedaillons mit geometrisierter Rankeninnenzeichnung. In den Zwischenräumen geviertelte, mit Haken und stilisierten Blüten besetzte Rauten. Die Bordüre ist in ihrer Farbstellung sehr zurückhaltend. Auf dem dunkelgrünblauen Grund der Hauptborte eine dunkelgrüne Renaissanceranke.

188
Millefleurs-Teppich
Indien, 18. Jahrhundert,
347 x 180 cm
Struktur: Sehr feine As-
Knüpfung auf naturfarbe-
ner und blauer Seidenket-
te.
Muster: Das seltene
Meergrün des Fonds ist
von einer Variante des
sogenannten Herati-
musters überzogen. Dem
Flächenmuster sind winzi-
ge Blüten in Weiß und
Rosé beigegeben (Tau-
send-Blumen-Gruppe). Im
Feldzentrum ein Recht-
eckmedaillon mit passiger
Kontur. Entsprechende
Medaillonviertel liegen in
den Feldecken. Museales
Beispiel für die hohe
Knüpfkultur der späten
Moghul-Zeit.
Provenienz: Stuttgarter
Kunstauktionshaus
Dr. Fritz Nagel.

189
Drachen-Phönix-Teppich
Tibet, um 1900, 138 x 73 cm
Struktur: Tibetischer Knoten auf BW-Grundstruktur.
Muster: Khadenformat mit spiegelbildlicher Darstellung von Himmelsdrachen und dem sagenhaften
Vogel Phönix im mythologischen Kampf über hell apricotfarbenem Grund.
Provenienz: Stuttgarter Kunstauktionshaus Dr. Fritz Nagel.

190

Pferde- und Satteldecke

Tibet, Anfang 20. Jahrhundert, Länge 78 und 122 cm

Struktur: Tibetischer Knoten auf BW-Grundstruktur, typische roter Stoffeinfassung.

Muster: Zusammengehörige Reitertextilien. Die beiden Knüpfhälften der Pferdedecke werden durch ein typisch tibetisches Batiktextil voneinander getrennt und haben ledereingefaßte Gurtlöcher. In den Innenfeldern liegen Drachenmedaillons.

Provenienz: Stuttgarter Kunstauktionshaus Dr. Fritz Nagel.

191
Paar Sitzteppiche
Tibet, 19./20. Jahrhundert, je ca. 75 x 75 cm
Struktur: Tibetischer Knoten auf BW-Grundstruktur.
Muster: Selten werden Floralmotive in der tibetischen Knüpfkunst in so reduzierter Form gezeigt.
Die bunten Rosetten auf diesen schönen Sitzmatten, die wahrscheinlich für den klösterlichen
Gebrauch angefertigt wurden, sind in Farbdiagonalen angeordnet und belegen einen sogenannten
Salz-und-Pfeffer-Fond in Gelb und Blau.
Provenienz: Stuttgarter Kunstauktionshaus Dr. Fritz Nagel.

192
Blütenteppich
Tibet, Anfang 20. Jahrhundert, 170 x 88 cm
Struktur: Tibetischer Knoten auf BW-Grundstruktur.
Muster: Musterlich ähnlich wie die zuvor beschriebenen Satteldecken, jedoch in Khadenformat.
Provenienz: Stuttgarter Kunstauktionshaus Dr. Fritz Nagel.

193

Tibet, wohl Ende 19. Jahrhundert, 192 x 78 cm

Struktur: Tibetischer Knoten auf BW-Grundstruktur.

Muster: Frühes, eindruckvolles Stück, dessen Floralmuster an frühe chinesische Teppiche der Ming-Zeit erinnert. Mit seinem bräunlich-orangefarbenen Grund dürfte es für den klösterlichen Gebrauch hergestellt worden sein.

Provenienz: Stuttgarter Kunstauktionshaus Dr. Fritz Nagel.

194
Tiger-Teppich
Tibet, 19. Jahrhundert, 158 x 87 cm
Struktur: Tibetischer Knoten auf W-Grundstruktur.
Muster: Meditationsteppiche mit Tierfellmusterung zählen zu den musterlich herausragendsten
Arbeiten buddhistischer Tradition in Tibet und sind sehr gesucht. Die Tigerfellstreifen werden hier in
Dunkelblau auf altpatiniertem, cremefarbenem Fond gezeigt, und zwar als Ausschnitt aus einem
fortlaufenden Rapportmuster. Längsseitig Unifriese in »klösterlichem« Orange.
Provenienz: Stuttgarter Kunstauktionshaus Dr. Fritz Nagel.

195
Blütenteppich
Tibet, um 1900, 175 x 88 cm
Struktur: Tibetischer Knoten auf BW-Grundstruktur.
Muster: Ungewöhnlich in seiner Beschränkung auf eine Musterfarbe über beigem Grund. Abstrahiertes Blütenmuster.
Provenienz: Stuttgarter Kunstauktionshaus Dr. Fritz Nagel.

196
Paar Sitzteppiche
Tibet, 19. Jahrhundert, 93 x 90 cm
Sehr ausführlich bespricht Willborg einen ähnlichen, jedoch als Einzelstück erhaltenen Teppich:
»Zusammen mit diesem gibt es sechs Stücke dieses Typus, die in der westlichen Welt bekannt
sind. Mit ›Typus‹ meine ich Teppiche mit einer speziellen Knüpftechnik, die von Kuloy ›tibetischer
Proto-Knoten‹ genannt wird. Auf der Rückseite dieser Teppiche sind keine Muster sichtbar. (...)
›Wangden dromse‹ heißt auf Tibetisch ›dicker‹ oder ›fester‹ Teppich. Beides, Läufer und quadratische Sitzteppiche, sind in dieser Technik bekannt. Der Flor ist dicker als bei einem normalen tibetischen Teppich und diese Stücke haben zusätzlich einen sehr langen Flor, der das Muster ein-
rahmt. (...) Nach Kuloy wurde diese Art von Teppichen nur in Klöstern und Regierungsämtern verwendet. (...) Einland ist der einzige Autor, der einen Wangden dromse veröffentlicht hat, ein Beispiel
aus der McCoy Jones Collection, heute im De Young Memorial Museum in San Francisco.« Willborg waren zu diesem Zeitpunkt nur Stücke mit zentralem Doppel-Vajra-Motiv bekannt. Hier ist es
durch ein schlichtes Rechteckmotiv ersetzt. Für eventuell paarweise Herstellung oder Verwendung
gibt es bislang keinen Anhaltspunkt.
Provenienz: Stuttgarter Kunstauktionshaus Dr. Fritz Nagel.

197
Fensterkreuz-Teppich
Tibet, 19. Jahrhundert, 147 x 80 cm
Struktur: Tibetischer Knoten auf W-Grundstruktur.
Muster: Die sogenannten Fensterkreuz- oder Türteppiche aus Tibet sind sehr selten und bilden
eine markante und eigenständige Gruppe in der Tradition buddhistischer Symbolik, obwohl natürlich ein Vergleich mit turkmenischen Hatschlou-Teppichen zunächst naheliegt. Die Bedeutung dieser Stücke ist noch umstritten. Besonders plakatives Beispiel mit elfenbeinweißen Feldern, welches
auf schmückendes Beiwerk fast vollständig verzichtet. Ein fast identisches Beispiel wurde 1989
von E. Herrmann publiziert. Er schreibt dazu: »Ein ähnliches Exemplar wird anhand von Struktur-
vergleichen mit tibetischen Teppichen, die Ende des 19. Jahrhunderts in das Royal Museum of
Scotland gelangten, in die Mitte des 19. Jahrhundert eingestuft«.
Provenienz: Stuttgarter Kunstauktionshaus Dr. Fritz Nagel.

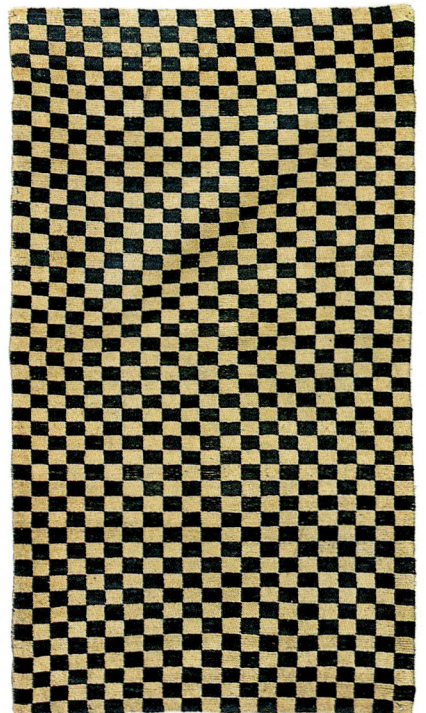

198, 199, 200
Schachbrett-Teppiche
Tibet, Anfang 20. Jahrhundert, 155 x 91 cm, 177 x 107 cm, 333 x 75 cm
Struktur: Tibetischer Knoten auf BW-Grundstruktur.
Muster: Das sogenannte Schachbrettmuster in der tibetischen Knüpfkunst soll Meditationsteppi-
chen buddhistischer Mönche vorbehalten gewesen sein und als Hilfsmittel zur meditativen Versen-
kung gedient haben. Beispiele in verschiedensten Farbkombinationen sind bekannt. Ungewöhnlich
ist der lange Sitzteppich Abb. 200, der mit seinen fünf Feldern für fünf Mönche vorgesehen war.
Provenienz: Stuttgarter Kunstauktionshaus Dr. Fritz Nagel.

199

200

201

Knüpfteppich mit Blumen und Symbolen

Tibet, Anfang 20. Jahrhundert, 157 x 90 cm

Struktur: Tibetischer Knoten auf BW-Grundstruktur.

Muster. Der nachtblaue Grund trägt Wolkenbänder, Floralmotive, stilisierte Vasen und andere Gegenstände mit symbolischer Bedeutung.

Provenienz: Stuttgarter Kunstauktionshaus Dr. Fritz Nagel.

202
Dreimedaillon-Teppich
Tibet, Anfang 20. Jahrhundert, 168 x 85 cm
Struktur: Tibetischer Knoten auf BW-Grundstruktur, schmalseitige Stoffeinfassung.
Muster: Der nachtblaue Fond diese Khaden-Formates ist mit 3 Floralmedaillons geschmückt, die in pastell wirkenden Farbtönen gestaltet sind und eine interessante Kennzeichnung aufweisen.
Provenienz: Stuttgarter Kunstauktionshaus Dr. Fritz Nagel.

203
Zentralmedaillon-Teppich
Tibet, Anfang 20. Jahrhundert, 162 x 123 cm
Struktur: Tibetischer Knoten auf BW-Grundstruktur.
Muster: Im Zentrum des nachtblauen Spiegels zeigt das ungewöhnliche Stück den St. Patricks-Orden in Sternform. Der Stern besteht aus einem gestreift dargestellten Zackenkranz mit kreisrundem Mittelstück. Auf dem blauen Rind die Inschrift »Quis Separabit« und die Jahreszahl 1783, dem Gründungsjahr des durch König Georg III. gegründeten Ritterorden, der nach dem Patron Irlands benannt ist. Im Zentrum das rote Kreuz St. Patricks mit Kleeblatt und Kronen. Das Stück wurde vermutlich um 1904 nach der Tibetexpedition unter General McDonald als Auftragsarbeit angefertigt.
Provenienz: Stuttgarter Kunstauktionshaus Dr. Fritz Nagel.

alles überragende Minarett Kaljan. Im Schmuck der mittelalterlichen Bauten dieser Städte treten viele jener Ornamente auf, die sich bis zum 20. Jahrhundert in Elementen der turkmenischen Teppichmuster, besonders in den Bordüren, getreu erhalten haben.

Turkmenische Teppiche
bis zum Ende des 18. Jahrhunderts

Das traditionsbewußte Festhalten am Überkommenen und das Fortführen gleicher oder sehr ähnlicher Göls und Güls als Hauptmuster gestalten eine genauere Altersbestimmung guter Turkmenenteppiche so schwierig. Teppiche aus diesem entlegenen Gebiet erreichten in früherer Zeit das Abendland kaum, so daß uns Belege über eine jahrhundertelange Zugehörigkeit zum Besitz von Kirchen, Klöstern, Adelsgeschlechtern und Bürgern, wie sie bei Teppichen anderer Herkunft häufig sind, völlig fehlen. Auch das Einknüpfen von Daten war nicht üblich; alle von uns untersuchten frühen Daten in alten Turkmenenteppichen stellten sich als Fälschungen heraus.

Es muß daher versucht werden, andere Merkmale für eine Bestimmung des Alters nutzbar zu machen. So können die stilistische Entwicklung von Ornamenten und die kompositorische Gestaltung von Feld und Bordüren derartige Hinweise geben. Besonders augenfällig ist diese Entwicklung des Ornaments beim Ertmen der Tschaudoren, aber auch beim so bekannten Tekke-Gül, sowie in der Bordürenzeichnung vieler Teppiche der Jomut. Es ist augenfällig, daß die Göls und die Sekundär-Ornamente im Feld der großen Teppiche großzügiger und weniger gedrängt angeordnet sind, als dies bei späteren Exemplaren der Fall ist. Ebenso kann auch die Farbstellung bei der Altersabstimmung weiterhelfen. Generell sind alte und sehr alte Turkmenenteppiche meist farbfreudiger als ihre späteren Nachfolger. Es treten auch Farbtöne auf, die man in jüngeren Exemplaren vermißt. Auf Abb. 131 ist ein Ausschnitt aus einem antiken Turkmenenteppich gezeigt, der zusammen mit einem fast gleichen Stück vor kurzem in Kairo aufgetaucht ist. Seine Farben, speziell das lichte Blau, weisen so große Unterschiede gegenüber der Mehrzahl der alten turkmenischen Teppiche auf, daß wohl mit Recht eine frühe Datierung angenommen werden kann. Die Erhaltung von Turkmenenteppichen aus dem 18. Jahrhundert ist sicherlich nur einer Reihe von glücklichen Zufällen zu verdanken. Es ist ein Irrtum anzunehmen, daß die Knüpfteppiche der Turkmenen in ihren Zelten einem rigorosen Gebrauch und Verschleiß ausgesetzt waren. Die großen Zeltteppiche im Maße von etwa 2 x 3 m, die Schwellenteppiche (Germetsch), die Herdteppiche, die Türeinrahmungen (Kapunuk) wurden nur wenige Male im Jahr bei feierlichen Anlässen, wie großen Festen und Besuch von geehrten Gästen, aufge-

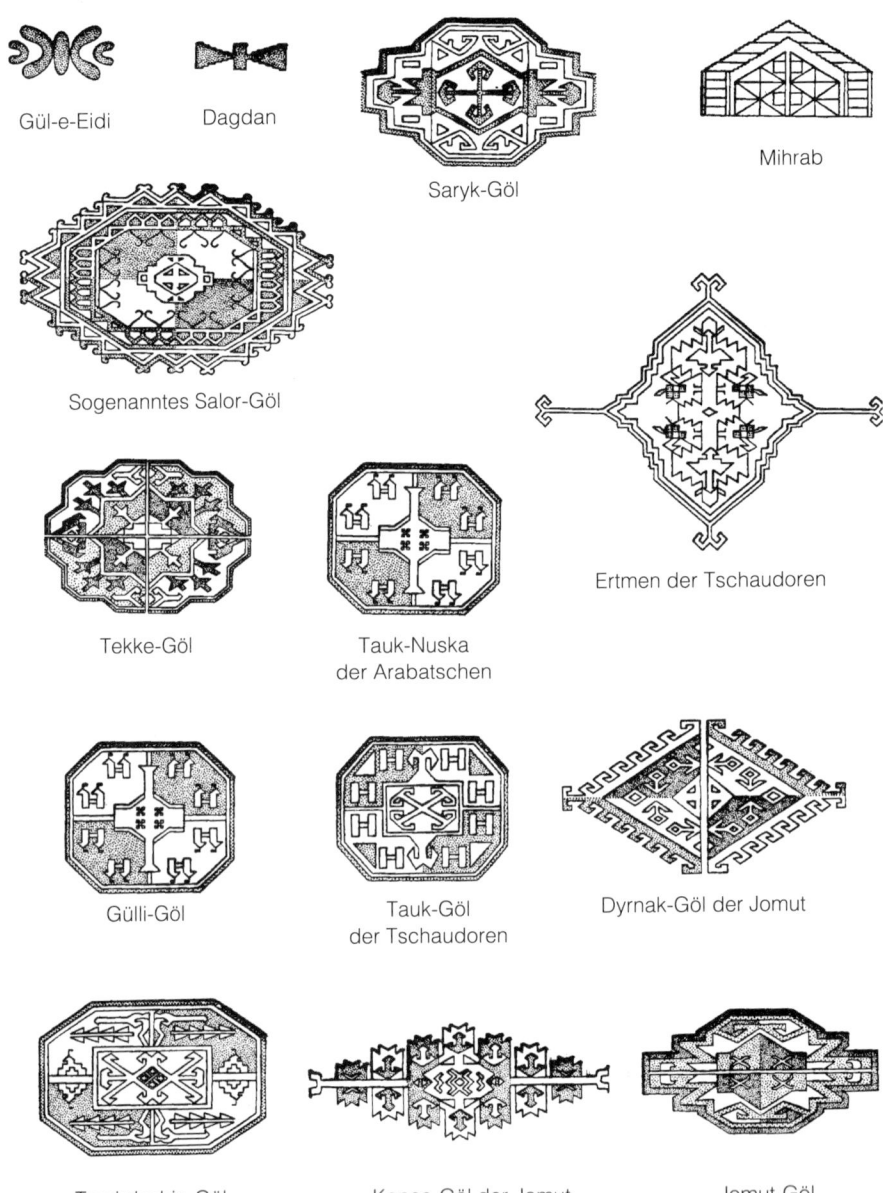

Gül-e-Eidi

Dagdan

Saryk-Göl

Mihrab

Sogenanntes Salor-Göl

Tekke-Göl

Tauk-Nuska
der Arabatschen

Ertmen der Tschaudoren

Gülli-Göl

Tauk-Göl
der Tschaudoren

Dyrnak-Göl der Jomut

Temirdschin-Göl

Kepse-Göl der Jomut

Jomut-Göl

legt. Ansonsten wurden sie zusammengerollt aufbewahrt und sorgfältig gehütet. Ihre eigentliche Abnutzung und Zerstörung begann erst, als sie nach der Eroberung Westturkestans durch die Russen in großen Mengen auf den Märkten Europas und Nordamerikas erschienen und in die Hände von weniger respektvollen Besitzern gerieten. Ein besonderes Verdienst erwarb sich deshalb der kunstsinnige General Boguljubow, um 1900 russischer Gouverneur von Transkaspien, der eine bedeutende Sammlung turkmenischer Teppiche und kleinerer Knüpferzeugnisse zusammentrug. Von den 139 Stücken der Sammlung stiftete er die 40 besten nebst 62 aquarellierten Abbildungen anderer Teppiche dem Leningrader Museum. Er vermutete in den verschiedenen Teppichornamenten, den stammeseigentümlichen Göls, eine Möglichkeit infolge damals mangelnder ethnographischer Unterlagen, Licht in das Dunkel der Abstammung der einzelnen Turkmenenvölker (Chalk) zu bringen.

Die turkmenischen Teppiche sind in ihrem Stil unverwechselbar. Sie unterscheiden sich auf den ersten Blick von den Knüpferzeugnissen jeder anderen Provenienz. Ihre ungewöhnliche Harmonie in der ruhigen, rhythmischen Wiederholung gleicher geometrischer Ornamente auf fein abgetöntem, von Mahagoni über Braunrot bis Blaurot spielendem Grund der stets in bester Wolle geknüpften und meisterlich geschorenen Stücke trug ihnen das Prädikat »Gentleman's Carpet« ein. Selten werden der Grund weiß oder die Bordüre in vom Fond abweichender Grundfarbe gehalten. Ausnahmen in der Musterung machen Zelteingangsvorhänge, Gebetsteppiche und die Kibitka-(Zelt-) Schmuckbänder sowie manche Knüpferzeugnisse der Jomut, der Tschaudoren und der Ersari, vor allem ihrer Unterabteilungen der Beschir.

Bei keinem Volk spielten die Knüpferzeugnisse die gleiche Rolle im täglichen Leben wie bei den Turkmenen. Gewiß sind sie auch bei anderen Nomaden und Halbnomaden kein Luxus, sondern unumgänglich notwendiger Bedarf. Die Turkmenenfrauen erreichten jedoch den Gipfel an Feinheit und Farbensinn in ihren mit unendlicher Liebe und ausdauerndem Fleiß geknüpften Gegenständen für den Gebrauch der Familie. Von Kindheit an wurden die Töchter in dieser wahren Volkskunst unterwiesen, und die Teppiche im Hochzeitsgut, deren Anzahl festgelegt war, gereichten der Braut und ihrer Mutter zur höchsten Ehre. Wenn die Hochzeitskarawane sich dem Zelt des Bräutigams näherte, trug das Leitkamel vor der Brust den Chalyk, dessen Quasten bis zu den Hufen reichten. Er diente nach der Hochzeit als Umrahmung des Zelteingangs. Aus ihm entwickelte sich später als spezieller Eingangsschmuck der Kapunuk (Abb. 149). Geknüpfte oder bestickte Deckchen und Schmuckbänder an Hals, Knien und Kopf des Kamels waren farblich mit den fünfeckigen Asmalyks für die Flanken (Abb. 146) abgestimmt. Die Bündel (Uk) der Zeltstangen steckten in schmucken Teppichfutteralen (Ok Basch). Zur Aufnahme des Kleingepäcks diente der Khordjin, eine kleinere, hinter dem Sattel befestigte Teppichtasche.

Eine Fülle von Teppichen hatte die Braut geknüpft: Über den kleinen Germetsch betrat man das Zelt. Drinnen hockten Familie und Besucher um die Feuerstelle auf dem Odschakbaschi und Dip-Chali, die auf dicken, manchmal gemusterten Filzen (Koschmas) lagen. Alle Geräte, Vorräte und Habseligkeiten des möbellosen Nomadenhaushaltes waren in am Holzgerippe der Zelte hängenden Teppichsäcken untergebracht, den Torbas und größeren Tschowals. Die Dis-torba bewahrte das Salz, die Tschemtsche-torba die Löffel, eine andere den Spiegel (Aina-kap). Lange gewebte Bänder (Jolami und Bou, Abb. 145), in deren eingeknüpften Mustern sich die Phantasie der Knüpferinnen den weitesten Spielraum erlaubte, schmückten die Zeltwände. Der Engsi verschloß den Eingang. Größte Sorgfalt, als Beweis ihrer Liebe, hatte die Braut auf das Knüpfen der Satteldecke (Tscherlik) und der Pferdedecke (Tainaktscha, Seite 136) aufgewendet. Die gewebten Futtersäcke waren bestickt.

Ohne Teppich war das Leben der Turkmenen undenkbar. Das Kind tat die ersten Schritte auf dem Kinderteppich (Salatschak), auf dem Gebetsteppich (Namazlik) verrichtete man die täglichen Gebete (Namas) und der Tote wurde seinen letzten Weg auf dem Begräbnisteppich (Ajatlyk) getragen.

Es ist das Verdienst von W. G. Moschkowa, sich in neuester Zeit mit der Ornamentierung der turkmenischen Knüpferzeugnisse eingehend befaßt zu haben. In ihrer Studie, auf die wir uns hier wesentlich stützen, kommt sie, die Vermutungen Bogoljubows bestätigend, zu dem Ergebnis, daß die Turkmenenfrauen als Hüterinnen der Tradition in den Teppichmustern übergeordnet Empfindungen und Werte des Stammes, der Völker weitergeben. Im Göl sieht sie das zu einem Stamm gehörige Muster, Ornament, Emblem oder wie immer man es in Ermangelung einer befriedigenden Übersetzung nennen mag. Während unter den Bordürenelementen die kleinen »geheiligten« Ornamente von religiös-magischer Bedeutung wie Gül-e-Eidi und Dagdan als Amulette allgemein verwendet werden, scheint der Gebrauch des Göl von alters her strengen Vorschriften unterlegen zu haben. Schon die Namen Tekke-Göl, Salor-Göl, Ersari-Göl, Saryk-Göl bezeichnen das dem Stamme zugehörige Emblem, das so lange nur in der Mittelfeldornamentierung größerer Teppiche anzutreffen war, wie der Stamm seine Selbständigkeit wahrte.

Die Herkunft der Göls birgt ebenso wie die Musterung der Engsi – z. B. die Verwendung des Mihrab, auch gereiht als Amulett – eine Fülle ungelöster Probleme. Trotz der stammesbedingten Verschiedenartigkeit der Teppichmuster sind den Teppichen der Turkmenenstämme viele Elemente gemeinsam. Bogoljubow sah darin den Beweis der gemeinsamen Herkunft später selbständiger Stammesgruppen oder Spuren des Einschlusses fremder Gruppen. Die stammesbedingten Unterschiede treten in den Teppichmustern dort am schärfsten hervor, wo es gelang, den Stammeszusammenhang und damit die Tradition am besten zu bewahren. Die Vermischung der Stammesmuster mit fremden Elementen war dort am stärksten, wo, wie bei einem Teil der Ersari, vor allem den Beshir, ein jahrhundertelanges Zusammenleben mit anderen Bevölkerungsgruppen im Emirat von Buchara oder, wie zum Beispiel bei den Tschaudoren, Heiraten in andere Stämme – solche Mischehen kamen auch bei anderen Turkmenengruppen vor, waren aber bis in die jüngste Vergangenheit selten – die Grenzen der Stammesorganisation auflockerten.

Vom Hauptmuster der Tschaudoren, dem noch auf kleinen Erzeugnissen erhaltenen Ertmen, blieben nach kurzer Zeit nur noch Rudimente. Dafür eigneten sich die Tschaudoren Muster der benachbarten Stämme an und arbeiteten sie um. So entstand das ziemlich verbreitete Oktogon mit den H-förmigen Elementen in der Innenzeichnung. Daß man sich ihrer Herkunft noch bewußt ist, verraten die Namen übernommener Muster. Die Jomut bezeichnen von den Tekke entlehnte Ornamente mit Tekke nakysch. Mar Göl nennen sowohl turkmenische Stammesgruppen wie Belutschen das von den Merwischen Saloren übernommene Muster.

Beharrung und Wandel im Schicksal der Turkmenenstämme lassen sich besonders gut an den kleineren Knüpferzeugnissen ablesen. Die kleinen Teppiche, die dem Hochzeitsschmuck der Kamele dienten, der Schwellenteppiche, der Herdenteppich u. a. behielten besonders lang alte stammeseigentümliche Ornamente bei. Die Zeichnung der Taschen, Tschowals und Torbas kann von Fall zu Fall verschieden interpretiert werden. So hatte der Salor-Göl Ende des vorigen Jahrhunderts seine Bedeutung als Stammesemblem weitgehend verloren, als die Saloren, die sich für den edelsten und aristokratischsten Turkmenenstamm und die Väter der turkmenischen Teppichkunst hielten, 1834 eine vernichtende Niederlage gegen die Perser erlitten und im weiteren Verlauf des Jahrhunderts gegenüber den Tekke und Jomut an Bedeutung immer stärker zurücktraten[1]. Wahrscheinlich haben einige Salorenfrauen noch bis in dieses Jahrhundert hinein Taschen mit dem Salor-Göl geknüpft, obwohl keine großen Teppiche der Saloren aus dem Ende des 19. Jahrhunderts oder Anfang des 20. Jahrhunderts bekannt sind. Vor allem aber war das Prestige der Saloren so groß, daß die nunmehr mächtigeren Tekke und Saryk ihre Ornamente auf deren Taschen nachgeknüpft haben. Auch von den Ersari und häufiger noch von den Belutschen sind uns kleine Teppiche und Taschen mit dem Salor-Göl bekannt. Auf diese Weise wurde der Salor-Göl, der weder als Gül (Blume) oder Gültscha (Blümchen) noch als salorische Rose aufzufassen ist, forciert durch die russische Nachfrage nach diesem Muster, mit Variationen seines Zentrums von den Frauen anderer Stämme in unzählige Taschen eingeknüpft. Im Unterschied zu den »lebenden Göls« war der Salor-Göl zum »Toten-Göl« geworden.

In anderen Fällen hingegen war es den Frauen besiegter Stämme oder Gruppen, die durch ständige Schwächung ihre Selbständigkeit aufgeben und sich in den Schutz anderer Stämme begeben mußten, durch das ungeschriebene Gesetz untersagt, große Teppiche mit dem eigenen Stammesgöl weiterzuknüpfen. Hingegen wurde von ihnen das alte Stammesgöl, das nun nicht mehr die gleiche politische und soziale Bedeutung besaß, als Ornament der Taschen benutzt und lebte somit längere Zeit noch fort. Eine Entscheidung im Einzelfalle wird sich aus

[1] Hubel verwendete den Begriff Salor-Göl für ein Motiv, das auf den Hauptteppichen der Saloren nicht bekannt ist. Diese nämlich zeigen ein gerundet achtpassiges Göl, das nur auf den höchst seltenen Salor-Hauptteppichen zu finden ist (vgl. Skizze). Das oktogonale Göl, das früher als Salor-Göl bezeichnet wurde, erscheint nur auf salorischen Tschowals, auf Hauptteppichen und kleineren Arbeiten anderer Stämme, in erster Linie der Tekke. Die in der älteren Literatur veröffentlichten vermeintlichen Salor-Hauptteppiche mit oktogonalen Güls sind nach heutigem Kenntnisstand tekkinische Arbeiten, die auch  nicht im links offenen, asymmetrischen Knoten geknüpft sind, der die frühen Salor-Arbeiten strukturell kennzeichnet. Dieser Umstand scheint mit Moschkovas Theorie über die »lebenden und toten Stammesgöls« unvereinbar. Doch ist ihre Auffassung bis heute im Kern nicht widerlegt. Daher wird ihre Theorie, obwohl eine Vielzahl von Belegstücken gegen sie sprechen, gerne zitiert.

der Geschichte der einzelnen Stämme sowie aus der Struktur der Taschen treffen lassen, für beides reichen jedoch unsere Kenntnisse nicht in allen Fällen aus. Eine weitere Entsymbolisierung des Göls führt zum ornamental aufgefaßten Gül (Blume). So wurde beispielsweise ein auf Taschen befindliches, dem Saryk-Göl ähnliches altes Göl der Jomut bezeichnet, das nicht mehr als Stammesmuster anerkannt wurde. Es ist noch nicht zu sagen, ob es sich hier um den einstigen Göl eines untergegangenen Stammes, wie der Igdyren, oder um ein archetypisches Primärornament mehrerer Turkmenenstämme handelt. So sind, abgesehen von der Verwendung der bis dahin großen Teppichen vorbehaltenen »lebenden Göls«, noch während der letzten fünfzig oder siebzig Jahre auch auf den kleineren Knüpferzeugnissen Turkmeniens, viele Embleme untergegangener oder aufgelöster Stämme erhalten. Die alten Knüpferinnen bezeichnen einzelne Elemente der floral geometrisiert wirkenden Göls mit Vogelnamen wie »der Stechende« oder »der Beißende«. Nun sind solche Begriffe zumeist durch Generationen zur Gewohnheit gewordene Arbeitsbezeichnungen, und bei einiger Phantasie sind in fast allen lebenden und toten Göls – wie im Tauk-Nuska der Arabatschen mit den Kuschly, d.h. Vögel – Vogelköpfe auszumachen. Auf sehr alten Teppichen mehrerer Stämme sind diese Vogelzeichnungen sehr viel deutlicher zu erkennen. In einigen erhaltenen, mindestens hundertfünfzigjährigen Chalyks und Asmalyks bildete das in versetzter Reihung das Innenfeld überziehende Ornament Aschik den Rautenrahmen für unzweideutig gezeichnete Vögel. Die Verwandtschaft dieser Vogelzeichnungen mit jenen der anatolischen Tierteppiche des 14. Jahrhunderts wäre denkbar.

Turkmenische Teppiche des 19. und 20. Jahrhunderts

Die turkmenischen Teppiche sind überwiegend im Sennehknoten geknüpft. Der für die Turkvölker vermeintlich als typisch angesehene Gördes- oder Turkknoten spielt in den Knüpfarbeiten der Turkmeninnen eine kleinere Rolle. Für die zweifach rechtsgezwirnte Kette wird ungefärbte Wolle oder Ziegenhaar und nur in den wohl meist neueren Seidenteppichen Seide verwendet, desgleichen für den zweifachen leicht- oder ungezwirnten, in selten feinen Stücken auch einfachen Schußfaden. Rotbraune Färbung des Schußgarns ist selten. Die Beschaffenheit von Kette und Schuß, ihre Farbe – bei ungefärbter

Wolle hell, hellbraun, graubraun oder dunkelbraun – sowie die Schußführung sind in der Regel für einzelne Stämme und Stammesunterabteilungen typisch. Auch die jeweilige Knotenart – in Turkmenien kommen die sieben auf Seite 32-33 erwähnten Knotenarten sowie der Gördesknoten über drei Kettfäden vor – deutet auf eine bestimmte Stammesherkunft hin. Knüpfmaterialien sind feine Wolle, für kleinere Musterbestandteile mitunter Seide und für weiße Knüpfungen öfter Baumwolle, da diese durch den Rauch in den Kibitken weniger geräuchert wird als die durch ihn einen sand- oder cremefarbenen Ton annehmende Wolle. Auch die übrigen Farben dunkeln durch den Rauch. Bogoljubow berichtet, daß die Turkmenen in ihren Khartschi-Schafen eine »Steppenrasse par excellence« besaßen, die ihnen die feine glänzende Wolle lieferte. Der Nachteil der geringeren Strapazierfähigkeit weicher Wollsorten wird in den turkmenischen Knüpfarbeiten durch die für Nomaden ungewöhnlich hohe durchschnittliche Knüpfdichte ausgeglichen. Extreme Knüpfdichte – bis über 7000 Knoten/qdm – wird in den kleineren Gegenständen der Brautausstattung und den äußerst seltenen ganz in Seide geknüpften Teppichen – bis zu 10 000 Knoten/qdm – erreicht. Der Flor ist in der Regel kurz und nur in einigen Gegenden mittellang. Auch scheint die Florhöhe zu den stammeseigentümlichen Gewohnheiten gehört zu haben. Die Kilim der öfter sehr fein als fein eingestellten älteren Teppiche sind vielfach außergewöhnlich breit (Kilimlik). Ihre Musterstreifen können geknüpft sein. Den Abschluß der Knüpfung oder den Anfang der Kilim bildet häufig ein schmales Band, auf dem u. a. die Amulette Güle-Eidi oder Dagdan gereiht sein können. Da die älteren Teppiche für den Gebrauch im Zelt bestimmt waren, überschreiten die größten nur selten das Format von etwa 350 x 230 cm oder sie sind bei gleichem Flächeninhalt fast quadratisch. Ältere Exemplare von weit größeren Ausmaßen (Jomut und Ersari, vor allem Beshir) waren wohl Auftragsarbeiten für reiche Bürger und Würdenträger in den Städten oder waren für die Häuser der halbnomadischen oder ganz seßhaft gewordenen Turkmenengruppen bestimmt.

Im Gegensatz zu anderen Provenienzen behalten die meisten Turkmenenteppiche für die Bordüre die Grundfarbe des Innenfeldes bei. Ausnahmen bilden manche Teppiche der Jomut, der Tschaudoren und der Ersari. Das Musterungsprinzip ist der unendliche Rapport von Göls, Güls, Sternen oder stilisierten floralen Motiven in vertikaler, diagonaler oder versetzter Reihung, auch auf quadriertem Grund. Spezifisch turkmenisch ist ein breiter zusätzlicher Bordürenstreifen am unteren Rand oder an beiden Schmalseiten vieler Teppiche. Die Teppiche zum Verschließen des Zelteinganges, Engsi, tragen überwiegend die Hatschluzeichnung (Hadsch=Kreuz). Die durch die Kreuzbalken abgetrennten, ornamentalisierten Felder erinnern an Holztüren, deren durch die kreuzförmige Versteifung gebildeten Felder mit Schnitz- oder Intarsienmustern geschmückt sind. In der Altstadt Bucharas sind die kunstvoll geschnitzten Türen der einzige Schmuck der anspruchslosen kubischen Häuser. Es ist allerdings nach wie vor umstritten, ob eine Beziehung zwischen den geschnitzten Türen der Städte Zentralasiens und des Nahen Ostens und der Feldereinteilung der Zelteingangsteppiche besteht.

Die turkmenischen Teppiche sind bedauerlicherweise unter den Bezeichnungen Buchara, Chiwa, Pendeh und Beschir in den Handel gelangt, den Namen der Hauptsammel- und Handelsplätze. Lebendiger, sinngemäßer und gerechter ist eine Einteilung nach Stämmen in Tekke-, Jomut-, Ersari-, Saryk-, Tschaudoren-Teppiche. In Zweifelsfällen ist die Bezeichnung Turkmenenteppich immer noch treffender und den Nomaden gegenüber gerechter als die Namen von Orten, in denen Teppiche nur gehandelt wurden. Zu einer einwandfreien Klassifizierung reichen infolge der gegenseitigen Einflußnahme der Stämme aufeinander oder der bisher noch nicht genügend aufgeklärten historischen Entwicklung der einzelnen Stämme und Stammesgruppen unsere Kenntnisse nicht in allen Fällen aus, und bei der Kommerzialisierung der Teppichherstellung sowie dem Wandel der Verhältnisse in Turkmenien während der letzten Jahrzehnte muß es als fraglich gelten, ob die Wissenschaft alle Lücken noch zu schließen vermag.

Zu den feinsten turkmenischen Teppichen zählen die der Tekke aus den Oasen von Merw (Mary) und Achal-Tekke sowie aus der Umgebung von Budschnurd jenseits der ehemaligen sowjetisch-iranischen Grenze. Die Grundfarbe variiert von Mahagoni- über Ochsenblut- bis zu violettgetöntem Dunkelrot. Im Mittelfeld sind, durch feine dunkle Linien vertikal und horizontal verbunden, Tekke-Göls gereiht. In den Zwischenräumen stehen – zu den Göls versetzt – kleinere, horizontal gestreckte Balkensterne im Zentrum der durch die dünnen Verbindungslinien der Göls entstehenden Viereckfelder. Diese zusätzliche zarte Quadrierung des Innenfeldes scheint ein sehr altes Dekorationsprinzip der teppichknüpfenden Turkvölker zu sein, denn wir begegnen ihr schon in einem anatolischen Teppichtyp des 15. Jahrhunderts.

Die Hauptborte der vielstreifigen, sonst kleinteilig geometrisch gemusterten Bordüre zeigt gewöhnlich eine Feldereinteilung mit vielstrahligen Stäbchensternen, Oktogonen und kleinen Sternen oder ein gezähntes Rautenband. An den Schmalseiten schließt sich meistens eine breite Zusatzbordüre mit stilisierter oder geometrisierter floraler Musterung an. Die Musterfarben sind Weiß oder Elfenbein, Dunkelblau, Rot, etwas Gelb und – sehr selten – Grün sowie in sehr alten Teppichen Hellblau oder Türkisfarben und Lachsrosa.

Die Knüpferzeugnisse der Tekke sind durchweg fein bis selten fein im Sennehknoten geknüpft. Die großen Teppiche haben stets das Maß der Zeltteppiche, d.h. sie bewegen sich zwischen 260 x 190 bis 350 x 230 cm. Ansonsten kommen die Maße der Herdteppiche, der großen und kleine Taschen sowie der übrigen kleinen Knüpferzeugnisse wie auch bei den meisten anderen Turkmenenteppichen vor.

Die Teppiche der Tekke erscheinen im Handel als Buchara (Bokhara). Zuweilen kommen im Handel auch häufig die sogenannten Pakistan-Bucharas vor, die jedoch als Nachknüpfung an anderem Ort bestenfalls eine Nachempfindung der Zeichnung mit den Tekke-Teppichen und denen anderer Turkmenenstämme gemeinsam haben.

Zu den feinsten Knüpferzeugnissen der Turkmenen gehören auch die Teppiche der Saloren, von denen leider nur wenige erhalten geblieben sind. Die Zeltteppiche der Saloren, im Ausmaß von etwa 280 x 220 cm, die heute als eine große Rarität angesehen werden, zeigen im Feld das Salor-Gül (s. Abb. 132). Die Mehrzahl der großen Taschen – Tschowals – sind nicht mehr von den Saloren geknüpft worden, doch existieren immer noch eine Reihe, die wohl eindeutig den ursprünglichen Besitzern dieses Güls zugeschrieben werden können. Die fein bis selten fein geknüpften Teppiche der Saloren weisen den Sennehknoten häufig mit Kettschichtung auf. Die Kette ist stets weiß bis elfenbeinfarben, auch der Schuß ist in der Regel in hellen Farben gehalten. Für die Salor-Teppiche wird im Handel gleichfalls oft der Name Buchara angewendet, doch auch die Bezeichnung Pendeh nach der gleichnamigen Oase am Mittellauf des Murgab wird oft angetroffen.

Auch die Teppiche der Saryken werden vielfach mit dem Namen Pendeh belegt. Das Feld der großen Zeltteppiche enthält das Saryk-Gül (Zeichnung Seite 146) und als Sekundär-Ornament ein getrepptes Polygon. Ferner ist der Eindruck einer abwechselnd hell-dunklen Diagonalstreifung in der Bordüre, der durch die Farbstellung der recht komplizierten Bordürenzeichnung hervorgerufen wird, für diese Gruppe typisch. Im allgemeinen ist das Kolorit in der 2. Hälfte des 19. Jahrhunderts recht dunkel, auf dem die hellen Partien – das Weiß häufig in Baumwolle, eine rosa Tönung in Seide – sich um so stärker abheben.

Die Seitenbefestigung zeichnet sich dadurch aus, daß sie im Schachbrettmuster entweder weiß/dunkelbraun oder rot/dunkelbraun gezeichnet ist.

Die Türkteppiche (Engsi) der Saryken laufen im Handel in der Regel unter dem Namen Kisil-Ayak und weisen eine ähnliche Farbstellung sowie die gleichen strukturellen Merkmale auf wie die großen Saryk-Teppiche.

Die fein bis sehr fein geknüpften Saryk-Teppiche sind fast durchweg im Gördesknoten geknüpft und weisen häufig eine Schichtung der Kette (G III) auf. Die Saryk-Teppiche wurden in den Nachbarländern Persien und Afghanistan stets sehr hoch eingeschätzt.

Die Teppiche der Tekke, der Saloren und der Saryken zeigen sowohl in der Farbstellung als auch in der Zeichnung, wie schon Bogoljubow festgestellt hat, eine starke Verwandtschaft. Allerdings ist es fraglich, ob man sie deswegen in einer »Salorischen Familie« zusammenfassen kann, da der Stand unserer Kenntnisse über die Wechselbeziehungen zwischen den Stämmen und Stammesgruppen und ihre Knüpferzeugnisse dafür noch nicht ausreicht.

Mit der irreführenden Benennung Jomut-Buchara werden gelegentlich die schönsten Teppiche der Jomut bezeichnet. Die Grundfarben der Jomut-Teppiche reichen von Dunkelbraun über Violettbraun und Kirschrot bis zu einem leuchtenden Ziegelrot. Diese unterschiedlichen Hauptfarben entsprechen, soweit man dies übersehen kann, der unterschiedlichen geographischen Herkunft der Teppiche aus dem großen Gebiet des Jomut-Stammes, das von der iranischen Turkmenensteppe bis in den Norden des Khanats Chiwa reichte. Ebenso wirft die Struktur noch einige nicht gelöste Fragen auf: Sowohl der Senneh- als auch der Gördesknoten kommen in Jomut-Teppichen vor, außerdem haben gelegentlich sonst im Sennehknoten geknüpfte Teppiche je eine Reihe im Gördesknoten an den Seiten. Bei neueren Turkmenenteppichen mit Jomut-Zeichnung, die dem iranischen Teil des turkmenischen Siedlungsgebietes entstammen, ist durchweg der Sennehknoten anzutreffen. In der neueren Produktion, die in der Turkmenischen Republik angefertigt wurde, findet sich ebenfalls häufig der Senneh, aber auch der Gördesknoten, doch kann dieser strukturelle Unterschied angesichts der Entwicklung der Teppicherzeugung in diesem Teil der ehemaligen Sowjetunion nicht mehr als ein Hinweis auf eine bestimmte stammesmäßige Herkunft betrachtet werden. Die Knüpfdichte ist in der Regel nicht so hoch wie bei den Teppichen der Tekke, Saloren und Saryk.

Hauptmotive sind der Dyrnak- (Abb. 134) und der Kepse-Göl (Abb. 135) meist in versetzter Reihung. Es fällt auf, daß diese beiden Primärornamente selten von Sekundärornamenten im Feld ergänzt werden, wie dies bei den anderen Turkmenenteppichen üblich ist. Die Bordüre ist schmaler und meist dreistreifig. Die hellere Borte ist oft mit relativ einfachen, großzügig geometrisierten Ranken gemustert. In der breiten Zusatzborte und den schmalen Seiten taucht außer dem auch von den Tekke benutzten, einem Tannenbäumchen ähnlichen Ornament (stilisierte Fische?) oft ein den Jomut eigentümliches, einer stilisierten Trauerweide oder einem fliegenden Vogel (Adler) ähnliches Motiv gereiht auf. Alte Jomut-Teppiche zeigen auch das mit Tauk-Nuska bezeichnete Göl auf – ein geviertteiltes Oktogon, in dessen Viertel zweiköpfige Tiere (Vögel) stilisiert dargestellt sind. Die Formate der großen Zeltteppiche variieren von 280 x 190 cm bis 200 x 400 cm.

Die Teppichkunst der Jomut zeichnet sich außerdem dadurch aus, daß sie eine besonders große Vielfalt anderer Knüpferzeugnisse aufweist, so für den Schmuck des Hochzeitskamels, für den Schmuck der Pferde und für die im Zelt und beim täglichen Leben benutzten Gegenstände, wie verschiedene Taschen und Zeltschmuckbänder.

Der Stamm der Jomut hat im 18. und 19. Jahrhundert eine Reihe von anderen bis dahin unabhängigen Stämmen, die durch politische oder wirtschaftliche Ereignisse zur Aufgabe der Selbständigkeit gezwungen waren, als Auffangbecken gedient. Manche der alten Teppiche mögen diesen kleineren in den Jomut aufgegangenen Stämmen zuzuschreiben sein. Dies würde auch die Unterschiede in Struktur, Farbstellung und Zeichnung erklären.

Die Teppiche des Stammes der Tschaudoren, der um die Jahrhundertwende weitgehend in den Stamm der Jomut eingegliedert war, sind außerordentlich selten. Ihre großen Teppiche zeigen im Feld eine geschwungene und eingebuchtete Raute – das Ertmen – das in diagonaler Reihung farblich unterschiedlich gestaltet wird. Etwas häufiger ist das Ertmen auf Taschen zu finden, darunter auch erstaunlicherweise auf denen einer turkmenischen Gruppe in Nordafghanistan – den Tschub-Basch.

Ferner weisen große Tschaudoren-Teppiche gelegentlich das Tauk-Nuska auf. Die Knüpferzeugnisse dieses Stammes werden im Handel manchmal als Chiwa bezeichnet. Die Tschaudor-Teppiche sind im Sennehknoten geknüpft und weisen meist eine leichte Schichtung auf. Für den Schuß findet gelegentlich Baumwolle Verwendung.

Eine besonders große und vielfältige Gruppe ist der Ersari. Die

Unterstämme der Ersari haben die ursprünglichen Weidegebiete des Stammes zwischen Balkan-Gebirge und der Halbinsel Mangyschlak zu verschiedenen Zeiten in Richtung Südwesten verlassen. Viele Gruppen anderer Turkmenenstämme wurden in den größeren Stammesverband der Ersari aufgenommen, und schließlich hat sich auch das Zusammenleben mit der seßhaften Bevölkerung, vor allem im Emirat Buchara, auf die Lebensweise und die künstlerische Ausdrucksweise der Ersari ausgewirkt. Die Teppiche dieses am Ende des 19. Jahrhunderts wohl größten Stammes der Turkmenen zeigen daher vielfältige Gesichter und haben im Handel verschiedene Namen erhalten: Beschir, Kisil-Ayak, Afghan, Chiwa.

Die Beschir-Teppiche, deren ältere Exemplare vorwiegend im nördlichen Siedlungsgebiet der Ersari, z. B. in der Umgebung der Orte Burdalyk und Chodschambas, angefertigt wurden, weisen eine für Turkmenenteppiche ungewöhnlich große Vielfalt in Zeichnung und Ornamentik auf. Manche Ornamente sind eindeutig turkmenischer Herkunft, viele hingegen haben floralen Charakter und eine geschwungene oder abgerundete Linienführung und scheinen dem Formenschatz der ursprünglichen iranischen Bewohner Turkestans entnommen zu sein. Rapportmuster mit floralen Motiven, wurmartigen Wolkenbändern oder Boteh-Mustern treten häufig auf, gelegentlich mit aufgelegten Oktogonen. Daneben ist die diagonale Rautung und die Aufteilung des Feldes in Rechtecke anzutreffen. Bei sehr alten Beschirs sind auch einseitig aufsteigende florale Muster zu finden. Von besonderem Reiz sind die Gebetsteppiche dieser Gruppe (Abb. 144).

Die Farbskala ist größer als bei anderen Turkmenenteppichen. Der Grund ist oft blau mit starkem Abrash und gelegentlichen braunen Partien oder rot (ziegel-, himbeer- oder weinrot) gehalten. Gelb, weiß, grün und hellblau lockern das Farbbild auf. Für die Kette findet oft Ziegenhaar Verwendung. Im Schuß tritt nicht selten Baumwolle auf. Die Knüpfung erfolgt im Sennehknoten. Der Flor ist in der Regel hoch. Bei den Maßen ist der Zeltteppich (ca. 200 x 200 cm) selten, statt dessen ist das Keley-Format sehr häufig mit Abmessungen bis zu 600 x 250 cm.

Nach der russischen Oktoberrevolution 1917 strömte ein großer Teil der Beschiri nach Nordafghanistan, wo die alten Muster – allerdings meist vergröbert und mit einer abgewandelten und verflachten Farbskala – weiter geknüpft wurden und werden. Gute, alte Beschir-Teppiche in Naturfarben sind zu einer Rarität geworden.

Mit dem Namen Kisil-Ayak, der einer weiter im Südwesten des Ersari-Gebietes um den gleichnamigen Ort angesiedelten Gruppe entspricht, sind vielleicht die Teppiche zu belegen, die das Tauk-Nuska bei einer für Ersari typischen Farbstellung und Struktur zeigen, ferner wahrscheinlich Stücke mit einer beschirähnlichen Zeichnung, die jedoch dunklere Farben und eine höhere Knüpfdichte haben. Auch aus dieser Gruppe hat schon Ende des vorigen Jahrhunderts, vor allem aber nach 1917, eine Auswanderung nach Nordafghanistan stattgefunden. Bei den Stücken der letzten siebzig Jahre aus diesem neuen Siedlungsraum treten neben guten Vertretern der alten Tradition auch Exemplare auf, die eine Musterverwirrung und eine stärkere Kommerzialisierung der Teppichherstellung erkennen lassen.

In der Mitte, im Süden und Südosten des Ersari-Gebietes sind die typisch turkmenischen Teppiche zu finden, die das Gülli-Göl und das Temirdschin-Göl sowie rhomboide Primärornamente aufweisen. Als Nebenornamente treten verschiedene Motive wie Kreuze und Sterne auf. Die Göls sind fast quadratisch und enger aneinandergereiht als bei anderen Turkmenenteppichen. Frühe Stücke zeichnen sich dadurch aus, daß sie auch bei nicht sehr feiner Knüpfung sehr fest und ausgesprochen farbfreudig sind (Abb. 131). Gelb, Weiß, Hellblau und Grün treten auch hier in größeren Musterpartien auf. Ihre Nachfolger sind die als Afghan bekannten Teppiche aus jüngerer Zeit.

Die auf den ersten Blick uniform erscheinenden Ersari-Afghans weisen in Farbstellung und Zeichnung bemerkenswerte Unterschiede auf. Im braun- bis gelbroten Grund sind der Quadratform angenäherte, bis zu einem halben Meter große Oktogone vertikal dicht gereiht. In den Zwischenräumen liegen – der Anzahl der Oktogone entsprechend – kleine Güls, Hakenstufenpolygone und Sterne oder größere feingegliederte Rankengitter. Die Fläche der Oktogone ist durch zwei diagonal korrespondierende Farben geviertelt. Ihre Innenzeichnung entspricht weitgehend dem Gülli-Göl oder dem Temirdschin-Göl, doch kommen auch andere Innenzeichnungen der Oktogone vor. Keineswegs muß in der Oktogonzeichnung dieser Teppiche immer das kleeblattartige Element des Gülli-Göl erscheinen. Die Bordüre älterer Stücke ist ebensooft vielstreifig und breit wie schmal mit zwei Mitläufern als einzigen Begleitern der Hauptbordüre, die geometrisch gemustert ist.

Mehr als fünf Farben sind bei Stücken aus diesem und vom Ende des letzten Jahrhunderts selten. Zum roten Grundton treten Dunkelblau, etwas Elfenbein und Grün sowie – manchmal in größerem Umfang – Orangegelb. Der höhere Flor ist in weicher glänzender Wolle mit dem Sennehknoten mittelfein geknüpft. Nicht selten sind ältere, fein eingestellte Teppiche niedrig geschoren.

158

Das Grundgewebe zeigt die für Turkmenenteppiche übliche Struktur und enthält oft Ziegenhaar. Die zweifach gezwirnte Kette ist fast immer graubraun bis braun, seltener hell. Die roten Kilim an den Abschlüssen sind zuweilen außergewöhnlich breit (Kilimlik) und in den übrigen Farben des Teppichs gestreift.

Die Größen sind Namaseh (Afghan-Tscharpai), größere Sedschadeh, besonders für Hatschlus und Teppiche von 300 x 200 bis 550 x 350 cm, selten größer. Die besten Ersari-Afghans kamen früher unter den Namen Kerki (russischer Grenzort am Amu-Darja, Sammelplatz für Teppiche) in den Handel. Erstaunlicherweise kamen bis vor kurzem jährlich noch ein paar tausend Quadratmeter älterer Afghanenteppiche auf den Weltmarkt.

Das Gros der neuen grob bis mittelfein geknüpften, hochflorigen Afghanteppiche erweckt den Eindruck von Zweifarbigkeit. Entweder synthetisches Braun- bis Kirschrot mit Blauschwarz oder – chemisch gebleicht und zum sogenannten Goldafghan neu gefärbt – Altgold mit Schwarzblau. Die Teppiche neuer Produktion kommen unter mehr als einem halben Dutzend Handelsnamen auf den Markt. Qarquin (Karkin) ist die Bezeichnung der billigsten, Daulatabad die einer guten Qualität, deren Rückseite statt des gewöhnlichen schmutzig grauschwarzen einen roten Schimmer hat, Pendiq die der sehr guten, auch mit braunem oder blauem Fond, deren Oktogonumrandung der Kontur des Salor-Göls entspricht.

Aus dem Rahmen dieser Afghans fällt der helle Mauri. Er ist in bester Turkmenentradition fein auf dünner Kette geknüpft und hat in seinem lichten geometrischen Muster keine Parallelen zur üblichen Afghanzeichnung.

Die Hatschlus der heute in Afghanistan lebenden Ersari sind etwas größer, dicker und in der Musterung einfacher als die Zelteingangsvorhänge der übrigen Turkmenen.

Die Gebetsteppiche haben das kleine Namaseh-Format, das hier Tscharpai (=vier Fuß) genannt wird. Ihre Nischenbezeichnung reicht vom einfachen, meistens aus zwei in einem Haken endenden Balken zusammengesetzten oder viereckigen Giebel über die komplizierte Musterung bis zur vogelperspektivisch gesehenen Stadtansicht von Mekka mit der Kaaba im Zentrum.

Die Afghan-Torbas und -Tschowals sind gleichfalls meist gröber als sonst in Turkmenien üblich, doch sind auch einzelne ältere, fein bis sehr fein geknüpfte Stücke bekannt. Kleine Musterelemente sind vereinzelt in rosa, grüner oder gelber Seide geknüpft. In die gewebten

Rückwände ist oft das Amulett Gül-e-Eidi in vielfacher Wiederholung eingestickt.

Die Turkmenenteppiche der Gegenwart gehören zu den schönsten Beispielen mittelasiatischer Teppichproduktion. Handwerklich sind sie sehr gut. Die traditionellen Muster werden, ohne Rücksicht auf die ursprüngliche Stammeszugehörigkeit, formal nahezu unverändert fortgeführt. Trotzdem ermangeln für den Kenner die Manufakturteppiche, deren größte Formate über das früher übliche hinausgehen, oft der Wärme des Ursprünglichen. Schwerpunkt ihrer Erzeugung ist Aschkabad. Zwischen den beiden Weltkriegen wurden auch Buchara in Sedschadehformat mit blauem Grund und in letzter Zeit kleinere Hatschlus in größeren Namasehformaten produziert. Auch unter den neueren Knüpferzeugnissen der afghanischen Turkmenen finden sich, vor allem bei den kleineren Formaten, Stücke, die sich durch Ursprünglichkeit der Zeichnung und Sinn für Farbharmonie auszeichnen.

Es ist für die Eigenart der älteren Turkmenenteppiche charakteristisch, daß der größere Charme oft den kleineren Knüpferzeugnissen für den täglichen Gebrauch eigen ist. Die Engsi (Hatschlu, Enessy, Katschli), alle Arten von Taschen (Khordjin, Torba, Tschowal), Kibitkastreifen, Schmuckbänder, Kissen, Kapunuks, Satteldecken und Gebetsteppiche stellen die nahezu einzige Kunstäußerung der Turkmenen dar und spiegeln ganz besonders Eifer, Fleiß, handwerkliches Können, Farbensinn und die Liebe zur Arbeit wider.

Die Hatschluzeichnung der Engsi ist von Stamm zu Stamm verschieden. Da sie als Vorhang für den Zelteingang bestimmt sind, ist ihre Oberkante meistens umgenäht, bestickt und mit geflochtenen Befestigungsschnüren versehen. Diese Schnüre weisen auch die im Zelt aufzuhängenden Taschen, die kleinere Torba und der größere Tschowal, auf. In einer Ecke ihrer Knüpfung oder der gewebten Rückseite ist mitunter ein Familienzeichen zu finden, ebenso in den extrem fein geknüpften Satteldecken. Ein Sprichwort sagt: »Je größer die Liebe zum Manne, desto feiner die Satteldecke.« Unter den Kibitkastreifen ist wohl der in Abb. 145 gezeigte Typ das Schönste, was zum Schmuck des Zeltes ersonnen werden konnte. Seine Motive, die sich trotz der Länge der Bänder von zehn bis fünfzehn Metern nicht wiederholen, sind vielleicht geknüpfte Erzählungen der Frauen, die des Lesens und Schreibens nicht kundig waren.

Das geknüpfte Muster steht als Relief ebenso sparsam wie wirkungsvoll über dem außerordentlich dicht gewebten, hellen Grund der Bänder. Die panamaähnliche Bindung des Grundgewebes läßt nur eine

Knüpfung über drei Kettfäden zu. Dafür ist allein der Gördesknoten geeignet.

Sowohl Teppiche im Format von ca. 200 x 300 cm als auch Taschen (Tschowals und Torbas), Zeltbänder, Türeinfassungen, Decken und andere Gegenstände für den täglichen Gebrauch wurden von den Turkmeninnen in Wirktechnik gearbeitet. Die Schönheit und Vielfalt dieser gewirkten Erzeugnisse, die bisher in Europa noch nicht die gebührende Beachtung gefunden haben, beweisen das hohe handwerkliche und künstlerische Können der turkmenischen Frauen.

Die feinen, uns als Buchara-Decken bekannten Stickereien – genannt Suzanis – entstanden nicht in Turkmenien, sondern in Usbekistan. Meist dienten sie dort tagsüber als Vorhang vor den aufgestapelten Matratzen in den möbellosen Häusern, aber auch als Braut- und Bettdecken, Gebetsteppiche und Satteldecken.

Die Analyse und der Vergleich struktureller Merkmale hat bei turkmenischen Teppichen in jüngerer Zeit wachsende Bedeutung für die Klassifizierung und Stammeszuordnung erhalten. Mit den im folgenden aufgeführten Turkmenenstämmen und den entsprechenden Strukturmerkmalen ihrer Teppicharbeiten sollen lediglich die wichtigsten Gruppen umrissen werden.

Gebräuchlich sind jedoch noch eine ganze Reihe weiterer Stammeszuordnungen. Die Problematik einer solchen Aufstellung liegt darin, daß sie eine gewisse Ausschließlichkeit suggeriert, die eigentlich durch den heutigen Wissensstand nur teilweise gerechtfertigt ist.

Salor
Kette: W, elfenbein/braun und/oder ZH, grau/braun
Schuß: meist naturbelassen braun, zuweilen rot
Knotenform: fast immer As3
Knüpfdichte: Hauptteppiche 2000-3500 Kn/qdm, Taschen 3000-5000 Knoten/qdm
Florhöhe: 4-8 mm
Schirasi: W, meist dunkelblau
Schmalseitenkanten: Hauptteppiche mit breitem, ein- oder mehrfarbigem, gestreiftem Kelim-Ansatz; Taschen und Schmuck-paneele mit dunkelblauem Scheinfransenbesatz
Spezifische Formen: –
Bezeichnungen: S-Gruppe

Saryk
Kette: W und/oder ZH, elfenbein/braun
Schuß: W, grau bis rotbraun
Knotenform: Sy1/Sy2, späte Stücke As
Knüpfdichte: 3000-4000 Kn/qdm
Florhöhe: 6-8 mm
Schirasi: oft zweifarbige Schachbrett-Schirasi

Schmalseitenkanten: Hauptteppiche wie bei Salor; Oberkante bei Engsis, Taschen und Knüpfpaneele oft mit blauer Webborte; dunkelblauer Scheinfransenbesatz
Spezifische Formen: –
Bezeichnungen: –

Tekke
Kette: W, elfenbein
Schuß: W, braun
Knotenform: meist As2, seltener As4
Knüpfdichte: 4000-6000 Kn/qdm; frühe Stücke unter 3000 Kn/qdm
Florhöhe: 4-10 mm
Schirasi: meist einfach, dunkelblau
Schmalseitenkanten: Hauptteppiche mit Kelim-Ansätzen in Rot, oft fein gestreift
Spezifische Formen: Tierbaum-Engsis, Tierbaum-Asmalyks, Vogel-Asmalyks, Chalyks, Ak-Tschowals
Bezeichnungen: Achal-Tekke, Merv-Tekke

Jomut
Kette: W/ZH oder W/W, naturfarben
Schuß: meist W, naturfarben, manchmal W/BW
Knotenform: Sy 1 oder As
Knüpfdichte : 1800-3000 Kn/qdm
Florhöhe 3-6 mm
Schirasi: W, ein- oder mehrfach, rotbraun oder blau, zuweilen zweifarbig
Schmalseitenkanten: Hauptteppiche zuweilen mit breiten Kelim-Ansätzen
Spezifische Formen: zahlreich, z.B. Boktsche, geknüpfte Ok-Basch, Chalyks, siebenseitige Asmalyks etc.
Bezeichnungen: Imreli (?), Adler-Gül-Gruppen, Igdyr, Djaffabai, Atarbai, Orguddjali

Arabatschi
Kette: W/ZH, braun bis grau
Schuß: W/BW, rückseitig braun/weiß gesprenkelt
Knotenform: As1/As3
Knüpfdichte: 1500-2500 Kn/qdm
Florhöhe: bis 7 mm
Schirasi: ZH, dunkelbraun, mehrfach
Schmalseitenkanten: –
Spezifische Formen: –
Bezeichnungen:–

Ersari
Kette: ZH, meist dunkelbraun
Schuß: –
Knotenform: As1-As4
Knüpfdichte: 800-1500 Kn/qdm
Florhöhe: bis 10 mm
Schirasi: ZH, mehrfach, dunkelbraun, oft sehr breit
Schmalseitenkanten: –
Spezifische Formen: –
Bezeichnungen: Ersari-Beschir, Beschir, Kisil-Ajak, Tschub-Basch

Belutsch-Teppiche
und andere Nomadenteppiche Zentralasiens

Unter der Bezeichnung Belutsch gelangen Teppiche, Flachgewebe und andere Produkte der nomadischen Textilkunst auf den Markt, die recht vielfältiger Art und verschiedenen Ursprungs sind. Sie lassen sich jedoch unter dem Sammelbegriff »Teppiche und Textilien der Belutschen und verwandter Gruppen« zusammenfassen, wenngleich die ethnische Zuordnung mitunter nicht gesichert ist. Das eigentliche Belutschistan liegt heute im wesentlichen innerhalb der Staatsgrenzen von Pakistan. Für den Teppichfreund sind jedoch die Siedlungsgebiete der Bauern und Nomaden interessant, die die Erzeuger der Textilkunst waren. Dieses Gebiet reicht vom Süden Turkmenistans über die ostpersische Provinz Khorassan nach Süden über die Region von Ferdows, hinübergreifend bis in die Kirman-Provinz. Im Osten dehnt es sich von Turkmenistan über Westafghanistan bis nach Westpakistan aus. Besonders in der Peripherie dieses Gebietes wird der Einfluß anderer ethnischer Gruppen in der Textilkunst erkennbar, etwa der Kurden Khorassans, der Turkmenen und der Afsharen der Provinz Kirman.

Belutsch-Teppiche sind im allgemeinen nicht schwer zu identifizieren. Ihr Kolorit tendiert zu dunklen Tönen. Gedämpfte Braun- und Rottöne dominieren. Leuchtende Farben werden nur in kleinsten Musterpartien verwendet. Weiß erscheint in spitzenlichterhafter Verwendung ebenfalls oft in kleinen Musterpartien oder in den Nebenborten. Gebetsteppiche und andere kleinere Formate zeigen manchmal einen hell kamelhaarfarbenen Grund. Nur selten erreicht die Knüpfdichte feinere Einstellungen. Grobe und lockere Knüpfung herrschen vor. Zusammen mit der reichlichen Verwendung von alterskorrodierten Brauntönen führt dies zu einer geringen Haltbarkeit und Strapazierfähigkeit. Großer Wert wird in einigen Regionen auf die Gestaltung der Flachgewebsabschlüsse gelegt. Die oft mehr als handbreiten schmalseitigen Flachgewebsansätze zeugen manchmal von höchster Kunstfertigkeit in der Beherrschung verschiedener Webtechniken. Charakteristisch sind handbreite Kelim-Paneele, die als Musterausschnitt aus einem vertikalen, mehrfarbigen Zacken-Streifenmuster beschrieben werden können und die von feinen Ornamenten in anderen Flachgewebstechniken flankiert werden.

Die Hauptteppichformate gleichen denen der Turkmenen, manchmal aus zwei Bahnen zusammengesetzt. Bei den Brückenformaten herrschen kleinere Stücke vor. Die Gebetsteppiche tragen meist ein Mihrab mit rechteckigem Feld, das von einem ebenfalls rechteckigen Giebelfeld bekrönt wird. Dieses wird seitlich von Handflächen flankiert. Das übliche Gebetsmuster ist ein geometrisierter Baum, der mit gezackten, farblich diagonal viergeteilten Blättern besetzt ist. Für den Sammler interessant sind auch die in kombinierter Knüpf- und Webtechnik gearbeiteten Herddecken (Ruh-Korsi), die Speisetücher (Soffreh), die Doppeltaschen mit ihren großen Knüpffronten oder Fronten in Flachgewebstechniken, Salztaschen (Namakdan) und diverser anderer textiler, nomadischer »Hausrat«.

Die Muster der Belutsch-Teppiche und Teppiche im Belutsch-Stil lassen sich hinsichtlich ihres Ursprungs in drei Hauptgruppen gliedern: »adoptierte« Muster urbaner Herkunft, Musterübernahmen aus dem Musterrepertoire turkmenischer Teppiche und drittens solche, die sich in den Siedlungsgebieten der Belutschen entwickelt haben und einen eigenständigen Belutschcharakter besitzen. Viele Belutsch-Teppiche aus dem östlichen Iran zeigen z.B. deutlich urbanen Einfluß, besonders jene mit Herati- oder Mina-Khani-Mustern.

Beispiele weiterer wichtigerer Mustertypen unter den Belutsch-Teppichen sind: Teppiche mit gereihten, alternierenden Medaillons, die gülartigen Charakter und eine fiederartige Kontur haben; Teppiche mit sogenannten Tekke- oder Salor-Güls; Teppiche mit Rautenmedaillons aus mehrfarbigen, konzentrisch angelegten Hakenrauten (sogenannte Muschwani-Muster); Teppiche mit gereihten Vogelmotiven.

Erst seit kurzer Zeit ist bekannt, daß viele Teppiche, die man bislang unter der Handelsbezeichnung Belutsch kannte, Arbeiten anderer Stammesgruppen sind, z.B. die Teppiche der Timuri und Aimaq in Afghanistan. Aus dem afghanischen Raum um Herat und dem östlicheren Kabul, welches schon außerhalb der traditionellen Siedlungsgebiete der Belutsch liegt, kommt auch das Gros der Teppiche, die in größerem Stil für den westlichen Markt hergestellt werden. In der Regel handelt es sich um leicht als Kommerzware identifizierbare Brückenformate von rustikalem Charakter, jedoch losgelöst vom traditionellen Musterrepertoire und Musterstil.

Ein breites Spektrum an interessantem, sammlungswürdigem Material bietet sich auch im Bereich der Belutsch-Flachgewebskunst. Markante Beispiele sind die großformatigen, streifengemusterten Flachgewebe, die in kombinierten Flachgewebstechniken mit traditioneller Farbpalette gewebt werden. Eine besondere Gruppe bilden hierbei die Arbeiten aus Pakistan, die in einer Technik mit rückseitig flottant geführtem Musterschuß (schauseitig glatte Oberfläche) gewebt werden. Herddecken (Ruh-Korsi) sind quadratische Arbeiten, deren Innenfeld meist in Kelimtechnik gewebt ist und von einer geknüpften oder in Sumachtechnik ausgeführten Bordüre umrahmt wird. Wie die Ruh-Korsi ist auch das schlanke, lange Speisetuch (Soffreh) oft daran zu erkennen, daß das Innenfeld zweiseitig von Zackenfriesen eingefaßt wird.

Noch heute führen Belutschen-, Aimaq- und Timurifamilien ein Leben als Nomaden in Afghanistan. Das Weben und Knüpfen von Teppichen bildet einen Anteil ihres Einkommens. Äußere Einflüsse und die Verwendung synthetischer Farben haben jedoch dafür gesorgt, daß ihre textilen Erzeugnisse im Vergleich zu den älteren Arbeiten erheblich an Attraktivität verloren haben. Auch von den Turkmenen im Norden und Osten benachbarten Turkvölkern, den Kasachen, Karakalpaken, Usbeken und Kirgisen ist bekannt, daß sie Teppiche geknüpft haben, doch war bei ihnen das Knüpfen weder dem Ausmaß noch der künstlerischen und handwerklichen Qualität nach auch nur annähernd so entwickelt wie bei den Turkmenen. Die wenigen erhaltenen älteren Exemplare – die meistens davon befinden sich in zentralasiatischen Museen – haben eine gröbere Struktur und eine einfachere Zeichnung als die Turkmenenteppiche. Während kasachische, karakalpakische und usbekische Teppiche praktisch nicht nach Europa gelangt sind, kann vereinzelt, wenngleich sehr selten ein Teppich der Kirgisen, die die Hänge des Tien-Shan, den Ala Tau, das Ferghanatal und das Pamir-Gebiet bewohnen, angetroffen werden. Die im Format von 250 x 150 bis 400 x 180 cm angefertigten hochflorigen Teppiche haben wollene Kette und Schuß, wobei in der Regel nach jeder Knotenreihe nur ein dicker Schußfaden von Reihe zu Reihe versetzt vorhanden ist. Die Farbstimmung ist von Blau und Rot dominiert, daneben treten Senfgelb, Weiß und Dunkelbraun auf. Bogoljubow schreibt die auf dieser Seite wiedergegebenen Ornamente Dschagal-Baili (=fliegender Falke), Keretsche-Kus (Verwandtschaft mit

 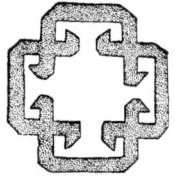  

Dschagal-Baili-Gül   Keretsche-Kus-Gül   Alma-Gül   Kiptschakisches Ornament

dem Wolkengitter auf ostturkestanischen Teppichen) und Alma-Gül verschiedenen kirgisischen Stämmen zu. Das vierte Dessin ist nach dem gleichen Autor kiptschakischen Ursprungs.

Die Kirgisenteppiche der neueren Produktion erinnern in ihren erstarrten Mustern oft eher an die neuen Teppiche des Kaukasus als an Zentralasien.

Ostturkestanische Teppiche

Zur Geographie und Geschichte

Ost- oder Chinesisch-Turkestan liegt im Herzen Zentralasiens. Fast das ganze, sich von Norden nach Süden über 1000 km und in Ost-West-Richtung über 1800 km erstreckende Gebiet mit nur drei Millionen Einwohnern nimmt das nach dem Hauptfluß benannte Tarimbecken ein. Es liegt auf halbem Wege vom Mittelmeer zum Pazifischen Ozean und in der Mitte zwischen dem Nördlichen Eismeer und der Südspitze Indiens. Diese von Wanderdünen durchzogene Wüstenhochebene (700-1500 m ü.d.M.) wird im Norden (Tienschangebirge), Westen (Pamir) und Süden (Tsunghing-Altintagh) von steil ansteigenden Gebirgsketten mit Gipfelhöhen zwischen 6000 und 8500 m umschlossen. Alle in den Randgebirgen entspringenden Flüsse münden in den Tarim oder versickern im Sand der großen Wüste Takla-Makan. Der Tarim mündet nach 2000 km langem Lauf im Sumpfgebiet des abfluß-losen Lop-Nor-Sees. Das extrem trockene Klima mit großen Temperaturunterschieden läßt Siedlungen einzig in den Oasen an den Flußläufen am Rande der unbewohnbaren Wüste zu. Irrigationsbodenbau bringt dort gute Erträge an Getreide, Obst, Gemüse und Baumwolle. Ein schmaler Grasgürtel längs des Fußes der Gebirge bietet die Voraussetzung für die – zumeist kirgisische und kasachische – Nomaden-wirtschaft. Die ausgezeichnete Wolle ihrer Schafherden ist die Grundlage der von Männern betriebenen Teppichherstellung in den Werkstätten der Oasen.

Die alten Karawanenwege der Seidenstraße, die sich westlich Turfan in zwei, das Wüstenbecken nördlich und südlich umgehende Züge spaltet, verbinden die weit voneinander entfernten Oasen und vereinigen sich wieder in Kaschghar am Westrand des Beckens. Topographie und Klima waren die Feinde aller nationalen Einigungsbestrebungen in der mehr als zweitausendjährigen Geschichte dieses Landes. Die in den großen Entfernungen begründete Isolierung der kleinen Oasensiedlungen verhinderte jeglichen gemeinsamen Widerstand gegen Eroberer.

In das unter dem Einfluß von Steppennomaden stehende Gebiet

167

drangen sehr früh vom Westen her indoeuropäische Völkerschaften ein. Diese Ackerbauern schoben ihr Siedlungsgebiet entlang der Gebirgsränder von Oase zu Oase nach Osten vor, während die Steppenvölker weiterhin nördlich des Tarimbeckens in der Dsungarei und im Grasgürtel der Randgebirge des Tarimbeckens ihr Nomadenleben führten. Diese indoeuropäischen Völkerschaften sprachen arische Dialekte und verfügten über verschiedene vornehmlich vom Indischen und vom Sogdischen abgeleitete Schriftarten. Dies erklärt auch, warum in der Bevölkerung des Tarimbeckens, vor allem in den südlichen Oasen, ein europider Typus vorherrscht. Chinesen in den Städten, nomadisierende Kirgisen, Kasachen, Mongolen sowie kleinere Gruppen, die den Berg-Tadschiken nahestehen, sind weitere Bevölkerungsgruppen.

Die Steppenvölker forderten zwar Tributzahlungen von den Oasen und hoben Hilfstruppen für ihre Feldzüge dort aus, doch ließen sie auch in Zeiten ihrer größten Machtentfaltung die Oasenbewohner in ihrem eigenen Leben bis zum 9. Jahrhundert verhältnismäßig unbehelligt. Tribute waren auch den Chinesen, die vom 2. Jahrhundert v. Chr. bis zum 4. Jahrhundert n. Chr. sowie vom Beginn des 7. Jahrhunderts bis ins 9. Jahrhundert jeweils mit Unterbrechungen das Gebiet kontrollierten, zu zahlen, wenngleich sich hinter den Tributzahlungen häufig ein normaler Handel verbarg, der aus Prestigegründen den Namen Tribut erhielt. China, auf die strategische Sicherung seiner Handelsverbindungen nach dem Westen bedacht, beschränkte sich auf die Anlage von Garnisonen und ließ den Oasen ihr religiöses, kulturelles und wirtschaftliches Eigenleben. Trotzdem wurde die chinesische Herrschaft öfter für längere Zeit, so auch durch die Tibeter, unterbrochen.

Khotan war während des ersten nachchristlichen Jahrtausends eines der bedeutendsten buddhistischen Zentren des Landes. Im Gefolge der Mönche hatten fremde Handwerker die reiche, aus griechischen, indischen und persischen Quellen gespeiste Gandharakunst in den klösterlichen und sakralen Bauten verbreitet, die mit dem Dahinschwinden des buddhistischen Einflusses wieder verfielen. Nach Quellen aus dem 2. Jahrhundert v. Chr. und Berichten aus dem 5. bis 7. Jahrhundert spielte sich das Leben in den Oasen kaum anders ab als in den ersten Jahrzehnten des 20. Jahrhunderts. Der Gold- und Jadehandel nach China hatte einen ansehnlichen Wohlstand geschaffen.

Ende des 9. Jahrhunderts wurde das Tarimbecken ein Teil des Reiches der türkischen Karakhaniden, die den Islam zunächst zur Vorherrschaft brachten und ihn später zur alleinigen Religion des Gebietes machten. Gleichzeitig verdrängte allmählich das Dschagatai-Türkisch die indoeuropäischen Sprachen. Auch setzte eine Vermischung zwischen der ansässigen Oasenbevölkerung und den türkischen Eindringlingen ein, die allerdings von Oase zu Oase verschieden stark verlief. Im Osten des Tarimbeckens bestand bereits seit dem 8. Jahrhundert das Reich der Uighuren, die gleichfalls ein Turkvolk waren. Das Tarimbecken wurde damit zum Turkestan. Das durch die Gegebenheiten der Natur bestimmte Oasenleben erfuhr, bis auf die Ausübung der neuen Religion, keine wesentlichen Veränderungen.

Khotan, Kaschgar und Yarkand, in dessen Nähe der beschwerliche Karawanenweg über die Karakorumpässe nach Indien abzweigt, waren Umschlagplätze für den Handel zwischen Ost und West. Die wirtschaftlichen Beziehungen der Oasen untereinander blieben als Folge der Gleichartigkeit der Produktion bis in die Gegenwart hinein unbedeutend. Auch die Eroberung Turkestans durch die Mongolen (1218) brachte keinen tiefgreifenden Wandel. Der Islam war in zwei Jahrhunderten in der Bevölkerung tief verwurzelt, zudem zeigten sich Dschingis-Khan und seine unmittelbaren Nachfolger in religiösen Fragen tolerant. Die Herrschaft der Dschagataiden, einer der vier Nachfolgerdynastien Dschingis-Khans, führte zwar nicht zur Bildung eines großen und mächtigen Reiches wie in Persien oder China, doch konnte sich dort das mittlerweile völlig türkisierte Geschlecht Dschingis-Khans am längsten an der Regierung halten, freilich nicht ohne territoriale und politische Machtverluste, teils aufgrund der Eroberungszüge Timurs, teils als Folge von Familienzwistigkeiten und Kämpfen mit den Nachbarstaaten.

In Kaschghar und Khotan entwickelte sich ein reges wirtschaftliches und kulturelles Leben. Die höfische Kunst Herats und Mogul-Indiens strahlte unter den Timuriden und Mogul-Herrschern über Samarkand bis hierher aus. Die am chinesischen Hof angelegten Gesandtschaftslisten führten unter den Geschenken aus Khotan Jade, Rassepferde, Jagdfalken, Leoparden, Rüstungen und Panzer, Schwerter und Dolche aus Stahl auf (Ming Shi, Kap. 332). Die isolierte Lage der Oasen förderte jedoch auch die geistige Abschließung und die Erfolge fanatischer islamischer Sekten mit den üblichen Begleiterscheinungen von streitenden Demagogen und wundertätigen Heiligen. Dies führte schließlich um die Mitte des 17. Jahrhunderts zur Absetzung des letzten Dschagatai-Herrschers durch die Nachfahren eines Wanderpredigers aus der Gegend von Buchara, die immer stärkeren Einfluß im Lande und am Ufer erhalten hatten. Mit ihnen beginnt die Zeit der Chodscha-Dynastie, die bald darauf auch unter den Einfluß der west-

mongolischen Oiraten aus der Dsungarei gerieten, die als Bundesge-
nossen und Schiedsrichter von einem Angehörigen der Chodscha-
Dynastie ins Land gerufen waren. Ihre Khane übten lange Zeit die
Oberherrschaft über das durch die religiösen Streitigkeiten der Hodjas
zerrissene Gebiet aus. Die geistige Macht blieb bei den Kadis und Mul-
las, den muslimischen Richtern und Gelehrten. Buchara, das geistige
Zentrum des fanatischen Islams in Zentralasien, wurde auch für Ostturkestan richtungweisend. Sein Einfluß ist gelegentlich, wenn auch
nicht häufig, in gewissen Erzeugnissen des Kunsthandwerks der Oasen
des Tarimbeckens zu spüren.

Zu Beginn der zweiten Hälfte des 18. Jahrhunderts fiel China unter
der Mandschu-Dynastie mit der Eroberung der Dsungarei ganz Ostturkestan zu. Die Chinesen erschienen wiederum nicht als Kolonisatoren.
Das Interesse Chinas erstreckte sich auf die Sicherung Ostturkestans
als die inneren Provinzen schützendes Vorgelände, auf Tributleistun-
gen und den Handel. Ostturkestan wurde von seinen westlichen Nachbargebieten, denen es sich geistig und religiös verwandt fühlte, abgeschlossen. Der letzte Versuch einer nationalen Einigung in der zweiten
Hälfte des 19. Jahrhunderts durch Yaqub Beg scheiterte. Heute gehört
Ostturkestan zum autonomen Gebiet Sinkiang der Volksrepublik China, die in der Gegend des Lop-Nor-Sees ihr Atombombenversuchszen-
trum unterhält.

Ostturkestanische Teppiche bis zum 19. Jahrhundert

Das Knüpfhandwerk Ostturkestans kann zweifellos auf eine lange
Tradition zurückblicken. Seine Teppiche wurden in Europa erst spät
und unter dem Namen der westturkestanischen Städte, über die sich
der Handel vollzog, als Samarkand, Kokand oder Margelan, seltener
nach ihren Ursprungsorten als Khotan, Yarkand und Kaschghar
bekannt. In China wurden sie mit Kansu bezeichnet, weil sie über diese westchinesische Stadt und Provinz den Handel erreichten. Hans
Bidder, der leider schon vor Drucklegung seines Buches über die
Teppiche Ostturkestans verstorbene Sinologe, Diplomat und Sammler, berichtet, daß ihm 1925 nicht ein Chinese in Peking – weder
Kunstsammler, Antiquitätenhändler, Teppichhersteller noch Karawa-
nenführer – über Herkunft und Ornamentik der Kansu-Teppiche
Aufschluß geben konnte.

170

Für China, dessen Bevölkerung früh zum Gebrauch von Sitzmöbeln übergegangen war, konnte der Bodenteppich nicht die gleiche Bedeutung erlangen wie für Völker, welche die Lebensweise zu ebener Erde beibehielten. Zudem ist klimatisch bedingt für weite Gebiete Ost- und Südchinas die Matte der gegebene Bodenbelag. Der Teppichexport Ostturkestans war demzufolge mehr nach Westen und – in geringerem Umfang – nach Süden gerichtet. In alten chinesischen Berichten findet der ostturkestanische Teppich kaum Erwähnung. Für China blieben Jade und Gold die wichtigsten Importgüter aus diesem Lande. Yuan Chuang, ein Chinese, der 629 zu einer Pilgerreise nach Indien aufgebrochen war, berichtet von den Bewohnern des Landes Chieh-sha (Kaschghar): »Sie führen feine Filzstoffe aus und betreiben die Weberei von feinen Filz- und Florteppichen«, und über das Land Chü-so-tan-na (Khotan): »Sie erzeugen Florteppiche und feine Filzteppiche und weben grobe Seidenstoffe.« Für Florteppich wird das Wort Ch`ü-yü gebraucht, das auch für die Teppiche Irans Anwendung findet.

Die kleinen, durch Sir A. Stein in Niya und in Loulan am Lop-Nor-See aufgefundenen Knüpfteppichfragmente stammen spätestens aus dem 5. bis 6., wahrscheinlich aber schon aus dem 3. Jahrhundert n. Chr. Über ihre anscheinend turkmenischen Teppichen verwandte Ornamentierung geben diese durch das extrem trockene Klima konservierten Funde wenig Aufschluß. Material und Struktur definiert der Sachverständige F. H. Andrews wie folgt: Kette: dünne, braune Wollfäden, gelegentlich aus lose gedrehtem Garn; manchmal doppelt und aus Ziegenhaar. Schuß: vier lose gedrehte Wollfäden oder feineres gelbbraunes Wollgarn, manchmal nur aus zwei Zwirnen gedreht. Die vier Schüsse werden gut zusammengeschlagen und umfassen zuweilen je vier Kettfäden. Flor: Stets aus feiner, weicher Wolle, viersträhnig. Der Knüpffaden wird zweimal um jeden der beiden Kettfäden gelegt und bildet so einen festen Knoten. Florlänge 1 bis 1/2 Zoll (2,5 bis 1,25 cm). Knüpfung: 8 Knoten auf 1 Zoll Breite (32 Kn/dm), 4 Knoten auf 1 Zoll Länge (16 Kn/dm). Eine weitere technische Eigenschaft mehrerer Fragmente ist das Einziehen von – aus zwei weichen, leicht zusammengedrehten, etwa 12 cm langen Wollfäden bestehenden – Schlingen ohne Knotung auf der Teppichrückseite unter jedem zehnten Schußfaden in etwa jeder fünften Schußreihe. Bei diesen Schlingen, deren Enden auf der Rückseite frei hervorstehen, handelt es sich um die gleiche V-Schlingentechnik, die zur Florbildung in den frühen Teppichen Ägyptens angewandt wird (siehe Abb. 177 bis 179). Zudem scheint die Anmerkung über die Schüsse: »...und umfassen zuweilen vier Kettfäden«, die technische Verwandtschaft mit den auf Seite 25 erwähnten nichtägyptischen Fostatfragmenten anzudeuten, bei denen die drei bis fünf einfachen Schußfäden unregelmäßig jeweils drei bis vier Kettfäden von hinten umfassen.

Chinesische Quellen des 18. und 19. Jahrhunderts berichten über die Teppicherzeugung in Ostturkestan mit den Zentren Khotan, Yü-tien, Lo-p`u und Pi-shan mit einer jährlichen Kapazität von etwa 5000 Teppichen für den Export nach Andijan/Kokand (etwa 80 Prozent), Britisch-Indien und Afghanistan. Die Oasen am Südrand des Tarimbeckens – der Beunruhigung durch die politischen Ereignisse und Völkerwanderungen weniger ausgesetzt – konnten durch Jahrhunderte ein relativ ungestörtes Eigenleben führen und waren die Kristallisationskerne der Entwicklung von Kunst und Gewerbe.

Das ihren Gebrauch nicht gewohnte China konnte kein gleichwertiger Abnehmer für die ostturkestanischen Teppiche sein und nicht die Nachfolge der Chodschas und von Nomadenvölkern abstammenden Fürsten als Mäzen des einheimischen Kunsthandwerks antreten. Das zeitweilige Schließen der Grenzen führte darüber hinaus zu Stockungen in der Belieferung mit Farbstoffen aus Indien, die trotz der zahlreichen einheimischen Naturfarbstoffe für die Färbereien nicht zu entbehren waren.

Eine genauere Beschreibung der Knüpferzeugnisse enthält erst der Forsyth-Report (1873) einer durch die britische Regierung zu der später von ihr anerkannten Regierung Yaqub-Begs nach Ostturkestan entsandten Kommission. Es war ihre Aufgabe, die Verhältnisse hinsichtlich der Sicherung des Vorgeländes der nordindischen Grenzen im Zusammenhang mit dem Vordringen Rußlands in Westturkestan zu studieren. Der Report betont die Eigenständigkeit in Ornamentierung und Farbstellung sowie die gute Wolle der Teppiche. Die verbreitetste Schafrasse war das Fettschwanzschaf Dumba. Die aus dem weichen Flaum unter dem langhaarigen Winterfell (auch durch Auskämmen) gewonnene Wolle wurde von den Kirgisen nach Ladhak geliefert und dort als Tibetwolle nach Kashmir verkauft. Die für die Erzeugung feinerer Teppiche wichtigere Rasse aus den Gebieten von Khotan und Turfan war kleiner. Ihre langstapelige, meist weiße Wolle gilt als die feinste Asiens. Auf ihr stehen die Farben leuchtender. Die Naturfarbstoffe Indigo, Krapp und Cochenille wurden aus dem Ausland bezogen. Die dem Report beigefügten Fotografien zeigen sowohl Dreimedaillon (Abb. 160) als auch von Herat beeinflußte Muster. Teppiche mit Gold- und Silberbroschierung waren noch vorhanden, wurden aber nicht mehr hergestellt. Für die Teppiche mit Broschierung hatten möglicherweise die Polenteppiche Isfahans Pate gestanden, die sich nicht nur im Orient und in Europa, sondern auch in ganz Asien als Geschenk für die Höfe großer Beliebtheit erfreuten. Ein chinesischer Reisebericht vom Ende des 18. Jahrhunderts vermerkt über Kaschghar, nachdem das luxuriöse Leben der zahlreichen Kurtisanen erwähnt wurde: »Daneben gibt es aber solide Leute, die sich ausgezeichnet auf die Knüpfung von gold- und silberbroschierten Seidenteppichen wie auch von fünffarbigen Florteppichen verstehen.« Bei der ostturkestanischen Art der Broschierung mit Silberfäden wurden die dünnen Goldfäden in der gleichen Weise, jedoch vierfach statt zweifach, verarbeitet.

Die älteren ostturkestanischen Teppiche sind unverwechselbar in ihrer Ornamentierung, Farbskala und Struktur. Die Knüpfung erfolgt im Sennehknoten in einer Einstellung von 500 bis 1400 Kn/qdm mit zwei- bis vierfacher ungezwirnter Wolle auf baumwollener Kette. Die Schur ist mittelhoch. In Seidenteppichen mit einer Einstellung zwischen 1300 und 2500 Kn/qdm wird der Seidenfaden für die Knüpfung ungezwirnt vielfach genommen. Der zwei- bis vierfache Schuß besteht aus Baumwolle, Wolle oder aus beiden. Die Abschlüsse erfolgen durch Kilim, in dem die letzten Schußreihen als Doppelschüsse ausgeführt sind. Die Kettfadenenden werden auf einer Seite als verdrallte Schlaufen, auf der anderen als Fransen belassen oder zu je etwa zehn abgeknotet. Die Seitenbefestigung erfolgt durch eine Wollschirasi, gewöhnlich um ein Kettfadenpaar. Die Teppiche haben fast stets Keley- oder Keleyghiformate, sind also etwa doppelt so lang wie breit. Auch nahezu quadratische Exemplare kommen vor. Die Rückseite fühlt sich in der Regel leicht haarig wie sonst bei neuen Teppichen an, weil sich aus der Knüpfung – auch nach Jahrzehnten noch – feinste Härchen absondern.

Die Farbskala ist beschränkter als beispielsweise bei persischen Teppichen. Zu den Hauptfarben – Rot, Weinrot, Hell- und Dunkelblau, Türkis, Hell- und Dunkelgelb, Grün, verschiedene Brauntöne, naturwollfarbiges Elfenbein und Braunschwarz – treten keine Halbtöne. Die Konturierung erhöht die Klarheit der Zeichnung. Die Farbe des Grundes ist häufig rot, seltener blau, gelb, elfenbein oder goldbraun.

Entgegen dem ersten Anschein sind chinesische Einflüsse in der Ornamentierung der alten ostturkestanischen Teppiche zwar vorhanden, aber nicht dominierend. Ostturkestan fühlte sich seinen westlichen Nachbarn enger verbunden als den weit entfernten kulturellen und wirtschaftlichen Zentren Chinas. Die Entfernung von Khotan nach

Peking, ob auf dem alten Karawanenweg oder ab Turfan mit der Eisenbahn, beträgt fast 5000 km.

Die bekannten Musterungen lassen sich im wesentlichen auf fünf Grundmotive zurückführen: das nahezu kreisförmige Scheibenmedaillon (Abb. 163), das Rosetten-Gül, das Granatapfelzweig-Vasen-Motiv

Rosetten-Gül

Wolkengitter

Wolkenwirbel

(Abb. 162), der unendliche Rapport floraler Motive, wie das persisch (Herat?) beeinflußte Muster, und die möglicherweise mit dem Islam ins Land gekommene (Hans Bidder) geometrische Gitteraufteilung des Grundes mit Blütenfüllung.

Das Medaillon steht ein-, zwei-, jedoch überwiegend dreifach im ruhigen, vorwiegend sparsam gemusterten Grund des Mittelfeldes, in dessen Ecken die Signatur des Yün Tsai T'ou, Rosetten oder kleine Vierecke mit dem Rosetten-Gül stehen. Kassettenrahmen um das Medaillon und seine bis zu zehnfache Wiederholung sind selten. Die lockere Innenzeichnung des Medaillons besteht aus Kreuzblüten, Wolkenwirbeln oder Rosetten. Die Granatapfelzweig-Vase oder einzelne große Kreuzblüten sind als Medaillonfüllung nicht so häufig.

Zur Durchmusterung des Grundes wird das Granatapfelzweig-Vasen-Motiv gelegentlich einseitig gerichtet, meistens aber zweiseitig orientiert verwendet. Dabei steigen die verzweigten Granatapfelbäume aus zwei Vasen oder zwei bis drei Vasenpaaren auf, die sich an den Schmalseitenrändern des Mittelfeldes gegenüberstehen. Der Granatapfel mit seiner Unzahl an Kernen galt vielen Völkern Asiens als Fruchtbarkeitssymbol. Dieses Motiv fand in verschiedenen Varianten seinen Weg in die mittelalterlichen Textilien des Abendlandes.

Das Rosetten-Gül tritt sowohl einzeln in den Kassetten der Teppiche mit quadriertem Fond als auch unendlich wiederholt in einfacher, versetzter oder diagonaler Reihung auf. Einzeln als Medaillon- oder Eckfüllung ist es nicht so häufig. Die alten Teppiche mit Kassetten-Güls sind meistens aus ungefärbter Wolle in der Farbstellung Schwarz, Elfenbein, Hell- und Dunkelbraun geknüpft.

Gegenüber diesen drei Musterungen sind in den erhalten gebliebenen Teppichen die Gattungen mit stilisierten Blumen-, Rapport- oder Gitterrankenmustern weniger häufig zu finden.

In vielen ostturkestanischen Teppichen findet sich das alte Turkmotiv Wolkenhaupt, chinesisch Yün Tsai Tou, sei es als Wolkenwirbel, aufgelöst zur Eckfüllung, der heraldischen Lilie ähnlich, wie in der Bordüre desselben Teppichs, als das ganze Mittelfeld überziehendes Wolkengitter (geometrisiertes Rankenwerk?) oder in einer der vielen anderen Formen, nicht dagegen in der naturnäheren chinesischen Auffassung des Wolkenbandes, wie sie der Orient übernahm. Weitere Hauptornamente sind für die Bordüren: gereihte Rosetten, einfache stilisierte Wellenranken – mit Rosetten besetzt oder zart und geknickt, dreiblütige Blumen, deren Stiele einen rechten Winkel bilden und in Farbe und Richtung zu fliesenhafter Wirkung wechseln, die als Dekorationsmotiv über ganz Asien verbreitete T- oder Schlüssel-Borte, die dichte Reihung kleiner Oktogone und gelegentlich das allen Kulturkreisen bekannte Swastika (Hakenkreuz) in der auch für China typischen Ordnung des Swastika-Mäanders.

Eine besondere Musterungsgruppe bilden auch hier die Gebetsteppiche. Die für Ostturkestan bekannteste Form ist der Reihengebetsteppich (Saph, siehe Abb. 161). In seinen Mihrabs steht meistens ein aus einer Vase geradlinig aufsteigendes, in einer Blüte endigendes Bäumchen (Lebensbaum), dem paarweise Blüten, Blätter oder Granatäpfel tragende Äste angesetzt sind.

Ostturkestanische Teppiche des 19. und 20. Jahrhunderts

Im 19. Jahrhundert werden von den alten Ornamentierungen neben dem Reihengebetsteppich vornehmlich das Scheibenmedaillon- und das Granatapfelzweig-Vasen-Muster weitergeführt. In der Bordüre tritt stärker das Swastika-Mäander in gerader oder diagonaler Führung und das dem chinesischen hai-shui chiang-ya (Mereswogen und Flußschaum) gleichende, in fünf Farben zerlegte Wasser-Berge-Wolkenmotiv mit dem lilienförmigen Yün Tsai Tou hervor. Die Reihung von Rosetten tritt in den Hintergrund.

Nach Beendigung der Sezession Yaqub Begs 1877 setzt sich in den

Bordüren der chinesische Einfluß weiter durch: Das lilienförmige Yün Tsai T'ou erscheint auf diagonal gereihten geometrisierten Wellen und entfällt häufig völlig. Die Bordüre besteht dann nur noch aus einem diagonal gestreiften Band. Diese Entwicklung fällt mit dem durch die Schließung der Grenzen begünstigten Eindringen der ersten Anilinfarben zusammen. Schon Anfang der neunziger Jahre behaupteten Färber Khotans, keine Naturfarben mehr zu verwenden. Indessen folgte den unausbleiblichen Mißerfolgen – besonders scheußlich ist das Violett aus dieser Zeit – rasch das Besinnen auf die alten Färbemethoden. Allmählich, jedoch nicht dominierend, fand die chinesische Symbolik auch Eingang in das Mittelfeld. Die Konturierung des Ornaments weicht vielfach dem chinesischen Ton-in-Ton-Setzen. Aus den letzten Jahrzehnten haben nur sehr wenige Teppiche aus Ostturkestan den westlichen Markt erreicht. In Samarkand, das ihnen einst seinen Namen lieh, hat sich kaum eine Erinnerung an diese Teppiche erhalten.

Khotan, mit etwa 1600 Quadratkilometern Oasengebiet in 1400 m Höhe am Yurung-Darja gelegen, ist vor allem seit der zweiten Hälfte des vorigen Jahrhunderts anscheinend Mittelpunkt für die meisten einheimischen Gewerbe gewesen. Jedoch blühten Gewerbe und Teppichherstellung vorher auch in der Residenz Kaschghar, in Yarkand und anderen Oasen. Es erscheint deshalb problematisch, die feineren Teppiche Ostturkestans Khotan zuzuschreiben und die gröberen auf Kaschghar und Yarkand zurückzuführen.

Von der Struktur her lassen sich nach dem bisherigen Stand der Kenntnisse gewisse Zuschreibungen ableiten. So scheint die Verwendung von hellblauer bis mittelblauer Baumwolle im Schuß auf eine Entstehung in Yarkand hinzudeuten, während verschiedenfarbige Baumwolle für die Kette in Seidenteppichen eine Provenienz aus Kaschghar wahrscheinlich macht. Ebenso scheint die sehr starke Schichtung der Kette um fast 90 Grad in den alten Yarkand-Teppichen vorgeherrscht zu haben. Die Verwendung von Wolle als Schußfaden scheint vor allem in der Oase von Khotan und den westlich davon liegenden kleineren Oasen in Richtung Yarkand besonders verbreitet gewesen zu sein.

Von der Zeichnung her sind die verhältnismäßig fein geknüpften mit Blumengittermusterung wohl überwiegend Kaschghar zuzuschreiben. Die Verwendung einer großzügig gestalteten, reziproken Zinnen- oder Lilienbordüre läßt auf eine Herkunft aus Yarkand schließen, während das Wolkengittermuster auf alten Stücken nur aus Khotan bekannt ist. Sicher ist jedoch, daß die Grundmotive an allen drei Knüpfzentren,

Khotan, Yarkand und Kaschghar, bekannt waren. Die Mehrzahl der Teppiche vom Ende des vorigen und Anfang dieses Jahrhunderts sind zweifellos Khotan zuzuschreiben, wo die Teppicherzeugung bis in die heutige Zeit fortgedauert hat. Die Bezeichnung Aksu für grob eingestellte, mit vereinfachten ostturkestanischen Motiven dicht gemusterte Stücke mit eigenem Charakter erscheint berechtigt. An diesem Ort am nördlichen Zug der Seidenstraße wurden auch die Erzeugnisse von Nomaden aus der weiteren Umgebung auf den Markt gebracht.

Chinesische Teppiche

Das große Reich des Bauernvolkes der Chinesen leitet seinen Namen von dem Staat Ch`in im Wei-Tal her, der Ausgangspunkt für die Einigung der achtzehn Provinzen war. Sein König legte sich 221 v. Chr. den Titel Ch`in Shih-huang-ti (Erster Kaiser aus dem Hause Ch`in) zu und beseitigte, despotisch regierend, das alte Feudalsystem. Vier Jahre nachdem er im Wahnsinn geendet hatte, wurde seine Dynastie zwar beseitigt, die Han-Dynastie jedoch, die nach inneren Kämpfen 202 v. Chr. zur Macht gelangte, fand die Grundlagen für ein zentralistisches Staatssystem vor, das dann trotz aller Aufstände, Umwälzungen, Kriege und Einbrüche fremder Eroberer bis in die Gegenwart Bestand haben sollte. Shih-huang-ti hatte eine durch Beamte geführte straffe Verwaltung geschaffen, die Spurweite der Wagen genormt und das Straßennetz ausgebaut. Die Forts der Militärstraße an der Nordgrenze waren durch Wälle verbunden worden. Dieser Grenzwall wurde dann im 15. Jahrhundert durch die Große Mauer ersetzt. Die Schrift war vereinheitlicht worden, und um die Einheit der chinesischen Kultur besorgt, hatte der Kaiser Gelehrte zur Abfassung einer Enzyklopädie am Hof versammelt. Mißliebige Schriften waren beschlagnahmt und 460 widerspenstige Gelehrte hingerichtet worden.

Die bedeutende Kunst, deren Evolution während der Feudalzeit nach der Sicherung der Nordgrenzen im 6. Jahrhundert v. Chr. schnell fortgeschritten war, konnte sich – nach Süden und Osten geographisch, gegen Norden politisch abgeschirmt – im Laufe der nächsten beiden Jahrtausende unter den Dynastien der Han, Sui, Tang, Ming und Mandschu zu ungeahnter Höhe entwickeln und zu letzter Feinheit reifen. Die einfallenden Eroberer, ob Liao (10. Jahrhundert), Chin (12. Jahrhundert) oder die Mongolen Dschingis-Khans (13. Jahrhundert), legten bald, von der chinesischen Kultur fasziniert, die Waffen aus der Hand.

Von der Frühzeit an schmolz die chinesische Kultur die Kulturen der im Staatsverband aufgehenden primitiveren Völker ein. Wolke, Drache, Hirsch und viele andere chinesische Symbole haben hier ihren Ursprung. Wesentliche Einflüsse von außen gingen zum Beispiel von Nordindien und Baktrien mit dem Buddhismus und zur Sassanidenzeit von Persien und Zentralasien aus. Ein Höhepunkt der Ausstrahlung chinesischer Kultur auf den Westen erreichte die chinesische Kultur zur Zeit der Mongolenherrschaft über Persien im 14. Jahrhundert.

Der Zeitpunkt des Beginns der chinesischen Knüpfteppichherstellung ist ungewiß. Die Auffassung dazu, ob dieser Beginn relativ früh oder erst im 17. Jahrhundert anzusetzen ist, gehen auseinander. In jedem Fall fand der Knüpfteppich in China bereits eine ausgereifte Kunst vor. Die amtlichen Annalen vermerken vom 10. Jahrhundert an die Einfuhr von Filzteppichen aus dem Reich der Tanguten, zu dem unter anderem das Ordosgebiet und Teile von Kansu gehörten. Seine Hauptstadt war das heutige Ninghsia. Während der Regierungszeit der Mongolen (1260-1341) entwickelte sich der Filzteppich zum Luxusgegenstand. Die Schönheit seiner Farben und applizierten Muster sowie die Vollkommenheit der silberbroschierten Netzfilzstoffe werden gepriesen, die großen für den Hof gelieferten Teppichmengen verzeichnet. Knüpfteppiche werden nicht erwähnt, was allerdings angesichts der terminologischen Schwierigkeiten bei der Auslegung der alten Annalen und des Fehlens näherer technischer Beschreibungen keine sicheren Schlußfolgerungen gestattet. Auch bei Marco Polo, der von 1271 bis 1294 am Hofe Kublai-Khans lebte und China bereiste, findet sich kein Hinweis.

Ein aufgeschlossenes Interesse am Hofe scheint der Knüpfteppich bei dem kunstsinnigsten Herrscher der aus der Steppe stammenden Mandschu-Dynastie, dem Kaiser Kao-Tsu, genannt Ch`ien-Lung (1736-1796), gefunden zu haben. Zum Gefolge seiner Nebenfrau Hsiang Fei, einer Fürstentochter aus Kaschghar, gehörten Schriftgelehrte, Mullas und eine 500 Mann starke Turki-Leibwache. Die mit Akribie geführten Annalen enthalten keinen Hinweis auf Teppichmanufakturen, und Bidder, der in den Provinzen Kansu, Ninghsia und Suiyuan den Ursprung der Chinesischen Ninghsia-Teppiche an Ort und Stelle zu klären hoffte, fand weder in den Chroniken noch in der Erinnerung der Oasenbewohner die leiseste Andeutung einer staatlichen Manufaktur. Schon von einer Reise des ersten Mandschu-Kaisers, K`ang-hsi, in die Ostprovinzen gibt es einen Bericht des Jesuitenpaters Gerbillon, der auf Befehl des Kaisers an der Reise teilnahm[1]. Über den Aufenthalt des Kaisers in Ning hia (Ningshia) vom 26. April 1696 an berichtet er, daß dem Kaiser Seidenstoffe – die schönsten aus Usbekistan – und

---

[1]Du Halde, Description de la Chine, Le Sixième Voyage du Père Gerbillon En Tartarie, fait à la suite de l`empereur de la chine 1696, Den Haag 1736.

Bodenteppiche – ziemlich den türkischen ähnlich –, die man in Ning hia macht, als Geschenk überreicht wurden. Der Kaiser besichtigte die Anfertigung solcher Teppiche.

In den Provinzen Ninghsia und Kansu, die über weite Abschnitte ihrer Geschichte nicht zu China gehörten, hat die Knüpfkunst auch von Ostturkestan her Impulse erhalten. In manchen der Muster der locker im Sennehknoten auf baumwollenem Untergewebe geknüpften Teppiche wirkt noch die Tradition des Filzteppichs nach. Solche Muster erwecken den Eindruck von Filzapplikationen. Die Wollqualität ist unterschiedlich. Neben sehr feiner, glanzreicher und elastischer Wolle findet man solche, die weniger Sprung als die des Tarimbeckens hat und kaum wieder aufsteht. Kett- und Schußfäden sind meistens gleichstark oder die Sennehknüpfung erfolgt gelegentlich über zwei dünne Kettfadenpaare. Die Satteldecken sind aus zwei Hälften zusammengenäht, von denen eine im entgegengesetzten Verlauf zur anderen so geknüpft wird, daß beim Gebrauch die Florrichtung (Strich) beider Hälften stets nach unten zeigt. Die Farben werden meist ohne Konturen gesetzt. Hingegen war die Reliefbildung an den Übergängen, sei es direkt während des Knüpfens, sei es bei der späteren Schur des Teppichs, sehr verbreitet. Unter den Farben sind vor allem verschiedene Blautöne, Gold in mehreren Schattierungen, Weiß und Hell- und Dunkelbraun zu nennen. Gelegentlich ist das Krapprot zu Altgold verblaßt, doch findet sich gerade in alten Exemplaren ein sehr haltbares Rot. Die Farbskala ist in der Regel eng. Einzelne Farben werden mit Vorliebe in Nebentönen variiert, bevor man zur nächsten Farbe übergeht. Oft genügen überhaupt drei Farben.

Die Fülle der verschiedenen Motive, Symbole und Ornamente in chinesischen Teppichen verdient hervorgehoben zu werden. Drache und Phönix erscheinen schon auf den frühesten uns bekannten Exemplaren, ebenso Kranich und Fo-Hund, Fledermäuse und Schmetterlinge. Pferd und Hirsch, die auf chinesischen Teppichen nicht selten auftreten, waren schon Motive des vom Ordosgebiet über den Altai, Südwestrußland und Luristan bis in die Donauländer verbreiteten Bronzetierstils und Hauptornamente im Pazyrykteppich. Die Neigung zu vielfältigen geometrischen Ornamenten ist oft stark ausgeprägt. Gelegentlich trägt die gesamte Musterung von Feld und Bordüre einen solchen geometrischen Charakter. Unter den floralen Motiven ist die Päonie besonders häufig vertreten. Viele der aus anderen Bereichen der Kunst übernommenen Ornamente erscheinen, vor allem wenn sie nach asymmetrischen Kompositionsprinzipien geordnet sind, als nicht bodenteppichgerecht.

Für die Gliederung des Feldes findet man bei alten Stücken oft eine Aufteilung, die sich durch ein Mittelmedaillon und vier kleinere Medaillons in den Ecken auszeichnet. Florale Motive werden vielfach in der Form eines mehr oder minder ausgeprägten Gittermusters dargestellt. Während alte Teppiche mit geometrischer Musterung in ihren Kompositionsprinzipien den Knüpfteppichen anderer asiatischer Gebiete vergleichbar sind, begegnet man bei floralen Gittern einer versetzten Symmetrie, die zur Betrachtung von einer bestimmten Seite einlädt. Die Andersartigkeit der chinesischen Auffassung wird besonders gut erkennbar bei den Teppichen, in denen die Bordüre den Rahmen für das Bild eines in sich abgeschlossenen Mittelfeldes bildet. Sie gibt also nicht, wie in der ursprünglichen islamisch-orientalischen Auffassung, einen Ausschnitt aus dem unendlich Fortfließenden frei. Der Drang des chinesischen Künstlers zum freien, die Symmetrie vermeidenden Schwung des Pinsels offenbart sich hier in der asymmetrischen Ordnung vieler der naturalistischen kleinteiligen Muster um die isoliert stehenden Medaillons. Diese Gruppe nimmt gerade bei den während der letzten hundert Jahre hergestellten Teppichen einen zunehmend größeren Platz ein. Für ältere und alte chinesische Teppiche ist ein genauer Ursprung fast nie genau festzustellen. Es ist zwar bekannt, daß die etwas steifen und einfachen kleinen Teppiche, die nur in Blau und Weiß gehalten sind, überwiegend aus dem Gebiet von Kansu kommen, doch bezeichnen ansonsten die im Handel und der Literatur vorkommenden Namen eher Gruppen ähnlicher Art oder Qualität als die Herkunft bestimmter Stücke.

Der Gebrauch von Sitz- und anderen Möbeln in China ließ den Bodenteppich dort nicht die gleiche Bedeutung erlangen wie in anderen Ländern Asiens. Die Knüpfarbeiten dienten vornehmlich als Säulenverkleidung, Bezüge für Sitz- und Rückenpolster, Wandbehang, Satteldecken, Polster für Truhen und Karren und als Decken für den K`ang, die gemauerte und geheizte Bettstelle entlang den Wänden. Es sind aber auch größere, selten sogar sehr große Teppiche bekannt, die eindeutig dem Schmucke des Fußbodens dienten. In langen Streifen aneinander geknüpfte Quadrate mit Längen bis zu zehn Metern wurden von den Mönchen in den lamaistischen Tempeln bei ihren täglichen Gebeten verwendet. Der Bedarf Chinas an diesen Knüpferzeugnissen wird durch die eigene Erzeugung, vor allem der Westprovinzen, befriedigt worden sein.

Die Annalen und eine Enzyklopädie von 1725 geben über Knüpfteppiche keine Auskunft. Eine stichhaltige Altersbestimmung nach dem

Material ist infolge seiner meist geringen Widerstandsfähigkeit und der lockeren Knüpfung – die Mehrzahl der Chinateppiche sieht nach einem Jahrzehnt rücksichtslosen Gebrauchs antik aus – und den Mustern nach wegen des konservativen Zuges in der späten chinesischen Kunst äußerst schwierig. Auch die wiederholte Erwähnung von Knüpfteppichen in den späteren Listen der Geschenke westlicher Diplomaten ist ein Indiz für das Nichtbestehen von Manufakturen oder gar Hofmanufakturen für Knüpferzeugnisse in Zentralchina. Wären solche vorhanden gewesen, so hätte das Schenken von ausländischen Knüpferzeugnissen als grobe Unhöflichkeit angesehen werden müssen.

Das Abendland schenkte dem Chinateppich erst zu Beginn des 20. Jahrhunderts nach dem Boxeraufstand größere Aufmerksamkeit. Die Nachfrage erwuchs, in erster Linie in Amerika, so spontan, daß neben den Erzeugnissen der alten und der schnell in Peking, Tientsin und anderen chinesischen Städten gegründeten Manufakturen auch die Kopien Smyrnas (Japonais, Chinois) reißenden Absatz fanden. Außer ruhigen chinesischen Floral- und Symbolmustern wurden dem Abendländer auch ganze Stadtansichten und ähnliche »chinesische Kunst« angeboten. In letzter Zeit erfreut sich ein neuer, sehr dicker Teppichtyp in süßlichen Pastellfarben steigender Beliebtheit. Seine übertriebene konkave Reliefschur ist weder textil- noch teppichgerecht. Der Sennehknoten in fünf- bis sechsfacher Wolle auf baumwollenem Untergewebe mit sehr dünnem Schuß weist in neuesten Stücken eine Eigentümlichkeit auf: Um den Sennehknoten schneller knüpfen zu

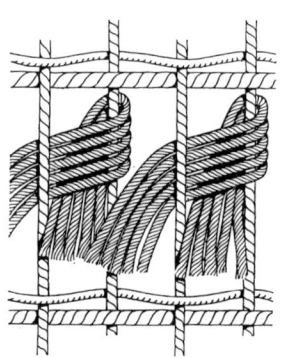

Sennehknoten in neuen chinesischen Teppichen

können, wird er entgegengesetzt zum normalen Verfahren gezogen. Er umschließt den hinteren Faden der stark geschichteten Kette, während er den vorderen Kettfaden nur von drei Seiten umfaßt. Dadurch erscheinen die vorderen Kettfäden beim Aufbiegen des Flors in Längsrichtung in ganzer Länge, bis auf die sie kreuzenden Schüsse, freiliegend. Nur der sehr hohe Flor schützt sie gegen vorzeitiges Verschleißen. Auf der Rückseite ist der zweite, dünne der beiden Schüsse (erster gerade, unsichtbar), im Gegensatz zu den vielfachen Schüssen der alten Chinateppiche, kaum noch sichtbar.

SYMBOLE IN CHINESISCHEN TEPPICHEN: Kaum einem anderen Volk dürfte ein so stark ausgeprägter Hang zur Symbolsprache eigen sein wie dem chinesischen. Dieser Vorliebe, sich durch Symbole auszudrücken, abstrakte Begriffe in konkrete Bilder zu fassen, kommt die chinesische Sprache infolge ihrer Lautarmut entgegen. Für jeden Begriff steht zwar ein Zeichen der aus einer Bilderschrift abstrahierten chinesischen Schrift, die Sprache besitzt jedoch oft für Dutzende von Schriftzeichen nur einen Lautwert. Yü = Fisch klingt wie yü = Überfluß. Der abstrakte Begriff Überfluß läßt sich durch die Darstellung eines Fisches für jeden Chinesen verständlich fassen. Chu = Bambus klingt wie ch = beten, jemandem etwas wünschen; mei = Pflaume = immer wieder; lu = Hirsch = reiches Einkommen; ch'ing = Klangstein = Segen; p'ing = Vase = Frieden; fu = Fledermaus = Glück; Schmetterling = hu tieh, tieh = hochbetagt[1]. Fo-shou, die Fingerzitrone (Zitronenart mit fingerartigen Auswüchsen) wurde zum Glückssymbol der Buddhahandzitrone, weil fo = Buddha in einigen Dialekten sich phonetisch mit fu = Glück deckt.

Diese Lautrebusse sind in der chinesischen Symbolik zahlreich. Weitere Bilder wurden der belebten (Tiere aller Art, Pflanzen, Bäume, Blumem) und unbelebten (Gewässer, Berge, Wolken, Felsen, Donner, Feuer) Natur, der Mythologie (Fabeltiere) und den Religionslehren (Genien und ihre Attribute) entnommen. Die Lehre des Konfuzius, geb. 551 v. Chr., ist eine Zusammenfassung alter Lehren, denen die chinesische Symbolik verschiedenste Motive verdankt. Eines der Ziele des Taoismus, der von dem Philosophen Lao-tzü im 4. Jahrhundert v. Chr. begründeten Lehre vom Tao als dem Urquell und Endzweck alles Seins, ist die Verlängerung der Lebensdauer. Daher sind die meisten der auf den Taoismus zurückführenden Symbole Sinnbilder der Langlebigkeit.

[1]Die Transkription ist nach dem System von Wade vorgenommen. Daher sind die einfachen Vokale wie im Deutschen auszusprechen, die übrigen Laute wie folgt: ao = au, ê = zwischen o und ö, eh = ä, ei = e, ih = dumpfes e, ie = i-e, ou = dumpfes au, ch = dj, ch' = tsch, hs = ch (wie in ich), j = stimmhaftes j, k = g, k' = k, p = b, t = d, t' = t.

Der in den ersten Jahrhunderten nach der Zeitwende aus Indien übernommene Buddhismus gewann bedeutenden Einfluß auf die chinesische Kunst. Der Fo = Hund, shih-tzu (Abb. 169) – oft männlich mit einer Kugel, weiblich mit einem Jungen dargestellt – und die »Acht Symbole glücklicher Weissagung« (pachi-hsiang) haben hier ihren Ursprung. Die aus den Religionen abzuleitenden Sinnbilder haben, ihrer religiösen Bedeutung entkleidet, für den Chinesen ohne Rücksicht auf seinen Glauben Symbolcharakter erlangt. Hinzu treten als Symbole Erzeugnisse menschlicher Tätigkeit und Schriftzeichen.

Die Anzahl, Form und Farbe der Gegenstände, deren Kombination und ihre Stellung zueinander erweitert den sinnbildlichen Gehalt: Einmalige Darstellung – zum Beispiel der Kranich als der erste unter den Vögeln – kann der Einzige oder Erste (bei Hofe), zweifache Glück und Langlebigkeit bedeuten. Fünf Fledermäuse symbolisieren die fünf großen Segnungen für: Langes Leben, Reichtum, Gesundheit, Tugend und leichtes, glückliches Ende. Eine Vase mit langem Hals = langer Friede. rund = t'uan = Vollständigkeit. Lotos knospend, erblüht und verblüht, versinnbildlicht Zukunft, Gegenwart und Vergangenheit, die Ranke bedeutet ewige Dauer oder ständige Wiederkehr, Lotosdickicht, pên ku dschi yung = »mögen die Wurzeln fest und die Zweige üppig sein«, ein oft gehörtes Wunschsymbol für Festigkeit und Gedeihen der Familie, Blüte und Knospe einem Wurzelstock entsprießend = Harmonie, Eintracht. Die rote Fledermaus – Rot ist die Farbe des Glücks und der Dämonenabwehr – steht für großes, ungeheures Glück. Hirsch und Kranich sind beide Symbole für hohes Alter, »mögest Du so alt werden wie Hirsch und Kranich«, ihre Darstellung in der Landschaft (Abb. 168) verhundertfacht, die Kombination mit dem Swastika-(Hakenkreuz-)Muster verzehntausendfacht den Wunsch. Eine Heuschrecke (Beamter) oben auf einer Chrysantheme (dauernd) wünscht dauernd einen hohen Rang einzunehmen

Tatsächliche oder beigelegte Eigenschaften bestimmen den symbolischen Gehalt: Der Drache = lung, der erste unter den Schuppenträgern, gilt als der Vertreter des männlichen, zeugenden, lichten kosmologischen Prinzips (yang), der Sagenvogel fêng-huang, der König der Gefiederten, als der des weiblichen, gebärenden, dunklen (yin). Die Mandarinenten sind das Sinnbild ehelicher Treue. Die Pflaumenblüte gilt als Symbol der Unberührtheit (auch von den gemeinen Dingen des Alltags), weil ihre Blüten vor den Blättern erscheinen.

Die symbolische Bedeutung kann sich aus Brauchtum und Gebrauch ergeben: Weil frischer Bambus, chu, in alten Zeiten, besonders um

Neujahr, ins Feuer geworfen wurde, um durch sein Prasseln böse Geister zu vertreiben, steht er gelegentlich für alljährliche, ständige Wiederkehr. Er kann aber auch Symbol für Bescheidenheit und Demut – weil er seine Blätter hängen läßt und sein Herz (hsin) hohl, leer (hsü) ist – oder des Ruhmes sein; »Sein Name möge auf Bambus (bräunliches Papier) und Seide (Vorläufer des Lumpenpapiers) überliefert werden«.

Zuweilen ergibt sich der Sinn aus einem Bedeutungsspiel: Der altbekannte Dickbauchbuddha kann viel fassen, in sich schließen. Yung, dasselbe Wort und Zeichen, bedeutet auch verzeihen, Nachsicht üben. Diese Gestalt kann demzufolge den Sinn von »lächelnd über den Dingen stehen« haben.

Es bedurfte schon der ausgeprägten Formbegabung der chinesischen Künstler, um so viele heterogene Elemente zu einer harmonischen Komposition zu vereinigen. Die Muster der meisten alten chinesischen Teppiche setzen sich ausschließlich aus Symbolen zusammen. Bei ihrer Übernahme in westasiatische Teppiche nur vereinzelt und stets rein dekorativ verwendet, müssen sie in China zahlreich und als durch ihren Symbolgehalt glückwünschende Aussage komponiert werden. Relativ leicht gelingt das in der Umsetzung eines Symbols durch Wiederholung zum Linien- oder Flächenornament. Das Hakenkreuz (Sanskrit: Svastika, chines.: wan tzu), einzeln als Symbol für Glück stehend, erhält in der zurücklaufenden Linie (hui wên) gereiht oder als Flächenornamentierung die Bedeutung von zehntausendfach. Die »chinesische Linie« (han wên) hat für gewöhnlich die Form der T-Borte oder der dem Laufenden-Hund-Muster gleichenden, eckigen Schlüssel-Borte. Die Lochmünze käsch = yen-ch`ien = vor Augen, als Amulett gegen Krankheiten und andere Wirkungen der Dämonen getragen, erscheint meistens als Band- oder Flächenmuster. Dieses Kreismuster wird deshalb auch goldenes Geldmuster genannt.

Wasser wird in bewegtem Zustand gezackt oder gewellt, als ruhiges Wasser in Form von Kreissegmenten dargestellt (Abb. 164). Das Motiv der Leben spendenden »Meereswogen und Flußschaum« (hai-shui chiang ya) wird durch Wiederholung zur Bordüre erweitert. Das Wolkenmuster (yün-wên) dient als Bordüre (Wolkenköpfchenborte) oder in Form von einzelnen Glückswolken ins Hauptmuster eingestreut – gleichzeitig die Darstellung der irdischen Sphäre enthebend – zur Flächenfüllung (Abb. 167). Wolkenbänder umschlingen oft einzelne Symbole. Die wunscherfüllende Perle (Sanskrit: ratna oder cintamani, chines.: chu) kehrt auch als Perlenkante wieder.

Der Drache lung (Abb. 164) als erstes der vier Wundertiere und oberster der 360 Schuppenträger Symbol des yang, beherrscht als blaugrüner Drache (ch`ing-lung) den Osten, Sonnenaufgang, Frühling und Regen. Ursprünglich war er ein Mischwesen mit Hirschgeweih auf einem Kamelkopf, Dämonen-(Hasen-)Augen, Schlangenhals, Froschbauch, Karpfenschuppen und Adler- oder Falkenklauen. Kein anderes Fabeltier Chinas ist so geladen mit mythologischen und kosmologischen Vorstellungen wie er. Die kosmologische Spekulation unterscheidet t`ien-lung = Himmelsdrachen, ti-lung = Erddrachen, shên lung = Geisterdrachen und fu-ts`ang-lung = schatzhütende Drachen. Mit fünfkralligen Klauen war er dem kaiserlichen Hofe vorbehalten und Emblem des Kaisers.

Im Sagenvogel Fêng-huang (fêng = Männchen, huang = Weibchen), Symbol des yin, findet die Anschauung von den kosmischen Doppelkräften Ausdruck, aus deren Wechselwirkung das Universum hergeleitet wird. Er ist überdies Sinnbild der geschlechtlichen Vereinigung und war Emblem der Kaiserin. Ursprünglich hat er den Kopf eines Fasanen, Schwalbenschnabel, Schildkrötenhals, Drachenleib und Fischschwanz. Seine Wohnung ist der Wu-tung-Baum (Abb. 189). Zusammen mit dem Drachen soll er Segen bringen.

Das Fabeltier Chi`lin, gleichfalls zoomorph, hat den Körper eines Hirsches, den Schwanz eines Rindes, Fischschuppen, gespaltene Hufe und ein mit Fell bekleidetes Horn (wie das Schwert in der Scheide Symbol für abwehrbereite Friedensliebe). Es bringt Glück und Kindersegen.

Der Donner wird im fortlaufenden Donnermuster und in Form eines von Blitzen (Feuer) umgebenen Rades dargestellt. Feuer oder Blitz werden durch lodernde Flammen wiedergegeben.

Berge und Felsen erscheinen aus dem Wasser ragend, mit Drachen zusammen oder unter den »Neun Insignien oder Embleme«. Die Beziehungen zwischen weiblichem und männlichem Urprinzip yin-yang versinnbildlicht das Symbol tai-chi-t`u. Es wird für gewöhnlich von den Acht Trigrammen (pa kua) umgeben dargestellt. Diese aus ganzen (männliche Potenz) und unterbrochenen Linien (weibliche Potenz) zusammengesetzten Zeichen (siehe Zeichnung S. 187) bedeuten mit den drei ganzen Linien = ch`ien = NW., Himmel beginnend (im Uhrzeigersinn): tiu = W., Wasser, Dampf, Seen; k`un = SW., Erde; kên = NO., Berge; k`an = N., Wasser; li = S., Feuer, Hitze, Licht; chên = O., Donner; sun = SO, Wind. Die Reihenfolge ist willkürlich und keineswegs festgelegt.

Das Schriftzeichensymbol shou für Langlebigkeit findet sich in Teppichen fast stets in den reduzierten runden, langen oder zur Eckfüllung auseinandergezogenen Formen, ebenso das Schriftzeichensymbol fu für Glück.

Wolkenmuster
yün wên

Sagenvogel
Fêng-huang

Donnermuster
Lei-wên

Rad mit Feuer
(Donner)
lun

Acht
Trigramme pa kua
und tai-chi-t'u

Fu-Zeichen
(Glück)

Langes Leben
Shou

Glücksknoten
p'an-ch'ang

Zepter
ju-i

Die Vierzehn Kleinode
ssu-shih-pao

Das Zepter, ju-i, in einem Wolkenköpfchen endend, wurde den Göttern des Himmels beigegeben. Sein symbolischer Sinn ist »möge alles glücken«.

Die »Acht Genien« oder seligen (Schutz-)Geister oder Unsterblichen, pa-hsien, werden in Teppichmustern als unsichtbare Genien durch ihre Attribute vertreten. Es sind Symbole aus den Legenden, die sich um jeden dieser Jünger Lao-tzǔ gewoben haben: Der Fächer, der die Toten belebt; die flaschenkürbisförmige Kalebasse enthält den Trank der Unsterblichkeit; das dämonentötende Schwert mit einem Roßschweif als Wolkenbesen; ein Blumen- oder Früchtekorb, die magische Lotosblume oder der die Genien nährende Pfirsich; Bambusklapper, »Fischtrommel« und Flöte.

Die »Acht buddhistischen Embleme« (pa chi-hsing) sind: Die Muschel ruft zur Predigt, das Rad versinnbildlicht sie, der Baldachin beschirmt die Lebewesen, der Schirm überdacht die Heilkräuter, die Vase ist Symbol der vollkommenen Weisheit, Goldfische bedeuten Erlösung, im endlosen Glücksknoten (Sanskrit: sriwatsa; chines.: p`an-ch`ang) wird niemals endendes Glück dargestellt, der Lotos ist das Sinnbild der Reinheit.

Lotos und Päonie (Würde, Reichtum, Vornehmheit) haben unter den zahlreichen Symbolen aus der Pflanzenwelt die gleiche dominierende Stellung wie Drache und Fêng-huang unter den übrigen Sinnbildern. Florale Symbole werden wie alle anderen miteinander, mit Früchten, Bäumen oder sonstigen Symbolen kombiniert. Unter den Bäumen sind neben dem wu tung die Nadelbäume als Sinnbilder der Beständigkeit, des ewigen Grünens ohne zu altern, aber auch der Verhundertfachung, am weitesten verbreitet.

Beliebt sind Vierer- oder Achterkombinationen von Kostbarkeiten der Literaten (Harfe, Schach, Bücher, Gemälde) oder Gebildeten; desgleichen die »Vierzehn Kleinode«: Wunschperle, Münze oder Raute, Silber- oder Goldbarren, Rhinozerosbecher (läßt Gifte in Getränken erkennen), Rollbilder, Bücher, (Jade-)Klangstein, Ahorn-, Bananen- und Beifuß-(oder Wermut-)Blatt, Glückswolken, Dreifuß, Gold- oder Silberschuh und der Geister-, Götter-, Zauber-, Wunder- oder glückbringende Pilz der Langlebigkeit ling-chi.

Teppiche anderer Länder

Nordafrika (Libyen, Tunesien, Algerien, Marokko, Ägypten)

Wahrscheinlich fand die Knüpfkunst in die von den Arabern eroberten Gebiete Nordafrikas schon früh Eingang. Belege dafür sind nicht bekannt. Von den auch Maghrib genannten Teppichen wurden die aus Kairuan wegen ihrer weniger groben Knüpfung bekannter als die Erzeugnisse von Gabes und anderen Städten. Die Teppiche Kairuans aus dem 19. Jahrhundert, von denen das dortige Museum eine Auswahl zeigt, wirken im Muster rein türkisch. Insbesondere Kula- und Gördesmuster wurden von den zum Teil türkischen Knüpfern – auch Tunesien stand bis 1881 unter osmanischer Oberhoheit – ziemlich originalgetreu nachgeknüpft.

Auf dem Weltmarkt spielten diese Teppiche Tunesiens aber ebensowenig eine Rolle wie diejenigen von Algerien und Tripolis. In der gegenwärtigen Produktion dominieren persische, geometrisch florale und Fliesen-Muster zumeist in der Naturwoll-Farbstellung Elfenbein, Hell- bis Schwarzbraun und Grau. Die wichtigsten Manufakturen Marokkos waren wohl die von Marrakesch und Casablanca, später die von Rabat und Fes. Ihre Teppiche wurden nicht so bekannt wie die marokkanischen Stickereien, Leder-, Gold- und Silberarbeiten. Frankreich bemühte sich vor dem Ersten Weltkrieg, die Teppichherstellung in Marokko zu beleben. Alte Marokko-Teppiche erinnern in ihrer Musterung mehr an Mamelucken- als an kleinasiatische Teppiche. Längere Zeit führten deshalb einige Wissenschaftler die Mameluckenteppiche auf Marokko zurück. Das Kolorit in den kleinteiligen geometrischen Mustern der älteren Marokkoteppiche bestimmen Rot, Blau und Gelb in reichlich greller Färbung. Von den nordafrikanischen Teppichen haben sich in Europa die Berberteppiche durchgesetzt. Ihre einfachen, der groben Knüpfung und hohen Schur angepaßten Muster – oft in Naturwollfarben – fügen sich gut in manche moderne Wohnungseinrichtungen ein.

In Ägypten war das Klima des Niltales der Entwicklung des Florteppichs keineswegs förderlich. Für die ackerbaubetreibende Landbevölkerung sind Matte und Kelim noch heute der geeignetste Bodenbelag. Die frühesten Florteppiche scheinen vorwiegend Kultgegenstand und dementsprechend klein gewesen zu sein. Sowohl in den beiden ungemusterten, ganz aus Leinen bestehenden Teppichen der Amunpriester aus der 16. Dynastie (jetzt im Nationalmuseum, Kairo) als auch den Teppichen der römischen Epoche, in denen außer Leinen (Flachs) für die farbigen Musterdetails Wolle verwendet wurde, bilden in Schlaufen geführte Musterschußfäden den Flor. Sie sind also eigentlich keine Knüpfteppiche.

Erste, wahrscheinlich aus dem 9. Jahrhundert stammende Zeugnisse für ägyptische Knüpfarbeiten wurden unter den Fragmenten in Fostat (Alt-Kairo) gefunden (Abb. 177 bis 179). In ihnen wird die denkbar primitivste Form der Knüpfung durch Einziehen von ein- bis zweifachen Musterfäden unter jedem zweiten Kettfaden hindurch zu V-förmigen Schlingen angewandt. Die alte Annahme, diese von Reihe zu Reihe um einen Kettfaden versetzten V-Schlingen seien aufgeschnittene Noppen oder Schlaufen von Musterschüssen, die um der Kette vorgelagerte Ruten geführt wurden, ist unhaltbar. Einmal widerspricht dem die Art der Einbettung der einzelnen Schlingen in die dicken, geraden, fünf- bis siebenfachen Schüsse, und zum anderen hätte für jede der in der gleichen Schlingenreihe oft wechselnden Musterfarben ein entsprechender Schuß im Fach geführt werden müssen. Solche Musterschußfäden, im Fach der Abnutzung weniger ausgesetzt als der Flor, müßten im Gewebe noch vorhanden sein. Doch zeigt sich davon in den untersuchten Fragmenten nicht der geringste Rest.

Die ägyptischen unter den Fostatfragmenten sind leicht an der Struktur des Materials zu erkennen, weil die ägyptischen Frauen und Mädchen bis auf den heutigen Tag im Uhrzeigersinn spinnen. Die Zwirnung erfolgt dementsprechend in entgegengesetzter Richtung. Das Material der Fragmente ist für Untergewebe einschließlich Seitenbefestigung (Schirasi) und für weiße Musterschlingen Leinen (Flachs), für alle farbigen Musterelemente Wolle. Durch kräftiges Anschlagen sind die Schußfäden zu dicken, geraden Bündeln zusammengepreßt, welche die stark gerippte Struktur der Rückseite hervorrufen. Die Muster sind geometrisch und scheinen den seldschukischen und turkmenischen verwandt: Rautung durch feingetreppte Rhomben; eng aneinandergefügte achtstrahlige Sterne; Inschriften stehen klar auf einfarbigem Grund. Die Palette ist beschränkt. Hauptfarben sind Rost- bis Weinrot, Grün, Weiß, Sürmey, Lichtblau sowie verschiedene Oliv- und Brauntöne. Schwarzbraune Musterpartien sind durchweg ausgemodert.

190

Die nächsten Zeugen sind die in größerer Zahl erhaltenen, ins 15. und 16. Jahrhundert zu datierenden Mameluckenteppiche (Abb. 180). Sie sind mit Wolle oder Seide im Sennehknoten auf wollener bzw. seidener Kette geknüpft. Ihre Farben und Muster sind ohne Parallele. Die kaleidoskopartige Ordnung kleinster floraler Motive um Oktogone, Sterne und Rosetten sowie als Füllung dieser Hauptmotive, das Durchdringen von geometrischen Motiven mit kleinsten, andersfarbigen vegetabilen Elementen ruft im Verein mit dem Einbeziehen der Bordüre ins Muster eine schillernde, die Fläche entmaterialisierende Wirkung hervor. In den kleinen vegetabilen Musterelementen klingen frühägyptische Ornamentierungen nach: Die Strahlen gleich das Zentralmotiv umschließenden Blättchen sind der Feder der Hieroglyphe der Bilderschrift und dem Gefieder der Geiergöttin oder des geflügelten Skarabäus ähnlich, wie sie besonders schön im Grab Tut-ench-Amuns (1361-1343 v. Chr.) gefunden wurden. Die pilzförmigen Motive scheinen von der Papyrus-Hieroglyphe und der gleichfalls fünfstieligen Darstellung der Staude in Flachreliefs und Amarnaziegeln abzustammen. Zu den bestimmenden Farben der frühen Stücke – warmes Rot, Hellgrün und Blaßblau – tritt später leuchtendes Gelb. Die Farbskala erreicht zuweilen zwölf Töne. Die Bezeichnung »tapedi damaschini« in den alten venezianischen Inventaren bezieht sich höchstwahrscheinlich auf die Mameluckenteppiche.

Nach der Besetzung Kairos durch die Osmanen (1517) werden allmählich die Mameluckenmuster durch Entwürfe der osmanischen Hofmanufaktur verdrängt. Die Muster dieser Cairin (Abb. 183, 184) sind, abgesehen vom Cintamani als Grundmuster eines Typs, naturnah floral. Meistens sind geschwungene, gefiederte Lanzettblätter musterbestimmend. Medaillons, oft sehr mager, werden überwiegend in Reihung und isoliert über dem dominierenden Grundmuster liegend verwendet, also im Widerspruch zu ihrem ursprünglichen, das Zentrum betonenden Sinn in Persien. Als Zwischenglied beim Übergang von den mameluckischen zu den osmanischen Mustern ist der in Abb. 181 gezeigte ägyptische Teppich zu betrachten. Die Ornamentierung der Nebenborte ist original aus den Mameluckenteppichen übernommen. Das Musterungsschema des Mittelfeldes ist komplizierter als der erste Anblick erwarten läßt: Dünne geknickte Ranken erwecken zusammen mit sie überschneidenden Arabeskblättern den Anschein eines kleinteiligen Rautensystems, die die Vertikale und Horizontale betonenden, in primitiven Palmetten endenden, starren Rankenkreuze den einer Quadrierung. Diese Palmettenkreuze zeigen im Verein mit den Arabeskblättern jedoch eine enge Verwandtschaft zu den Lotto-Teppichen Ushaks (vgl. Abb. 15). Die großen Arabeskblätter sind schon in winzigem Maßstab in Mameluckenteppichen vorgebildet.

Spätestens im 18. Jahrhundert müssen die großen Manufakturen Kairos eingegangen sein. Kairo entwickelte sich zu dem nach Istanbul wichtigsten Handelsplatz für Orientteppiche. Diese Stellung verlor es erst im späten 19. Jahrhundert. Heute werden in Heluan bei Kairo Teppiche vorwiegend nach persischen Mustern in wenig ansprechenden Farben geknüpft. Hingegen haben sich die ägyptischen Kelims aus handgesponnener, vornehmlich naturfarbener Wolle gerade in den letzten Jahren einen breiten Markt erobern können.

Ungeklärt ist noch die Herkunft einer wohl in das 16. und 17. Jahrhundert zu datierenden Gattung, von der Abb. 153 einen Typ zeigt. Gleich einem zweiten, kleinteiliger quadrierten Typ mit feinstrahligen, ein Malteserkreuz einschließenden Rosetten an den Kreuzungspunkten der Quadrierung weisen diese Teppiche starke Anklänge an die Mameluckenmuster auf. Die Knüpfung ist persisch und das Material jedoch weder türkisch noch ägyptisch. In jüngster Zeit wird diese Gattung dem Raum von Adana zugeschrieben, der längere Zeit unter mameluckischem Einfluß stand. Bis zu einer Klärung wird man es bei der alten Bezeichnung Schachbrett-Teppiche belassen müssen, die auch für die Mameluckenteppiche bis zur Sicherung ihres ägyptischen Ursprungs üblich war.

Indien und Pakistan

Die prachtliebenden Mogulkaiser führten für ihre Paläste persische Teppiche ein und siedelten Knüpfer aus Persien zur Errichtung von Manufakturen an. Während der Regierungszeit der Schahs Akbar (1556-1605) und Dschahangir (1605-1627) – alles Persische verehrend, hatten die Großmoguln den persischen Titel angenommen und die persische Hofsprache eingeführt – entstanden den persischen ebenbürtige Teppiche. Nicht nur in der Residenzstadt Lahore, auch in Fatepur, Agra und vielen anderen Städten gab es um 1600 blühende Manufakturen. Jean Baptiste Tavernier[1] berichtet, daß in Indien Teppiche in Wolle (in der Nähe von Agra), Seide, Seide mit Gold- wie mit Gold-

[1]Jean Baptiste Tavernier, Les six Voyages en Turquie, en Perse & aux Indes, Paris 1692.

192

und Silberbroschierung (in Amadabad und Surate) erzeugt wurden. Er bemerkt jedoch, daß die Farben dieser gut gearbeiteten Teppiche nicht so lange halten wie die persischen. Tavernier hatte 1664 anläßlich eines Aufenthaltes am persischen Hof in Isfahan die Hofmanufaktur in der Südwestecke des Meidan besucht. Seine Feststellung, deren schöne Teppiche in Gold und Silber dunkelten nicht nach und verlören durch die Zeit nichts von ihrer Leuchtkraft, haben die Jahrhunderte widerlegt. Er vergißt nicht zu berichten, daß selbst der Schah sich beim Empfang der Botschafter im großen Audienzsaal vor dem Betreten der Luxus-Teppiche die Schuhe ausziehen ließe.

Die frühen indischen Teppiche sind selten fein mit einer weichen, seidigen Wolle, zuweilen auf seidener Kette im Sennehknoten geknüpft. Anfangs stehen die Muster ganz unter dem Einfluß von Herat und Kirman. Das Heratmuster mit den gebogenen Akanthusblättern wird zu Beginn des 17. Jahrhunderts noch von einer Kartuschenbordüre eingeschlossen. Wenige Jahrzehnte später zeigt sich schon in vielen Bordüren ebenso deutlich ein eigener Stil wie in der floralen Füllung der für Kirman charakteristischen geschwungenen Rankenrautung des Mittelfeldes. Auch die figuralen Tier-, Jagd- und Paradiesteppiche sind gleich den Gebetsteppichen unverkennbar indisch: Die Pflanzen und Tiere sind naturalistisch gezeichnet. Die Äste der Bäume biegen sich unter der Last der Blüten. Der ganze Reichtum der indischen Vegetation erscheint in den Teppichen. Einzeln stehende Blumenstauden sind bis ins letzte Detail von Blatt, Blüte, Knospe und zuweilen auch Wurzel ausgeführt. Auch die Tiere könnten einem Zoologen als Demonstrationsmaterial dienen, so lebensnah und plastisch sind sie dargestellt. Symmetrie wird nach Möglichkeit vermieden. Der Grund unter diesen Mustern bleibt gewöhnlich einfarbig. In den Hauptborten dominieren Blumen und Bäume in derselben naturalistischen, plastischen Manier oder feingegliederte Blütenranken mit Fratzenpalmetten und Vögeln. Allein, so bewundernswert diese Anstrengungen von Zeichnern und Knüpfern sind – durch das Modellieren der einzelnen Elemente scheinen diese aus dem Muster herauszufallen. Das unverwechselbar Indische in den Dekors wird dem Wesen des Teppichs nicht gerecht.

Entsprachen in der Mitte des 19. Jahrhunderts die Teppiche der indischen Manufakturen in der Qualität noch den persischen, die sie nachahmten – eine Sorte, welche die Isfahans bis in die Einzelheiten kopierte, trägt die Bezeichnung Indo-Isfahan –, so brachten die achtziger und neunziger Jahre einen rapiden Qualitätsrückgang. Die meisten der in Multan, Srinagar, Amritsar, Lahore, Agra, Sind, Jaipur, Mirzapur, Madras, Wellur, Patna und einigen anderen Städten Nordindiens bestehenden, auf den Export angewiesenen Manufakturen wurden durch die zu Schleuderpreisen angebotenen Erzeugnisse der in Zuchthäusern eingerichteten Werkstätten veranlaßt, billiger zu produzieren. Muster, Farben, Knüpfung und Material sanken in der Qualität. Pflanzenfasern und europäische Muster schlichen sich ein. Der Ruf des indischen Teppichs war ruiniert. Die jüngere, teilweise bessere Produktion findet unter der Zollbegünstigung vornehmlich im Commonwealth Absatz. Der gegenwärtigen Nachfrage entsprechend, werden auch Berberteppiche produziert, die jedoch ihre Vorbilder hinsichtlich Qualität von Material und Knüpfung nicht erreichen.

1973 löste die Ölkrise in der fortschreitenden Industrialisierung Irans eine Preissteigerung bis zu 70 Prozent für gute alte und wertvolle neue Teppiche aus. In der Bundesrepublik Deutschland sank der Marktanteil (1955 ca. 90 Prozent, 1972 ca. 75 Prozent) bis Ende 1975 erstmalig unter die 50-Prozent-Grenze, obwohl die Gesamteinfuhren handgeknüpfter Fußbodenteppiche noch immer steigende Tendenz aufwiesen. Seit etwa 1973 bemühen sich die deutschen Importeure ebenso wie die indischen Hersteller und Exporteure in Indien, Nachfolgeproduktionen für den ausfallenden persischen Markt aufzubauen. Mittlerweile gibt es einige wenige Produktionen aus Indien, die hinter den besten Mittelqualitäten Irans nicht mehr zurückstehen. Im Durchschnitt jedoch sind die Teppiche nach wie vor von sehr geringer Qualität.

Pakistan, der zweitgrößte Nachfolgestaat des britischen Kaiserreiches Indien, hat es verstanden, für die Knüpferzeugnisse seiner Manufakturen Eingang auf dem Weltmarkt zu finden. Die Muster sind Nachahmungen der Tekke- und anderer turkmenischer Ornamentierungen, vorwiegend auf cremefarbenem Grund. Knüpfdichte und Qualität sind sehr unterschiedlich. Es gibt sowohl mittelfein auf baumwollener wie selten fein auf wollener Kette geknüpfte Pakistan-Buchara. Doch bleiben sie, auch bei feinster Einstellung und bester weicher Kaschmirwolle, Nachahmungen. Das gleiche gilt für die Gördes-Gebetsteppiche und persischen Muster, die seit einigen Jahren ebenfalls in Pakistan geknüpft werden.

Tibet

Tibetische Teppiche sind vor allem deshalb für den Sammler genuiner Knüpfkunst interessante Objekte, weil sie im alten Tibet fast nur für den Bedarf im Lande und kaum für den Export geknüpft wurden. Die Produktion tibetischer oder nepalesischer Teppiche in größerem Stil ist jüngeren Datums und ausschließlich auf den Export ausgerichtet, sammlerisch deshalb uninteressant. Trotzdem soll es auch heute noch in Lhasa Knüpferinnen geben, die in Heimarbeit Teppiche im alten Stil knüpfen. Doch wie die Arbeiten, die noch heute in Klöstern von Mönchen geknüpft und gegen Nachnahme ins Ausland verschickt werden, sind auch diese Stücke für den Sammler uninteressant. Es soll also hier nur die Rede sein von genuinen Knüpfarbeiten aus Tibet, einem Land, das sowohl in soziokultureller als auch in geographischer Hinsicht nicht leicht zu definieren ist. Hier bietet sich an, von jener Region zu sprechen, die im 19. und 20. Jahrhundert vom Dalai Lama verwaltet wurde. Die nördliche Hälfte Tibets besteht aus einer fast unbewohnten Steppe mit Wüstencharakter, die nach Süden in eine von großen Flußtälern durchzogene Steppe übergeht (Yangtse, Mekong, Salween). Gebirgszüge durchziehen das Plateau.

Seit dem 14. Jahrhundert stand Tibet zeitweise unter der Oberherrschaft Chinas. Bis 1949 war es dann ein staatsrechtlich umstrittener, aber tatsächlich autonomer Staat theokratisch-lamaistischer Ordnung. Landwirtschaft und Herdenzucht sind die hauptsächlichen Lebensgrundlagen der Tibeter. Die Kultur Tibets ist tief im Buddhismus verwurzelt. Knüpfarbeiten in zahlreichen Formen und für verschiedenste Verwendungszwecke gehörten zur traditionellen Ausstattung tibetischer Nomaden, Bauern und auch der Klöster. Trotz der alten nomadischen Tradition und des rauhen Klimas – beides Faktoren, welche die Entstehung einer Knüpfkultur begünstigen – sind keine tibetischen Teppiche bekannt, die mit gutem Grund vor die 2. Hälfte des 19. Jahrhunderts datiert werden können. Einige Experten vertreten jedoch die Ansicht, daß die tibetische Knüpftradition weit älter sein muß. Interessant ist in diesem Zusammenhang, daß die tibetischen Knüpfarbeiten in einem spezifischen Knoten gearbeitet sind, dem sogenannten Tibetischen Knoten, der als asymmetrischer Schlingenknoten betrachtet werden kann (siehe Skizze auf S. 196).

Die Schlingen werden nach Fertigstellung einer Knotenreihe aufgeschnitten und gekürzt. Die Knüpfdichte ist in der Regel niedrig und

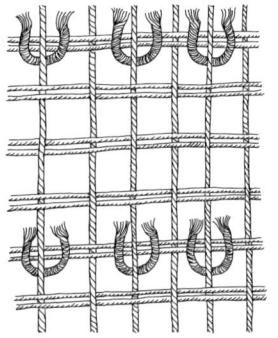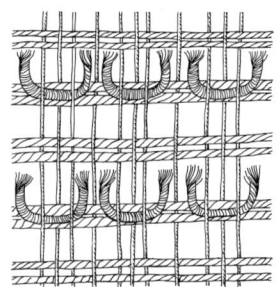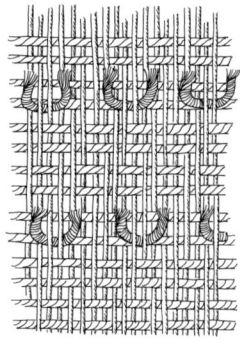

Drei Knüpf-Typen tibetischer Teppiche

liegt zwischen 300 und 1400 Knoten pro Quadratmeter. Bis in die sechziger Jahre verwendeten die tibetischen Knüpfer Pflanzenfarben in Kombination mit Anilinfarben. Bei Knüpfarbeiten vor 1930 sind Kette und Schuß zuweilen aus Wolle. Beides ist bei späteren Stücken durch Baumwolle ersetzt.

Die Entwicklung des Knüpfteppichs in Tibet steht in enger Verbindung mit China. Schon in früher Zeit wurde dort speziell für tibetische Abnehmer geknüpft, insbesondere für den klösterlichen Gebrauch. Die Tibeter haben das Musterrepertoire chinesischen Ursprungs übernommen und vor dem Hintergrund ihrer eigenständigen Kultur, geprägt vom tibetischen Mahayana-Buddhismus, angepaßt und erweitert. Am offensichtlichsten ist diese Eigenständigkeit beim Kolorit der Knüpfarbeiten, deren Lebhaftigkeit dem chinesischen Farbempfinden deutlich widerspricht. Klar erkennbar sind die Unterschiede bei den Formen der Knüpfstücke. Reitertextilien sind wesentlich häufiger, so auch Teppiche für den klösterlichen Gebrauch wie Sitz- und Meditationsteppiche. Letztere sind oft an der dominanten Verwendung der Farben Rot und Orange zu erkennen, was in früheren Zeiten wohl den klösterlichen Arbeiten vorbehalten war.

Folgende Formen und Formate gehören zum traditionellen Repertoire: Der Sitz- und Schlafteppich Khaden hat üblicherweise ein Format von ca. 170 x 90 cm. Sitzteppiche für den klösterlichen Gebrauch und für Würdenträger können aus einer oder mehreren quadratischen Sitzflächen bestehen. Wie in China gibt es auch in Tibet den zum quadratischen Sitzteppich passenden Teppich für die Rückenlehne, die auf Sitz- und Lehnkissen genäht wurden. Die tibetischen Säulenteppiche gibt es wie auch in China in verschiedener Länge, oft mit Drachendarstellungen. Geknüpfte Türvorhänge und Wandbehänge gehören ebenfalls zum Formenkanon für den Gebrauch im Kloster, Haus oder Zelt. Tibetische Satteldecken kommen in drei Grund-formen vor. Alle drei bestehen aus zwei Knüpfhälften mit entgegen-gesetztem Florstrich, der auf beiden Seiten des Reittieres nach unten weisen muß. Zwischen die Knüpfhälften ist häufig ein Mittelsteg aus Stoff eingefügt, und die Außenkanten sind oft mit rotem Stoff einge-faßt. Neben der einfachen Rechteckform gibt es die Satteldecken mit zusätzlicher rechteckiger Ausbuchtung, jene mit gerundeten Schmal-seiten und jene in Schwingenform. Zur Ausstattung des Sattels gehört eine passende kleine Sitzmatte, die auf den hölzernen Sattel gelegt wurde. Seltener als die genannten Pferdedecken-Typen findet man die großen Pferdedecken in Trapezform (ca. 120 x 120/150 cm). Zur Zier des Pferdes konnten auch kleine Knüpfarbeiten gehören, die in der Form einem frontalen Stierkopf gleichen und die Stirn der Pferde schmückten. Teils in einem angepaßten und eigenständigen Formen-duktus, findet sich das Muster- und Motivrepertoire chinesischer Teppiche auch in tibetischen Arbeiten wieder. Eine Reihe von For-men und Mustern können als charakteristisch betrachtet werden: Teppiche mit Ein- und Mehrmedallion-Gliederung, mit Scheiben- und Blütenmedaillons, wie auch mit Drachen- und Phönixmedaillons. Teppiche mit durchgehenden Blumen- und Blütenrankenmustern; Teppiche mit einer oder mehreren Drachen- oder Drachen-/Phönix-Darstellungen. Zum Themenkreis der Darstellungen von mythologi-schen Tieren gehört auch die Gruppe der sogenannten Tiger-Teppi-che. Dies sind Stücke mit vollständig dargestellten Tigern, meist jedoch Arbeiten mit Tigerfell-Musterung in verschiedenen Ab-straktionsgraden bis zum abstrakten Ornament. Der Tiger und sein Fell symbolisieren nicht nur Stärke und Überlegenheit, sondern das Muster soll zur meditativen Versenkung gedient haben. Eine ähnliche Bedeutung für den Meditierenden hatte wohl das sogenannte Schach-brett-Muster. Die tibetischen Schachbrett-Teppiche sind in einer Viel-zahl von Farbkombinationen bekannt. Weitere traditionelle geome-trische Teppichmuster zeigen sich in Reihen- und Gitter-Schemata. Neben den Tiger- und Schachbrett-Teppichen haben auch die soge-nannten Fensterkreuz-Teppiche eine herausragende Bedeutung in der Welt des Orientteppiches. Oft verglichen mit Engsi-Teppichen der Turkmenen, zeigen auch sie ein fensterkreuzartig viergeteiltes Innenfeld, das oft von einem schabrackenartigen Paneel an der Ober-kante begrenzt wird. Besonders bei jüngeren Arbeiten nimmt der Fensterkreuz-Teppich öfter die Form eines nachgebildeten Zimmer-fensters mit Blumenvasen und ähnlicher Dekoration an. Abschließend seien noch tibetische Teppiche mit figürlichen Darstellungen erwähnt, wie zum Beispiel solche mit Lama-Darstellungen.

Tibetische Teppiche wurden in der westlichen Welt erst seit 1959 richtig bekannt, nachdem der Dalai Lama zusammen mit hunderttausend Tibetern vor den chinesischen Besatzungstruppen aus Tibet floh. Eine Reihe von Ausstellungen und Publikationen in den achtziger Jahren machten den tibetischen Teppich als interessantes Sammlungsgebiet in der westlichen Welt bekannt. Andere Bereiche des tibetischen Kunsthandwerks waren schon lange zuvor im Blickfeld von Sammlern und Liebhabern gewesen. Im Gegensatz zu anderen Ursprungsländern kommen aus Tibet noch heute schöne, sammlungswürdige alte und antike Knüpfarbeiten. Wegen ihrer dekorativen Wirkung und teils auch wegen ihrer modernen Ausstrahlung werden sie hierzulande weniger als Sammlerobjekte denn zum Zwecke der Raumausstattung gekauft. Für den Kaufinteressenten oder einsteigenden Sammler gilt in besonderem Maße, sein Augenmerk auf die sammlerische Qualität zu richten. Ein interessantes und noch fast unberührtes Sammelgebiet ist auch der mongolische Teppich, der den tibetischen Arbeiten oft ähnelt, wegen seines gedämpften Kolorits, der schmalen Farbpalette und der rustikalen Knüpfung häufig jedoch unterbewertet wird.

Spanien und Portugal

Die Iberische Halbinsel, vom 8. bis 15. Jahrhundert anfangs fast ganz, später zu einem kleinen Teil unter arabischer Herrschaft, nahm als erstes europäisches Gebiet die Knüpfkunst auf. Spanische Teppiche sind schon 1124 am Hof des Kalifen in Kairo bekannt. Der spanische Knoten und die früheren Muster deuten darauf hin, daß die Knüpftechnik ihren Weg nach Spanien über Ägypten nahm. Der nur einen Kettfaden anderthalbfach umfassende Knoten (siehe Zeichnung S. 34) ist eine Verbesserung der ägyptischen V-Schlinge. Falls die Analyse des Materials einiger Fostatfragmente deren Zuschreibung nach Spanien rechtfertigen sollte (in Spanien Z-Spinnung und S-Zwirnung), wäre er eine spanische Erfindung. Wie die ägyptische V-Schlinge (siehe Zeichnung S. 34) erfolgt der spanische Knoten von Knotenreihe zu Knotenreihe, um einen Kettfaden versetzt zwischen dicken geraden vier- bis fünffachen Schüssen. Die Schüsse enthalten oft außer Wolle auch Leinen (Flachs). Diese Technik und Struktur zeigen die Teppiche aus Cuenca noch in den vergangenen Jahrhunderten.

Der Zeitpunkt des Beginns der spanischen Knüpftechnik ist unbekannt. Die bedeutendsten Produktionsstätten entwickelten sich in Almeria, Cuenca und Alcaraz. Im Gebiet von Valencia überwiegt später der Gördesknoten. Die frühesten intakten Exemplare stammen aus dem 15. Jahrhundert. Sie weisen entweder in ihrer kleinteiligen geometrischen Musterung diagonal gereihter Oktogone, Sterne usf. Verwandtschaft mit den ägyptischen Arbeiten auf oder sie sind Nachahmungen anatolischer, besonders der Holbein-Teppiche (Abb. 11). Das Schlingenkufi in den Bordüren solcher Nachahmungen erscheint zarter und verschnörkelter. Im 16. und 17. Jahrhundert dominieren europäische Renaissance- und Barockmuster (Abb. 157), im 18. Jahrhundert der Stil der gleichzeitigen französischen und englischen Erzeugnisse. Rot, Grün und Blau geben unter den Farben den Ton an. Wie im 15. Jahrhundert finden sich in den Mustern oft Wappen spanischer Familien. Der christliche Einfluß wird in religiösen Symbolen und Emblemen sichtbar. Zur gleichen Zeit entstehen auch Nachahmungen von Ushak- und Lotto-Teppichen (Abb. 15), Herat- und Kairoteppichen. Im 18. Jahrhundert sinkt die Produktion ab. Heute bemüht sich eine staatliche Manufaktur um den Export ihrer Erzeugnisse. Eine kleine private Knüpfwerkstatt in Madrid fertigt seit einigen Jahren dicke Wollteppiche mit Baumwollgrundgewebe, deren sich auf Naturwollfarben oder drei bis vier Farbtöne beschränkende Muster von bekannten zeitgenössischen spanischen Malern entworfen werden.

Von antiken spanischen Teppichen sind noch einige (besonders Cuenca) im europäischen Kunsthandel zu finden. Die bekannten Alpujaras sind keine Knüpfteppiche, sondern Noppenarbeiten und Erzeugnisse der Volkskunst. Das Museo Nacional de Artes Decorativas in Madrid zeigt eine umfangreiche Kollektion antiker spanischer Teppiche. Auch in Portugal lebte nach dem Ende der arabischen Herrschaft die Teppichherstellung bis auf den heutigen Tag fort. Das Knüpfen fand jedoch anscheinend erst im 19. Jahrhundert und vornehmlich für den Export Eingang. Die frühen portugiesischen Teppiche, von denen das Museu Nacional de Arte Antiga in Lissabon eine bedeutende Sammlung aus dem 17. und 18. Jahrhundert stammender Exemplare besitzt, sind im Ponto (Point) de Arraiolos (Zeichnung S. 200) auf Leinwand gestickt. Diese Technik wurde für Teppiche in Klöstern Portugals spätestens im 16. Jahrhundert angewandt und ist bis zur Gegenwart in Gebrauch. Der Musterfaden wird für gewöhnlich auf der Vorderseite des Grundgewebes über vier Kett- und zwei Schußfäden diagonal geführt, verläuft dann auf der Rückseite vertikal über zwei Schußfäden, wird auf der Vorderseite über zwei Kett- und zwei Schußfäden diagonal zurück- und auf der Rückseite wieder über zwei Schußfäden vertikal geführt. Von dieser Position aus wird der nächste Point durch Diagonalführung des Fadens über vier Kett- und zwei Schußfäden eingeleitet. So erscheint der Musterfaden auf der Rückseite des Teppichs nur nach jedem zweiten Kettfaden über zwei Schußfäden reichend, und zwar zweimal. Die Einstellung beträgt ca. 450 bis 600 Points/qdm. Die Anzahl der durch den Point umschlossenen Kett- und Schußfäden wird in den ältesten erhaltenen Teppichen nur annähernd eingehalten. Erst im 18. Jahrhundert zählt man beim Sticken die Fäden des Grundgewebes ab. Um ein Verziehen des Teppichs zu vermeiden und besseres Aufliegen zu erreichen, werden entweder die Seiten- oder die Querbordüren in um 90 Grad von der Arbeitsrichtung des übrigen Teppichs abweichenden Verlauf gestickt. Zuweilen werden an den Teppichrändern Fransen eingezogen.

Die Muster unterliegen, ebenso wie die der frühen spanischen Knüpfteppiche, dem Einfluß der Kunst des Orients. Portugal war bereits im 15. Jahrhundert – drei Jahrhunderte nach Erlangung seiner Selbständigkeit – Welt- und Kolonialmacht. In Lissabon, einem Zentrum des Welthandels, entluden die Schiffe die Erzeugnisse des Orients, Indiens, Afrikas und die Schätze der soeben entdeckten Neuen Welt. Zu den türkischen Teppichmustern gesellten sich bald die persischen. Den Nachahmungen geometrischer türkischer Fliesen- oder Kassettendekore und Vergröberungen von Lotto- und anderen Mustern aus der zu dieser Zeit in Anatolien dominierenden Produktion von Uschak folgten die schwieriger auszuführenden Muster Persiens, seien es um ein Medaillon geordnete Arabeskranken mit Palmetten und den für die zentralpersischen Teppiche des 17. Jahrhunderts typischen arabesken Blattgabeln oder die naturnäheren Zeichnungen der Herat-Teppiche. In den eingestreuten Vögeln und Hirschen äußert sich die Vorliebe für Tiermotive, die in einer Reihe portugiesischer Teppichmuster vom 18. Jahrhundert an dominieren. Der gegenwärtige Export von auf Jute

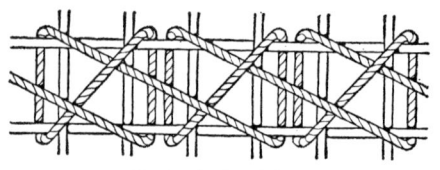

Ponto de Arraiolos

gestickten Arraiolos und Knüpfteppichen ist bescheiden. Die Portugiesen- oder Goa-Teppiche, deren Muster in den Mittelfeldecken europäische Segelschiffe mit dunkelhäutigen Menschen und spanisch gekleideten Europäern als Insassen zeigen, sind weder in Portugal noch in der Kolonie Goa, sondern in Persien entstanden.

Frankreich und Italien

Drei Teppicharten tragen französische Namen: Gobelin, Aubusson und Savonnerie. Der Gobelin ist ein in sehr feiner Kelimtechnik hergestelltes Gewebe. Es eignet sich nur als Wandbehang, Stuhlbezug oder Decke. Im Gobelin wurde der Wandteppich zu höchster Vollendung geführt.

Der Aubusson ist gleichfalls gewirkt, jedoch dicker als der Gobelin. Er kann als dekorativer Bodenteppich dienen. Als florloses Gewebe ist er empfindlich gegen dauerndes Begehen und wenig kälteisolierend.

Der Savonnerie-Teppich hat einen Flor. Seinen Namen erhielt er – ebenso wie der Gobelin nach dem Haus der Pariser Färberfamilie Gobelin benannt wurde, in dem flandrische Weber eine Manufaktur eröffneten – von dem zeitweiligen Domizil der zu Beginn des 17. Jahrhunderts im Louvre gegründeten Manufaktur. Es war das »Hospice de la Savonnerie«, ein Kinderheim auf dem Gelände einer früheren Seifenfabrik.

Zur Erzeugung des Flors wird das Mustergarn fortlaufend nach jeder Umschlingung der Kettfäden um einen ihnen horizontal vorgelagerten Eisenstab geführt, der am linken Ende mit einem Messerchen versehen ist. Beim Herausziehen des Eisenstabes nach rechts werden alle Schlingen aufgeschnitten. Die so entstandenen, der Gördesknüpfung ähnelnden Knoten werden nach Eintragen eines Schusses fest heruntergeschlagen und auf die gewünschte Höhe geschoren. Durch Importverbot für ausländische Teppiche geschützt, konnte sich die zunächst ausschließlich für den Hof arbeitende und später vom Adel mit Aufträgen reich bedachte Manufaktur ungestört entfalten. Den frühen Blumendessins folgen von der Architektur bestimmte Muster des Barocks, Rokokos, Empires, Klassizismus und zweiten Barocks. Diese Fortsetzung der Verzierungen von Decken und Wänden im Bodenbelag ist der erste original europäische Teppichstil. 1825 übersiedelte die Manufaktur in die Manufacture Nationale des Gobelins. Dort kann der

Besucher dem Entstehen der auch mit modernsten Dessins gemusterten Gobelins und der Arbeit an den Savonnerie-Teppichen zuschauen. Die gepflegt gekleideten, ausschließlich Regierungsaufträge ausführenden Künstler sitzen bei reger Unterhaltung vor den Knüpfstühlen. Die Knüpfleistung beträgt etwa ein Zehntel der im Orient üblichen.

Die italienische Volkskunst hatte sich früh die Knüpftechnik angeeignet. In den erhaltenen Exemplaren dominieren Streifenmuster mit europäischen Motiven. Anlehnungen an den Orient sind seltener. Eine zu Anfang des 18. Jahrhunderts auf Weisung von Papst Clemens XI. ins Leben gerufene Knüpfteppichmanufaktur war nicht von langer Dauer.

Polen, Ungarn und die Balkanländer

Die polnische Knüpfteppiche des 18. Jahrhunderts sind ihren Motiven oder, bei europäischer Musterung, der Aufteilung des Grundes nach orientalisch beeinflußt. Unter den erhalten gebliebenen Exemplaren befindet sich eine Anzahl mit polnischen Wappen. Manufakturen, in denen auch persische Knüpfer tätig waren, sollen in verschiedenen Städten Polens bestanden haben. Vielleicht sind auch Knüpfteppiche in der vom Fürsten Radzivill Ende des 17. Jahrhunderts in Slucz gegründeten Manufaktur für persisch gemusterte Seidenschärpen und Brokatstoffe entstanden. Die gold- und silberbroschierten sogenannten Polenteppiche sind Erzeugnisse Kaschans und Isfahans.

Durch die Jahrhunderte während türkische Besetzung des Balkans ist in verschiedenen Gegenden das Teppichknüpfen aufgenommen worden. Zwar dürften die meisten der Siebenbürger-Teppiche Importe aus Anatolien sein – die Stadtrechnungen von Kronstadt belegen allein für die Zeit vom 7. Januar bis 6. November 1503 den Import von mehr als fünfhundert Teppichen -, doch die Gewohnheit Istanbuler Teppichhändler, einige Teppichtypen nach Balkanorten zu benennen, deutet schon auf eine wesentliche Produktion in Südosteuropa. In den letzten Jahrzehnten waren das ehemalige Jugoslawien, Bulgarien und Rumänien intensiv und erfolgreich bemüht, mit den Erzeugnissen der staatlichen Manufakturen auf dem europäischen Markt Fuß zu fassen. Die Teppiche sind meist nur grob bis mittelfein, aber in Knüpfung und Abschlüssen oft so akkurat wie mechanisch erzeugte Teppiche gearbeitet. In Mazedonien erzeugen Manufakturen in stumpfer, jedoch guter Wolle vornehmlich mit Täbris- und Afghandekors gemusterte Teppiche.

Rumänien verfügt über Tausende von Knüpfstühlen. Die Knüpfung in stumpfer Wolle ist grob und erreicht höchstens mittelfeine Einstellung. Kopiert wird alles, von persischen über anatolische, kaukasische, ostturkestanische bis zu chinesischen Mustern. Bulgarien verfügt über die umfangreichste Produktion aller Balkanländer. Eine der größten Manufakturen wurde 1892 von dem aus Istanbul stammenden Ochanes Bochosjan gegründet. Die Wolle ist feiner als die in Rumänien und Mazedonien verwendete. Hauptmuster der überwiegend in einer Einstellung von 400 und 500 Kn/qdm geknüpften Teppiche sind turkmenische und in selten feiner Einstellung von bis zu 6400 Kn/qdm hervorragend gezeichnete persische Dekors. Bodenständiger als alle diese Nachahmungen sind die farbenfreudigen Balkan-Kelims, wie die auf die Volkskunst zurückgehenden Teppiche Ungarns. Die dicken, an ein zottiges Fell erinnernden Wollteppiche Suba und Racka, überwiegend in Naturwollfarben, haben auch außerhalb Ungarns Freunde gefunden.

Von den Knüpferzeugnissen aller Randgebiete können eigentlich nur die griechischen zu den Orientteppichen gezählt werden. Nach dem ersten Balkankrieg (1912/13) wanderten schon viele in der Türkei ansässigen Griechen nach Griechenland zurück. Mit der durch den für Griechenland unglücklich endenden militärischen Überfall auf Anatolien ausgelösten Vertreibung der Griechen aus ihren jahrhunderte-, wenn nicht jahrtausendealten Wohnsitzen in Kleinasien (1922) strömten auch Tausende geschickter Teppichknüpfer ins Mutterland. Griechenland, bemüht, möglichst schnell dem Flüchtlingselend zu begegnen, forcierte das Teppichknüpfen. Statt in der Türkei fertigten nun die Knüpfer in Griechenland ihre guten türkischen Teppiche. Französisierende und ostturkestanische Muster kamen hinzu. Im Maße der Eingliederung der Flüchtlinge in andere Produktionssparten sank die Teppicherzeugung. Sie hat jedoch für das kleine Land eine gewisse Bedeutung behalten.

Die skandinavischen Länder, Flandern, Irland und England

In den nordischen Ländern hat die Volkskunst schon im Mittelalter zur Knüpftechnik gefunden. Aus dem 18. und 19. Jahrhundert sind Hunderte der kleinen zottigen Rya erhalten. Bis auf Ausnahmen sind die Muster bis zur Gegenwart eigenständig skandinavisch.

Alte Quellen berichten über Herstellung und Imitation von türkischen Teppichen in Antwerpen im 16. Jahrhundert und das Übersiedeln von Knüpfern türkischer Teppiche aus Flandern und seinen Nachbarprovinzen nach Irland. Wie hoch in England der Orientteppich geschätzt war, geht aus der überlieferten Geschichte der Bestechung des Kardinals Wolsey, Kanzler Heinrichs VIII., durch die Signoria von Venedig hervor. Der Kardinal zog die Verhandlungen mit dem venezianischen Gesandten über die Einfuhr von Kretawein jahrelang hin, bis Venedig im Jahre 1520 endlich tief in die Tasche griff, um ihm sechzig der von ihm geforderten hundert »tapedi damaschini« schenken zu können. Die Archive Venedigs sind reich an Zeugnissen über Import und Vererbung von Orientteppichen. Als Verwendungszweck wird in den Inventaren nur selten der Bodenteppich erwähnt. Der kostbare Orientteppich wurde als Decke auf Tischen und Truhen benutzt. Als Leonora von Kastilien 1255 Eduard I. heiratete, hatten schon die von ihr mitgebrachten und teilweise als Bodenbelag gebrauchten Teppiche in London Aufsehen und Kritik erregt. Graf Leicester, der Günstling der Königin Elisabeth I., hinterließ eine überaus ansehnliche Teppichsammlung.

Ende des 16. Jahrhunderts schickten die Engländer den Färber Morgan Hubblethorn als »Werksspion« nach Persien, um das Geheimnis der guten Wollfärbung und Teppichknüpfung zu erforschen. Wie Frankreich war England darauf aus, durch inländische Manufakturen die dem Import der als Luxus begehrten Orientteppiche geopferten Devisen zu sparen. Die Produktion kam jedoch erst 150 Jahre später durch zwei von der Savonnerie abgesprungene Arbeiter richtig in Gang. Durch finanzielle Schwierigkeiten und Lohnstreitigkeiten zeitweilig unterbrochen, hielt sich die Knüpfteppichproduktion in England bis 1835.

Die Technik der meisten Teppiche des 17. Jahrhunderts ist noch nicht als reine Knüpfung anzusprechen. Im Grundgewebe eines geknüpften Exemplares des Victoria & Albert Museums tritt die Zwickelbildung (türk. Hamail) auf. Die Muster sind anfangs kleinteilig geometrisiert türkisch einschließlich Schlingenkufi-Bordüre, später naturalistisch floral. Durch eingeknüpfte Adelswappen und Daten ist ihr Alter einwandfrei zu bestimmen. Im 18. und beginnenden 19. Jahrhundert sind die Muster – wie in Aubusson- und Savonnerie-Teppichen – durch die Architektur geprägt.

Deutschland

Durch eine Anzahl erhaltener Fragmente ist belegt, daß in Deutschland und anderen Ländern Europas schon sehr früh Teppiche geknüpft wurden, wenn auch vielleicht nicht über längere Zeiträume. In Fragmenten erhalten ist uns unter anderem ein großer Knüpfteppich, der von Klosterfrauen im 12. Jahrhundert geschaffen wurde. Dieser Altarteppich, der sogenannte Quedlinburg-Teppich, entstand in einem sächsischen Ordenskloster. Für die Tapisserien des Mittelalters charakteristisch sind seine allegorischen figuralen Darstellungen.

In Deutschland entstanden Knüpfteppiche als Erzeugnisse der Volkskunst und in Manufakturen. Die primitiven Muster der grob geknüpften Masuren-Teppiche Ostpreußens lehnen sich an orientalische und gelegentlich an skandinavische Vorbilder an. Kurt Erdmann berichtet, daß in Pommern in der Gegend von Prerow noch zwischen den beiden Weltkriegen Teppiche geknüpft wurden. Gegenwärtig ist unseres Wissens in Westdeutschland noch ein Teppichknüpfer tätig, der sich auf die Herstellung von kleinen Stücken mit Wappen beschränkt.

Knüpfteppich-Manufakturen wurden im 19. Jahrhundert in Schlesien und im Spreewald gegründet. Die von den deutschen Teppichfabrikanten anläßlich der Berliner Ausstellung ihrer Erzeugnisse im Haus der Abgeordneten (1911) herausgegebene illustrierte Denkschrift ist sehr aufschlußreich: Das Bestreben der preußischen Regierung, für die arme Bevölkerung Schlesiens Erwerbszweige zu schaffen, regte um die Mitte des vorigen Jahrhunderts den Inhaber der Tuchfabrik Gevers & Schmidt in Görlitz, Geheimrat Schmidt, dazu an, einige Weber im Orient die Technik des Knüpfens erlernen zu lassen. 1854 konnte, zuerst in Lähne und von 1857 an in Schmiedeberg im Riesengebirge, die Produktion aufgenommen werden. Nach anfänglichen Schwierigkeiten genoß der Schmiedeberger Teppich bald einen guten Ruf. Er gab einer ganzen Gruppe von Teppichen seinen Namen

Die Illustrationen zeigten Spreewälderinnen beim Knüpfen an modernen Stühlen in einer weiten Manufakturhalle und stellen dem eine Abbildung von orientalischen Frauen bei ihrer Arbeit auf einem primitiven Knüpfstuhl in einer dunklen Werkstatt (kar-haneh) gegenüber. Eine Skizze der Technik stellt zwei in einem Arbeitsgang nebeneinander geknüpfte Sennehknoten dar, die anschließend durch einen Schnitt getrennt werden. Ziel der von den Firmen Barmer Teppichfabrik Vorwerk & Co., Koch & te Kock Ölsnitz i. V., Sächsische Kunstwe-

berei Claviez AG. Altdorf i.V., Gebrüder Schoeller Düren und Vereinigte Smyrna Teppichfabriken AG. Berlin herausgegebenen Denkschrift war es, von der Reichsregierung einen Schutz gegen die Einfuhr
minderwertiger orientalischer Kommerzware zu erwirken. Hochwertige Orientteppiche werden von den gewünschten Einfuhrbeschränkun-
gen ausdrücklich ausgenommen. Die Einfuhr an Orientteppichen war
von 270 000 kg im Jahre 1906 über 608 000 kg im Jahre 1907 auf 912
000 kg im Jahre 1910 gestiegen. Der Abschnitt über die Knüpfteppiche
schließt: »Die Tatsache, daß trotz amerikanischen Schutzzolles der
deutsche Knüpfteppich heute noch einen hochgeachteten Platz in
Amerika einnimmt, darf als Beweis für seinen Wert und seine Konkur-
renzfähigkeit gelten. Als Vorzug ist anerkannt, daß er infolge der Viel-
seitigkeit seiner Musterung immer in Harmonie mit dem Charakter
und der Farbenzusammenstellung der Gesamteinrichtung gebracht
werden kann. Begreiflicherweise macht sich aber für die Fabrikation
des deutschen handgeknüpften Teppichs, angesichts der Masseneinfuhr
orientalischer Teppiche, die stetige Steigerung der Arbeitslöhne im
Gegensatz zu den niedrigen Lohnsätzen des Orients besonders schwer
fühlbar, vor allem bei der zeitraubenden Anfertigung sehr dichter
Qualitäten. Seit Jahresfrist ist es gelungen, mit Hilfe eines Knüpfstuhles, bei welchem Hand- und mechanische Arbeit vereinigt sind, die
Knüpfarbeit solch dichter Teppiche wesentlich zu verkürzen, so daß
der große Unterschied zwischen europäischen und orientalischen
Knüpflöhnen einen Ausgleich erfährt. Solche Teppiche sind als ›Iran-
und Ispahan-Teppiche‹ in der Ausstellung vertreten.«

An Versuchen, die Knüpfung anstelle der Hand durch Knüpf-
maschinen ausführen zu lassen, hat es nicht gefehlt. Von den verschiedenen Systemen ist das des Österreichers Dr. M. Banyai das bekannteste. Die komplizierte Apparatur erzielt in einer Einstellung von etwa
500 Kn/qdm die siebenfache Leistung eines Knüpfers. Doch fehlen
allen Banyaiteppichen die Merkmale und Werte der Handarbeit.

Einkauf, Auslegen, Pflege

Vor dem Kauf eines Orientteppiches sind einige grundsätzliche Über-
legungen sinnvoll. Der Orientteppich soll die Wirkung eines Raumes
steigern, in den er sich harmonisch einzufügen hat. Dazu sind Format,
Muster und Farbe ausschlaggebend. Ein großer, heller Teppich, der
von den Wänden einen Abstand von etwa einem halben Meter wahrt,
läßt den Raum höher und weiter, ein dunkler ihn kleiner, ein starkfar-
biger ihn niedriger erscheinen. Ein großer Teppich im alten persischen
schmalen Format streckt in seiner Längsrichtung das Zimmer, desgleichen Läufer, falls ihr Muster nicht die Horizontale oder Diagonale betont und dadurch raumverkürzend wirkt. Zwei entsprechend plazierte
Teppiche können einen Raum optisch unterteilen, eine Brücke im breiteren Durchgang von einem Zimmer zum anderen verbindet die Räume. Teppiche mit Medaillonmuster sollten möglichst frei liegen: Stehen
Tisch und Stühle in der Mitte eines Raumes, so ist ein durchgemuster-
ter Teppich vorzuziehen. In besonderen Fällen kann es sich empfehlen,
zwei oder drei Teppiche ähnlich anzuordnen, wie es im Orient Brauch
ist. Der wohlhabende Orientale legt zu beiden Seiten eines Keleys je
einen Kenareh (= Ufer) von der gleichen Länge und quer zu diesen
drei Stücken einen Keleyghi in der Länge ihrer gemeinsamen Breite.

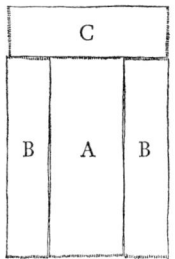

Teppichauslegen im Orient: A Hauptteppich Keley, B Kenareh (= Ufer), C Keleyghi (= kleiner
Keley)

Mehrere Teppiche im Raum dürfen sich nicht gegenseitig »beißen«
oder »erschlagen«. Zwei gleiche Teppiche wirken langweilig. In Fluren,
Durchgängen oder vor oft benutzten Türen zu Terrassen und Balkons

sind feine, empfindliche Stücke fehl am Platz, hier leisten robuste besssere Dienste. Bei der Wahl der Farbe sind Vorhänge und Möbelbezüge zu berücksichtigen. Als Wandbehang eignen sich keine Teppiche mit zweiseitig orientiertem Muster. In jedem Falle ist zu überlegen, ob der Teppich die Atmosphäre des Raumes lebhafter oder ruhiger, festlich oder intim, rustikal oder elegant gestalten soll.

Zum Kauf lasse man sich Zeit. Einen Orientteppich erwirbt man fürs ganze Leben und, bei pfleglicher Behandlung, für Generationen. Überdies ist ein guter Orientteppich nie billig, in Anbetracht der unendlich erscheinenden Arbeitszeit für seine Herstellung – 90 Prozent der Produktionskosten entfallen auf Löhne – und Lebensdauer aber erstaunlich preiswert. Für auf Kapitalanlage bedachte Käufer sei erwähnt, daß die Wertsteigerung in den letzten fünfzig Jahren für Teppiche gebräuchlicher Formate in harmonischen Musterungen und guter Qualität von Material, Farben und Knüpfung 600 Prozent betrug. Antike und alte Sammlerstücke sind noch weit höher im Preis gestiegen, denn der Vorrat an ihnen ist nicht unerschöpflich. Es gibt auch »billige« handgeknüpfte Teppiche, doch statt dieser Ramschware leistet ein guter mechanisch geknüpfter bessere Dienste.

Der Kauf im Fachgeschäft enthält für den Käufer kein Risiko. Der erfahrene Orientteppichkaufmann geht nicht auf einen einmaligen Abschluß mit überhöhtem Gewinn aus, er möchte den Käufer als Dauerkunden gewinnen. Bereitwillig wird er nach Anhören der Wünsche alle in Frage kommenden Stücke seiner reichen Auswahl vorlegen und vorschlagen, sie in dem für sie vorgesehenen Raum auf ihre Wirkung zu prüfen. Er steht mit seiner in langer Praxis erworbenen Erfahrung gern beratend zur Verfügung und zeigt Verständnis, wenn man sich für keines seiner Stücke entscheiden kann. Fällt die Wahl zwischen mehreren Teppichen schwer, so entschließe man sich für das einfachere, ruhigere Muster. Stets hüte man sich vor den drei P: Prunk, Pracht und Protz! Wir leben weder im Zeitalter der Renaissance noch des Barocks. Das Muster muß in Komposition und Farbgebung ausgewogen sein. Immer sollen Schurhöhe, Material und Knüpfdichte mit der Zeichnung im Einklang stehen. Neben der Seltenheit bestimmt die Harmonie dieser fünf Komponenten den Wert eines Teppichs. Die Knüpfdichte ist ein relativer Begriff. Eine Einstellung von 2500 Kn/qdm ist für einen Heris außergewöhnlich hoch, für einen guten Isfahan das Minimum. Die Vorzüge der Naturfarben sind im Abschnitt »Farben und Färben« eingehend dargestellt. Naturfarben können nur von jenen Provenienzen gefordert werden, wo sie noch im Gebrauch stehen. In Kaschan, Kum und anderen Knüpfzentren wird durchweg mit guten Industriefarben gefärbt. Die Materialien sollen die besten der Ursprungsgebiete sein. Weder besonderer Glanz der Wolle noch Seide sind ein absoluter Wertmaßstab. Seide eignet sich nicht für Bodenteppiche, die strapaziert werden, und gibt die Zeichnung nie mit der Kraft der Wolle wieder. Die Wolle muß elastisch sein, »Sprung« haben. Richtet sie sich nicht wieder auf oder wurde die mürbe Gerberwolle (Tabachi) verwendet, so wird der Flor vorzeitig abgetreten.

Teppichnamen als Herkunftsbezeichnungen sind für den Käufer, sofern er nicht Sammler ist, nur insoweit wichtig, als sie vor dem Erwerb von Nachahmungen schützen. Ausschlaggebend bleibt die Wirkung des Teppichs im Raum. Sie läßt sich durch entsprechendes Auslegen beeinflussen. Mit der Florrichtung, dem »Strich« einfallendes Licht läßt den Teppich heller, gegen den Strich gerichtetes Licht ihn dunkler erscheinen. Beobachtung des Teppichs im Licht der verschiedenen Tageszeiten und am Abend bei Kunstlicht gibt den Hinweis für seine günstigste Lage.

Auch der gewissenhafte Kaufmann kann kleine Mängel übersehen haben und wird sie, darauf aufmerksam gemacht, schnellstens zu beheben trachten. Man verlange jedoch vom handgeknüpften Teppich nie die langweilige Perfektion der Erzeugnisse von Maschinen. Kleine Löcher sind leicht zu erkennen, wenn der Teppich gegen eine helle Lichtquelle gehalten und von der Rückseite betrachtet wird. Alte Stücke werden in der Mehrzahl kleinere Reparaturen aufweisen. Sorgfältig, in entsprechendem Material ausgeführt und nicht allzu umfangreich, sind sie ebensowenig wertmindernd wie zurückgebeizte Wolle in kleineren Partien braunschwarzer Knüpfung. Großflächige Restaurierungen, abgetretener Flor und morsche Stellen im Untergewebe sind nur bei kunsthistorisch wertvollen antiken Teppichen in Kauf zu nehmen. Zur Prüfung des Untergewebes wird die Rückseite auf verdächtig helle Stellen untersucht, die früheren Schimmelbefall anzeigen können. An solchen, aber auch an anderen Stellen knicke man den Teppich zunächst in Schuß- und später in Kettrichtung zu einer scharfen Falte, die man dann auseinanderzubrechen versuche. Ist dabei ein knackendes Geräusch zu vernehmen, so ist der Teppich morsch und für den Gebrauch nahezu wertlos. Dicke Teppiche mit feinem Schuß (z.B. Bidjar und Saruk) und alte Sammlerteppiche dürfen natürlich nie einer solchen Probe unterzogen werden.

Die Licht-, Luft-, Wasch-, Reib-, Säure- und Alkalienechtheit der Naturfarbstoffe ist keineswegs höher als bei guten Chromfarben. Der

Vorzug der Naturfarben besteht in ihrem ästhetischen Reiz. Ein trauriges Kapitel bleiben freilich die minderwertigen Färbungen aus der Anfangszeit der Anilinfarben. Gerade die nicht ganz vollkommene Licht-, Luft- und Reibechtheit der Naturfarbstoffe verleiht antiken Teppichen ihre geschätzte Patina. Ein zu hohes Maß an Reibunechtheit zeigt sich, wenn der Flor mit einem angefeuchteten weißen Tuch kräftig gerieben wird. Nimmt das Tuch die Farbe stark an, so sind sie entweder minderwertig oder nicht genügend fixiert. Vom Kauf ist dann dringend abzuraten. Bei manchen Nomadenstücken kann es sich um überschüssige Farbe handeln. Die erste Reinigung solcher Stücke darf ausnahmsweise nur chemisch, nicht durch eine Wäsche erfolgen. Nach dieser Reinigung sind die Farben meistens ausreichend wasch- und reibecht. Haben helle Musterpartien in früheren Wäschen Farbe von dunkleren Musterteilen aufgenommen, so waren die Farben nicht wasch- bzw. alkaliecht oder die Wäsche wurde unsachgemäß ausgeführt. Das Ausmaß der entstandenen Musterverwischung bestimmt den Grad der Wertminderung. Zeigen sich beim Aufbiegen des schwachfarbigen Flors in seiner Tiefe kräftige Farben, so wurde der Teppich meist einer scharfen Bleichwäsche unterzogen. Dadurch verringert sich die Lebensdauer des Materials um 8 bis 12 Prozent. Bei den durch rigoroses chemisches Bleichen und Wiedereinfärben erzielten »Gold-Afghans« kann die Verringerung das Vierfache betragen.

Manufakturteppiche sollen in Länge und Breite keine großen Unregelmäßigkeiten zeigen. Bei Nomadenteppichen sind Abweichungen in beiden Richtungen die Regel. Trotzdem müssen sie ohne Falten- und Blasenbildung gut aufliegen, sonst nützt sich der Flor an den hervorstehenden Stellen vorzeitig ab. Bis zu einem bestimmten Ausmaß lassen sich diese Fehler durch Spannen des Teppichs in durchfeuchtetem Zustand beseitigen. Doch überlasse man diese zeitraubende Prozedur dem Fachmann. Das Einrollen der Seitenränder dichtgeknüpfter Teppiche verhindert Einbügeln flüssiger Wäschestärke in die Unterseite.

Bei Gelegenheitskäufen, dem Erwerb aus Privatbesitz oder auf Auktionen ist besonders sorgfältige Prüfung geboten. Nur sie kann hier das Risiko vermindern, denn eine Rückgabe auf Grund nachträglich festgestellter Mängel ist nur in Ausnahmefällen möglich. Bei wertvollen Stücken scheue man nicht die geringe Gebühr für einen sachverständigen Berater. Für den Kauf auf Reisen im Orient oder seinen Randgebieten gilt: Gute alte Teppiche sind im Orient teurer als in Europa, und neue Ware, ob gut oder Andenkenramsch, ist nach Entrichtung von Zoll und Speditionsgebühren kaum billiger als beim Erwerb daheim.

Der unermüdlich suchende Sammler kleiner Nomadenknüpfarbeiten vermag gelegentlich noch ein originelles Stück zu annehmbarem Preis in den Basaren aufzustöbern.

Die größten Feinde des Teppichs sind Motten, Sand und andauernde Nässe. Der an den Schuhen auf den Teppich getragene Schmutz wirkt im Gewebe beim Begehen wie Schmirgel. Die beste Pflege ist die regelmäßige Reinigung mit dem Staubsauger. Man beginnt mit dem Strich zu saugen, um den Oberflächenschmutz nicht in die Tiefe des Flors hineinzudrücken. Wird anschließend gegen den Strich gesaugt, so muß zum Schluß das Saugstück wieder mit dem Strich geführt werden. Kleine Wollteile im Schmutzbeutel sind kein Grund zur Beunruhigung, sie sind durch den Gebrauch abgeriebene Fasern. Klopfen des Teppichs ist bei regelmäßiger Pflege unnötig. Es soll nur von der Rückseite erfolgen, am besten im Winter auf sauberem, trockenem Schnee. Das Zerren großer Teppiche über eine Teppichstange kann zwar nur alten und antiken Stücken schaden, deren Untergewebe mit zunehmendem Alter an Festigkeit nachgelassen hat, aber solche Kraftakte sind überflüssig. Oberflächliche allgemeine Verschmutzung durch Staub und Ruß beseitigt eine Schaumwäsche. Der Schaum ist so trocken wie möglich aufzutragen und erst nach einigen Stunden, wenn er restlos ausgetrocknet ist, sorgfältig abzusaugen, sonst verschmiert er den Flor in der Tiefe. Solches Verschmieren ruft auch das vielgepriesene Abreiben mit Sauerkraut hervor. Das Auffrischen der Farben durch leichtes Ansäuern erzielt man leichter und unschädlicher durch Abreiben mit einem in Wasser, dem ein Schuß Essig zugesetzt wurde, angefeuchteten Tuch. Das Abreiben mit feuchten Teeblättern, um den gegenteiligen Effekt, eine Patina, zu erzielen, ist weiter nichts als eine gleichmäßige Verschmutzung der Oberfläche. Flecken müssen sofort entfernt werden, bevor das Innere der Fasern angegriffen wird, notfalls mit einem Fleckenmittel.

Die bei regelmäßiger Pflege erst nach vielen Jahren des Gebrauchs notwendig werdende Wäsche führt am zweckmäßigsten eine Orientteppichwäscherei aus. Dort hat man die Gewähr für sorgsame, möglichst milde Wäsche nach vorangegangener Prüfung der Farben auf Waschechtheit. Chemische Reinigung entzieht dem Muster die Patina und der Wolle ihren natürlichen Fettgehalt. Sie vermindert, wenn auch nur um einige Prozent, die Festigkeit des Untergewebes. Ist allerdings der Teppich getuscht worden, so läßt sich oft eine chemische Reinigung nicht umgehen. Diese obskure Kunst, alte Muster durch Tuschen aufzufrischen und zu ergänzen, treibt im Morgen- und Abendland zuweilen merkwürdige Blüten. Die unverfrorensten Fälle, die ich sah, waren ein etwa fünf Quadratmeter großer Tekke und ein anatolischer Gebetsteppich. Der feingeknüpfte alte Tekke stammte aus der Anilinzeit um 1900. Sein gesamter unwahrscheinlich weinroter Fond war um die Göls herum in wochenlanger Arbeit so kräftig getuscht worden, daß die Tusche an einigen Stellen bis auf die ausgeblichene Unterseite durchgedrungen war. Die lustigen Tiere und schwungvollen Inschriften mit Datum des Gebetsteppichs waren frei erfunden, darunter befand sich ein ganz anderes verblaßtes florales Muster. Ein Vergleich des Musters auf Ober- und Unterseite schützt vor manchen unangenehmen Überraschungen.

Nässe an sich schadet dem Teppich nicht, wenn er rechtzeitig sorgfältig getrocknet wird. Da die Luft zur Unterseite nur geringen Zutritt hat, bildet sich im feucht gewordenen Untergewebe leicht Schimmel, der es zersetzt. Feuchte Teppiche müssen umgehend gewendet und, am besten in bewegter Luft hängend, getrocknet werden. Etwaiger Schimmel (Stockflecken) sind nach intensiver Trocknung herauszubürsten. Bei starkem Befall kann nur gründliche Wäsche größeren Schaden verhüten. Zum Aufwischen des Bodens umgeschlagene Teppiche dürfen erst wieder ausgebreitet werden, nachdem der Boden vollkommen trocken ist.

Den sichersten Schutz gegen Motten bietet das Eulanisieren. Wie die Erfahrung von einigen Jahrzehnten zeigt, schadet es weder den Farben noch der Haltbarkeit des Materials. Wichtig dabei ist, daß bei Stücken mit Patina diese durch die vorher notwendige sorgfältige Wäsche nicht beeinträchtigt wird.

Die Flugzeit der Motten ist im Juni und Juli. Sie fressen gerne Wolle und legen ihre Eier ab. Im August schlüpfen Würmer, die sich in ein weißes Gespinst verpuppen. Das volle Ausmaß des Mottenfraßes zeigt sich erst beim Ausbürsten des Flors. Die Motteneier brauchen zu ihrer Entwicklung Ruhe. Regelmäßig begangene und abgesaugte Teppiche sind nicht gefährdet, wohl aber die Partien unter Schränken und Kommoden sowie alle Wandteppiche. Sie müssen in den Sommermonaten von Zeit zu Zeit mit einem handelsüblichen Mittel besprüht oder im Abstand von wenigen Tagen durch kräftiges Schütteln bewegt werden. Eine größere Delikatesse als kamelfarbene oder braunrote Wolle sind für die Motten Geflügelfedern. Einige Federbüschel im Zimmer lenken die Schädlinge von den Teppichen ab. Der Teppichwurm ist so selten wie der Bücherwurm. Ihn vernichten in jeder Drogerie erhältliche Mittel. Filzunterlagen mit gummierter Unterseite sind der beste Gleitschutz für Teppiche mit weichem Untergewebe und weisen zugleich Motten ab. Sie erhöhen die Lebensdauer sowie das Schallschluck- und Kälteisolierungsvermögen jedes Teppichs. Jedes Fachgeschäft liefert auf Bestellung diese Unterlagen mit gesäumten Rändern in den gewünschten, 10 cm kleiner als der Teppich zu wählenden Maßen. Gleitschutz auf glatten Böden gewähren auch die handelsüblichen gummierten Gitter, doch sind sie für das empfindliche Untergewebe sehr alter und antiker Teppiche nicht zuträglich.

Läßt es sich nicht vermeiden, schwere Möbel auf den Teppich zu stellen, so kann der stete Druck durch Unterlagen an ihren Füßen vermindert werden. Das Gewicht massiver, an der Wand stehender Schränke läßt sich durch zusätzliche Unterstützung kurz vor dem Teppichrand günstig verlagern. Dünne und scharfkantige Füße oft bewegter Möbel versehe man mit Gleitnägeln. Die gefürchteten Pfennigabsätze fügen den Teppichen – falls es nicht abgetretene Stücke sind, denen man tunlichst einen wenig begangenen Platz anweist – weniger Schaden zu als das Radieren von Gummisohlen und -absätzen. Besonders unter Schreib- und Eßtischen radieren die Sohlen durch die unbewußte Bewegung der Beine. Es empfiehlt sich, nach einigen Jahren die Lage der Teppiche zu ändern, um sie gleichmäßig abzunützen. Beginnen sich Seitenbefestigung (Schirasi) und Webstreifen (Kilim) an den Abschlüssen aufzulösen, so sind sie leicht mit einigem Geschick auszubessern. Läßt man es erst zum Ausfallen von Knotenreihen kommen, dann muß eine gute Teppichreparaturwerkstatt den Schaden beheben. Gute, von Fachkräften ausgeführte Reparaturen sind nicht billig. Pfuscharbeit ist auf die Dauer gesehen viel teurer. Der Fachmann leistet an Einfühlung in Muster, Farben und Material ebenso Erstaunliches wie in der strukturgerechten Ausführung der Reparatur. Auch morschen Teppichen verhilft er durch Einziehen zusätzlicher Kett- und Schußfäden zu längerer Lebensdauer.

Die einfachste und schonendste Aufhängung der Wandteppiche ist ein unterhalb der Oberkante über die ganze Breite auf die Rückseite aufgenähter Gurt, der zwischen seiner oberen und unteren Naht genügend Spielraum für die hindurchzuschiebende Metallstange hat.

Das Aufbewahren von Teppichen bietet keine besonderen Schwierigkeiten. Ein großer Teppich wird nach gründlicher Reinigung zuerst in Längsrichtung auf etwa einen Meter Breite zusammengelegt und dann, von beiden Enden beginnend, so oft eingeschlagen, daß ein handliches, leicht zu verschnürendes Paket entsteht. Kleinere Stücke können gefaltet oder gegen den Strich aufgerollt werden. Bidjar- und im Griff brettharte Teppiche vertragen nur das Falten nach rückwärts, sollten aber lieber aufgerollt werden. Seidenteppiche und antike Stücke mit Baumwoll- oder Seidenkette werden um eine Stange, Papphülse oder einen anderen festen Teppich aufgerollt. Zum Schutz gegen Motten, Staub und Feuchtigkeit werden alle Teppiche in Plastiksäcken an einem trockenen und kühlen Platz verwahrt. Nur während der Mottenzeit werden die Säcke verschlossen gehalten. In den übrigen Monaten sind sie ein wenig geöffnet, um Luft hereinzulassen.

Über das Sammeln von Orientteppichen

Kaum ein anderes Gebiet dürfte gegenwärtig noch dem Sammler so große Chancen bieten, mit verhältnismäßig geringem finanziellen Einsatz zum Erfolg zu kommen wie das des Orientteppichs, vorausgesetzt, daß er über genügend Kenntnisse verfügt. Im Sammler von Knüpfteppichen hat sich nach der Begegnung mit dem Orientteppich ohne Absicht die Wandlung vom Bewunderer und Liebhaber zum Erkenner der Kunstäußerungen fremder Völker vollzogen. Ihn wird der Orientteppich nicht mehr loslassen. Für ihn ist nicht mehr die Ausstattung seiner Wohnung richtungweisend, er erwirbt Teppiche nach anderen Gesichtspunkten. Diesem Sammeln liegt mehr oder minder bewußt eine Konzeption zugrunde. Denn eine Sammlung ist mehr als eine Ansammlung, eine Summe von Einzelstücken. Sie verlangt über das Zusammentragen hinaus das Ordnen, Durchdenken und Gestalten.

Welche Knüpferzeugnisse sind nun überhaupt des Sammelns wert? Der angehende Sammler ist meistens geneigt, nur an die Teppiche früherer Jahrhunderte zu denken. Abgesehen von den seltenen Gelegenheiten zu ihrem Erwerb, setzen sie – obwohl der Orientteppich relativ wenig an der enormen Preissteigerung der Antiquitäten teilgenommen hat – erhebliche finanzielle Mittel voraus. Im Orient übersteigen die Preise für alte Exemplare die im Abendland üblichen um ein Vielfaches. Für den nicht sehr Begüterten bieten sich nur dort Chancen, wo Wert- und Reizvolles von anderen nicht erkannt wurde.

Aus der in ihrem Umfang einmaligen Orientteppichproduktion des 20. Jahrhunderts scheidet der überwiegende Teil, die Kommerzware, für den Sammler aus. Diese in Manufakturen unterschiedlicher Größe für den Export geknüpften Teppiche entbehren, auch bei bester Qualität hinsichtlich Material und Knüpfung, des Unmittelbaren, Ursprünglichen, das auch schon ein Teil der in Heimarbeit für den Verkauf gefertigten Stücke vermissen läßt. Das gleiche gilt, wenn auch in geringerem Maße, für die Knüpferzeugnisse der Nomaden, soweit sie zum Zwecke des Tauschs oder Verkaufs entstehen.

Aus dem Aufkommen der Gegenwart verbleibt demnach jene unabsehbar erscheinende Menge der von Nomaden, Halbnomaden und bäuerlicher Bevölkerung für ihren eigenen Bedarf geschaffenen

Knüpfarbeiten. In ihnen äußert sich das künstlerische Empfinden der Völker am unmittelbarsten. Ihre Muster sind noch Spiegelbild der Seele. Hier schwingen noch jene Tiefen mit, in denen Unbewußtes ruht, das der Geist längst hinter sich ließ, jene irrationalen Wirklichkeiten, die für den Orientalen die eigentlichen Realitäten sind.

Immer wieder ist es das Thema Garten, das in diesen Arbeiten anklingt, ob aus der Vogelperspektive geometrisch gesehen, im blütenreichen Rankenwerk oder der Reihung stilisierter und geometrisierter floraler und vegetabiler Motive versinnbildlicht. Es ist die Sehnsucht nach dem unbedingten, von den harten Bedingungen des Alltäglichen erlösten Leben. Denn das Leben des Nomaden ist keine Rokoko-Schäferidylle – es ist die härteste Existenz überhaupt: Am Tage ewige Wanderung unter der heißen Sonne in der schattenlosen Steppe auf der Suche nach neuen Weidegründen und Wasser; Kälte bei Nacht; im Winter Schneestürme, die in wenigen Stunden einen großen Teil des einzigen Besitzes, der Herde, vernichten können wie der nächtliche Angriff von Raubtieren. Da muß der Garten mit von unerschöpflichem Wasser getränkten Blumen, Blütensträuchern und schattenspendenden Bäumen zum Inbegriff des Paradieses werden.

Auch unter diesen kraftvolle Sprachen und Dialekte sprechenden Teppichen zwingen den Sammler die Forderungen der Begrenzung und Konzentration seiner Sammlung zur Entscheidung. Ob er die Gruppe von Bergama, von Kasak, Anatolien oder den Kaukasus insgesamt, Schiras oder Turkmenien, die Kurden- oder Belutschengebiete wählt, ist eine Frage von Vorliebe und Neigung, in zweiter Linie eine des Geldbeutels, den der Kaukasus am meisten beansprucht. Wertvolle Stücke aller dieser Ursprungsgebiete sind noch zu finden. Sich auf Ostturkestan zu konzentrieren, verspräche hingegen wenig Erfolg, weil das Auftauchen eines guten Exemplars von dort in den letzten Jahrzehnten eine Seltenheit geworden ist.

Auch heute noch können Teppiche dem Abendland bisher unbekannter Provenienz auftauchen. Ein Beispiel dafür ist der Kelardascht. Erst vor einigen Jahren veranlaßte die grundlegende Veränderung ihrer Wirtschaftslage die Bewohner dieser Gegend, von ihrem ausschließlich für den eigenen Gebrauch gearbeiteten und zum Teil als Brautgut eifersüchtig gehüteten Knüpferzeugnissen einige zu verkaufen. Diese Teppiche bilden eine dem Kurdenkasak eng verwandte Gattung.

Unter den guten Erzeugnissen der dann in den letzten Jahren auch dort einsetzenden Fertigung für den Verkauf fanden sich keine Stücke

216

gleicher Schönheit mehr. Hier wurden nicht früher unter einer anderen Gruppenbezeichnung erfaßte Teppiche mit einem eigenen Namen belegt, sondern es handelt sich um das Erscheinen von Arbeiten bis dahin außerhalb Irans unbekannter Provenienz. Vielleicht wird sich dieser Vorgang bei der allmählichen Umschichtung des Sozialgefüges im Orient wiederholen.

Sehr reizvoll kann es sein, quer durch alle Provenienzen sammelnd, die Lösung spezieller Fragen zu finden, entwicklungsgeschichtlich die Verbreitung und Abwandlung von Mustern und Motiven durch Umformung oder Akzentverschiebung infolge Hervorhebung einzelner Elemente durch die Mustergeneration bis zu ihrem Archetypus zurückzuverfolgen. Alle diese Beziehungen, Einflüsse, Verwandtschaften, An- und Gleichklänge sind Steinchen im großen Mosaik der kulturgeschichtlichen Zusammenhänge, zum Beispiel durch alle Varianten des Heratimusters – im Prinzip die unendliche Wiederholung des Rankenrautengitters mit den ihm symmetrisch zugeordneten vier geschwungenen Blättern – den Weg zurück bis zu seinem ersten Sichtbarwerden in einem geschwungenen Blüten- und Blattrankensystem aufzufinden; alle Abwandlungen des Boteh; die Entwicklung der Herati- oder Feraghanborte; die Formen der Arabeske, dieser Umformung des dynamischen, natürlichen Wuchses zum abstrakten, statischen Schmuckmotiv und Ornament; die Wellenranke im Teppich, Schmuckform, Ornament und Versinnlichung des Raum-Zeitproblems zugleich, oder die Entstehung der verschiedenen Mihrabformen. Der Orientteppich bietet eine Fülle solcher ungelöster Fragen.

Bei diesen weitgesteckten Zielen werden oft Fragmente und mehr oder weniger schlecht erhaltene Stücke Zwischenglieder in der Sammlung sein. Der Entschluß zum Erwerb eines nicht mehr intakten Stückes kann immer nur im Hinblick auf seinen Wert für die Sammlung gefaßt werden, ebenso wie die Entscheidung über kostspieliges Restaurieren nach diesem Gesichtspunkt zu treffen ist.

Leichter hat es in dieser Beziehung der Sammler von Taschen, Satteldecken und Schmuckbändern aller Nomadenvölker. Das Angebot reizvoller, gut erhaltener Taschen der verschiedensten Größen, Formen und Provenienzen ist noch relativ reichlich. Notwendige kleine Reparaturen sind gut und nicht zu teuer ausführbar.

Stets wird sich im Sammler der Wunsch regen, auf seinem Gebiet aus der Gegenwart in die Vergangenheit vorzudringen. Gerade beim Sammeln älterer, kleiner Knüpfarbeiten der Nomaden, Halbnomaden und

Bauern bedeuten finanzielle Mittel wenig, Spürsinn, Sachverstand, Geduld und eine glückliche Hand fast alles.

Einkaufsquellen sind Teppichgeschäfte, Verkäufe aus Privatbesitz und Auktionen. So zahlreich heute die Orientteppichgeschäfte sind, so dünn sind die wirklich guten Fachgeschäfte gesät. In den »teuren« Häusern kann der Sammler zuweilen von anderen nicht Erkanntes oder Geschätztes preiswert erstehen, wenn er sich genügend Zeit für das Durchsehen der Bestände nimmt. Die »billigen«, basarähnlich aufgemachten Läden erfordern nur einen kurzen Überblick. Unter ihrer Kommerzware minderer Qualität ist äußerst selten ein lohnendes Stück versteckt. Mit den Ballen oder Lots, in denen diese Ware geliefert wird, kommt kaum noch ein außergewöhnlicher Teppich aus dem Orient. Bis vor einigen Jahren konnte man jedoch gelegentlich von Käufern in Zahlung gegebene, meistens reparaturbedürftige alte Stücke aufstöbern, für die versierte Fachhändler ein Vielfaches des bezahlten Preises anzulegen bereit waren. Eine weitere Kategorie der Teppichläden sind die kleinen, aber gediegenen Geschäfte, deren sachverständige Inhaber fast stets etwas für den Sammler Reizvolles bereithalten. Der Kauf aus Privatbesitz ist nicht einfach, wenn der Verkäufer keinen festen Preis fordert. In der Mehrzahl der Fälle erkundigt sich der Besitzer zuerst beim Sammler nach dem Wert der zu veräußernden Stücke. Man gebe dann den Preis nach bestem Wissen an, nenne aber auch ungeniert den Betrag, den man selbst aufwenden könnte.

Auf Auktionen tauchen noch verschiedentlich seltene Knüpfarbeiten auf. Schon das Studium des Kataloges – überdies ein guter Anhalt für die Preisentwicklung – ist ein Vergnügen. Zur Vorbesichtigung gehört Muße, um alles eingehend prüfen zu können. Das Jagdfieber stellt sich ein, sobald man ein außergewöhnliches und zudem preiswertes Exemplar entdeckt, die »Trouvaille«. Empfehlenswert ist es, sich vor der spannenden Auktion, bei der die rasch aufeinanderfolgenden Gebote oft nur durch Kopfnicken und Augenzwinkern abgegeben werden, ein Limit zu setzen, um in der Erregung nicht seine Chance zu verpassen. Abseits vom eigenen Sammelgebiet liegende seltene und preisgünstige Teppiche können zum späteren Tausch erworben werden. Jedes neu erstandene Exemplar wird möglichst bald mit Beschreibung und Fotografie ins Inventar eingetragen. Beschreibung und Fotografie sind nicht nur unerläßliche Arbeitsunterlagen, sondern auch sicherstes Mittel zur Wiedererlangung gestohlener Teppiche.

Alters- und Echtheitsbestimmung

Ist das Ursprungsgebiet von Knüpfarbeiten schon in manchen Fällen nicht leicht feststellbar, so bereitet die einigermaßen präzise Altersbestimmung der Teppiche in den meisten Fällen Schwierigkeiten.

Als antik gelten Teppiche aus der Zeit vor 1900. Zwischen 1900 und etwa 1950 entstandene Teppiche werden mit alt, spätere mit älter bezeichnet. Nach den Zollbestimmungen ist jeder mehr als hundertjährige Teppich antik. Wenn Empire- und Biedermeiermöbel zum antiken Mobiliar gezählt werden, ist es nicht einzusehen, warum Teppiche aus diesen Epochen eine dem Stil nach nicht zu begründende Ausnahme bilden sollen. Folgende Einteilung wäre vorzuziehen:

Antike Teppiche = alle vor Beginn der ersten Verwendung von Anilinfarben im Orient und der Musterverschleppung und -nachahmung im größeren Maßstabe, also vor 1860 geknüpfte Teppiche.

Alte Teppiche = Knüpfteppiche aus dem Zeitraum von 1860 bis 1914

Ältere Teppiche = mindestens 25 Jahre alte, nach 1914 entstandene Knüpfteppiche.

Um überhaupt einen Anhaltspunkt für die Entstehungszeit antiker Teppiche zu gewinnen, begann Wilhelm von Bode, sie mit den Darstellungen von Teppichen auf Gemälden zu vergleichen. Die abgebildeten Muster mußten ja mindestens so alt sein wie die Gemälde. Eine Gattung von Tierteppichen (siehe S. 23), von der nicht einmal Fragmente erhalten sind, ist einzig durch ihre Darstellung in Gemälden überliefert. Zur Datierung des augenscheinlich nicht skythischen Pazyrykteppichs konnte der Stilvergleich der übrigen Grabbeigaben mit anderen Zeugnissen skythischer Kunst und der Radiokarbonanalyse herangezogen werden. Für Teppiche des Mittelalters sind es dann außer Gemälden und Miniaturen Stilvergleiche mit der Architektur, Keramik, Metallkunst und anderen Textilien, die ihre chronologische Einordnung ermöglichen. Gelegentlich ist das Alter durch alte Rechnungen oder Eintragungen in Inventaren, Annalen und Archiven zu belegen. Eingeknüpfte Daten wie im Ardebil-Teppich sind in frühen Exemplaren Ausnahmen, in Stücken aus den letzten Jahrhunderten häufiger. Die Radiokarbonanalyse ist bisher noch zu ungenau, als daß sie zur Altersbestimmung von weniger als 1000 Jahre alten Textilien angewandt werden könnte.

Die eingeknüpften Daten geben das Jahr nach der Hedschra (Hidschra) an. Die Flucht Mohammeds aus Mekka erfolgte im Jahre 622 n. Chr. Weil die Muslims nach Mondjahren und nicht nach den um 11 Tage längeren Sonnenjahren des Gregorianischen Kalenders rechnen, muß zur Ermittlung des Alters nach christlicher Zeitrechnung diese Differenz von drei Prozent berücksichtigt werden. Der einfachste Weg, das Hedschradatum in die christliche Zeitrechnung zu übertragen: Hedschrajahreszahl durch 33 bis auf eine Dezimale dividieren, Dezimale auf- bzw. abrunden, Quotienten von Hedschrajahreszahl subtrahieren und zu der Differenz 622 addieren. Anhaltspunkte: Hedschradatum 1318 = 1900 A.D., Hedschradatum 1215=1800 A.D.

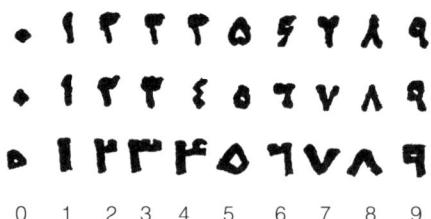

Die Knüpfung der Jahreszahl sehe man sich genau an! Weicht die Wolle der Ziffern oder ihrer Teile von der übrigen des Teppichs ab, so liegt eine Fälschung vor. Besonders oft ist die zweite Ziffer geändert, indem die 3 oder 2 nachträglich in eine 2 oder 1 verwandelt wurde mit der Absicht, den Teppich um 97 Jahre älter erscheinen zu lassen. In allen von uns untersuchten Turkmenenteppichen mit einer 2 als Hunderterstelle in der eingeknüpften Jahreszahl war diese gefälscht. Aber auch in kaukasischen und persischen Teppichen – selbst in einem übergroßen, für eine Weltausstellung vorgesehenen Exemplar – kommen nachträgliche Änderungen des Datums vor. Eingeknüpfte Daten können auch ohne die Absicht einer Fälschung nicht dem Alter entsprechen, wenn ein Teppich später mit allen Details nachgeknüpft wurde. Ist die Hedschrajahreszahl in Stücken aus den letzten drei Jahrhunderten nur dreistellig, so wurde die erste Stelle fortgelassen. Eingeknüpfte Daten nach christlicher Zeitrechnung kommen nicht nur in europäischen, sondern auch in orientalischen Teppichen vor. Sie sind ein Zeichen dafür, daß Knüpfer oder Auftraggeber Christen waren.

Die relativ sichersten Indizien für ein Urteil über das Alter sind nicht allein Muster und Farben, sondern Material, Struktur und Zustand des Gesamtgewebes. Man vergleiche das Muster bis in die feinsten Details – besonders die Nebenborten- und Mitläuferzeichnungen – mit den

Abbildungen ähnlicher Stücke in Teppichbüchern oder den Originalen in Museen. Vernachlässigung der Nebenbordürenornamentierung oder Vergröberung des Musters sind fast stets ein Beweis für geringeres Alter. Allerdings sind Anzeichen von Musterzersetzung bei vielen über längere Zeiträume beibehaltenen Musterungsgruppen festzustellen. Die Farben können nur an Hand von Originalen verglichen werden. Wurden jedoch Industriefarben verwendet, so kann das Stück keinesfalls älter als 120 Jahre sein. Beim Vergleich der Struktur prüfe man zuerst, ob Knüpfung, Kette, Schußführung und – soweit noch vorhanden – Seitenbefestigung (Schirasi) und die Abschlüsse der Schmalseiten dem für die betreffende Provenienz üblichen entsprechen. Kopien sind oft dichter und sorgfältiger als die Originale oder in anderer Knotenart und Wolle geknüpft. Auch Material und Führung der Schüsse können abweichen. Läßt sich Wolle eines aus dem Teppich entnommenen Knotens glattstreichen, ohne sofort wieder in die vorherige Form zurückzukräuseln, kann sie nicht seit Jahrzehnten in der Knüpfung gewesen sein. Das Alter der Wolle läßt sich durch den Griff allein nicht bestimmen. Das Gesamtgewebe alter Teppiche hat wohl in Härte und Widerstandsfähigkeit nachgelassen, doch das trockene, auf dem allmählichen Fettverlust beruhende Gefühl an den Fingerspitzen erzeugt auch mit Chemikalien gewaschene Wolle. Alte Kettwolle neigt zum Zundern, wenn man versucht, sie aufzudrehen. Wurde das Material des Untergewebes anders als für das Ursprungsgebiet üblich oder maschinell gesponnen beziehungsweise gezwirnt, so spricht das gleichfalls für eine Nachahmung und damit geringeres Alter. Alte Baumwolle ist immer stark verfilzt. Die Seide alter Teppiche ist von guter Qualität. Schappseide ist erst in Teppichen des 20. Jahrhunderts festzustellen.

Das Zurückbeizen braunschwarzer Musterpartien und die allgemeine Abnützung des Teppichs sind kein Beweis für hohes Alter. Braunschwarze und steingrüne Wolle zersetzt sich nur, wenn zur Färbung Gallsäure oder Metallsalze verwendet wurden. Die Färbung kann auch ohne diese Zutaten vorgenommen oder von Natur schwarzbraune Wolle gar nicht gefärbt worden sein. In anatolischen Teppichen sind die schwarzen Partien oft schon nach wenigen Jahrzehnten bis auf das Untergewebe zurückgebeizt, in anderen Teppichen wiederum erst nach Jahrhunderten. Bezüglich der Abnützung ist zu bedenken, daß ein Teppich an der Wand hängend jahrhundertelang geschont, ein anderer durch rücksichtslosen Gebrauch in einigen Jahrzehnten abgetreten worden sein kann. Das absichtliche Ältermachen (»Antikieren«) durch Abschleifen des Flors oder Abbrennen ist daran zu erkennen, daß das

Gewebe im Innern des Teppichs dadurch nicht älter wird und die Seitenbefestigung sowie Uniflächen (besonders das Mihrab in Gebetsteppichen) für gewöhnlich dabei ausgespart werden. Schwieriger ist das Antikieren nachzuweisen, wenn es auf einer Straße des Orients durch tägliches Begehen von Menschen und Tieren erzielt wurde. Der Urin und Mist der Tiere verändert auch das Gewebe in der Tiefe. Ist ein schwach haariger Griff der Unterseite für das betreffende Ursprungsgebiet nicht typisch und war sie nicht durch Verwendung des Stückes etwa als Kissenplatte oder Stuhlsitz geschont, so deuten feine abstehende Wollfasern auf der Unterseite des Teppichs trotz Abnützung des Flors auf geringes Alter. In neuen Stücken können diese Wollfasern aber auch durch Absengen beseitigt worden sein. Die gelungensten Fälschungen sind wohl unter den zahllosen Pandermas anzutreffen. Doch verrät auch hier die Härte, Widerstandsfähigkeit und Spröde im Griff die Kopie. Stammt eine Kopie allerdings von einem erfahrenen, geschickten, mit allen Wassern gewaschenen Meister, so kann, wie auf nahezu allen Gebieten der Kunst, auch der gewiegteste Kenner getäuscht werden. Solche Meisterfälscher werden jedoch nicht in jedem Jahrzehnt geboren. Alle handgeknüpften Kopien, Nachahmungen und Fälschungen sind echte Knüpfteppiche. Unecht sind sie in bezug auf Herkunft und Alter, falls diese verschleiert werden sollen.

Einen beschränkten Anhalt für das Alter geben die Maße großformatiger Teppiche. Mit Rücksicht auf den schmalen Grundriß orientalischer Räume und die Gewohnheit des Morgenländers, zu beiden Seiten des Hauptteppichs je einen gleich langen Läufer zu legen, sind die meisten alten großformatigen Teppiche etwa doppelt so lang wie breit. Teppiche in Zimmergröße, deren Länge, europäischen Räumen angepaßt, nur um 20 bis 30 Prozent größer ist als die Breite, werden seit etwa 1880 produziert. Merkwürdigerweise ist der Irrtum, die Breite der Bordüre lasse durchweg Rückschlüsse auf das Alter zu, weit verbreitet. Keineswegs haben antike Teppiche immer schmale Bordüren. Allerdings tritt bei verschiedenen, über Jahrhunderte fortgesetzten Mustergruppen allmählich ein Überhandnehmen der Bordüre auf, und bei den meisten der ältesten erhaltenen Teppiche aus dem Kaukasus- und dem Kirmangebiet ist die Bordüre auffallend schmal. Jedoch hat weitaus die Mehrzahl der antiken Exemplare, mit den Seldschukenteppichen beginnend, breite Bordüren. Hingegen ist die Aufhebung der Grenzen zwischen Mittelfeld und Bordüre eine Erscheinung des 20. Jahrhunderts. Ohne stichhaltige Daten und Belege ist es nur möglich, Teppiche einzelnen Perioden zuzuordnen.

Für Nomadenteppiche, in denen Muster, Farben, Material und Technik Generationen hindurch unverändert beibehalten wurden, ist das Alter von untergeordneter Bedeutung. Dieses unbeirrte, traditionsbewußte Festhalten am Überkommenen bedeutet nie Nachahmen oder Kopieren. Letzten Endes ist es in der Regel nicht entscheidend, ob ein guter Turkmenenteppich im 19. oder 18. Jahrhundert geknüpft wurde.

Marktbewertung

Spätestens in den frühen neunziger Jahren ist der scheinbar extreme Preisverfall beim Orientteppich allgemein bekannt geworden. Selbst alteingesessene und renommierte Teppichhändler müssen ihre Geschäfte aufgeben. Teppichkäufer, die ihre noch immer neuwertigen Stücke aus unterschiedlichsten Gründen verkaufen möchten, erhalten nur einen Bruchteil des Erwerbspreises, den sie allzu oft als Kapitalanlage verstanden hatten. Junge Leute, die durch Erbschaft in den Besitz von ehedem hochgeschätzten Teppichen kommen, wollen diese nun so schnell wie möglich verkaufen, da der Orientteppich angeblich nicht mehr in Mode ist. Viele Indizien scheinen den Preisverfall zu bestätigen.

Von anderer Seite werden jedoch Stimmen laut, die von Rekordpreisen für Orientteppiche sprechen. Nie waren die Aktivitäten privater Teppichliebhaber so umfangreich. Nie hat es eine solche Vielzahl von Publikationen zum Thema Orientteppich gegeben, die sich einer ständig wachsenden Leserschaft erfreuen.

Wer jedoch den Niedergang des Orientteppichs postulieren möchte, urteilt vorschnell. Der Teppichmarkt ist ebenso vielschichtig wie die komplexe Geschichte seiner Produkte selbst.

Zunächst muß ganz klar zwischen Kommerzware neuerer Herstellung und antiken bzw. alten Sammlungsobjekten unterschieden werden. Zur neueren Produktion ist teils auch Ware zu rechnen, deren Herstellung eine Generation zurückliegt. Schließlich sind hochwertige, handgeknüpfte Teppiche haltbare und strapazierfähige Güter. Für das Kriterium der Sammlungswürdigkeit ist das Alter jedoch nicht unbedingt entscheidend, sondern Echtheit und Seltenheit. Auch eine »nur« dreißig Jahre alte, geknüpfte Fahrrad-Sattelauflage mit turkmenischem Muster, wie sie in Afghanistan Verwendung fanden, kann als Sammlungsstück gelten. Sie wurde nur von Afghanen für den Eigenbedarf gearbeitet und steht ebenso in der Tradition textiler Gebrauchsgegenstände wie beispielsweise die geknüpfte Zelttasche eines turkmenischen Nomaden aus dem 19. Jahrhundert.

Betrachtet man die Kommerzware des europäischen und amerikanischen Teppichmarktes, so scheinen sich die Gerüchte zu bestätigen. Hier jedoch sind die Marktbewegungen ausschließlich aus der

Perspektive von Angebot und Nachfrage zu untersuchen. Für einige Herstellungsländer ist die Teppichindustrie ein wichtiger wirtschaftlicher Faktor. Die Einfuhrzahlen von Orientteppichen stiegen im zurückliegenden halben Jahrhundert gewaltig. Für die Nachkriegsgeneration war der Erwerb kostbarer »echter Orientteppiche« ein Statussymbol, das zugleich als Kapitalanlage galt. Tatsächlich war die Nachfrage zeitweise größer als das Angebot. Hohe Preise wurden verlangt, und das meist zu Recht. Nicht immer, möchte mancher Geschädigte einwerfen. Wo sich aber ein spekulativer Markt gebildet hat, gibt es immer »schwarze Schafe«, die aus der Unerfahrenheit jener profitieren möchten, die ihre Unkenntnis nicht zum Anlaß nehmen, sich von seriöser Seite beraten zu lassen.

Der Markt vermochte sich allmählich der gesteigerten Nachfrage und dem wachsenden Luxusbedürfnis anzupassen. Das Angebot begann die Nachfrage zu überholen. Die nächste Generation richtete sich die Wohnung anders ein. Der Zeitgeschmack war nicht auf den floral gemusterten, verspielten »Perser« ausgerichtet, für den die Eltern einst so viel Geld ausgegeben hatten. In den späten achtziger Jahren schließlich stellen sich die teppichproduzierenden Länder auf die Entwicklung ein und entwerfen neue Dessins für ein verändertes Publikum.

Anders verlief die Entwicklung auf dem vergleichsweise sehr kleinen Markt der Teppichantiquitäten. Nur wenige Händler waren in den sechzigern und siebziger Jahren tatsächlich auf antike und alte Stücke spezialisiert. Es war das Ende der Pionierzeit, in der Reinhard G. Hubel seine Sammlung zusammentrug. In den siebziger und frühen achtziger Jahren begann dieses Geschäft zu boomen, gleichzeitig kam es zu Absatzsteigerungen auf dem Markt der Kommissionsware. Einheimische und westliche Händler begannen die Ursprungsländer »abzuräumen«. Es war abzusehen, daß irgendwann der Nachschub an alter und antiker Ware ausbleiben würde. Niemand konnte jedoch zu diesem Zeitpunkt wissen, wann genau dies geschehen würde. Das Marktvolumen, das heißt die Gesamtheit aller sammlungswürdigen und handelbaren Stücke, war auf Angebot, Nachfrage und Spekulation ausgerichtet und in ständiger Bewegung.

Seit jener Zeit wuchs das Bedürfnis, sich über Orientteppiche gründliches Wissen anzueignen. Laien und Wissenschaftler nahmen sich der Materie an, sammelten Material, analysierten, verglichen, forschten. Eine Welle von neuen Publikationen wurde veröffentlicht. Man gründete Fachzeitschriften, Vereine schlossen sich zusammen, Konferenzen wurden abgehalten. Für den Sammler ist es heutzutage schwer geworden, dem Anspruch auf Vollständigkeit der eigenen Sammlung gerecht zu werden.

Der Kenntnisstand hat sich enorm verändert, nicht nur unter kunsthistorischem Aspekt, sondern auch im Hinblick auf das Marktvolumen. Im ausgehenden 20. Jahrhundert ist der Punkt erreicht, wo in den Ursprungsländern kaum noch gute Stücke gefunden werden können. In einigen Ländern haben die Preise das westliche Preisniveau sogar überholt. Das Volumen ist überschaubar geworden.

Der neue Kenntnisstand über die Teppiche selbst und über ihre Seltenheit führte dazu, daß sich die Wertschätzung der Sammelbereiche und die Interessen veränderten und damit auch das Preisgefüge. Wenn in den sechziger Jahren noch – aus heutiger Sicht – enorm hohe Preise für einen großformatigen sogenannten Amerikanischen Saruk aus den Dreißigern bezahlt wurden, so ist es heute schwierig geworden, ihn selbst bei hohen Verlusten wieder zu verkaufen. Die Produktion persischer Teppiche im zweiten Viertel des 20. Jahrhunderts war weit größer als geahnt. Solche Erfahrungen verleiten zu der trügerischen Meinung, daß die Teppichpreise insgesamt gefallen seien. Doch es gibt erstaunliche Gegenbeispiele. Der sogenannte Schachbrett-Teppich des 16./17. Jahrhunderts in diesem Buch (Abb. 182) wurde in den sechziger Jahren im Teppichhandel für DM 30.000 erworben. Damals sicherlich eine stolze Summe für einen klassischen Teppich, die wohl auch wegen der Bekanntheit und Seriösität des Teppichhändlers erreicht werden konnte. Im Jahre 1991 erzielte der Teppich DM 650.000 bei einer deutschen Auktion und wurde noch dazu von einem europäischen Händler erworben. Gewiß ist eine solche Wertsteigerung nicht die Regel. Es mangelt jedoch nicht an ähnlichen Beispielen. Blättert man heute durch die unter Sammlern begehrten Versteigerungskataloge des Londoner Hauses Lefèvre aus den siebziger Jahren, so gerät man immer wieder ins Staunen, welch hervorragende Beispiele früher Knüpf- und Webkunst in diesen Jahren noch auf dem Markt zu vergleichsweise geringen Preisen zu haben waren.

Zusammenfassend kann also festgestellt werden, daß sich die allgemeine Ansicht vom Preisverfall des Orientteppiches als Fehleinschätzung erweist. Es ist einleuchtend, daß reproduzierbare Industriegüter, sofern es sich nicht um Originale von Künstlern handelt, keine gewinnbringenden Kapitalanlagen sein können. Der Teppichmarkt, seine Wertmaßstäbe und sein Preisgefüge haben sich deutlich verändert, die Bewertungsspitzen sich verschoben. Dem Sammler sei geraten, sich mit Sachverstand zu wappnen und sein Auge für Qualität und Schönheit zu schulen, denn nur so wird das Sammeln für ihn zum ungetrübten Genuß.

Teppiche in Museen

Bedeutende Teppichsammlungen befinden sich in folgenden Museen:

Berlin, Staatliche Museen, Islamische Abteilung.
Boston, Museum of Fine Arts.
Hamburg, Museum für Kunst und Gewerbe.
Istanbul, Türk ve Islam Eserleri Müzesi.
Istanbul, Vakiflar-Museum.
Jaipur, Teppichhaus des Maharadschahs.
Kairo, Museum of Islamic Art.
Kronstadt, Schwarze Kirche.
Leningrad – Eremitage – Nationalmuseum.
London, Victoria and Albert Museum.
Lyon, Musée Historique des Tissus.
Lissabon, Museu Nacional de Arte Antiga.
Madrid, Museo Nacional de Artes Decorativas.
Mailand, Museo Poldi-Pazzoli.
Moskau, Museum für orientalische Kultur.
München, Bayerisches Nationalmuseum.
Nara, Tempelschatz Shosoin (frühe Filzteppiche).
New York, Metropolitan Museum.
Paris, Musée des Arts Décoratifs.
Philadelphia, Museum of Art.
Washington, Textile Museum.
Wien, Österreichisches Museum für angewandte Kunst.

Bestände an Teppichen besitzen zahlreiche Museen:

Bundesrepublik:	Düsseldorf; Essen; Frankfurt/M.; Hannover; Köln; München – Völkerkundemuseum – Residenzmuseum; Stuttgart – Linden-Museum für Völkerkunde.
Dänemark:	Kopenhagen
Frankreich:	Paris – Musée du Louvre – Musée des Gobelins.

Iran:	Teheran – Archäologisches Museum; Kum-Schrein; Mesched-Schrein.
Niederlande:	Amsterdam; Den Haag.
Rumänien:	Bukarest und die Kirchen von Schäßburg, Mediasch, Reps, Mühlbach und Hermann-stadt.
Türkei:	Istanbul – Top Kapu Sarayi Müzesi; Konya. – Mevlana Müzesi.
GUS:	Aschkabad; Baku; Eriwan; Moskau – Kreml; Taschkent; Tiflis.
Ungarn:	Budapest.
USA:	Cincinnati; Detroit; New York – Hispanic Society of America; Seattle; St. Louis; Washington – Corcoran Art Gallery.
Schweden:	Stockholm.

Literaturverzeichnis

Aalderink, J.: Het nabije oosten, Gemeentemuseum Arnheim, Arnheim 1959.

Acar, Belkis: Kilim ve düz dokuma yaygilar, Vorwort in türkischer und englischer Sprache von May H. Beattie, Istanbul 1975.

Achdjian, A. und B.: Tapis d'Orient anciens, exhibition (1979).

Achdjian, Albert: Le tapis – The rug, un art fondamental: le tapis, précédé de notes ethnographiques par Arnold van Gennep. A fundamental art: The rug introduced with ethnographical notes by Arnold van Gennep, Paris 1949.

Achmedov, A. A. u.a.: Kovry Aserbaidschanskoj SSR (Aserbaidschanische Teppiche), Moskau 1952.

Achmedov, A. A. u.a.: Kovry Armjanskoj SSR (Armenische Teppiche), Moskau 1952.

Allane, Lee: Oriental rugs – A buyer's guide, London 1988.

Allgrove; Joan: The Qashqa'i of Iran, world of Islam festival 1976, London 1976.

Alte Kelims – Webteppiche anatolischer Nomaden, Eski Kilimler, Ausstellung 11. November 1990 bis 13. Januar 1991, Museum Nienburg/Weser. Text: Prof. Siegfried Stahl, Nienburg 1990. Texte in deutscher und türkischer Sprache.

Alte Teppiche aus dem Orient, Sammler zeigen alte Teppiche aus dem Orient, Basel 1980.

Andrews, F. H.: One hundred carpet designs from various parts of India, London, 1905 – 1906.

Anglo Persian Carpet Co.: Oriental rugs and weavings. Fine and rare oriental rugs and weavings from the 17th to the early 20th century. An important exhibition held in commemoration of the world of Islam festival 1976, London 1976.

Antichi tappeti berberi il mercante d'Oriente, tappeti kilim orientali. Antichi tappeti berberi dal medio alto atlante, Verona o. J.

Antike Teppiche Band I – Antique carpets volume I, Antike anatolische Teppiche aus österreichischem Besitz. Gesellschaft zur Förderung der Textilkunsttechnik, Wien, antique Anatolian carpets from Austrian collections, Society for Textile Art Research, Wien 1983. German/English.

Antike Teppiche Band II – Antique carpets volume II, Antike Orientteppiche aus österreichischem Besitz, antique oriental carpets from Austrian collections, Wien 1986. Text deutsch/englisch.

Aschenbrenner, Erich: Persische Teppiche, Battenberg Antiquitätenkataloge, Orientteppiche, Band 2, 3. überarbeitete Auflage, München 1988.

Aschenbrenner, Erich: Oriental rugs – Persian oriental rugs volume 2 – Persian, Woodbridge 1981.

Aslanapa, Oktay: 1000 years of Turkish carpets, Istanbul 1988.

Ausstellung orientalischer Knüpf- und Wirkteppiche, Fotokatalog der Ausstellung orientalischer Knüpf- und Wirkteppiche aus westfälischen Privatsammlungen, Greven 29.7.1979 bis 12.8.1979.

Azadi, Siawosch, Peter A. Andrews: Mafrash. Gewebte Transporttaschen als textile Bilder des Orients, Arbeiten der Shahsavan und anderer Stämme Persiens. Woven transport packs as an art form among the Shahsevan and other nomads in Persia, Berlin 1985.

Azadi, Siawosch: Teppiche in der Belutsch-Tradition. Carpets in the Baluch tradition. Text deutsch/englisch, München 1986.

Azadi, Siawosch: Mystik der Gab-Beh. Aus der Sammlung von G. D. Bornet, Hamburg 1987.

Azadi, Siawosch: Turkoman carpets. Turkoman carpets and the ethnographic significance of their ornaments, Fishguard 1975.

Bachrach, J.L/J.A. Bierman: The war and weft of Islam. Oriental carpets and weavings from pacific northwest collections, Washington 1978.

Ballard White, Nellie: Catalogue of twenty oriental rugs in the collection of Nellie Ballard White, St. Louis 1932.

Balpinar Acar, Belkis: Kilim Cicim Zili Sumak – Turkish flatweaves, Istanbul 1982.

Balpinar Acar, Belkis: Kilim Cicim Zili Sumak – Türkische Flachgewebe, Istanbul 1982.

Balpinar, Belkis/Udo Hirsch: Vakiflar Museum Istanbul I: Flachgewebe – Flatweaves. Flachgewebe des Vakiflar-Museums Istanbul. Flatweaves of the Vakiflar Museum Istanbul. Deutscher und englischer Text, Wesel 1982.

Balpinar, Belkis/Udo Hirsch: Vakiflar Museum Istanbul II: Teppiche – Carpets. Teppiche des Vakiflar-Museums Istanbul. Carpets of the Vakiflar Museum Istanbul. Deutscher und englischer Text, Wesel 1988.

Bamborough, Philip: Alte Teppiche aus dem Orient, Übertragung aus dem Englischen und Bearbeitung der deutschen Ausgabe von H. Reinisch, Graz 1980.

Bamborough, Philip: Oriental rugs and carpets, London 1979.

Bargasla, G./J.G. Lettenmair: Orientteppiche. Kauf ohne Reue, Wels 1977.

Batki, J.: Traditional Anatolian kilims. Sarah Lawrence College Gallery 25 February – 27 April 1986, o.O. 1986.

Battilossi, Maurizio: Tappeti d'antiquariato, vol. I-V a cura di Maurizio Battilossi, 5 Bände, Turin 1985-1990.

Bausback, Christian: Alte Teppiche aus Tibet. Meditationen in Wolle. Katalog der Ausstellung tibetischer Teppiche Dezember 1989, Mannheim 1989.

Bausback, Peter: Antike orientalische Knüpfkunst, Mannheim 1978.

Bausback, Peter: Alte und antike Meisterstücke chinesischer Teppichknüpfkunst, Katalog der Ausstellung Oktober 1974, Mannheim 1974.

Bausback, Peter: Antike Meisterstücke orientalischer Knüpfkunst. Jubiläumsausgabe 1925-1975, Mannheim 1975.

Bausback, Peter: Anatolische Teppiche aus vier Jahrhunderten. Katalog der Ausstellung Frühjahr 1978. Mit einer Einführung in die Geschichte der türkischen Teppiche von Dr. Hanna Erdmann, Mannheim 1978.

Bausback, Peter: Alte und antike orientalische Knüpfkunst. Katalog der Ausstellung 12.-21. Oktober 1979, Mannheim.

230

Bausback, Peter: Alte und antike chinesische Knüpfkunst. Katalog der Ausstellung Mannheim 15.-23. März 1980, Mannheim 1980.

Bausback, Peter: Alte und antike orientalische Knüpfkunst. Katalog der Ausstellung 10.-19. Oktober 1980, Mannheim 1980.

Bausback, Peter: Alte Knüpfarbeiten der Belutschen. Ausstellung im Hause Bausback vom 19.11. bis 20.12.1980, Mannheim 1980.

Bausback, Peter: Alte und antike orientalische Flachgewebe. Ausstellung vom 26.3. bis 5.4.1982, Mannheim 1982.

Bausback, Peter: Kelim – Antike orientalische Flachgewebe. München 1983.

Bausback, Peter: Alte und antike orientalische Knüpfkunst. Ausstellung vom 7.-17. Oktober 1983, Mannheim 1983.

Bausback, Peter: The old and antique oriental art of weaving. Exhibition from 7th to 17th October, 1983, English edition, Mannheim 1983.

Bausback, Peter: Antike Teppiche. Sammlung Franz Bausback 1987/88, Mannheim 1987.

Beattie, May H.: Carpets of Central Persia. With special reference to rugs of Kirman, London 1976.

Beattie, May H.: Carpets of Central Persia. With special reference to rugs of Kirman. Proceedings of the colloquium held in conjunction with the exhibition 9-11 April 1976. Edited by May H. Beattie, Sheffield 1978.

Beattie, May H.: Orientalische Teppiche (Thyssen-Bornemisza). Die orientalischen Teppiche der Sammlung Thyssen-Bornemisza, Castagnola 1972.

Beattie, May H.: Oriental rugs (Thyssen-Bornemisza Coll.). The Thyssen-Bornemisza collection of oriental rugs, Castagnola 1972.

Behar, Jacques: Orientteppiche restaurieren, Herford 1985.

Benardout, Raymond (Ed.): Antique rugs, London 1983.

Benardout, Raymond: Caucasian rugs, London 1978.

Benardout, Raymond: Turkish rugs, London 1975.

Benardout, Raymond: Small rugs from the 19th century. Exhibition catalogue 11th-24th November 1979, London 1979.

Benardout, Raymond: Small pieces. Exhibition catalogue 23 October – 4 November 1978, London 1978.

Bennett, Ian: Caucasian rugs, London 1981.

Bennett, Ian: Jail birds. An exhibition of 19th century Indian carpets, London 1987.

Bennett, Ian: Teppiche der Welt. Geschichte, Herstellung und Typologie, München 1978.

Bennett, James A. (Ed.): Patterns of Persia. Iranian nomadic, village and city rugs from Vancouver collections. Vancouver Centennial Museum. Ed. with an introduction by James A. Bennett. Canadian Society for Asian Arts, Vancouver 1979.

Bernheimer: Oriental carpets & textiles. Bernheimer Fine Arts, London 1987.

Besim, Adil: Türkische Teppiche – Turkish carpets. Ferdi Besim und Fritz Langauer, Texte deutsch/englisch. Wien 1978.

Bidder, Hans: Teppiche aus Ostturkestan, Tübingen, 1964.

Bidder, Hans: Carpets of eastern Turkestan. Known as Khotan, Samarkand and Kansu carpets, Tübingen 1964.

Bidder, Hans u. I.: Filzteppiche, Tübingen 1980.

Bieber, Manfred: Anatolische Dorfteppiche und Flachgewebe (Sammlung M. Bieber). Niederrheinisches Museum für Volkskunde und Kulturgeschichte Kevelaer. Sonderausstellung 24. August – 26. Oktober 1980, Kevelaer 1980.

Bieber, Manfred: Anatolische Dorfteppiche. Das Kavacik-Projekt. Ausstellung Kevelaer Herbst 1988, Kevelaer 1988.

Biggs, R.D.: Discoveries from Kurdish looms. Edited by Robert D. Biggs. Block Gallery. Northwestern University, in conjunction with the Chicago Rug Society, Evanston 1983.

Black, David: Woven gardens – rugs of Southern Persia. Nomad & Village rugs of the Fars Province of Southern Persia. Edited by David Black and Clive Loveless, London 1979.

Black, David: The unappreciated Dhurrie, London 1982.

Black, Hillary L.: Textile art. Featuring Near Eastern flat-weaves, Coptic and Peruvian textiles, ikats and embroideries from the collection of Hillary L. Black with additions from the Birdshake Collection. Exhibition 1974, San Francisco 1974.

Blignaut, H.: Gabbeh - Persian love story, Mailand 1987.

Bode, Manfred von/Ernst K. Kühnel: Ancient tapis d'Orient, Paris 1911.

Bode, Manfred von/Ernst K. Kühnel: Vorderasiatische Knüpfteppiche aus alter Zeit. Mit einem Nachwort von Friedrich Spuhler, o.O. 1985.

Bode, Manfred von/Ernst K. Kühnel: Vorderasiatische Knüpfteppiche aus alter Zeit. Vierte, vollständig umgearbeitete Auflage, Braunschweig 1955.

Bode, Manfred von/Ernst K. Kühnel: Antique rugs from the Near East. Revised edition, translated by Charles Grant Ellis. Fourth edition with revisions, London 1984.

Bogoljubov, Andrei A.: Carpets of Central Asia. Edited by J.M.A. Thompson, Basingstoke 1973.

Bolour: American approach to antique carpets. The Y & B Bolour Collection, London o.J. (1991).

Boralevi, Alberto: Ushak. L'Ushak Castellani-Stroganoff ed altri tappeti ottomani dal XVI al XVIII secolo, Florenz 1987.

Boucher, Jeff W.: Baluchi woven treasures, Alexandria, Virginia 1989.

Brüggemann, Werner/Harald B. Böhmer: Teppiche in Anatolien. Teppiche der Bauern und Nomaden in Anatolien. Vorworte von Belkis Balpinar Acar und Walter B. Denny, München 1982.

Brüggemann, Werner/Harald B. Böhmer: Rugs of Anatolia. Rugs of the peasants and nomads of Anatolia, München 1983.

Burns, James D.: The Caucasus – Traditions in weaving. Selections from the James D. Burns Collection. Introduction by Prof. Jere L. Bacharach, University of Washington, Seattle 1987.

Butterweck, Georg: Der anatolische Knüpfteppich – Anatolian carpets. Das Standardwerk des anatolischen Knüpfteppichs: Zentralanatolien. Eine Dokumentation der zentralanatolischen Knüpfkunst, dargestellt nach Regionen. Deutscher und englischer Text, Wien 1986.

Calatchi, R. de/Y. Brunhammer: Oude oosterse tapijten. Verzameling R. de

Calatchi te Parijs. Tentoonstelling in het Museum Prinsenhof, Delft 1962/63.

Campana, Michele: Oriental carpets, London 1969.

Cassin, Jack: Cult Kelim, New York 1990.

Cassin, Jack: Kelim, Soumak, carpet & cloth. Tribal weavings of the Caucasus, New York 1990.

Cassin, Jack: Anatolian kelims – Image. Idol. Symbol. 2 Bände, New York 1989.

Cassin, Jack/Peter H. Hoffmeister: Tentband-tentbag. Classic turkmen weaving, Coburg, Esbach 1988.

Cloudman, Ruth H.: A rich inheritance. Oriental rugs of 19th and early 20th centuries, Omaha 1974.

Cohen, Maria: Tappeti Kazak, Turin 1984.

Collins, John J.: Birds and vases – South Persian tribal rugs. An exhibition and sale of 28 South Persian tribal and village rugs and saddlebags on July 21, 1989, Newburyport 1989.

Collins, John J. Jr.: Flowers of the desert – South Persian rugs. Flowers of the desert. An exhibition of 100 South Persian tribal and village rugs and saddlebags, Newburyport 1989.

Cootner, Cathryn: Flat-woven textiles – The Jenkins Collection. Vol. 1. Edited by Cathryn M. Cootner, o.O. 1981.

Cootner, Cathryn/Gary Muse: Anatolian kilims, London 1990.

Craycraft, Michael/Anne Halley: Belouch prayer rugs. Text by Michael Craycraft, Project Director Anne Halley, photography by Dennis Anderson, o.O. 1982.

Craycraft, Michael: Belouch and Karai rugs. Belouch and Karai rugs of Torbat-i-Heydarieh. A catalogue of an exhibition at Adraskand Galleries 3 December, 1988 – 25 February, 1989, o.O. 1989.

Danker, Anton: Meisterstücke orientalischer Knüpfkunst. Sammlung Anton Danker, Wiesbaden. Ausstellung Römisch-Germanisches Zentralmuseum. Geleitworte Prof. Dr. Kurt Böhner und Dr. P.W. Meister. Vorwort H. Jacoby, Wiesbaden o.J. (1974).

Daumas, Henri: Kilims de Mesopotamie, Paris 1979.

Denny, Walter B.: Oriental rugs, New York 1979.

Denny, Walter/Daniel Walker: The Markarian album. The Richard R. Markarian Collection of oriental rugs. Cincinnati, Ohio 1988.

Denwood, Philip: The Tibetan carpet, Warminster 1986.

Der Manuelian, Lucy/Murray L. Eiland: Inscribed rugs of Armenia. Weavers, merchants and kings. The inscribed rugs of Armenia. Fort Worth 1984.

Dilley, Arthur U.: Oriental rugs and carpets. Oriental rugs. By Arthur Urban Dilley, Boston 1909.

Dilley, Arthur U.: Oriental rugs and carpets. A comprehensive study by Arthur Urban Dilley. Revised by Maurice S. Dimand, curator of Near Eastern art, Metropolitan Museum of Art, New York, Philadelphia 1959.

Dimand, M.S./Jean Mailey: Oriental rugs in the Metropolitan Museum of Art. By M.S. Dimand, curator emeritus of Islamic art, with a chapter and catalogue of rugs of China and Chinese Turkestan by Jean Mailey, New York 1973.

Dodds, Dennis R.: Oriental rugs – The Fisher Collection. Oriental rugs. The

233

collection of Dr. and Mrs. Robert A. Fisher in the Virginia Museum of Fine Arts, Richmond 1985.

Dombrowski, Gisela/Ingrid Pfluger-Schindlbeck: Flachgewebe aus Anatolien. Bilderheft der Staatlichen Museen Preußischer Kulturbesitz Heft 58/59, Berlin 1988.

Douglass, John M./Sue N. Peters: The lost language. Value & symbolism in oriental rugs, 2 Bände, Bell Canyon 1990.

Dreczko, Werner: Teppiche des Orients, 7. Auflage, Recklinghausen 1975.

Durul, Yusuf: Anadolu kilimlerinden örnekler (Text türkisch, Einführung türkisch und englisch), Band I, Istanbul 1985.

Durul, Yusuf: Anadolu kilimlerinden örnekler (Text türkisch, Einführung türkisch und englisch), Band II, Istanbul 1987.

Eagleton, William: Kurdish rugs. An introduction to Kurdish rugs and other weavings, London 1988.

Eder, Doris: Kaukasische Teppiche, Battenberg Antiquitätenkataloge, Orientteppiche Band 1: Kaukasische Teppiche. 3. Auflage, München 1988.

Edgü, F.: Karapinar tülü carpets. The collection of Dr. Ayan Gülgönen, Istanbul 1989.

Edwards, A. Cecil: The Persian carpet. A survey of the carpet weaving industry of Persia, London 1953, impression 1983.

Eiland, Murray L.: Oriental rugs from Pacific collections. Exhibition for the VIth international conference, San Francisco 1990.

Eiland, Murray L.: Oriental rugs from western collections. University of California Art Museum. A comprehensive

exhibit of notable Turkoman rugs, along with 15 examples from Persia, Turkey, the Caucasus and China, Berkeley 1973.

Eiland, Murray L.: Chinese and exotic rugs, London 1979.

Ellis, Charles Grant: Oriental carpets. Oriental carpets in the Philadelphia Museum of Art, London 1988.

Ellis, Charles Grant: Early Caucasian rugs, Washington 1975.

Elmby, Hans: Antique Turkmen carpets. Antikke turkmenske taepper. Exhibition Udstilling 3.-18. marts 1990, Kopenhagen 1990.

Enay, M.-E./S. Azadi: Einhundert Jahre Orientteppich-Literatur. Bibliographie der Bücher und Kataloge. In memoriam Julius Lessing, dem Begründer der Orientteppich-Forschung, Hannover 1977.

Enderlein, Volkmar: Orientalische Kelims. Flachgewebe aus Anatolien, dem Kaukasus und dem Iran, Wesel 1986.

Engelhardt: Zeitloser Orient im modernen Okzident. 18. Orientteppich-Ausstellung vom 7.-16. November 1970. Teppich-Engelhardt, Mannheim 1970.

Engelhardt: Orientteppiche der Sonderklasse. Sammlerexemplare aus vier Jahrhunderten. Teppich Engelhardt, Mannheim 1980.

Engelhardt: Orientteppiche der Sonderklasse. Sammlerexemplare aus dem alten Rußland, Mannheim 1990.

Engelhardt: Orientteppiche der Sonderklasse. Sammlerexemplare aus vergangener Zeit. Teppich Engelhardt. Mit einem Vorwort von Klaus Brisch, Museum für Islamische Kunst in Berlin, Heidelberg 1982.

Engelhardt: Perlen unter den Teppichen

234

des Orients. Teppich Engelhardt. Ausgabe zur 23. Teppich Engelhardt-Ausstellung 1975, Mannheim 1975.

Engelhardt: Teppiche – Die Bilder des Orients. Deutscher und englischer Text, Übersetzung ins Englische von Jim Ford. Band II. Teppich Engelhardt. Carpets – The pictures of the Orient, Volume II, Heidelberg 1978.

Erbek, Güran: Kilim. Catalogue No. 1. Prepared by Güran Erbek, Istanbul 1988.

Erdmann, K./P.W. Meister: Kaukasische Teppiche. Ausstellung Kaukasische Teppiche. Museum für Kunsthandwerk Frankfurt. Geleitwort von Kurt Erdmann, Beschreibungen von Ulrich Schürmann, technische Analysen von F. Spuhler, o.O. 1962.

Erdmann, Kurt: Zu einem anatolischen Teppichfragment aus Fostat, in: Istanbuler Mitteilungen, Band VI, Seiten 42-52 und Tafeln VII-X, Istanbul 1955.

Erdmann, Kurt: Oosterse tapijten. Oosterse tapijten 16e-19e eeuw. Gemeentemuseum van's-Gravenhage in samenwerking met de vereniging van oosterse tapijtkunde, Gravenhage 1951.

Erdmann, Kurt: Oriental carpets. An account of their history. Translated by Charles Grant Ellis, Frankfurt am Main 1976.

Erdmann, Kurt: Der orientalische Knüpfteppich. Versuch einer Darstellung seiner Geschichte. 4. Auflage, Tübingen 1974.

Erdmann, Kurt: Siebenhundert Jahre Orientteppich. Zu seiner Geschichte und Erforschung. Herausgegeben von Hanna Erdmann, Herford 1966.

Erdmann, Kurt: Seven hundred years of oriental carpets. Edited by H. Erdmann, translated by M. H. Beattie and H. Herzog, London 1970.

Erdmann, Kurt: Die Geschichte des frühen türkischen Teppichs. Mit einem Vorwort und einer Bibliographie der Teppichpublikationen Kurt Erdmanns von Hanna Erdmann. Geleitwort von Robert Pinner, London 1977.

Ersöy, Abdülkadir: Anatolian carpets and weavers, Ankara 1988.

Eskenazi, John J.: Kilim. Exhibition 3 Dicembre 1980 – 17 Gennaio 1981, Mailand 1980.

Eskenazi, John J.: L'arte del tappeto orientale. 2. Auflage, Mailand 1987.

Eskenazi, John J.: Kilim anatolici – Anatolian kilims. Ausstellung Frühjahr 1984. Mit Beiträgen von Belkis Balpinar und Udo Hirsch, Mailand 1984.

Ettinghausen, Richard: Ancient carpets. Ancient carpets from the collection of the L.A. Mayer Institute for Islamic Art, Washington 1977, reprinted in colour 1978.

Ettinghausen, Richard et al: Prayer rugs. Richard Ettinghausen, Maurice S. Dimand, Louise W. Mackie, Charles Grant Ellis, Washington 1974.

Fahrenkamp, Hans J.: Teppiche. Antiquitäten. Teppiche. Knüpfteppiche aus Persien, Kleinasien, dem Kaukasus, Zentralasien und Ostasien. 7. Auflage, München 1983. Heyne Antiquitätenbücher 4428.

Felkersam, A.: Alte Teppiche Mittelasiens. Deutsche Übersetzung des russischen Textes von 1914/15 von Dr. Bernd Rullkötter, Hamburg 1979.

Fiske, Patricia L.: Prayer rugs. Prayer rugs from private collections, Washington 1974.

Fiske, Patricia L. et al.: Carpets and textiles of Morocco. From the Far West: Carpets and textiles of Morocco. Edited by Patricia L. Fiske, W. Russel Pickering and Ralph S. Yohe, Washington 1980.

Flint, Bert: Tapis tissages – Maroc. Formes et symboles dans les arts maghrebins. Tome 2: Tapis tissages, Tanger 1974.

Flowers of the loom – Plants, dyes and oriental rugs, Sidney 1990.

Fokker, Nicholas: Caucasian rugs of yesterday. An illustrated authorotative guide translated from the Swedish by Paul Britten Austin, London 1979.

Ford, P.R.J.: Der Orientteppich und seine Muster. Die Bestimmung orientalischer Knüpfteppiche anhand ihrer Muster, Symbole und Qualitätsmerkmale, Herford 1982.

Ford, P.R.J.: Oriental carpet design. A guide to traditional motifs, patterns and symbols. New edition, New York 1989.

Ford, P.R.J./Hans E.Pohl-Schillings: Persische Flachgewebe. Bilder einer Ausstellung, Wesel 1987.

Formenton, Fabio: Das Buch der Orientteppiche, München 1974.

Frauenknecht B./K. Frantz: Anatolische Gebetskelims, Nürnberg 1978.

Frauenknecht, Bertram: Türkische Tapisserien – Turkish tapestries. Frühe türkische Tapisserien – Early Turkish tapestries. Beiträge von Michael Franses und James Mellaart. Englischer und deutscher Text. Nürnberg 1984.

Frauenknecht, Bertram: Anatolische Kelims. Mit einer Einführung von Neil Winterbottom. Text und Beschreibungen in deutscher und englischer Sprache, Nürnberg 1982.

Gans-Ruedin, Erwin: Der indische Teppich, Herford 1984.

Gans-Ruedin, Erwin: Orientalische Meisterteppiche, Orbis Pictus, Band 16, Bern 1974.

Gans-Ruedin, Erwin: Der persische Teppich, München 1978.

Gans-Ruedin, Erwin: Le tapis de Chine, Fribourg 1981.

Gans-Ruedin, Erwin: Caucasian carpets, o.O. 1986.

Gans-Ruedin, Erwin: Der chinesische Teppich, München 1981.

Gantzhorn, Volkmar: Der christlich-orientalische Teppich, Köln 1990.

Gantzhorn, Volkmar: The Christian oriental carpet, Köln 1991.

Gantzhorn, Volkmar: Le tapis chrétien oriental, Köln 1991.

Ghazarian, Manya: Armenian carpet, o.O. 1988.

Gibaud, Odette: Mieux connaitre les tapis. Les motifs et symboles de 160 tapis d'Orient des toutes provenances illustres par des dessins, Paris 1990.

Gladiss, Almut von: Islamische Teppiche und Textilien. Sonderausstellung des Kestner-Museums Hannover und des Orientteppichmuseums Amir Pakzad im Forum des Landesmuseums Hannover vom 27. März bis 31. Mai 1987. Mit Beiträgen von Ulrich Gehrig und Friedrich Spuhler, Hannover 1987.

Gombos, K.: Regi türkmen szönyegek – Old Turkmenian rugs. Museum of Applied Arts Budapest, Budapest 1975. Texte in englischer, russischer und ungarischer Sprache.

Gregorian, A.T.: Oriental rugs and the stories they tell, Boston 1975.

Gregorian, Arthur D. and Joyce: Armenian rugs. Armenian rugs from the Gregorian Collection, Hampshire 1987.

Grote-Hasenbalg, Werner: Teppiche aus dem Orient. Ein kurzer Wegweiser, Leipzig 1936.

Grote-Hasenbalg, Werner: Der Orientteppich. Seine Geschichte und seine Kultur. 3 Bände, Berlin 1922.

Grote-Hasenbalg, Werner: Meisterstücke orientalischer Knüpfkunst. Neubearbeitet nach R.v. Oettingen und erweitert von W. Grote-Hasenbalg, Berlin 1921.

Haack, Hermann: Echte Teppiche. Einführung in die Orientteppichkunde. 8. Auflage, München 1973.

Hackmack, Adolf: Chinese carpets & rugs, New York 1973. Unveränderter Neudruck der Ausgabe Tsientsin 1924.

Hackmack, Adolf: Chinese carpets and rugs. Translation by L. Arnold, Rutland/Tokyo 1980. Neudruck der Ausgabe Tsientsin 1924.

Harris, Nathaniel: Orientteppiche, London/Zürich o. J.

Harrow, Leonard: Qajar Ottoman silk carpets (Bellairs Coll.). The Bellairs Collection of Qajar and Ottoman silk carpets. Written and appraised by Leonard Harrow, London 1986.

Harrow, Leonard: The fabric of paradise. With structural analysis by Jack Franses, Buckhurst Hill 1988.

Harrow, Leonard/Jack Franses: From the lands of sultan and shah. With structural analysis by Jack Franses, London 1987.

Hasson, Rachel: Caucasian rugs. Edited by Rina Ofik. L.A. Mayer Institute for Islamic Art, Jerusalem 1986.

Hawley, W.A.: Oriental rugs. Oriental rugs – Antique & modern, 1970. Neudruck der Ausgabe New York 1913, New York 1970.

Hegenbart, Heinz: Webtaschen aus dem Orient – Oriental woven bags. Seltene Webtaschen aus dem Orient. Rare oriental woven bags. Collection Adil Besim. Mit einem Vorwort von Dr. Alfred Janata, Museum für Völkerkunde, Wien, München 1982.

Heinz, Dora: Alte Orientteppiche, Darmstadt 1956.

Hendley, Thomas H.: Asian carpets. Asian carpets XVI. and XVII. century designs from the Jaipur palaces. From material supplied with the permission of H.H. the maharaja of Jaipur, London 1905.

Hermann, Fritz: Teppiche aus dem Orient (Slg. Akeret). Teppiche aus dem Orient in der Sammlung des Rietbergmuseums. Bestandskatalog 1985, Zürich 1986.

Herrmann, Eberhard: Asiatische Teppich- und Textilkunst, Bände 1-4, München 1989-1992.

Herrmann, Eberhard: Seltene Orientteppiche, Bände I-X, München 1978-1988.

Hillman, Michael Craig: Persian carpets, Austin 1984.

Hoffmeister, Peter: Turkmenische Teppiche – Turkoman carpets. Turkmenische Teppiche in Franken – Turkoman carpets in Franconia. Hrsg. mit Anmerkungen von A.S.B. Crosby. Edited with notes by A.S.B. Crosby, Edinburgh 1980.

Hollatz, Günter: Auf den Spuren teppichknüpfender Nomaden. Abenteuerliche Karawanenwege durch Vorder- und Mittelasien, Herford 1985.

Hopf, Carl: Die altpersischen Teppiche. Eine Studie über ihre Schönheitswerte. Zweite, bedeutend vermehrte Auflage, München 1913.

Hopf, Carl: Les anciens tapis de Perse. Etude sur leur valeur esthetique, München 1913.

Hosain, Ali: Orientteppich-Brevier, 8. Auflage, Braunschweig 1973.

Housego, Jenny: Tribal rugs. An introduction to the weaving of the tribes of Iran, London 1978.

Housego, Jenny: Nomaden-Teppiche. Eine Einführung in die Web- und Knüpfkunst der Stämme des Iran, Herford, 1984.

Hubel, Reinhard G.: Orientteppiche und Nomadenknüpfarbeiten. Orientteppiche und Nomadenknüpfarbeiten vergangener Jahrhunderte. Katalog. Sammlung R.G. Hubel, München 1978.

Hull, Alastair/Nicholas Barnard: Wohnen mit Kelims. Fotos von James Merrel, München 1989.

Humphries, Sidney: Oriental carpets. Oriental carpets, runners and rugs and some Jacquard reproductions, London 1910.

Hyman/Hu: Carpets of China and its border regions, o.O. 1983.

Iten-Maritz, J.: Enzyklopädie des Orientteppichs. Hauptverfasser und Herausgeber: J. Iten-Maritz, 4. bearbeitete Auflage, Herford 1991.

Izmidlian, G.: Oriental rugs and carpets today, 2nd ed., New York 1987.

Jacobsen, Charles W.: Oriental rugs. A complete guide, Tokyo/Rutland 1978.

Jacoby, H.: ABC des echten Teppichs, 8. Auflage, Tübingen 1966.

Jacoby, Heinrich: Eine Sammlung orientalischer Teppiche. Beitrag zur Geschichte des orientalischen Teppichs anhand von 47 durch die Persische-Teppich-Gesellschaft gesammelten Knüpfarbeiten der letzten 4 Jahrhunderte, Berlin 1923.

Jacoby, Heinrich: Reisen um echte Teppiche. Forschungsreisen in Anatolien, dem Kaukasus und Turkestan, Wiesbaden 1952.

Jourdan, Uwe: Turkmenische Teppiche, Battenberg Antiquitätenkataloge, Band 4: Turkmenische Teppiche, München 1989.

Jourdan, Uwe: Oriental rugs – Turkoman, oriental rugs volume 5 – Turkoman, London 1993.

Karabacek, Joseph: Die persische Nadelmalerei Susandschird. Ein Beitrag zur Entwicklungsgeschichte der tapisserie de haute lisse, Leipzig 1881.

Kerimov, Latif: Kaukasische Teppiche. Verfaßt, zusammengestellt und erläutert von Ljatif Kerimov, Nonna Stepanjan, Tatjana Grigolia und David Zizischwili, Leningrad 1984.

Kerimov, Latif: Azerbaijan carpet. Texte in aserbaischani, russisch und englisch, Baku 1985.

Kerimov, Latif: Azerbaijansky kovjer Band I, Aserbaischanischer und russischer Text, Baku/Leningrad 1961.

Kerimov, Latif: Azerbaijansky kovjer – Azerbaijan carpet, Bände II und III, Baku 1983.

Kerimov, Latif: Folk designs from the Caucasus. Folk designs from the Caucasus for weaving and needlework, New York 1974.

Keshishian, Harold M. (Ed.): The treasure of the Caucasus. Rugs from American collections, Washington 1992.

Kilim Curdi d'Anatolia, Rom o.J.

Kilims-Trad. Tapestries of Turkey, Dublin 1979.

King, Donald/Sylvester: The eastern carpet. The eastern carpet in the western world from the 15th to the 17th century. Selected and arranged by Donald King and David Sylvester, London 1983.

Kirdök, M.: Fetzen – Unrestaurierte Kilims und Teppiche. Unrestaurierte Kilims und Teppiche aus den vergangenen Jahrhunderten. Mitarbeit: Davut Özmizrahi, Ingrid Gruber. Einführungen: M. Kirdök, Erhard Stöbe, Wien 1991.

Klieber, Helmut: Persien und seine Teppiche, Landsberg/Lech 1973.

Klieber, Helmut: Afghanistan. Geschichte – Kultur – Volkskunst – Teppiche, Landsberg/Lech 1989.

Klieber, Helmut: Turkestan. Geschichte – Kultur – Volkskunst – Teppiche. Landsberg/Lech 1989.

Konzett/Ploier: Gewebte Poesie. Frühe anatolische Kelims. Sammlung Konzett. Text: Helmut Ploier, Graz 1991.

Konzett: Kelims. Teppichkunst Konzett, Graz. Katalog der Ausstellung, Graz 1986.

Krausse, Hans-Jürgen: Frühe Teppichkunst. Vorwort John Taylor, München 1990.

Kücükerman, Ö.: The rugs and textiles of Hereke. A documentary account of the history of Hereke. Court workshop to model factory, Istanbul 1987.

Kühnel, Ernst/L. Bellinger: Catalogue of Spanish rugs. The Textile Museum. Catalogue raisonné, II. Catalogue of Spanish rugs 12th century to 19th century, Washington 1953.

Kulczycki, Wladimir: Orientalische Gebetteppiche. Beiträge zur Kenntnis der orientalischen Gebetteppiche. Hauptsächlich auf Grund eigener Teppichsammlung von Prof. Dr. W. Kulczycki.

Die arabischen Koraninschriften gelesen und übersetzt von Doz. Dr. M. Schorr. Faksimile der Ausgabe Lemberg 1914.

Kuloy, Halvard K.: Tibetan rugs, Bangkok 1982.

Kunst des Islam (Österr. Museum für Angewandte Kunst). Ausstellung Schloß Halbturn aus den Sammlungen des Österreichischen Museums für Angewandte Kunst, Wien, Wien 1977.

Kybalova, Ludmila: Orientteppiche, 2. Auflage, Hanau 1970.

Lamm, C.J.: Carpet fragments. The Marby rug and some fragments found in Egypt, Stockholm 1985.

Landreau, A.N./R.W. Pickering: Flat woven rugs. From the Bosporus to Samarkand. Flat woven rugs. Foreword by Charles Grant Ellis. Third printing, Washington 1980 (first printing from the Textile Museum Washington D.C:, Washington 1969).

Landreau, A.N.(Ed.): Yörük. The nomadic weaving tradition of the Middle East, Pittsburgh 1978.

Landreau/Yohe: Flowers of the Yayla. Yörük weavings of the Toros mountains. By Anthony N. Landreau and Ralph S. Yohe with Daniel G. Bates and Anita Landreau, Washington 1983.

Larson, Knut: Rugs and carpets of the Orient, 2., überarbeitete Auflage, New York 1978.

Larsson, Lennart: Carpets from China, Xinjiang and Tibet, London 1988.

Lefevre & Partners: Rare oriental carpets – Auktionskataloge. Kompletter Jahrgang 1981 mit 6 Auktionskatalogen inkl. Ergebnislisten.

Lefevre, J.: The Sarre Mamluk. The Sarre Mamluk and classical rugs from the

239

same private collection. Descriptions and related studies by John Thompson, London 1980.

Lefevre, J.: The Persian carpet, London 1877.

Lefevre, J.: Central Asian carpets, London 1976.

Leon, Albert R. de: Guide en couleurs du tapis. 2., durchgesehene Auflage, Paris 1967.

Lessing, F.: Über die Symbolsprache in der chinesischen Kunst, Sinica IX und X (1934/35), S. 121-288.

Lessing, Julius: Altorientalische Teppichmuster. Altorientalische Teppichmuster nach Bildern und Originalen des 15.-16. Jahrhunderts, gezeichnet von J. Lessing, Berlin o.J. (1877).

Lettenmair, J.G.: Das Große Orientteppich-Buch. Vom antiken bis zum echten Orientteppich der Gegenwart, 9., vollständig neu bearbeitete Auflage, Wels 1990.

Lewis, G. Griffin: The practical book of oriental rugs, by Dr. G. Griffin Lewis. New, fifth edition, Philadelphia/London 1920.

Liebetrau, Preben: Oriental rugs in colour. Translated from the Danish by K. John, New York/London 1963.

Lipton, Mimi: The tiger rugs of Tibet. Edited and with an introduction by Mimi Lipton. With contributions by Cyril Barrett, Jim and Barbara Ford, Philip Goldman, Tom Philips, London 1988.

Lipton, Mimi: Tigerteppiche aus Tibet, herausgegeben und mit einer Einleitung versehen von Mimi Lipton. Mit Beiträgen von Cyril Barrett, Jim und Barbara Ford, Philip Goldman, Tom Philips, Stuttgart 1989.

Lorentz, H.A.: A view of Chinese rugs, from the seventieth to the twentieth century, London/Boston 1972 (published in 1973).

Lorentz, Hans A.: Chinesische Teppiche. Geschichte, Ästhetik, Symbolik, München 1975.

Louisiana Museum: Art from the world of Islam. Art from the world of Islam 8th to 18th century, Louisiana 1987.

Mackie, Louise: Spain. Selections from the Textile Museum, Washington 1978.

Mackie, Louise W.: The splendor of Turkish weaving. An exhibition of silks and carpets of the 13th-18th century. Textile Museum, Washington, Washington 1973.

Mackie, Louise/John Thompson: Turkmen – Tribal carpets and traditions, Washington 1980.

Mahaval, A.: Perserteppich-Brevier, 3. Auflage, Braunschweig 1973.

Martin, Heinz E.R.: Orientteppiche. Erkennen – Kaufen – Erhalten, Bayreuth 1984.

McCoy Jones (Collection): Tent and town – Rugs from Central Asia. Rugs and embroideries from Central Asia. The Fine Arts Museum of San Francisco, San Francisco 1983.

McCoy Jones/H. and J. Boucher: Baluchi rugs. An exhibition featuring rugs of the Baluchi tribes of Iran and Afghanistan, Washington 1974.

McCoy Jones/H. and J. Boucher: Rugs of the Yomud tribes. An exhibition featuring rugs of the Yomud tribes of Russian, Turkestan and Northern Persia, Washington 1976.

McMullan/Reichert: The Smith Collection of Islamic rugs. The George Walter Vincent and Belle Townsley Smith Collection of Islamic rugs, Joseph V. McMullan in collaboration with Donald O. Reichert, Springfield o.J. (1970).

McMullan: Don't forget to smell the flowers along the way. Portraits of Joseph V. McMullan, New York 1977.

McMullan: Islamic carpets. Islamic carpets from the collection of Joseph V. McMullan. The Arts Council of Great Britain, London 1972.

Meister, P.W./S. Azadi: Persische Teppiche. Mit Beiträgen von Peter Wilhelm Meister und Siawosch Azadi. Museum für Kunst und Gewerbe Hamburg und Museum für Kunsthandwerk Frankfurt, Hamburg/Frankfurt am Main 1971.

Mellaart/Hirsch/Balpinar: The goddess from Anatolia, 4 Bände, Mailand 1989.

Merx, Hans-Ulrich: Textile Kunstwerke. Textile Kunstwerke der Völker Mittelasiens, Band 1, Tübingen 1991.

Meschoulam, E.: Un po`di turchi pieni di vita. Collezione E.M. Meschoulam. Eber Meschoulam, Genua 1991.

Mesciulam Leone: Tappeti e kilim anatolici. Anatolian carpets and kilims. Tappeti e kilim anatolici dal 600 al 900, Genua o.J., Texte in italienischer und englischer Sprache.

Meyer-Pünther, Carl: Meisterwerke altpersischer Teppichknüpferei, Eine Sammlung stylgetreuer Nachschöpfungen nach weltberühmten Originalen orientalischer Teppichkunst aus dem 16. und 17 Jahrhundert. Zürich 1917.

Meyer-Pünther, Carl: Der Orientteppich. Der Orientteppich in Geschichte, Kunstgewerbe und Handel. Studien an Hand der Sammlung C. Meyer-Müller in Zürich, Zürich 1917.

Milhofer, Stefan A.: Teppich Atlas. China/Indien, Hannover 1981.

Milhofer, Stefan A.: Das Goldene Buch des Orient-Teppichs. Die Teppichkunst der Gegenwart, Wesen und Technik, Geschichte und Stilistik, Hannover 1962.

Milhofer, Stefan A.: Orientteppiche, Zürich 1971.

Milhofer, Stefan A.: Teppich Atlas. Türkei/Kaukasus, Hannover 1979.

Milhofer, Stefan A.: Teppich Atlas. Persien/Turkestan, Hannover 1980.

Misugi/Sasaki: The encyclopedia of Persian carpet. The encyclopedia of Persian carpet patterns. Written and edited by Takatoshi Misugi and Kiyoshi Sasaki, Tokyo 1990. Texte in englischer und japanischer Sprache.

Molyn/Molyn-Groeneveld: Oosterse tapijten, Hilversum 1966.

Moschkova, W.G.: Die Teppiche der Völker Mittelasiens. Die Teppiche der Völker Mittelasiens im späten 19. und 20. Jahrhundert. Materialien der Expedition von 1929-1945. Bearbeitet, ergänzt und zum Druck vorbereitet von A.S. Morosova, Hamburg 1977.

Myers, Diana K.: Rugs of the Tibetan plateau. Temple, household, horseback: rugs of the Tibetan plateau. With Arthur Alden Leeper and Valrae Reynolds, Washington 1984.

Natschläger, Helga/Angela Völker: Knüpfteppiche. Aus China und Ostturkestan. Die Sammlung des Österreichischen Museums für angewandte Kunst in Wien. Herausgeber: Österreichisches Museum für angewandte Kunst in Wien, 1986.

Neiriz: Kelims der Nomaden und Bauern Persiens. Herausgegeben von Hamid Sadighi, Karin und Robin Hawkes, Galerie Neiriz, Berlin 1990.

Neiriz: Gabbehs – Stammesteppiche der Bergnomaden am Zagros, Berlin 1991.

241

Neugebauer, Rudolf/Julius Orendi: Handbuch der orientalischen Teppichkunde, Leipzig 1909.

Neugebauer, Rudolf/Siegfried Troll: Handbuch der orientalischen Teppichkunde, 14., gänzlich neubearbeitete Auflage, Leipzig 1930.

Nomadic rug traders: Rare oriental rugs. Rare oriental rugs 1990. 19th century Persian medallion carpets, Sydney 1990.

Nomadic Rug Traders: Rare oriental rugs. Tribal traditions. Carpets, Sydney 1991.

O'Bannon, George W.: Kazakh and Uzbek rugs, Pittsburg 1979.

O'Bannon, George W.: Tulu. Traditional 20th century pelt-like rugs from Central Anatolia, Pittsburgh 1987.

O'Bannon, George W.: The Turkoman carpet, London 1974.

Ohm, Anneliese/Horst Reber (Hrsg.): Festschrift für P.W. Meister zum 65. Geburtstag am 16. Mai 1974, Hamburg 1974.

Ölcer, Nazan: Kilims – Museum für Türkische und Islamische Kunst. Herausgegeben von Muhittin Salih Eren. Übersetzt von Ingrid Iren. Photographiert von Udo Hirsch, Istanbul 1989.

Ölcer, Nazan: Kilims. Museum of Turkish and Islamic Arts, Istanbul. Translated by William A. Edmonds. Photographs by Udo Hirsch, Istanbul 1989.

Opie, James: Tribal rugs of Southern Persia. With an introduction by Murray L. Eiland, Portland 1981.

Opie, James: Tribal rugs. Nomadic and village weavings from the Near East and Central Asia, London 1992.

Orendi, Julius: Das Gesamtwissen über antike und neue Teppiche des Orients. 2 Bände, Wien 1930.

Ostler, Herbert: Die Teppichkunst des Orients. Die Teppichkunst des Orients und die Kunst der Moderne. Von Herbert Ostler und Ägidius Geisselmann, München 1980.

Page, John and Serina: Woven mystery – Old Tibetan rugs. Exhibition 7-16 October 1990, London 1990.

Pagnano, Gigi: L'arte del tappeto orientale. L'arte del tappeto orientale e europeo, Busto Arsizio 1983.

Pakzad, Mohammed: Persische Knüpfkunst. Persische Knüpfkunst von Anbeginn bis zur Gegenwart, Hannover 1978.

Parsons, R.D.: The Carpets of Afghanistan = Oriental rugs, Volume 3. New edition, Woodbridge 1990.

Pekin, Ersu: Türkische Flachwebstoffe und Teppiche, Istanbul o.J..

Petsoloulos, Y.(Ed.): Kilims from the Danube to the Euphrates. Kilims of the 18th and 19th centuries. An exhibition presented by Yanni Petsopoulos at the Titanium Gallery, Athen 1990. Griechischer Text und 17 Seiten englische Übersetzung separat.

Petsopoulos, Yanni/Belkis Balpinar: 100 Kilims. Masterpieces from Anatolia. Compiled and edited by Yanni Petsopoulos. Commentaries to the illustrations by Belkis Balpinar, München 1991.

Petsopoulos, Yanni/Belkis Balpinar: 100 Kelims. Meisterwerke aus Anatolien. Yanni Petsopoulos. Abbildungstexte Belkis Balpinar, München 1991.

Pinkwart, Doris/Elisabeth Steiner: Bergama-Cuvallari. Die Schmucksäcke der Yürüken Nordwestanatoliens. Stammesgeschichte, Musterrepertoire, Bestimmungshilfe, Wesel 1991.

Pinner, Robert/Walter B. Denny (Hrsg.): Oriental carpet and textile studies, volume I. Published in association with Hali magazine, London 1985.

Pinner, Robert/Walter B. Denny (Hrsg.): Oriental carpet and textile studies II. Carpets of the Mediterranian countries 1400-1600 based upon the special sessions of the 4th international conference on oriental carpets, London 1983.

Pinner, Robert/Walter B. Denny (Hrsg.): Oriental carpet and textile studies III/1. In honour of May H. Beattie, London 1987.

Pinner, Robert/Walter B. Denny (Hrsg.): Oriental carpet and textile studies III/2, London 1990.

Pinner, Robert/Michael Franses (Hrsg.): Turkoman studies. Aspects of the weaving and decorative arts of Central Asia, London 1980.

Pohl-Schillings, Hans-E.: Außergewöhnliche Orientteppiche. Bilder einer Ausstellung II, Köln 1988.

Pohl-Schillings, Hans-E.: Außergewöhnliche Orientteppiche. Bilder einer Ausstellung III, Köln 1989.

Pope/Ackerman: A survey of Persian art: carpets, Bände VIa (Text) und XII (Tafeln), New York 1981.

Price, William T.: Divine images and magic carpets. From the Asian art collection of Dr. and Mrs William T. Price, Amarillo 1987.

Rageth, Jürg (Hg.): Anatolische Kelims – Symposium Basel. Die Vorträge, Basel 1990.

Rageth, Jürg: Frühe Formen und Farben. Gewebe aus Anatolien. Symposium Basel: Die Ausstellung, Basel 1991.

Raphaelian, H.M.: The hidden language of symbols in oriental rugs. With an introduction by Felix Marti-Ibanez, New Rochelle 1954.

Rautenstengel, Volker/Siawosch U. Azadi: Teppichkultur der Turkmenen. Studien zur Teppichkultur der Turkmenen, Hilden 1990.

Reed, Stanley: Orientteppiche. Erlesene Liebhabereien, Stuttgart/Frankfurt am Main o.J. (1967).

Reed, Stanley: Schöne Orientteppiche, Frankfurt am Main 1987.

Reed, Stanley: Orientalische Teppiche, Wiesbaden 1972.

Reichel, Herbert: Berühmte Orientteppiche. Berühmte Orientteppiche aus historischer Sicht, Rheinberg 1969.

Reinisch, Helmut: Gabbeh. Südpersische Nomadenknüpfungen. Sammlung George D. Bornet, Graz/London 1986. Text in deutscher und englischer Sprache.

Reinisch, Helmut: Von Bagdad nach Stambul – Nomadenteppiche. From Baghdad to Stambul – Tribal rugs, Graz 1983. Texte in deutscher und englischer Sprache.

Reinisch, Helmut: Satteltaschen – Saddle bags, Graz 1985. Text in deutscher und englischer Sprache.

Revault, Jacques: North African carpets and textiles. Designs and patterns from North African carpets and textiles, New York 1973.

Riegl, Alois: Altorientalische Teppiche. Neudruck der Ausgabe Leipzig 1891. Mit einer bibliographischen Einführung von Ulrike Besch, Mittenwald 1979.

Ripley, Mary Ch.: The oriental rug book, New York 1936.

Rochester Art Museum: Vanishing

Jewels. A catalogue of an exhibition by the Rochester Museum & Science Center, 1991. With essays by George O'Bannon, William A. Wood, William Irons, Paul Mushak, Rochester, New York 1990.

Ropers, H.: Morgenländische Teppiche. Ein Handbuch für Sammler und Liebhaber. Sonderausgabe. 11., überarbeitete Ausgabe, München 1984.

Rossetti, Brigitte: Die Turkmenen und ihre Teppiche. Eine ethnologische Studie, Berlin 1992.

Rostov, Charles I.: Chinese carpets. By Charles I. Rostov and Jia Ganyan. With Li Linpan and Zhang H.Z. Foreword by Patricia L. Fiske, New York 1983.

Russ, Helmut: Der Knüpfteppich. Fachkunde für den Teppichkaufmann, Herford 1983.

Sabahi, Taher: Qashqai: tappeti tribali persani, Novara 1989. Text in italienischer Sprache.

Sabahi, Taher: Vaghireh. Modelli per la tessitura dei tappeti, Florenz 1987.

Sabahi, Taher: Tappeti d'Oriente – arte e tradizione, Novara 1986.

Sabahi, Taher: Kilim – tappeti del caucaso Kilim. Tappeti piani del Caucaso, Novara 1990.

Sabahi, Taher: Kelims – Kaukasische Flachgewebe. Orientteppiche Band 5: Kelims – Kaukasische Flachgewebe. Battenberg Antiquitätenkataloge, Augsburg 1992.

Sabahi, Taher: Horse and saddle covers – Cavalieri d'Oriente. Coperte de cavallo e da sella dal XVII al XX secolo. A cura di Taher Sabahi, o.O. 1991. Texte in englischer und italienischer Sprache.

Sabahi, Taher: Sumakh. Weft wrapped flat weaves. Sumakh. Tappeti piani a trama avvolta, Rom 1992. Text in englischer und italienischer Sprache.

Sailer/Schaber: Aus der Welt des Kelims – The world of the Kilim. Galerie Sailer. Text: Dr. Wilfried Schaber, o.O. 1984. Einleitender Text und Beschreibungen in deutscher und englischer Sprache.

Sailer/Spuhler: Textile Fragmente – Textile fragments. Galerie Sailer. Texte in deutscher und englischer Sprache. Friedrich Spuhler, o.O. 1988.

Sailer: Antike Teppiche & Textilkunst, Vorwort Wilfried Schaber, Wien 1983.

Sakhai, Essie: The story of carpets, London 1991.

Sarre, Friedrich, Hermann Trenkwald: Alt-orientalische Teppiche, herausgegeben vom Österreichischen Museum für Kunst und Industrie, 2 Bände, Wien/Leipzig 1926-1928.

Sarre, Friedrich, Hermann Trenkwald: Oriental carpet designs. Oriental carpet designs in full color. New York 1979.

Saunders, P.E.: Tribal visions, P.E. Saunders, M. David, M. Eiland, Novao, Kalifornien 1980.

Schlamminger, Karl/Peter L. Wilson: Persische Bildteppiche – Persian picture rugs. Persische Bildteppiche. Gewebte Mythen – Weaver of tales. Persian picture rugs. München 1980.

Schlosser, Ignaz: Der schöne Teppich in Orient und Okzident, 3. Auflage, Heidelberg 1971.

Schuette, Marie: Perser-Teppiche, Leipzig 1935.

Schürmann, Ulrich: Zentralasiatische Teppiche. Eine eingehende Darstellung der Teppichknüpfkunst des 18. und 19. Jahrhunderts in Zentralasien mit einem geschichtlichen Beitrag von H. König, Frankfurt am Main 1969.

Schürmann, Ulrich: Orientteppiche. Mit 70 farbigen Abbildungen, Wiesbaden o.J. (1965).

Schürmann, Ulrich: Der Pazyryk. Ein 2500 Jahre alter Knüpfteppich aus dem Eisgrab im Altai-Gebirge. Seine Deutung und Herkunft, Mannheim 1984.

Schürmann, Ulrich: Islamische Teppiche – McMullan Collection. Islamische Teppiche – The Joseph V. McMullan Collection, New York. Katalogbearbeitung Dr. Ulrich Schürmann. Vorwort von P.W. Meister. Ausstellung Frankfurt am Main 1968/9, Frankfurt am Main 1968.

Schürmann, Ulrich: Teppiche aus dem Kaukasus. Eine eingehende Darstellung der Teppichknüpfkunst des 18. und 19. Jahrhunderts in den einzelnen Distrikten des Kaukasus. Poolesville 1990.

Schürmann, Ulrich: Caucasian rugs. A detailed presentation of the art of carpet weaving in the Caucasus, o.O. 1990.

Schwarz, Hans-Günther: Orient-Okzident. Der orientalische Teppich in der westlichen Literatur, Ästhetik und Kunst, München 1990.

Sette, Alberto/Tizianno Meglioranzi: Dentro il tappeto. Ideazione e ricerca: Tizianno Meglioranzi. Testi: Alberto Sette. Lions Club Verona Cangrande, il Mercanto d'Oriente. Con il patrocinio di Verona, o.O. 1993. Text in italienischer Sprache und separater englischer Text.

Sevi, Daniele: Tappeti caucasici. Tappeti caucasici del XVII e XIX secolo, Mailand 1983.

Sevi, Daniele: Tappeti anatolici – Anatolian carpets. Tappeti anatolici del XIX secolo. Introductory essay and technical data by Alberto Boralevi, Mailand o.J. (1985).

Shahsavan – Mafrash & Khorjin. Sacche da trasporto e da selle della tribu nomadiche Shahsavan. Il mercante d'oriente. Meglioranzi e Zocchatelli, o.O. 1986.

Spuhler, Friedrich: Die Orientteppiche des Museums für Islamische Kunst Berlin, München 1987.

Spuhler, Friedrich: Islamic carpets and textiles (Louisiana Museum), in: Art from the world of Islam, Louisiana Revy Vol. 27/3. 1987

Spuhler, Friedrich: Oriental carpets (Berlin Museum). Oriental carpets in the Museum of Islamic Art Berlin, London 1988.

Spuhler, Friedrich et al.: Denmark's coronation carpets. Friedrich Spuhler, Preben Mellbye-Hansen, Majken Thorvildsen. The Royal Collections at Rosenborg Palaces, Copenhagen. Edited by Mogens Bencard, Kopenhagen 1987.

Stanzer, Wilfried: Kordi. Leben Knüpfen Weben der Kurden. Leben Knüpfen Weben der Kurden Khorasans. Kordi: Lives rugs flatweaves of the kurds in Khorasan. Kollektion Adil Besim. Text Wilfried Stanzer, Wien 1988.

Stanzer, Wilfried: Berber – Stammesteppiche und Textilien aus Marokko. Stammesteppiche und Textilien aus dem Königreich Marokko. Herausgeber: H. Reinisch und R. Hersberger, o.O. 1992.

Stanzer, Wilfried: Berber – Tribal carpets and weavings from Morocco. Tapis de tribus et textiles du Maroc. R. Hersberger Collection. H. Reinisch und W. Stanzer, o.O. 1992. Text in English and French.

Stead, Rexford: The Ardabil carpets. The J. Paul Getty Museum, Malibu 1974.

Stettler, Romvald: Stammesteppiche aus Afghanistan und Turkestan. Bern 1988.

Stettler, Romvald: Die Kurden, Bern 1986.

245

Stettler, Romvald: Kunsterzeugnisse aus orientalischen Nomadenzelten, o.O. 1985.

Stettler, Romvald: Nomadenteppiche aus Südpersien, o.O. 1984.

Stetttler, Romvald: Teppiche. Auf den Spuren Marco Polos, Bern 1987.

Stevens Collection: Turkish rugs. The Rachel B. Stevens Memorial Collection. With an introduction by Joseph V. McMullan, o.O. 1972.

Stone, Peter F.: Oriental rug repair, Chicago 1981.

Stone, Peter F.: Rugs of the Caucasus. Structure and design, Chicago 1984.

Straka: Oriental rug collection. The Oriental Rug Collection of Jerome and Mary Jane Straka. Edited by Jerome A. Straka and Loüise W. Mackie. Beschreibungen und Analysen von L.W. Mackie, H.M. Keshishian, P.L. Fiske und E.L. Dworshak, Washington 1979.

Tanavoli, Parviz: Lion rugs. The lion in the art and culture of Iran, Basel 1985.

Tanavoli, Parviz: Shahsavan. Flachgewebe aus dem Nordwest-Iran, Freiburg/Herford 1985.

Tanavoli, Parviz: Bread and salt – Iranian tribal spreads and salt bags, Teheran 1991.

Tanavoli/Amanolahi: Gabbeh. The Georges D. Bornet Collection, Teil/Part 2, Baar 1990.

Tanavoli: Shahsavan. Iranian rugs and textiles. By Parviz Tanavoli, New York 1985.

Tapis d'Orient anciens expertises. Exposition internationale. Maison des Congrès 9 au 17 mai 1974, Montreux 1974.

Tapis present d'Orient à L'Occident. Institut du Monde Arabe, Paris 1989.

Tapis Boumains. Enri Ernst, éd. Introduction d'après Al. Tzigara-Samurcas, Directeur du Musée national de Bucarest, Paris o.J. (ca. 1924).

Thacher, Amos B.: Turkoman rugs. An illustrated monograph on the rugs woven by the Turkoman tribes of Central Asia. A publication of the Haji Baba Club. Reprint der Ausgabe 1940, London.

Thompson, Jon: Silk, carpets and the silk road. Exhibition NHK culture center, Tokio 1988.

Thompson, Jon: Carpets. From the tents, cottages and workshops of Asia. An introduction, London 1988.

Thompson, Jon: Orientteppiche. Aus den Zelten, Häusern und Werkstätten Asiens, Herford 1990.

Thompson, Jon: Carpet magic. The art of carpets from the tents, cottages and workshops of Asia. First published as a companion to the exhibition 'Carpet magic' 25 April to 19 June 1983, London 1983.

Through the collector's eye – Oriental rugs. Oriental rugs from New England private collections. Julia Bailey, Mark Hopkins. Preface by Jon Thompson. Edited by Susan Anderson Hay, Providence 1991.

Topkapi Saray Museum: Carpets. The Topkapi Saray Museum. Carpets. Translated, expanded and edited by J.M. Rogers, from the original Turkish by Hülye Tezcan, o.O. 1986.

Topkapi Saray Museum: Band 4 Teppiche. Herausgegeben und erweitert von J.M. Rogers, Herrsching am Ammersee 1987.

Trefoil – Güls, stars and gardens. An exhibition of oriental carpets. Mills College Art Gallery, Oakland 1990.

Trimbacher, Peter: Türkische Handwebe-

246

rei – Turkish handweaving. Türkenjahr in Plankenstein – Anniversary of the siege of Plankenstein, Plankenstein 1983.

Trimbacher, Peter: Neue Kunstgeschichte der Teppiche. An updated history of ancient rugs. Text in deutscher und englischer Sprache, Plankenstein 1988.

Troost, Klaus: Muster in den Teppichen der Turkmenen. Alphabetisches Verzeichnis der mit Namen bekannten Muster in Teppichen der Turkmenen und deren Nachbarvölker zum Nachschlagen für Sammler und Interessenten, o.J., (1983).

Troost, Klaus: Die Stämme der Turkmenen – Die Yomut. Strukturanalysen von Th. Holtappels-Nikolaus. Herausgegeben anläßlich der Ausstellung 1983/4, Düsseldorf 1983.

Tschebull, Raoul: Kazak. Carpets of the Caucasus. With introduction by. J.V. McMullan, New York 1971.

Turkish handwoven carpets catalog no. 1-4, 4 Bände. Turkish Republic, Ministry of Culture, Ankara 1988-1990.

Turkmenenforschung, Bände 1-14, Kompletter Satz aller bisher erschienenen, auch der beim Verlag vergriffenen Bände. Zahlreiche sonst kaum erreichbare russische Arbeiten über turkmenische Teppiche in deutscher Übersetzung, Hamburg 1979-1987.

Tzareva, Elena: Teppiche aus Mittelasien und Kasachstan. Turkmenen, Usbeken, Karakalpaken, Kirgisen, Kasachen, Belutschen, Leningrad 1984.

Tzareva, Elena: Rugs and carpets from Central Asia. The Russian collections, Leningrad 1984.

Umetalieva, D.T. u.a.: Die Kunst der Kirgizen. Teppiche, Silberschmuck, Ornamentmotive. D.T. Umetalieva, S.V. Ivanov, E.I. Machova, Hamburg 1985.

Vegh, Gyula/Karoly Layer: Turkish rugs in Transylvania. A new edition by Marino and Clara Dall'Oglio, New York 1977.

Vegh, J. de/Ch. Layer: Tapis turc. Tapis turcs provenant des églises et collections de Transylvanie. Introduction et notices par J. de Vegh et Ch. Layer, Paris o.J. (1925).

Volkmann, Martin (Hg.): Alte Orientteppiche – Old eastern carpets, München 1985. Text in deutscher und englischer Sprache.

Volkmann, Martin: Die Nachfahren des Pazyrykteppichs. Geschichte und Geschichten um den Orientteppich, München 1982.

Walker, Daniel S.: Oriental rugs of the Hajji Babas. Published in association with the Asia society, New York/London 1982.

Wegner, Dietrich H.G.: Der Knüpfteppich bei den Belutshen. Der Knüpfteppich bei den Belutshen und ihren Nachbarn, Stuttgart 1980.

Wilber, Donald N.: A descriptive catalogue of dated rugs and of inscribed rugs. The Near Eastern Art Research Center, o.O. 1989.

Wilfling, Hans: Teppich-Motive der Turkvölker. Das hakenbesetzte Kreuzarm-Motiv und seine Varianten, Wien 1985.

Willborg, J.P.: Ten years jubilee exhibition – (oriental carpets) 1980-1990. An exhibition of 41 rugs, carpets and textiles from the Near and Far East and Europe ranging from the late 16th century to the First World War. Text: Peter Willborg, Stockholm 1990.

Windows on the Maghrib weavings of Morocco. Tribal and urban weavings of Morocco. Editors: Jefferson S. Hyde, Janice Harmer, Miriam Lorimer, W. Russel Pickering, Knoxville 1992.

Wirth, Eugen: Europa und der Orient-teppich. Ein Beitrag zu den vielfältigen Aspekten west-östlicher Kulturkontakte und Wirtschaftsbeziehungen, Erlangen 1976.

Wright, Richard E./George W. O'Bannon: Rugs and flatweaves of the Transcaucasus. A commentary by Richard E. Wright. Technical analysis by George W. O'Bannon, Pittsburgh 1980.

Ydema, Onno: Carpets in Netherlandish paintings. Carpets in Netherlandish paintigs and their datings. 1540-1700, Leiden 1991.

Yetkin, Serare: Early Caucasian carpets in Turkey, 2 Bände, London 1978.

Yetkin, Serare: Historical Turkish carpets, Istanbul 1981.

Yücel, Remzi: Allahs kleine Wiese – Anatolische Teppiche. Anatolische Teppiche und ihre Geschichten, München 1987.

Zander, Kurt: Art Mahometain. Tapis persans. Faiences et arts textiles de l'Orient. Manuscripts persans. Collection Dr. Kurt Zander. Versteigerungskatalog, Amsterdam 1914.

Ziemba, William T./Akatay, A./Sandra L. Schwartz: Turkish flatweaves. An introduction to the weaving and culture of Anatolia, Vancouver 1979.

Zipper, Kurt: Türkische Teppiche. Ein Brevier, Braunschweig 1972.

Zipper, Kurt: Die Welt des Orientteppichs. Zehn Essays, Graz 1982.

Zipper, Kurt: Lexikon des Orientteppichs, Braunschweig 1981.

Zipper, Kurt/Claudia Fritzsche: Oriental rugs. Volume 4: Turkish, London 1989.

Zipper, Kurt/Claudia Fritzsche: Anatolische Teppiche, Battenberg Antiquitätenkataloge, Orientteppiche Band 3: Anatolische Teppiche, München 1989.

Bildquellen

Türk ve Islam Eserleri Müzesi, Istanbul: 6, 7, 8, 9, 10, 29.

Eremitage, Sankt Petersburg: 1.

Bayerisches Nationalmuseum, München: 11, 28.

Persische Teppich-Gesellschaft KG: 14.

Staatliche Museen Preußischer Kulturbesitz, Museum für Islamische Kunst, Berlin: 41, 180.

Victoria & Albert Museum, London: 85.

Österreichisches Museum für angewandte Kunst, Wien: 86.

Museum of Islamic Art, Kairo: 176, 177, 178.

Museum für Kunsthandwerk, Frankfurt/M.: 181, 187.

Top Kapu Sarayi Müzesi, Istanbul: 184.

Staatliches Museum für Völkerkunde, München: 2, 5, 39, 40, 49, 57, 64, 88, 98, 99, 102, 131, 136, 151, 161, 163.

Textillustrationen: Renate Görtz-Renzel

Erläuterungen

Zeigt ein mehrfacher Schußfaden auf der Länge von etwa drei Knotenbreiten keine Drehung, so wird er als ungezwirnt angegeben. »Dreifach gezwirnt« bedeutet aus drei gesponnenen Fäden gezwirnt.
In den Bildunterschriften ist der Griff in der Reihenfolge Flor, Dicke, Unterseite charakterisiert. Die Einstellung (Knüpfdichte) ist nach dem auf den Seiten 32-33 angegebenen Schemata charakterisiert.

Flächenangaben: erst Höhen-, dann Breitenmaß.
ç sprich tsch

Abkürzungen:
BW = Baumwolle
G = Gördesknoten
Kn = Knoten
S = Sennehknoten
W = Wolle
dm = Dezimeter
qdm = Quadratzentimeter
S-Drehung = Zwirnung oder Spinnung im Uhrzeigersinn
Z-Drehung = Zwirnung oder Spinnung entgegen dem Uhrzeigersinn
(2), (2-3), (3) usw. bedeutet aus 2, 2 bis 3, 3 usw. Fäden bestehend.

250

Sachregister

254

260

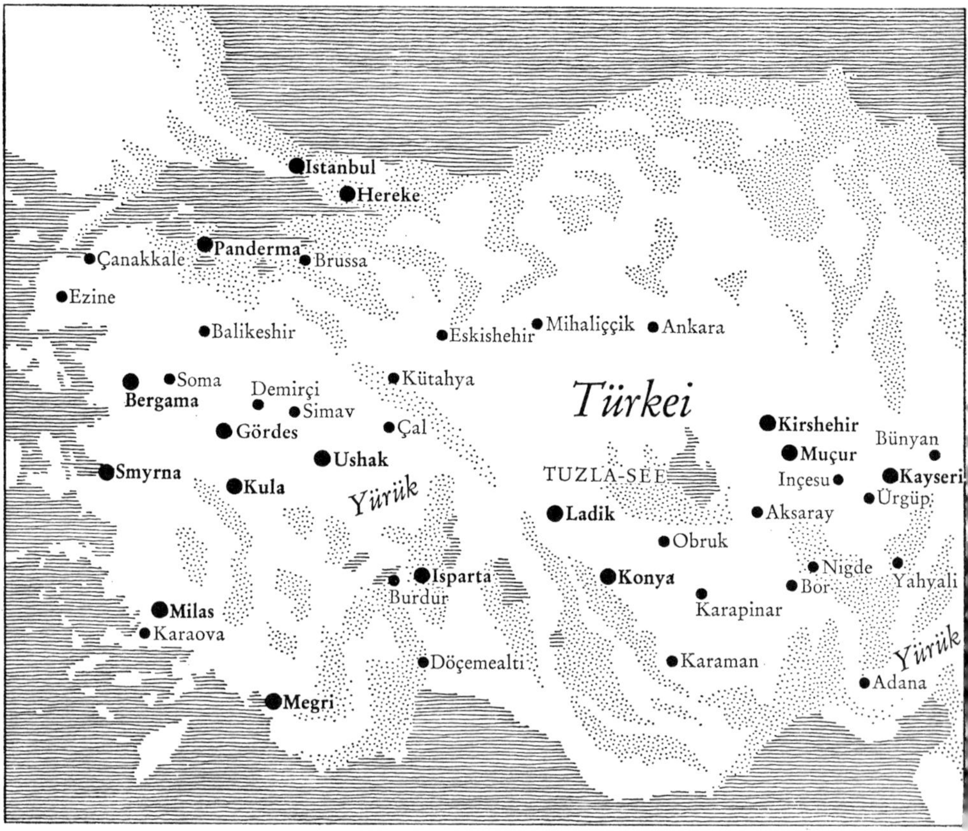

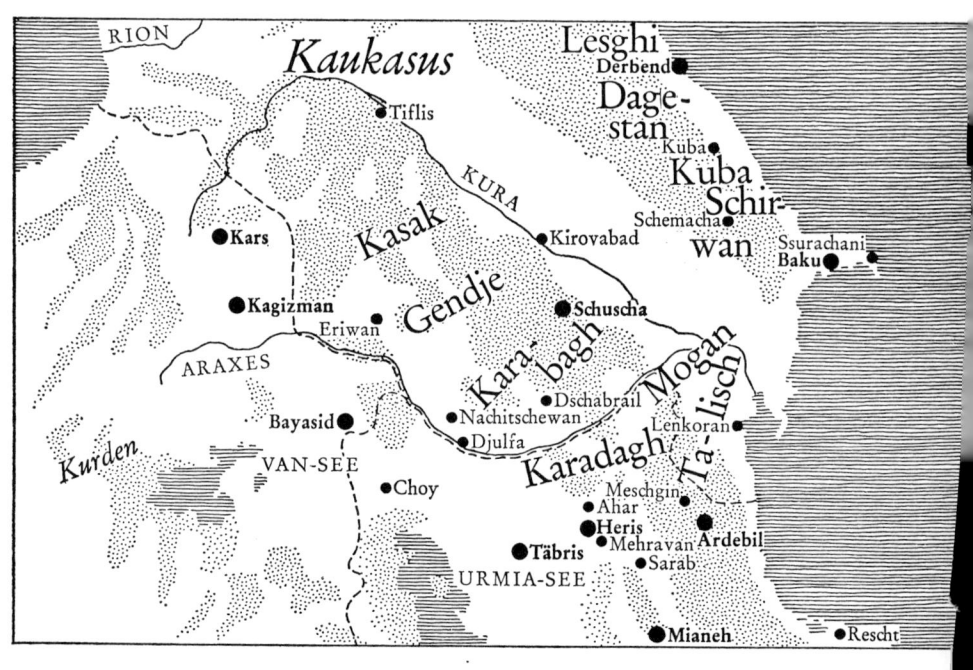

Türkei

Istanbul
Hereke
Panderma — Brussa
Çanakkale
Ezine
Balikeshir
Eskishehir Mihaliççik Ankara
Soma Demirçi Kütahya
Bergama Simav
Gördes Çal
Smyrna Kula Ushak
Yürük TUZLA-SEE
Kirshehir
Muçur Bünyan
Inçesu Kayseri
Aksaray Ürgüp
Ladik
Obruk
Konya Nigde Yahyali
Bor
Isparta
Burdur
Milas Karapinar
Karaova Karaman Yürük
Döçemealti Adana
Megri

Kaukasus

RION
Lesghi
Derbend
Tiflis Dage-
stan
Kuba
KURA Kuba
Schir-
Schemacha wan
Kars Kasak Kirovabad Ssurachani
Baku
Kagizman Gendje Schuscha
Eriwan Kara-
ARAXES bagh Mogan
Kurden Dschabrail Ta-lisch
Bayasid Nachitschewan Lenkoran
Djulfa Karadagh
VAN-SEE
Choy Meschgin
Ahar
Heris Ardebil
Täbris Mehravan
Sarab
URMIA-SEE
Mianeh Rescht

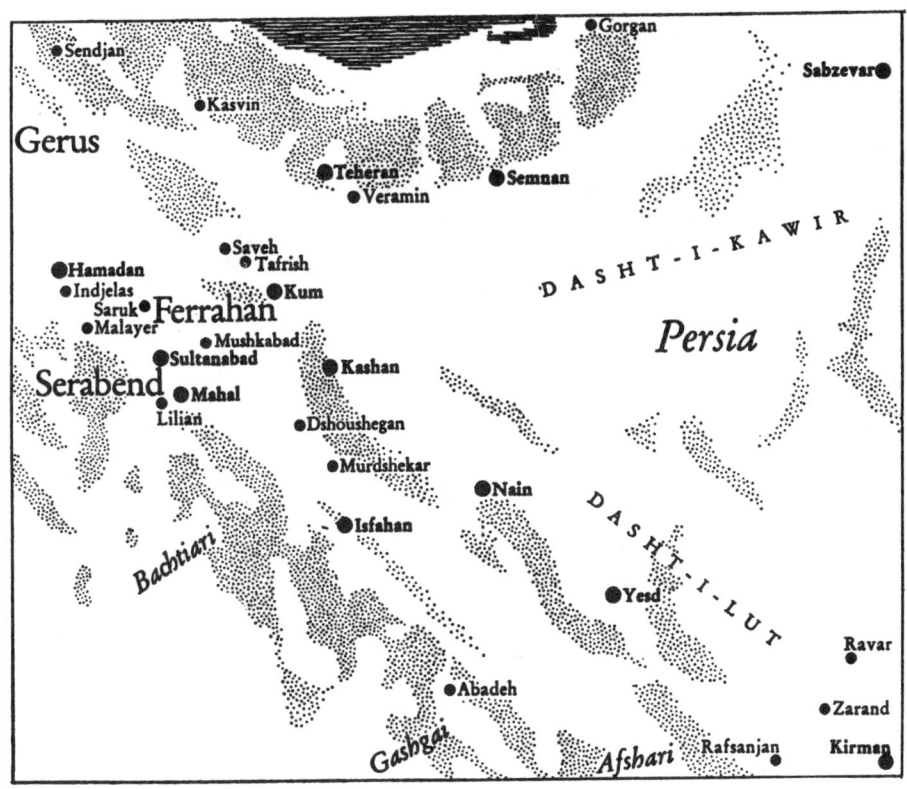

Gerus

Persia

Serabend

Ferrahan

Bachtiari

Gashgai

Afshari

DASHT-I-KAWIR

DASHT-I-LUT

●Sendjan
●Kasvin
●Gorgan
Sabzevar●
●Teheran
●Veramin
●Semnan
●Saveh
●Tafrish
●Hamadan
●Indjelas
Saruk●
●Malayer
●Kum
●Mushkabad
●Sultanabad
●Kashan
●Mahal
Lilian●
●Dshoushegan
●Murdshekar
●Nain
●Isfahan
●Yesd
Ravar
●Abadeh
●Zarand
Rafsanjan
●
Kirman
●

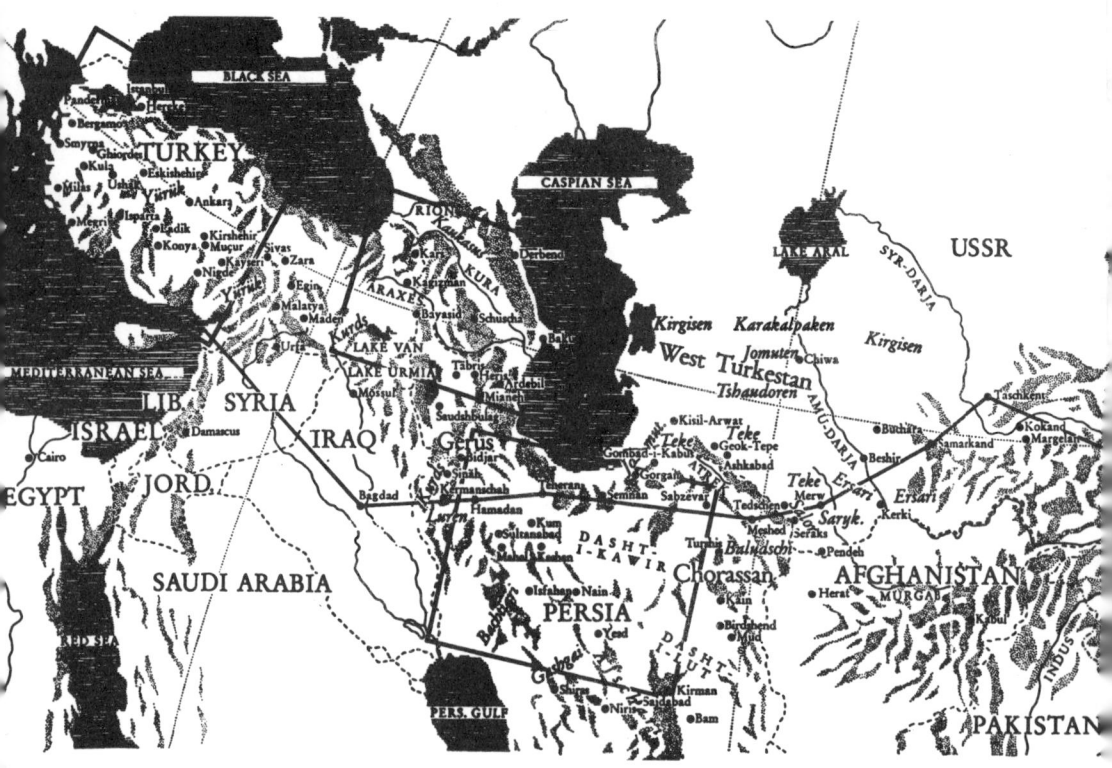